DEPARTAMENTO DE PESSOAL MODELO

Milena Sanches Tayano dos Santos

Advogada, especialista em Direito do Trabalho e Previdência Social, com mais de 30 anos de experiência na área de Consultoria e Editorial Trabalhista e Previdênciária. Atualmente gerente da área Regulatória e Jurídica envolvendo a área tributária, trabalhista e previdenciária. Participa de vários cursos e seminários direcionados à área, inclusive como instrutora e palestrante em diversas capitais brasileiras.

Mariza Abreu Oliveira Machado

Advogada, especialista em Direito do Trabalho e Previdência Social, com aproximadamente 30 anos de experiência na área de Consultoria e Editorial Trabalhista e Previdênciária. Participa de vários cursos e seminários direcionados à área, inclusive como instrutora e palestrante em diversas capitais brasileiras.

MILENA SANCHES TAYANO DOS SANTOS
MARIZA ABREU OLIVEIRA MACHADO

DEPARTAMENTO DE PESSOAL MODELO

11ª EDIÇÃO

Atualizada com base na Lei Geral de Proteção de Dados, eSocial, EFD-Reinf e DCTFWeb

Freitas Bastos Editora

Copyright © 2022 by
Milena Sanches Tayano dos Santos, Mariza Abreu Oliveira Machado.
Todos os direitos reservados e protegidos pela Lei 9.610, de 19.2.1998.
É proibida a reprodução total ou parcial, por quaisquer meios,
bem como a produção de apostilas, sem autorização prévia,
por escrito, da Editora.

Direitos exclusivos da edição e distribuição em língua portuguesa:

Maria Augusta Delgado Livraria, Distribuidora e Editora

Editor: *Isaac D. Abulafia*
Capa e Diagramação: *Jair Domingos de Sousa*

DADOS INTERNACIONAIS PARA CATALOGAÇÃO
NA PUBLICAÇÃO (CIP) DE ACORDO COM ISBD

S237d

Santos, Milena Sanches Tayano dos
Departamento de pessoal modelo: Atualizada com base na Lei Geral de Proteção de Dados, eSocial, EFD-Reinf e DCTFWeb / Milena Sanches Tayano dos Santos, Mariza Abreu Oliveira Machado. – 11. ed. – Rio de Janeiro: Freitas Bastos, 2022.

570 p. ; 15,5 cm x 23 cm

ISBN: 978-65-5675-107-8

1. Departamento Pessoal. 2. Reforma Trabalhista. I. Machado, Mariza Abreu Oliveira. II. Título.

2018-554   CDD 658.3   CDU 658.3

Elaborado por Vagner Rodolfo da Silva - CRB-8/9410

Índice para catálogo sistemático:
1. Administração : Departamento de Pessoal 658.3
2. Administração : Departamento de Pessoal 658.3

Freitas Bastos Editora

atendimento@freitasbastos.com
www.freitasbastos.com

SUMÁRIO

PARTE I – LEGISLAÇÃO TRABALHISTA *1*

REFORMA TRABALHISTA *3*

Capítulo I – Recrutamento e Seleção *9*
Considerações *9*
Pessoas físicas – prestação de serviços à empresa *10*
Empregado *10*
Autônomo *11*
Empresário *12*
Trabalhador Avulso *13*

Capítulo II – Procedimentos Admissionais *15*
Carteira de Trabalho e Previdência Social (CTPS) – Exigência *15*
CTPS – Apresentação ao empregador *16*
Anotações na Carteira de Trabalho e Previdência Social *17*
Anotações em continuação – Periodicidade *17*
Contrato de aprendizagem *17*
Trabalho Temporário *17*
Empresa – Recusa de anotação *17*
Anotações desabonadoras – Vedação *18*
Outros documentos solicitados para a contratação *19*
Inscrição no PIS/PASEP *19*
Prova de quitação com o serviço militar *20*
Cadastro da Pessoa Física na Secretaria da Receita Federal (CPF) .. *21*
Carteira Profissional *21*
Carteira de Identidade *22*
Título de Eleitor *22*
Certidões de Nascimento e de Casamento *22*
Retenção de documentos de identificação pessoal – Proibição *22*
Documentos cuja exigência é vedada *23*
Carta de referência – Concessão *23*

V

Atestado de antecedentes criminais – Exigência – Legalidade...........25

Exame médico admissional 26

Prescrição..28

Capítulo III – Registro de Empregado...29

Obrigatoriedade 29

Uso de crachá nas dependências da empresa.......................................33

Readmissão de empregado...34

Cômputo do tempo de serviço 35

Contratos por prazo determinado 36

Contrato por prazo determinado (Lei nº 9.601/1998) 36

Registros..36

A recontratação e o contrato de experiência..37

Rescisão contratual seguida de readmissão do empregado com
salário inferior..37

Riscos na contratação de ex-empregados como prestadores
de serviço 38

Cadastro Geral de Empregados e Desempregados (CAGED) 40

Capítulo IV – Contrato de Trabalho...41

Conceito...41

Proibição de exigência de experiência superior a 6 meses..................41

Duração..41

Prorrogação – Possibilidade..42

Contrato a prazo nos termos da Lei nº 9.601/1998............................43

Suspensão e interrupção do contrato de trabalho 44

Efeitos da suspensão no contrato – Retorno do empregado
– Garantias..44

Greve..45

Contratos por prazo determinado 45

Participação do empregado em curso ou programa de
qualificação profissional oferecido pelo empregador 45

Efeitos da interrupção no contrato de trabalho 46

Contrato de Experiência 48

Prorrogação do contrato 48

Extinção do contrato..48

Rescisão antecipada – Possibilidade...50

Ruptura contratual por iniciativa do empregador – Indenização
(CLT, art. 479)...50

Sumário

Ruptura contratual motivada pelo empregado – Indenização 52
Contratos sucessivos – Intervalo superior a 6 meses – Celebração 52
*Verbas rescisórias devidas ao empregado na ruptura do contrato
de experiência* 52
Afastamentos do empregado durante o contrato de experiência 56
*Indenização adicional (dispensa antes da data-base) no
contrato de experiência* 58
*Prazo de pagamento das verbas rescisórias no contrato de
experiência* 59
Contrato por obra certa 59
Contrato de safra 59
Contrato de Trabalho intermitente 60

Capítulo V – Contratos Especiais de Trabalho 70

Estagiário 70
Temporário 76
Contrato de Aprendizagem 81

Capítulo VI – Jornada de Trabalho 99

Jornada de Trabalho 99

Capítulo VII – Repouso Semanal Remunerado 131

Repouso Semanal Remunerado 131

Capítulo VIII – Salário e Remuneração 148

Salário e Remuneração 148

Capítulo IX – Direitos Trabalhistas 166

Férias 166
Estudantes e aprendizes. 181
Férias Coletivas 211

Capítulo X – Fundo de Garantia do Tempo de Serviço (FGTS) 242

Instituição 242

Capítulo XI – Aviso-Prévio 258

Finalidade 258

**Capítulo XII – Direitos Trabalhistas nas Diversas Modalidades
de Rescisão** 343

Verbas devidas 343

DEPARTAMENTO DE PESSOAL MODELO

Capítulo XIII – Programa do Seguro-Desemprego.........................358
Finalidade..358
Direito 358

**Capítulo XIV – Documentos Trabalhistas e Previdenciários
– Prazo de Guarda**..368
Documentos Trabalhistas..368
Menores 368
Documentos previdenciários 368
Benefícios previdenciários...369

Capítulo XV – Lei Geral de Proteção de Dados (LGPD) 372
Lei Geral de Proteção de Dados – LGPD 372

PARTE II – PREVIDÊNCIA SOCIAL

Capítulo XVI – Previdência Social...383
Conceito..383
Empresa 383
Grupo econômico 383
Consórcio...384
Cadastramento...384
Matrícula de ofício 386
Comprovação de inexistência de débitos previdenciários 386
Pedido de Certidão Negativa de Débito (CND).............................387

Capítulo XVII – Obrigações Previdenciárias 388
Folha de pagamento 388
eSocial..388
Eventos – Transmissão..392
Certificação digital 393
*Escrituração Fiscal Digital de Retenções e outras
Informações Fiscais (EFD-Reinf)* 396
Cronograma de implantação..398
*Declaração de Débitos e Créditos Tributários Federais
Previdenciários e de Outras Entidades e Fundos (DCTFWeb)*.......399
Conceito..399
Contribuintes obrigados..399

Sumário

Contribuintes desobrigados 401
Processamento das informações 402
Apresentação – Prazo 403
Penalidades 403
Implantação da DCTFWeb – Cronograma 404
Contribuições previdenciárias 404
Contribuição previdenciária patronal 405
Empresas abrangidas pela desoneração da folha de pagamento 406
Alíquotas 407
Alíquota de 4,5% 407
Construção civil - Regras especiais 408
Alíquota de 3% 409
Alíquota de 2,5% 409
Alíquota de 2% 410
Alíquota de 1,5% 410
Alíquota de 1% 411
Atividades com alíquotas diferenciadas 411
Simples Nacional - Desoneração 411
Cooperativas de produção - Desoneração 413
Receita bruta – Apuração 413
Consórcio 414
Requisitos a serem observados 414
Atividades desoneradas e não desoneradas exercidas
concomitantemente 415
Não aplicação da substituição da base de cálculo 418
13º salário 418
Financiamento dos benefícios por incapacidade laborativa e
aposentadoria especial 428
Obra de construção civil 430
Erro no autoenquadramento 430
Redução ou majoração 430
Aplicação do FAP no ano de 2022 433
Complementação 434
Relação de atividades preponderantes e correspondentes graus
de riscos conforme a Classificação Nacional de Atividades
Econômicas (CNAE) 434
Contribuições para terceiros (Entidades e fundos) 434

Base de cálculo 435
Entidades não sujeitas à contribuição para terceiros 435
Empresa brasileira de navegação 436
Brasileiro contratado no Brasil para prestar serviços no
exterior 436
Empresas sujeitas à contribuição 436
Atividades industriais 440
Atividades comerciais 443
Cooperativas 444
Empresas com mais de um estabelecimento 444
Atividade rural 444
Incra – Contribuição adicional 445
Salário-educação 445
Arrecadação 445
Empresa prestadora de serviços mediante cessão de mão de obra .. 445
Trabalhador avulso não portuário 446
Atividades vinculadas à Confederação Nacional de
Transportes Marítimos, Fluviais e Aéreos 446
Atividades vinculadas à Confederação Nacional de
Transportes Terrestres 447
Atividades vinculadas à Confederação Nacional de
Comunicações e Publicações 447
Agroindústria de piscicultura, carcinicultura, suinocultura
ou avicultura 448
Agroindústria de florestamento e reflorestamento 448
Agroindústrias sujeitas à contribuição substitutiva 448
Agroindústrias sujeitas à contribuição substitutiva 449
Produtor rural pessoa jurídica 449
Produtor rural pessoa jurídica que explora simultaneamente
outra atividade 450
Cooperativa de produção 451
Transportador autônomo 451
Cooperativa de transportadores autônomos 452
Associação desportiva e sociedade empresária que mantêm
equipe de futebol profissional 452
Empresa de trabalho temporário 453
Órgão Gestor de Mão de Obra (OGMO) e o operador portuário ... 453

Sumário

Contribuição sobre a produção rural a partir de 1º.11.1991 459
Contribuições devidas pela agroindústria, produtores rurais
(pessoa jurídica e física), consórcio de produtores, garimpeiros,
empresas de captura de pescado 464
Retenção previdenciária 471
Contribuição dos empregados.........476
Contribuição do contribuinte individual 479
Prestação de serviços a pessoas físicas.........485
Parcelas que não integram o salário de contribuição 488

PARTE III – INSS, FGTS E IR/FONTE
– Tabela Prática de Incidências 493

Tabela Prática de Incidências (Contribuição previdenciária,
FGTS e IR) 495

PARTE IV – PRINCIPAIS OBRIGAÇÕES TRABALHISTAS
E PREVIDENCIÁRIAS 519

Principais Obrigações
Trabalhistas e Previdenciárias.........521
Principais obrigações mensais 521
Obrigações mensais: 521
Fundo de Garantia do Tempo de Serviço (FGTS) 522
Salário-Família (SF) 522
Acidentes do trabalho – Doenças ocupacionais 522
Previdência Social (INSS) 522
Obrigações a serem observadas em determinados meses do ano ...524

PARTE V – TERCEIRIZAÇÃO.........527

Terceirização.........529
Inexistência de vínculo empregatício.........530
Contrato de prestação de serviços.........530
Empresa prestadora de serviços – Funcionamento – Requisitos.....530
Benefícios e normas de segurança e saúde.........531
Serviços em outro local previsto em contrato.........532
Obrigações trabalhistas e previdenciárias – Responsabilidades.......532
Atividades excluídas.........532

PARTE VI – EMPREGADO DOMÉSTICO 533

Empregado Doméstico 535

Documentos necessários para a admissão 535

Menores de 18 anos de idade 535

Anotações a serem efetuadas na CTPS 536

Contrato a prazo determinado 536

Direitos dos empregados domésticos 537

Jornada de trabalho 538

Hora extra 539

Compensação de horas 539

Licença-maternidade 546

Abono anual 547

Licença-paternidade 547

Acidente do trabalho 547

Salário-família 547

Férias 548

Incidências 548

Vale-transporte 549

Normas de segurança e saúde 550

Aviso-prévio 551

Seguro-desemprego 551

Simples doméstico 552

Rescisão contratual por justa causa 554

Prescrição – Arquivamento de documentos – Prazo 555

Fiscalização trabalhista 555

Prática de atos ilícitos – Agências – Responsabilidade civil 555

Referência Legal 556

PARTE I
LEGISLAÇÃO TRABALHISTA

REFORMA TRABALHISTA

A Lei nº 13.467/2017, a qual instituiu a chamada "Reforma Trabalhista", em vigor desde 11.11.2017, alterou mais de 100 artigos da Consolidação das Leis do Trabalho (CLT).

As alterações verificadas na legislação do trabalho foram muitas e bastante significativas. Entretanto, uma das principais, diz respeito à prevalência do negociado sobre o legislado. Isto significa dizer que, o que for acordado via negociação coletiva (acordo ou convenção) prevalece sobre o determinado por lei e será aplicado aos trabalhadores representados ainda que menos vantajoso do que o determinado na legislação. Não há mais a garantia do mínimo legal.

Foi também determinado que o acordo coletivo (entre a(s) empresa(s) e o sindicato) tem mais força do que a convenção coletiva (estabelecida entre o sindicato patronal e o sindicato da categoria profissional). Assim, se no acordo coletivo for estabelecida uma condição prejudicial ao empregado, se comparado à convenção, prevalecerá o acordo.

Entretanto, esta liberdade de negociação via documento coletivo de trabalho, no nosso entender, não é irrestrita, ou seja, não pode afetar garantias constitucionalmente asseguradas e, também, deve observar os assuntos vedados à negociação coletiva, relacionados pela própria lei da reforma.

Direitos que podem ser negociados mediante documento coletivo de trabalho

O art. 611A da CLT, na redação da Lei nº 13.467/2011 determina que a convenção coletiva e o acordo coletivo de trabalho, têm prevalência sobre a lei quando, **entre outros**, dispuserem sobre os direitos a seguir elencados. Esta expressão "entre outros" significa que a relação dos direitos que podem ser negociados é apenas exemplificativa e não exaustiva. Portanto, tudo o que não for vedado à negociação poderá ser objeto de acordo.

a) pacto quanto à jornada de trabalho, observados os limites constitucionais;

b) banco de horas anual;

c) intervalo intrajornada, respeitado o limite mínimo de 30 minutos para jornadas superiores a 6 horas;

d) adesão ao Programa Seguro-Emprego (PSE), de que trata a Lei nº 13.189/2015;

e) plano de cargos, salários e funções compatíveis com a condição pessoal do empregado, bem como identificação dos cargos que se enquadram como funções de confiança;

f) regulamento empresarial;

g) representante dos trabalhadores no local de trabalho;

h) teletrabalho, regime de sobreaviso e trabalho intermitente;

i) remuneração por produtividade, incluídas as gorjetas percebidas pelo empregado, e remuneração por desempenho individual;

j) modalidade de registro de jornada de trabalho;

k) troca do dia de feriado;

l) enquadramento do grau de insalubridade;

m) prorrogação de jornada em ambientes insalubres sem licença prévia das autoridades competentes do Ministério do Trabalho e Previdência;

n) prêmios de incentivo em bens ou serviços, eventualmente concedidos em programas de incentivo;

o) participação nos lucros ou resultados da empresa.

PARTE I – LEGISLAÇÃO TRABALHISTA

Direitos que não podem ser suprimidos ou reduzidos via negociação coletiva

O art. 611B da CLT, na redação da Lei nº 13.467/2011 determina que a convenção coletiva e o acordo coletivo de trabalho, não podem suprimir ou reduzir, **exclusivamente**, os direitos a seguir elencados. Portanto, nota-se que, no que se refere aos direitos que não podem ser suprimidos ou reduzidos via negociação coletiva, a relação é exaustiva, diferentemente daqueles que podem ser negociados cuja relação é exemplificativa.

1) normas de identificação profissional, inclusive as anotações na CTPS;

2) seguro-desemprego, em caso de desemprego involuntário;

3) valor dos depósitos mensais e da multa rescisória do FGTS;

4) salário-mínimo;

5) valor nominal do décimo terceiro salário;

6) remuneração do trabalho noturno superior à do diurno;

7) proteção do salário na forma da lei, constituindo crime sua retenção dolosa;

8) salário-família;

9) Repouso Semanal Remunerado (RSR);

10) adicional de horas extras mínimo de 50%;

11) número de dias de férias devidas ao empregado;

12) gozo de férias anuais remuneradas com o acréscimo do terço constitucional;

13) licença-maternidade com duração mínima de 120 dias;

14) licença-paternidade;

15) proteção do mercado de trabalho da mulher, mediante incentivos específicos;

16) aviso-prévio proporcional ao tempo de serviço, sendo, no mínimo, de 30 dias;

17) normas de saúde, higiene e segurança do trabalho;

18) adicional de insalubridade, periculosidade e atividades penosas;

19) aposentadoria;

20) seguro contra acidentes de trabalho, a cargo do empregador;

21) ação, quanto aos créditos resultantes das relações de trabalho, com prazo prescricional de cinco anos para os trabalhadores urbanos e rurais, até o limite de dois anos após a extinção do contrato de trabalho;

22) proibição de discriminação no tocante a salário e critérios de admissão do trabalhador com deficiência;

23) proibição de trabalho noturno, perigoso ou insalubre a menores de 18 anos e de qualquer trabalho a menores de 16 anos, salvo na condição de aprendiz, a partir de 14 anos;

24) medidas de proteção legal de crianças e adolescentes;

25) igualdade de direitos entre o trabalhador com vínculo empregatício permanente e o trabalhador avulso;

26) liberdade de associação profissional ou sindical do trabalhador, inclusive o direito de não sofrer, sem sua expressa e prévia anuência, qualquer cobrança ou desconto salarial estabelecidos em convenção coletiva ou acordo coletivo de trabalho;

27) direito de greve, competindo aos trabalhadores decidirem sobre a oportunidade de exercê-lo e sobre os interesses que devam por meio dele defender;

28) definição legal sobre os serviços ou atividades essenciais e disposições legais sobre o atendimento das necessidades inadiáveis da comunidade em caso de greve;

29) tributos e outros créditos de terceiros;

30) condutas proibidas ao empregador relativas ao trabalho da mulher previstas no art. 373-A da CLT;

PARTE I – LEGISLAÇÃO TRABALHISTA 7

O art. 373-A da CLT estabelece:

"Art. 373-A. Ressalvadas as disposições legais destinadas a corrigir as distorções que afetam o acesso da mulher ao mercado de trabalho e certas especificidades estabelecidas nos acordos trabalhistas, é vedado:

I – publicar ou fazer publicar anúncio de emprego no qual haja referência ao sexo, à idade, à cor ou situação familiar, salvo quando a natureza da atividade a ser exercida, pública e notoriamente, assim o exigir;

II – recusar emprego, promoção ou motivar a dispensa do trabalho em razão de sexo, idade, cor, situação familiar ou estado de gravidez, salvo quando a natureza da atividade seja notória e publicamente incompatível;

III – considerar o sexo, a idade, a cor ou situação familiar como variável determinante para fins de remuneração, formação profissional e oportunidades de ascensão profissional;

IV – exigir atestado ou exame, de qualquer natureza, para comprovação de esterilidade ou gravidez, na admissão ou permanência no emprego;

V – impedir o acesso ou adotar critérios subjetivos para deferimento de inscrição ou aprovação em concursos, em empresas privadas, em razão de sexo, idade, cor, situação familiar ou estado de gravidez;

VI – proceder o empregador ou preposto a revistas íntimas nas empregadas ou funcionárias.

Parágrafo único. O disposto neste artigo não obsta a adoção de medidas temporárias que visem ao estabelecimento das políticas de igualdade entre homens e mulheres, em particular as que se destinam a corrigir as distorções que afetam a formação profissional, o acesso ao emprego e as condições gerais de trabalho da mulher."

31) proibição de empregar mulher em serviço que exija força muscular excessiva, prevista no art. 390 da CLT;

32) licença-maternidade prevista nos arts. 392 e 392-A da CLT;

33) faculdade de, mediante atestado médico, a mulher grávida romper o contrato de trabalho, desde que este seja prejudicial à gestação (CLT, art. 394);

34) possibilidade de a empregada gestante ou lactante ser afastada, enquanto durar a gestação e a lactação, de atividades, operações ou locais insalubres, nos termos do art. 394-A da CLT;

35) licença-maternidade em caso de aborto não criminoso;

36) períodos de intervalos de 30 minutos cada para amamentação até os 6 meses de idade da criança;

37) creche.

CAPÍTULO I
RECRUTAMENTO E SELEÇÃO

CONSIDERAÇÕES

O sucesso ou fracasso de uma empresa está diretamente relacionado ao seu capital humano, ou seja, a energia humana é que moverá a empresa impulsionando-a para uma trajetória ascendente, colocando-a em uma posição de destaque no mercado cada vez mais competitivo, ou a posicionará em situação inerte e às vezes até mesmo decadente.

Embora o capital propriamente dito (econômico, financeiro) seja também essencial, somente ele não garante o sucesso da empresa.

Por tais razões, as atividades ligadas à seleção, ao recrutamento, ao treinamento e à retenção de colaboradores de uma organização, as quais competem aos departamentos de Recursos Humanos e de Pessoal são estratégicas e vitais.

A esses departamentos cabe a função primordial de constituir o corpo de colaboradores da empresa, tanto o técnico como o operacional.

No exercício dessa função, serão utilizadas várias técnicas, tais como:

a) testes psicotécnicos;
b) dinâmicas de grupo;
c) entrevistas;
d) testes práticos;
e) testes de personalidade etc.

Na avaliação dos aspectos pessoais, devese observar se o perfil do candidato ao emprego é adequado ao cargo a ser ocupado e se atende às necessidades da empresa e à cultura verificada no ambiente de trabalho.

No aspecto técnico, serão avaliadas as aptidões ligadas às funções que serão desenvolvidas (funções técnicas).

O candidato ao emprego pode ser atraído para ser submetido ao processo seletivo de duas formas: interna e externa.

A forma de atração interna além de se apresentar como sendo a mais rápida, mais econômica é também a que traz maior vantagem para a empresa na medida em que é mais segura, pois a empresa preenche os cargos vagos com trabalhadores já pertencentes aos seus quadros, portanto, já conhecidos e adaptados, e ainda se apresenta como fator de motivação para os empregados que veem na medida uma forma de ascensão profissional.

É comum ocorrer o recrutamento interno também por meio da efetivação de estagiário. Constituindo esta, também, uma forma de contratação eficaz e econômica, pois no período do estágio, concedido na forma da lei, a empresa já teve condições de avaliar o candidato ao cargo, podendo, portanto, selecionar aqueles que mais se destacaram.

O chamamento externo é uma forma de atração mais onerosa, lenta, trabalhosa, pois a empresa vai buscar os candidatos no mercado. Para tanto, pode utilizar-se dos seguintes meios:

a) anúncios em mídias digitais e jornais de grande circulação;
b) empresas especializadas em colocação de mão de obra;
c) indicação de seus empregados;
d) serviços de colocação de entidades sindicais;
e) indicações de outras empresas.

Este processo traz várias desvantagens:

a) o candidato não é conhecido;
b) haverá necessidade de adaptação do mesmo ao ambiente e à cultura da empresa;
c) o tempo gasto na seleção e recrutamento é maior.

Não obstante tais considerações há, também, a vantagem de, mediante o recrutamento externo, a empresa atrair para os seus quadros novos talentos e com isto aumentar o seu capital humano.

PESSOAS FÍSICAS – PRESTAÇÃO DE SERVIÇOS À EMPRESA

A prestação de serviços de uma pessoa física a uma empresa pode ocorrer nas seguintes situações:

EMPREGADO

A Consolidação das Leis do Trabalho (CLT) define o empregado como sendo toda pessoa física que presta serviços de natureza não eventual a empregador, sob a dependência deste e mediante salário.

Capítulo I – Recrutamento e Seleção

Dessa forma, para a caracterização do vínculo de emprego, exigese, a presença, dos seguintes requisitos:

a) em geral, a prestação de serviço deve ocorrer de forma não eventual, ou seja, o trabalho deve ser realizado habitualmente;

b) subordinação – o empregador dirige o empregado na prestação dos serviços. Em outras palavras, o empregado está submetido às ordens do empregador. A subordinação pode ser hierárquica, disciplinar e, conforme caso, também técnica;

c) pessoalidade – somente o empregado pode prestar o serviço. O empregado não pode ser substituído por outra pessoa;

d) pagamento de salário – não se admite trabalho a título gracioso.

AUTÔNOMO

O trabalhador autônomo é aquele que exerce a sua atividade por conta própria, com independência, sem subordinação. Não há no exercício da atividade autônoma uma subordinação típica a outrem, podendo o trabalhador livremente adotar diversos procedimentos disponíveis na execução do seu trabalho.

Uma notável característica do trabalhador autônomo vinculase ao fato de poder fazerse substituir por outrem na execução dos serviços, o que não ocorre com o empregado, situação em que o exercício da atividade é sempre em caráter pessoal.

Exemplos de trabalhadores autônomos

a) quem presta serviço de natureza urbana ou rural, em caráter eventual ou contínuo, a uma ou mais empresas, sem relação de emprego;

b) a pessoa física que exerce, por conta própria, atividade econômica de natureza urbana, com fins lucrativos ou não;

c) o cooperado de cooperativa de produção que, nesta condição, presta serviço à sociedade cooperativa mediante remuneração ajustada ao trabalho executado;

d) o marisqueiro que, sem utilizar embarcação pesqueira, exerce atividade de captura dos elementos animais ou vegetais, com o auxílio de empregado;

e) o síndico da massa falida, o administrador judicial, definido pela Lei nº 11.101/2005, e o comissário de concordata, quando remunerados;

f) o médico-residente ou o residente em área profissional da saúde, contratados, respectivamente, na forma da Lei nº 6.932/1981 e da Lei nº 11.129/2005;

g) o árbitro de jogos desportivos e seus auxiliares;

h) a pessoa física contratada por partido político ou por candidato a cargo eletivo, para, mediante remuneração, prestar serviços em campanhas eleitorais;

i) o condutor autônomo de veículo rodoviário, assim considerado o que exerce atividade profissional sem vínculo empregatício, quando proprietário, coproprietário ou promitente comprador de um só veículo;

j) os auxiliares de condutor autônomo de veículo rodoviário, no máximo de 2, que exercem atividade profissional em veículo cedido em regime de colaboração.

A reforma trabalhista, instituída pela Lei nº 13.467/2017 modificou a redação do art. 442B da CLT para determinar que a contratação do autônomo seja de forma contínua ou eventual, com ou sem exclusividade, afasta a qualidade de empregado.

EMPRESÁRIO

A legislação previdenciária considera como diretor empregado aquele que, participando ou não do risco econômico do empreendimento, seja contratado ou promovido para cargo de direção das sociedades anônimas, mantendo as características inerentes à relação de emprego e, como diretor não empregado aquele que, participando ou não do risco econômico do empreendimento, seja eleito, por assembleia geral de acionistas, para cargo de direção das sociedades anônimas, não mantendo as características inerentes à relação de emprego.

Para definir o diretor de sociedade anônima como sendo empregado ou não empregado, a legislação previdenciária observa se estão presentes na relação de trabalho os elementos caracterizadores do vínculo

Capítulo I – Recrutamento e Seleção

empregatício, sendo irrelevante para tanto, a participação do trabalhador no capital social da empresa.

Assim um diretor de S.A. mesmo que possua ações da empresa pode ser considerado empregado, desde que o número de ações que possua não seja de tal monta que lhe permita decisão direta sobre os destinos da empresa. Por outro lado, pode não possuir nenhuma ação, mas exercer a sua atividade com tal poder de mando que defina a sua condição de empregador.

O Tribunal Superior do Trabalho (TST), por meio da Súmula nº 269, consubstanciou o seu entendimento acerca do tema ao estabelecer: "O empregado eleito para ocupar cargo de diretor tem o respectivo contrato de trabalho suspenso, não se computando o tempo de serviço deste período, salvo se permanecer a subordinação jurídica inerente à relação de emprego."

O Código Civil, instituído pela Lei nº 10.406/2002, prevê em seu art. 1.061, que a sociedade por cotas de responsabilidade limitada pode ser administrada por pessoa estranha ao seu quadro societário desde que haja aprovação da unanimidade dos sócios, enquanto o capital não estiver integralizado, e de dois terços, no mínimo, após a integralização.

Daí conclui-se que, se o empregado for elevado à condição de diretor da sociedade, gozando de amplos poderes de mando, sem subordinação, passando a substituir o empregador, representando a empresa no âmbito interno e externo, estará caracterizado como um prestador de serviço sem vínculo empregatício, sendo considerado, portanto, diretor não empregado.

Contudo, é importante que inexista subordinação. Por exemplo: se para contratar, despedir empregados ou determinar reajustes salariais, o diretor depender da autorização dos sócios da empresa, poderá vir a ser configurada a subordinação jurídica, situação em que o mesmo será caracterizado como empregado.

TRABALHADOR AVULSO

Trabalhador avulso é aquele que, sindicalizado ou não, presta serviço de natureza urbana ou rural, a diversas empresas, sem vínculo empregatício, com a intermediação obrigatória do sindicato da categoria ou, quando se tratar de atividade portuária, do Órgão Gestor de Mão de Obra (OGMO).

O avulso não portuário é aquele que presta serviços de carga e descarga de mercadorias de qualquer natureza, inclusive carvão e minério, o trabalhador em alvarenga (embarcação para carga e descarga de navios), o amarrador de embarcação, o ensacador de café, cacau, sal e similares, aquele que trabalha na indústria de extração de sal, o carregador de bagagem em porto, o prático de barra em porto, o guindasteiro, o classificador, o movimentador e o empacotador de mercadorias em portos.

Entendese por trabalhador avulso portuário aquele que presta serviços de capatazia, estiva, conferência de carga, conserto de carga, bloco e vigilância de embarcações na área dos portos organizados e de instalações portuárias de uso privativo, com intermediação obrigatória do OGMO, podendo ser:

a) segurado trabalhador avulso quando, sem vínculo empregatício, registrado ou cadastrado no OGMO, presta serviços a diversos operadores portuários;

b) segurado empregado quando, registrado no OGMO, contratado com vínculo empregatício e a prazo indeterminado, é cedido a operador portuário.

CAPÍTULO II
Procedimentos Admissionais

CARTEIRA DE TRABALHO E PREVIDÊNCIA SOCIAL (CTPS) – EXIGÊNCIA

Qualquer que seja a natureza do trabalho a ser executado, independentemente da condição de empregado, empresário, autônomo ou avulso, o trabalhador precisará estar munido de vários documentos, mas, entre eles, o essencial é a Carteira de Trabalho e Previdência Social (CTPS).

Assim, a CTPS é documento obrigatório para o exercício de qualquer emprego, inclusive de natureza rural, ainda que em caráter temporário, e para o exercício por conta própria de atividade profissional remunerada.

Portanto, estão obrigados a possuir o mencionado documento, entre outros:

a) os empregados urbanos e rurais;
b) os servidores públicos regidos pela CLT;
c) os empresários;
d) os produtores rurais, proprietários ou não;
e) o segurado especial (aquele que trabalha individualmente ou em regime de economia familiar, sem utilização de empregados);
f) os profissionais liberais: odontologistas, veterinários; químicos; economistas; atuários, contabilistas; arquitetos; autores teatrais, médicos, engenheiros, advogados etc.;
g) os atletas de futebol;
h) os trabalhadores temporários;
i) os avulsos;
j) os domésticos.

A CTPS foi inicialmente instituída pelo Decreto-lei nº 926/1969 em substituição à antiga Carteira Profissional, à Carteira de Trabalho do Menor e à Carteira Profissional do Trabalhador Rural.

Além de constituir a unificação da identificação profissional do trabalhador, a CTPS retrata a vida funcional deste e lhe assegura o acesso a vários direitos trabalhistas tais como: Fundo de Garantia do Tempo de Serviço (FGTS), seguro-desemprego, recebimento do PIS/PASEP.

No âmbito previdenciário, é um dos principais documentos exigidos para a concessão de vários benefícios (auxílios doença, reclusão, pensão por morte, aposentadorias etc.).

CARTEIRA DE TRABALHO DIGITAL – EMISSÃO

A Secretaria de Trabalho, do Ministério do Trabalho e Previdência, instituiu a Carteira de Trabalho Digital (meio eletrônico) a qual equivale à carteira de trabalho em meio físico. Este documento foi previamente emitido e disponibilizado a todo trabalhador que possua o Cadastro de Pessoal Física – CPF. Para acessar o documento o trabalhador deverá utilizar o aplicativo específico intitulado "Carteira de Trabalho Digital", ou então, o serviço específico de mesmo nome no site www.gov.br.

Todos os empregadores já obrigados ao uso do Sistema de Escrituração Digital das Obrigações Fiscais, Previdenciárias e Trabalhistas – eSocial, deverão solicitar de seus empregados a Carteira de Trabalho Digital, servindo como apresentação do documento a simples informação do número do CPF feita pelo trabalhador.

A CTPS em meio físico já caiu em desuso.

Para a emissão eletrônica o único documento necessário é o CPF.

CTPS – APRESENTAÇÃO AO EMPREGADOR

A informação do número do CPF pelo trabalhador equivale à apresentação da CTPS em meio digital e dispensa também o empregador de fornecer o recibo ao empregado.

O empregador terá o prazo de 5 dias úteis para proceder às anotações relativas ao contrato de trabalho. Lembrando que os registros eletrônicos gerados pelo empregador no sistema informatizado da CTPS em meio digital equivalem às anotações.

Os empregados terão acesso às informações da sua CTPS após o processamento das mesmas.

Capítulo II – Procedimentos Admissionais

ANOTAÇÕES NA CARTEIRA DE TRABALHO E PREVIDÊNCIA SOCIAL

Na contratação, o empregador deverá anotar especificamente na CTPS:

a) a data de admissão;

b) a remuneração, especificando o salário, qualquer que seja a sua forma de pagamento, em dinheiro ou em utilidades, bem como a estimativa de gorjeta, se houver;

c) as condições especiais (ex.: trabalho insalubre ou perigoso), se for o caso.

ANOTAÇÕES EM CONTINUAÇÃO – PERIODICIDADE

As anotações na CTPS serão feitas nas seguintes oportunidades:

a) na data-base da categoria profissional respectiva (anualmente);

b) a qualquer tempo, por solicitação do trabalhador;

c) no caso de rescisão contratual;

d) quando da necessidade de comprovação perante a Previdência Social.

CONTRATO DE APRENDIZAGEM

O contrato de aprendizagem é anotado na CTPS do aprendiz, indicando, entre outros, o respectivo número, a função e o prazo de aprendizagem. Essa anotação constitui um dos requisitos de validade do contrato de aprendizagem (CLT, art. 428, § 1º, na redação da Lei nº 11.788/2008).

TRABALHO TEMPORÁRIO

As empresas de trabalho temporário ficam obrigadas a registrar na CTPS do trabalhador, os dados relativos ao serviço temporário (Decreto nº 73.841/1974, art. 9º).

EMPRESA – RECUSA DE ANOTAÇÃO

Recusandose a empresa a proceder às anotações relativas à admissão na CTPS do trabalhador, poderá o empregado, pessoalmente ou mediante o seu sindicato, apresentar reclamação à SRT.

Lavrado o termo da reclamação, a SRT determinará a realização de diligência no estabelecimento do empregador, para a instrução do feito. Persistindo a recusa do empregador, esse será notificado, para que em dia e hora previamente designados venha a prestar esclarecimentos ou proceder às anotações na CTPS.

Não havendo comparecimento lavrar-se-á o termo de ausência, sendo considerado revel e confesso, sobre os termos da reclamação feita.

Comparecendo o empregador, poderá esse proceder às anotações ou recusarse a fazê-lo, situação em que apresentará a sua defesa, no prazo de 48 horas. Findo esse prazo, o processo subirá à autoridade administrativa de primeira instância para novas diligências que complementem a inscrição do feito ou para julgamento se o caso estiver suficientemente esclarecido.

Constatada a existência da relação de emprego, a autoridade determinará que sejam efetuadas as anotações correspondentes na CTPS.

Caso o empregador alegue inexistência de relação de emprego, ou sendo impossível verificar essa condição por meios administrativos, encaminhase o processo à Justiça do Trabalho.

Se não houver acordo, a Vara do Trabalho, na sentença que condenar a empresa, ordenará que a Secretaria efetue as devidas anotações, uma vez transitada em julgado, e faça a comunicação à autoridade competente para aplicar a multa cabível.

ANOTAÇÕES DESABONADORAS – VEDAÇÃO

A legislação estabelece de forma clara quais anotações devem ser efetuadas pelo empregador na CTPS do empregado e veda qualquer anotação desabonadora à conduta desse.

Assim, é expressamente proibido ao empregador efetuar anotações que possam causar dano à imagem do trabalhador, especialmente referentes a sexo ou sexualidade, origem, raça, cor, estado civil, situação familiar, idade, condição de autor em reclamações trabalhistas, saúde e desempenho profissional ou comportamento.

O Precedente Administrativo nº 21, resultante de entendimento firmado na Coordenação-Geral de Normatização e Análise de Recursos (CGNAR), aprovado pelo Ato Declaratório Defit nº 4/2002 do Diretor do Departamento de Fiscalização do Trabalho, o qual orienta a ação dos Auditores Fiscais do Trabalho no exercício de suas atribuições, dispõe:

CTPS. Inutilização. Ao lançar na Carteira de Trabalho e Previdência Social – CTPS anotações prejudiciais ao trabalhador, a empresa tornou aquele documento inútil para uso, mesmo que objetivamente apenas uma das folhas tenha sido inutilizada. Autuação procedente.

OUTROS DOCUMENTOS SOLICITADOS PARA A CONTRATAÇÃO

Por ocasião da contratação do empregado, por expressa determinação legal, o empregador deve exigir a apresentação de alguns documentos, além da CTPS. Outros documentos devem ser exigidos apenas a determinadas categorias de trabalhadores (Carteira do CREA para engenheiros, OAB para advogados etc.) e, outros ainda, terão a sua exigência ou não a depender da liberalidade do empregador.

Entretanto, há documentos que, se solicitados, podem configurar ato discriminatório, podendo acarretar, por consequência, a configuração de dano moral.

INSCRIÇÃO NO PIS/PASEP

Caso o cadastramento do trabalhador no PIS/Pasep ainda não tenha ocorrido, o empregador ficará com a obrigação de efetuar o mesmo logo depois da sua admissão.

Deve ser cadastrado o trabalhador vinculado à empresa privada ou cooperativa, enquadrado em uma das seguintes categorias:

a) empregado;
b) empregado de cartório não oficializado;
c) empregado doméstico;
d) pescador artesanal;
e) trabalhador avulso;
f) trabalhador rural.

O cadastramento do trabalhador pode ser feito *on-line* (acesso direto da empresa ao cadastro NIS ou em lote (pelo uso do Conectividade Social – CNS).

O cadastramento on-line é realizado pela empresa, por meio de acesso direto à aplicação da Caixa. As instruções para o acesso direto à aplicação podem ser capturadas no sítio da CAIXA <http://www.caixa.gov.br/pj/pj_comercial/mp/pis/index.asp>.

O cadastramento em lote é realizado pelo envio de arquivo por meio do Conectividade Social – CNS, no *layout* padrão definido pela Caixa, sendo que o processamento ocorre em até D + 2 da data de recebimento do arquivo pela Caixa.

Depois do processamento, a Caixa devolve à empresa o número da inscrição localizada ou atribuída, por meio de arquivo retorno.

PROVA DE QUITAÇÃO COM O SERVIÇO MILITAR

A legislação trabalhista não contém nenhum dispositivo expresso que determine a necessidade de o candidato a emprego comprovar a regularidade da sua situação com o serviço militar para a contratação.

Entretanto, a lei do serviço militar (Lei nº 4.375/1964), dispõe que nenhum brasileiro, entre 1º de janeiro do ano em que completar 19 anos e 31 de dezembro do ano em que completar 45 anos de idade, poderá, sem fazer prova de estar em dia com as suas obrigações militares, ingressar como funcionário, empregado ou associado em instituição, empresa ou associação oficial ou oficializada ou subvencionada ou cuja existência ou funcionamento dependa de autorização ou reconhecimento do Governo Federal, Estadual ou Municipal.

Ademais, os brasileiros que não estiverem em dia com as suas obrigações militares não poderão, também, obter carteira profissional, ficando as autoridades ou responsáveis pelas repartições incumbidas da fiscalização do exercício profissional proibidas de conceder carteira profissional, bem como de registrar diplomas de profissões liberais de brasileiros que não comprovem a sua regularidade com o serviço militar.

Estabelece, ainda, a legislação que rege o serviço militar, que as empresas, companhias e instituições de qualquer natureza têm a responsabilidade de exigir, nos limites de sua competência, o cumprimento das disposições legais referentes ao serviço militar e em especial a comprovação de regularidade da situação do cidadão com o serviço militar (Lei nº 4.375/1964, art. 66 e Decreto nº 57.654/1966).

Do exposto, concluise que as empresas públicas ou privadas não poderão contratar candidatos a emprego que não comprovem a sua regularidade com o serviço militar.

Os documentos que comprovam a regularidade da situação militar do candidato a emprego são, entre outros:

Capítulo II – Procedimentos Admissionais

a) Certificado de Alistamento Militar – comprova a apresentação para a prestação do serviço militar inicial, a qual deve ocorrer no ano em que o candidato a emprego completar 18 anos de idade;
b) Certificado de Reservista – comprova a inclusão do cidadão na reserva do Exército, da Marinha ou da Aeronáutica;
c) Certificado de Dispensa de Incorporação;
d) Certificado de isenção;
e) Certidão de situação militar;
f) Provisão de reforma;
g) Atestado de Situação Militar;
h) Atestado de se encontrar desobrigado do Serviço Militar – concedido aos que optarem pela nacionalidade brasileira, até a assinatura do termo de opção.

CADASTRO DA PESSOA FÍSICA NA SECRETARIA DA RECEITA FEDERAL (CPF)

O Regulamento do Imposto de Renda (RIR), aprovado pelo Decreto nº 9.580/2018, art. 32, dispõe que as pessoas físicas, contribuintes ou não do imposto de renda, ficam obrigadas a se inscrever no CPF, na forma, no prazo e nas condições estabelecidas pela Secretaria da Receita Federal do Brasil.

Portanto, na contratação do empregado, a empresa deve solicitar que este apresente o seu CPF.

CARTEIRA PROFISSIONAL

As carteiras profissionais expedidas pelos órgãos de classe (OAB, para admissão de advogados; CREA, para engenheiros; CAU, para arquitetos etc.), devem ser apresentadas no ato da contratação do trabalhador para o exercício da respectiva profissão permitida pelo grau ou título de que são portadores.

Outros documentos específicos podem ser solicitados conforme a atividade a ser exercida pelo trabalhador, observandose as normas de segurança e medicina do trabalho relativas ao exame médico, inclusive observância do empregador de eventuais cláusulas de documento coletivo de trabalho da respectiva categoria profissional pertinente ao assunto.

CARTEIRA DE IDENTIDADE

A carteira de identidade é emitida por órgãos de identificação dos Estados e do Distrito Federal, tem fé pública e é válida para todo o território nacional. Nela poderão ser inseridos, entre outros, a pedido do trabalhador, o registro dos números da Carteira Nacional de Habilitação, título de eleitor e carteira profissional.

A carteira de identidade fará prova de todos os dados nela incluídos e dispensará a apresentação dos documentos que lhe deram origem ou que nela tenham sido mencionados.

TÍTULO DE ELEITOR

Sem prova de que votou nas últimas eleições, não poderá o eleitor praticar qualquer ato para o qual se exija quitação do serviço militar.

São eleitores os brasileiros maiores de 18 anos de idade, sendo o alistamento obrigatório. Os menores, a partir de 16 anos de idade, podem se alistar facultativamente (Constituição Federal/1988, art. 14, e Lei nº 4.737/1965 (Código Eleitoral) arts. 4º, 6º e 7º).

CERTIDÕES DE NASCIMENTO E DE CASAMENTO

Para efeitos de recebimento de benefícios previdenciários e outros pagos por liberalidade do empregador vinculado à existência de dependentes menores de idade e cônjuge (salário-família, salário-educação etc.), o empregado deve apresentar as certidões de nascimento de filhos e de casamento, se for o caso.

RETENÇÃO DE DOCUMENTOS DE IDENTIFICAÇÃO PESSOAL – PROIBIÇÃO

Nenhuma pessoa física ou jurídica, de direito público ou privado, poderá reter qualquer documento de identificação pessoal, ainda que apresentado por fotocópia autenticada ou pública-forma.

Se, para a realização de determinado ato, for exigida a apresentação de documento de identificação, a pessoa que fizer a exigência deverá extrair, no prazo de até 5 dias, os dados que interessarem, devolvendo em seguida o documento.

A retenção de qualquer documento de identificação pessoal além do prazo mencionado, somente é possível por ordem judicial.

Capítulo II – Procedimentos Admissionais

Constitui contravenção penal, punível com pena de prisão simples de 1 a 3 meses ou multa, a retenção de qualquer documento.

Quando a infração for praticada por preposto ou agente de pessoa jurídica, considerarse-á responsável quem houver ordenado o ato que ensejou a retenção, a menos que haja, pelo executante, desobediência ou inobservância de ordens ou instruções expressas, quando, então, será este o infrator.

DOCUMENTOS CUJA EXIGÊNCIA É VEDADA

A legislação trabalhista e também a própria Constituição Federal proíbem, taxativamente, a prática de atos discriminatórios. Com base nestes mandamentos, são vários os documentos cuja exigência pode caracterizar ato discriminatório ou obstativo à contratação. Outros têm a sua exigência expressamente vedada pela lei. Dentre eles, os mais comuns são:

a) aqueles que objetivem a comprovação do estado de gravidez ou esterilização de candidata a emprego, tais como: atestados médicos, testes, exames, laudos ou declaração nesse sentido (Lei nº 9.029/1995);

b) certidão negativa de reclamatória trabalhista;

c) declaração de inexistência de filhos menores de 7 anos (visa a não obrigatoriedade da manutenção de creche);

d) comprovação de experiência superior a 6 meses – a CLT, em seu art. 442-A, estabelece que para fins de contratação, o empregador não poderá exigir do candidato a emprego comprovação de experiência prévia por tempo superior a 6 meses no mesmo tipo de atividade.

CARTA DE REFERÊNCIA – CONCESSÃO

A carta de referência (também chamada de carta de apresentação ou de recomendação), cuja finalidade é atestar as qualidades do trabalhador, seu bom comportamento, relacionamento com colegas e superiores, respeito às normas, atribuições, horário de trabalho etc., não é um dos documentos necessários à contratação de qualquer empregado, entretanto, algumas empresas costumam solicitar a sua apresentação a fim de traçar um perfil profissional do futuro empregado.

Considerando inexistir na legislação trabalhista qualquer dispositivo que determine a obrigatoriedade do fornecimento deste documento ao trabalhador, entende-se que a sua concessão é ato volitivo do ex-empregador, isto é, constitui mera liberalidade.

Na hipótese de haver opção pelo fornecimento da carta de apresentação ou de referência, o problema surge quando na vida pregressa profissional do empregado há algum fato que desabone a sua conduta. A questão é saber se tal fato pode ou não ser informado.

A Constituição Federal determina serem invioláveis a intimidade, a vida privada, a honra e a imagem das pessoas e, ainda, assegura o direito à indenização pelo dano material ou moral decorrente da violação desse direito e dispõe ser livre o exercício de qualquer trabalho, ofício ou profissão, desde que atendidas as qualificações profissionais que a lei estabelecer (art. 5º, incisos X e XIII).

Dessa forma, conclui-se que, se houver qualquer fato desabonador à conduta do ex-empregado, mesmo que tal fato possa ser cabalmente comprovado, o ex-empregador não poderá inserir tal informação na carta de referência e, se o fizer, poderá vir a ser judicialmente compelido a ressarcir o trabalhador pelo dano moral causado por essa informação.

Elaboramos, a título de exemplo, o modelo de carta de referência adiante reproduzido.

Capítulo II – Procedimentos Admissionais

CARTA DE REFERÊNCIA

Empresa XYZ

São Paulo, 12 de janeiro de 2021.

Declaramos para os devidos fins que o(a) Sr(a). (nome do empregado), portador(a) da CTPS (número da carteira profissional), série (indicar o número da série), foi nosso(a) empregado (a) no período de (dd/mm/aaaa) a (dd/mm/aaaa), exercendo a função de (especificar a função), sendo que não há em nossos arquivos qualquer fato que desabone sua conduta profissional.

(podese incluir qualidades específicas do empregado(a) se o empregador julgar necessário)

Atenciosamente,

Nome, carimbo e assinatura do empregador

(no lugar do carimbo podese utilizar papel com o timbre da empresa)

ATESTADO DE ANTECEDENTES CRIMINAIS – EXIGÊNCIA – LEGALIDADE

A legalidade da exigência da apresentação do atestado de antecedentes criminais do candidato a emprego, em geral, é discutível, pois este documento não figura entre aqueles de apresentação obrigatória e, pode ainda, gerar a presunção de tratamento discriminatório.

A Constituição Federal/1988 determina em seu art. 5º:

> Art. 5º Todos são iguais perante a lei, sem distinção de qualquer natureza, garantindose aos brasileiros e aos estrangeiros residentes no País a inviolabilidade do direito à vida, à liberdade, à igualdade, à segurança e à propriedade, nos termos seguintes:

> X – são invioláveis a intimidade, a vida privada, a honra e a imagem das pessoas, assegurado o direito a indenização pelo dano material ou moral decorrente de sua violação;

> ....

> XIII – é livre o exercício de qualquer trabalho, ofício ou profissão, atendidas as qualificações profissionais que a lei estabelecer;

O art. 1º da Lei nº 9.029/1995 proíbe qualquer prática discriminatória na relação de emprego, seja admissional ou de manutenção do vínculo empregatício, por motivo de sexo, origem, raça, cor, estado civil, situação familiar ou idade.

A Lei nº 7.115/1983 estabelece que a declaração de bons antecedentes, firmada pelo próprio interessado e sob as penas da lei, presumese verdadeira.

Do anteriormente exposto, concluise que, em geral, a apresentação do atestado de antecedentes criminais é suprida pelo fornecimento de declaração firmada pelo trabalhador nos termos da Lei nº 7.115/1983.

Entretanto, há situações em que as características da atividade a ser exercida justificam a exigência da apresentação do documento em análise, por exemplo, empregados que lidam com cifras elevadas, detenham porte de armas, façam transporte de crianças etc. Nessas hipóteses, a existência de antecedentes criminais do trabalhador constitui informação relevante para a contratação, situações em que, no nosso entender, o documento poderá ser exigido, sem que tal fato caracterize tratamento discriminatório.

Neste sentido, dispõe a Lei nº 7.102/1983, que trata, entre outros, da segurança para estabelecimentos financeiros, estabelece normas para constituição e funcionamento das empresas particulares que exploram serviços de vigilância e de transporte de valores, bem como o Decreto nº 89.056/1983, os quais estabelecem que, para o exercício da profissão de vigilante, o interessado deverá comprovar, entre outros, não ter antecedentes criminais registrados.

EXAME MÉDICO ADMISSIONAL

Antes de admitir o trabalhador na condição de empregado, o empregador deve submetê-lo ao exame médico admissional, a fim de verificar se o mesmo se encontra em condições físicas e mentais de assumir as funções pretendidas.

O exame médico admissional será realizado pelo médico coordenador do Programa de Controle Médico de Saúde Ocupacional (PCMSO) da empresa ou por profissional médico familiarizado com os princípios da patologia ocupacional e suas causas, bem como com o ambiente, as condições de trabalho e os riscos a que será exposto o trabalhador.

Capítulo II – Procedimentos Admissionais　　　　　　　　　　27

Este exame, cujo ônus é integralmente suportado pelo empregador, visa, conforme já vimos, verificar a aptidão física e mental do trabalhador para o exercício do cargo e deve ser realizado antes do início das suas atividades.

O exame compreende:

a) avaliação clínica, abrangendo anamnese (entrevista) ocupacional e exame físico e mental;
b) exames complementares, a critério do médico. Os exames complementares são usados normalmente em patologia clínica para avaliar o funcionamento de órgãos e sistemas orgânicos.

Para cada exame médico realizado, o médico emitirá o Atestado de Saúde Ocupacional (ASO), em 2 vias. A 1ª via ficará arquivada no local de trabalho à disposição da fiscalização do trabalho, e a 2ª via será obrigatoriamente entregue ao trabalhador, mediante recibo na 1ª via.

O ASO deverá conter no mínimo:

a) nome completo do trabalhador, o número de registro de sua identidade e sua função;
b) os riscos ocupacionais específicos existentes, ou a ausência deles, na atividade do empregado, conforme instruções técnicas expedidas pela Secretaria de Segurança e Saúde no Trabalho (SSST);
c) indicação dos procedimentos médicos a que foi submetido o trabalhador, incluindo os exames complementares e a data em que foram realizados;
d) o nome do médico coordenador, quando houver, com respectivo número de inscrição no Conselho Regional de Medicina (CRM);
e) definição de apto ou inapto para a função específica que o trabalhador vai exercer;
f) nome do médico encarregado do exame e endereço ou forma de contato;
g) data e assinatura do médico encarregado do exame e carimbo contendo seu número de inscrição no CRM.

Os dados obtidos nos exames médicos, incluindo avaliação clínica e exames complementares, as conclusões e as medidas aplicadas deverão ser registrados em prontuário clínico individual, que ficará sob a responsabilidade do médico coordenador do PCMSO. Estes registros deverão ser mantidos por período mínimo de 20 anos após o desligamento do trabalhador.

As microempresas e empresas de pequeno porte de grau de risco 1 e 2 e que não expuserem seus trabalhadores a agentes nocivos (físicos, químicos e biológico) e também a riscos relacionados a fatores ergonômicos, ficam dispensadas da elaboração do PCMSO, contudo, continuam obrigadas à realização dos exames médicos e emissão de ASO.

PRESCRIÇÃO

O art. 11 da CLT c/c o art. 7º, XXIX, da Constituição Federal determina que o direito de ação quanto a créditos resultantes das relações de trabalho prescreve em cinco anos para os trabalhadores urbano e rural, até o limite de dois anos após a extinção do contrato. Entretanto, essas disposições não se aplicam às ações que tenham por objeto anotações para fins de prova junto à Previdência Social.

A doutrina e a jurisprudência não são pacíficas quanto ao prazo prescricional para anotações na CTPS, uma vez que essas não constituem crédito por não terem valor econômico. Assim, uma corrente entende que o direito às anotações não prescreve, outros defendem a aplicação dessa prescrição também em relação às anotações.

CAPÍTULO III
REGISTRO DE EMPREGADO

OBRIGATORIEDADE

Nenhum empregado, seja ele brasileiro, estrangeiro, urbano, rural, doméstico, aposentado que retorna à atividade, pode iniciar as suas atividades sem estar devidamente registrado. Portanto, o registro é ato prévio, anterior à prestação dos serviços. O registro do empregado deve ser feito em livro, ficha própria ou sistema eletrônico.

O registro eletrônico do empregado é efetuado por meio das informações prestadas no sistema eSocial e, conterá informações relativas à admissão no emprego, duração e efetividade do trabalho, férias, acidentes e demais circunstâncias que interessem à proteção do trabalhador que deverão ser informados nos prazos constantes da tabela a seguir.

Envio ao eSocial - Prazo	Informações
Até o dia anterior ao início das atividades do trabalhador	a) número no Cadastro de Pessoa Física – CPF; b) data de nascimento; c) data de admissão; d) matrícula do empregado; e) categoria do trabalhador; f) natureza da atividade (urbano/rural); g) código da Classificação Brasileira de Ocupações – CBO; h) valor do salário contratual; e i) tipo de contrato de trabalho em relação ao seu prazo, com a indicação do término quando se tratar de contrato por prazo determinado.

Envio ao eSocial - Prazo	Informações
Até o dia 15 do mês subsequente ao mês em que o empregado foi admitido	a) nome completo, sexo, grau de instrução, endereço e nacionalidade, raça, cor e nome social, este último se requerido pelo empregado; b) descrição do cargo e/ou função; c) descrição do salário variável, quando for o caso; d) nome e dados cadastrais dos dependentes; e) horário de trabalho ou informação de enquadramento no art. 62 da CLT; f) local de trabalho e identificação do estabelecimento/empresa onde ocorre a prestação de serviço; g) informação de empregado com deficiência ou reabilitado, devidamente constatado em exame médico, assim como se está sendo computado na cota de pessoa com deficiência; h) indicação do empregador para o qual a contratação de aprendiz por entidade sem fins lucrativos está sendo computada no cumprimento da respectiva cota; i) identificação do alvará judicial em caso de contratação de trabalhadores com idade inferior à legalmente permitida; j) data de opção do empregado pelo Fundo de Garantia do Tempo de Serviço – FGTS, nos casos de admissão anterior a 1º.10.2015 para empregados domésticos ou anterior a 5.10.1988 para os demais empregados; k) informação relativa a registro sob ação fiscal ou por força de decisão judicial, quando for o caso; l) número do CNPJ do sindicato da categoria preponderante da empresa ou da categoria diferenciada e a data base; m) condição de ingresso no Brasil de trabalhador estrangeiro e se a permanência é por prazo determindo ou indeterminado.

Capítulo III – Registro de Empregado 31

Envio ao eSocial - Prazo	Informações
Até o dia 15 do mês subsequente ao mês em que o empregado foi admitido	n) existência de cláusula de direito recíproco de rescisão e a informação do fato ao qual se vincula o término do contrato a prazo, se for o caso; o) tipo de admissão conforme o eSocial; p) data de ingresso na sucessora, CNPJ da sucedida e matrícula do trabalhador na sucedida em se tratando de transferência.
Até o dia 15 do mês seguinte ao da ocorrência	a) alterações cadastrais e contratuais de que tratam as letras de "e" a "i" do primeiro quadro e letras de "a" a "i" e "l" a "n", do segundo quadro; b) alteração contratual de que trata a letra "i" do primeiro quadro quando houver indeterminação do prazo do contrato originalmente firmado por prazo determinado vinculado a ocorrência de um fato; c) gozo de férias; d) afastamento por acidente ou doença relacionada ao trabalho, com duração não superior a 15 dias; e) afastamentos temporários decorrentes de: benefício por incapacidade permanente, cárcere, cargo eletivo, cessão/requisição, licença maternidade, licença não remunerada, mandato eleitoral, mandato sindical, violência doméstica e familiar, participação no CNPS, qualificação – afastamento por suspensão contratual, representação sindical e serviço militar obrigatório; f) dados de desligamento cujo motivo não gera direito ao saque do FGTS; g) informações relativas ao monitoramento da saúde do trabalhador; h) informações relativas às condições ambientais de trabalho;

Envio ao eSocial - Prazo	Informações
Até o dia 15 do mês seguinte ao da ocorrência	i) transferência de empregados entre empresas do mesmo grupo econômico, consórcio, ou por motivo de sucessão, fusão, incorporação ou cisão de empresas; j) reintegração ao emprego; e k) treinamento, capacitações, exercícios simulados e outras anotações que devam constar no registro de empregados por força das NR.
No 16º dia do afastamento	a) por acidente ou doença relacionados ou não ao trabalho, com duração superior a 15 dias; e b) por acidente ou doença relacionados ou não ao trabalho, com qualquer duração, que ocorrerem dentro do prazo de 60 dias pelo mesmo motivo que gerou a incapacidade e tivram em sua totalidade, duração superior a 15 dias.
De imediato	a) o acidente de trabalho ou doença profissional que resulte morte; e b) afastamento por acidente ou doença relacionados ou não ao trabalho, com qualquer duração, quando ocorrer dentro do prazo de 60 dias do retorno de afastamento anterior pela mesma doença, que tenha gerado recebimento de auxílio-doença.
Até o primeiro dia útil seguinte ao da sua ocorrência	a) o acidente de trabalho e a doença profissional que não resulte morte, e; b) a prorrogação do contrato a prazo determinado, com indicação da data do término.
Até o 10º dia seguinte ao da sua ocorrência	os dados de desligamento com indicação da data e do motivo do desligamento, da data do aviso prévio e, se indenizado, a data projetada.

As informações relativas ao monitoramento da saúde do trabalhador e às condições ambientais do trabalho somente serão exigidas a partir da data da substituição do Perfil Profissiográfico Previdenciário (PPP) em meio papel pelo PPP em meio eletrônico, prevista para janeiro de 2023.

Capítulo III – Registro de Empregado

Portanto, o eSocial só substitui o registro de empregados para as empresas que optaram pelo sistema de registro eletrônico.

A comprovação do registro será feita mediante o número do recibo eletrônico emitido pelo eSocial quando da recepção e validação do evento correspondente, sendo que o registro do empregado deverá ser mantido com as informações corretas e atualizadas, constituindo infração a omissão ou prestação de declaração falsa ou inexata.

Os registros correspondentes, efetuados nos prazos mencionados na tabela anterior, alimentam as anotações na Carteira de Trabalho Digital.

As mencionadas anotações serão disponibilizadas ao trabalhador por meio do aplicativo Carteira de Trabalho Digital ou de página eletrônica específica, após o processamento dos respectivos registros, e constituem prova do vínculo de emprego para o trabalhador, inclusive perante a Previdência Social.

Os empregadores que não optarem pelo registro eletrônico de empregados deverão adequar seus livros ou fichas de registro ao anteriormente mencionado.

O empregado registrado em livro ou ficha e que trabalhar fora do estabelecimento de vinculação, deve receber do empregador um cartão de identificação contendo: nome completo, CPF, cargo e matrícula.

O art. 47 da CLT, na redação da Lei nº 13.467/2017 determina que aquele que desrespeitar a obrigação de registro se sujeita à multa no valor de R$ 3.000,00, por empregado não registrado, dobrado na reincidência

No caso de microempresa ou empresa de pequeno porto, o valor da multa será de R$ 800,00. Na hipótese de não serem informados os dados obrigatórios no registro, a multa será de R$ 600,00 por trabalhador prejudicado.

USO DE CRACHÁ NAS DEPENDÊNCIAS DA EMPRESA

A utilização de crachá de identificação é um item de segurança normalmente adotado em empresas de médio e grande portes ou naquelas em que o trânsito de pessoas é grande. É comum a sua utilização para liberação do acesso dos empregados à própria empresa ou a alguns setores da empresa onde o trânsito de pessoas é restrito a apenas parte dos empregados. Muitas empresas utilizam também o crachá para controlar o acesso de visitantes. Portanto, a cada dia, a utilização desse emblema se torna mais usual e aceita por todos.

Para instituir o uso obrigatório de crachá de identificação, se este não constar do regulamento interno da empresa ou do documento coletivo de trabalho, o empregador deverá comunicar previamente o fato aos empregados, colhendo no documento as respectivas assinaturas.

O modelo do crachá dependerá das necessidades de cada empresa, podendo constar os seguintes elementos:

a) foto do trabalhador;
b) nome da empresa;
c) nome completo do trabalhador e cargo;
d) estabelecimento ou setor onde trabalha;
e) número do CPF.

Se a utilização obrigatória do crachá de identificação constar do regulamento interno da empresa, do documento coletivo de trabalho da categoria profissional respectiva ou, ainda, do próprio contrato de trabalho, o seu uso é condição previamente pactuada não podendo o trabalhador recusar-se a cumprir o que foi acordado.

Se a utilização do crachá tiver sido determinada após a contratação, por tratar-se de item de segurança, o empregado também estará obrigado a utilizá-lo, exceto se apresentar justificativa plausível para a não utilização.

READMISSÃO DE EMPREGADO

É comum ocorrer a contratação de empregado para trabalhar na mesma empresa onde anteriormente já prestou serviços. Tal prática não encontra óbice na legislação.

Entretanto, alguns cuidados devem ser tomados a fim de evitar consequências desagradáveis para a empresa e para o trabalhador.

A fiscalização do trabalho com o objetivo de coibir a prática de dispensas fictícias, seguidas de recontratação, com o propósito de facilitar o levantamento dos depósitos da conta vinculada do trabalhador no Fundo de Garantia do Tempo de Serviço (FGTS), estabelece que:

a) considerase fraudulenta a rescisão seguida de recontratação ou de permanência do trabalhador em serviço quando ocorrida dentro dos 90 dias subsequentes à data em que formalmente a rescisão se operou;

Capítulo III – Registro de Empregado

b) constatada a prática de rescisão fraudulenta, o agente de inspeção do trabalho deverá:

- levantar todos os casos de rescisão ocorridos nos últimos vinte e quatro meses para verificar se existem mais hipóteses que podem ser autuadas pelo mesmo motivo;

- verificar, também, a possibilidade de ocorrência de fraude ao seguro-desemprego, hipótese em que será concomitantemente aplicada a sanção prevista no art. 25 da Lei nº 7.998/1990.

O empregador tem a faculdade de incluir no Regulamento Interno da empresa cláusulas restritivas à recontratação de empregados, como, por exemplo, a proibição de readmissão de empregados demitidos por justa causa.

CÔMPUTO DO TEMPO DE SERVIÇO

No tempo de serviço do empregado, quando readmitido, serão computados os períodos, ainda que não contínuos, em que tiver trabalhado anteriormente na empresa, salvo se houver sido despedido por falta grave ou recebido indenização legal.

A esse respeito o Tribunal Superior do Trabalho (TST) determina:

Súmula nº 138

Em caso de readmissão, contase a favor do empregado o período de serviço anterior encerrado com a saída espontânea (ex-prejulgado nº 9).

Súmula nº 156

Da extinção do último contrato começa a fluir o prazo prescricional do direito de ação em que se objetiva a soma de períodos descontínuos de trabalho (ex-Prejulgado nº 31).

Do exposto, concluise que tendo havido a ruptura contratual com o pagamento das indenizações legais (férias proporcionais, 13º salário proporcional etc.), caso ocorra a recontratação do ex-empregado o tempo de serviço anterior não será considerado no novo contrato.

O art. 133, inciso I da CLT determina que não perderá o direito a férias o empregado que, no curso do período aquisitivo, deixar o emprego e for readmitido dentro de 60 dias subsequentes à sua saída. Entretanto, desde a publicação da Súmula nº 261 do TST, o empregado que se demite antes de completar 12 meses de serviço passou a ter direito ao pagamento das férias proporcionais, havendo, portanto, também neste caso, o pagamento de indenização.

CONTRATOS POR PRAZO DETERMINADO

O empregador deve observar que, de acordo com a CLT, todo contrato que suceder, dentro de 6 meses, a outro contrato por prazo determinado, salvo se a extinção dependeu da execução de serviços especializados ou da realização de certos acontecimentos, como, por exemplo, o contrato de safra, é considerado por prazo indeterminado.

A execução de serviços especializados normalmente é objeto de contrato por prazo determinado, pois os trabalhos a serem realizados são excepcionais em relação à atividade do empregador.

Portanto, o contrato de experiência não está contido nas exceções mencionadas e, em consequência, se efetuado com o mesmo empregado dentro dos 6 meses seguintes ao término do anterior, será tido como por prazo indeterminado para os efeitos legais.

CONTRATO POR PRAZO DETERMINADO (LEI Nº 9.601/1998)

A Lei nº 9.601/1998, estabelece que as convenções e os acordos coletivos de trabalho poderão instituir contrato de trabalho por prazo determinado que:

a) será válido, independentemente das condições previstas no § 2º do art. 443 da CLT, em qualquer atividade desenvolvida pela empresa ou estabelecimento, para admissões que representem acréscimo no número de empregados;

b) em relação ao mesmo empregado, o contrato por prazo determinado será de no máximo 2 anos, permitindo-se dentro desse período sofrer sucessivas prorrogações, sem que passe a vigorar por prazo indeterminado. Note-se que o empregador terá de aguardar o intervalo de 6 meses entre a data do término do contrato e o novo para contratar o mesmo trabalhador;

c) o contrato por prazo determinado poderá ser sucedido por outro por prazo indeterminado.

REGISTROS

A recontratação obriga o empregador a observar todos os procedimentos estabelecidos na legislação para o registro de empregado, tais como anotações nas folhas, fichas de registro ou registro eletrônico, na

Capítulo III – Registro de Empregado

CTPS do empregado, contrato de trabalho etc., pois a situação exige o tratamento relativo à admissão de um novo empregado.

A RECONTRATAÇÃO E O CONTRATO DE EXPERIÊNCIA

O contrato de experiência objetiva o mútuo conhecimento das partes, quer no tocante ao desempenho funcional do empregado, quer na adaptação, integração e nas condições de trabalho, aspectos analisados durante o prazo inicial da relação de emprego mantida entre empregado e empregador.

A pessoalidade é fator fundamental para a continuidade do contrato. A empresa, durante o referido período, está analisando o comportamento profissional e a potencialidade produtiva daquele determinado empregado.

Dessa forma, ocorrendo a ruptura contratual e sendo o ex-empregado recontratado em curto prazo, para o exercício da mesma função que exercia anteriormente, não há que se falar em novo contrato de experiência, uma vez que o objetivo deste já teria sido atingido, ou seja, as partes (empregado e empregador) já se avaliaram.

Entretanto, caso a recontratação observe um prazo considerável que justifique a alteração no comportamento do trabalhador ou nas condições de trabalho, ou ainda, se trate do exercício de função diversa daquela exercida anteriormente, entendese ser cabível o contrato de experiência.

RESCISÃO CONTRATUAL SEGUIDA DE READMISSÃO DO EMPREGADO COM SALÁRIO INFERIOR

A Constituição Federal assegura ao empregado a irredutibilidade salarial. Dessa forma, o empregador não pode, legalmente, dispensar o empregado e logo a seguir ou depois de um curto período recontratá-lo com o objetivo de proceder à redução salarial.

A CLT estabelece ser nulo de pleno direito o ato praticado com o objetivo de desvirtuar, impedir ou fraudar a aplicação dos seus preceitos.

A redução salarial do trabalhador somente será legalmente possível mediante negociação coletiva. Portanto, caso a empresa necessite adotar tal prática, deverá negociá-la com o sindicato representativo da categoria profissional respectiva, o qual, mediante convenção ou acordo coletivo, poderá autorizar a redução, observadas as determinações legais.

Se ficar evidenciado que a dispensa seguida da recontratação do trabalhador se deu com o objetivo de reduzir a remuneração, a rescisão efetuada poderá, em eventual fiscalização ou ação judicial, vir a ser considerada nula, ficando ainda a empresa passível de autuação por parte da fiscalização do trabalho.

RISCOS NA CONTRATAÇÃO DE EX-EMPREGADOS COMO PRESTADORES DE SERVIÇO

Algumas empresas, com o objetivo de diminuir custos, otimizar o trabalho etc., optam por dispensar seus vendedores e *in continenti* recontratá-los na condição de prestadores de serviços.

Dessa forma, aqueles trabalhadores, que até então eram empregados, são dispensados sem justa causa com o pagamento de todos os direitos trabalhistas cabíveis e, posteriormente, são recontratados na condição de autônomos ou representantes comerciais (pessoa física ou jurídica) para a prestação da mesma atividade, ou seja, a realização de vendas.

Ante esse cenário, é comum a dúvida acerca da licitude dessa prática, bem como dos riscos que a contratante corre no que concerne ao direito do trabalho.

Para a solução da questão, é importante analisarmos as diferenças conceituais entre as figuras do empregado, do trabalhador autônomo e do representante comercial autônomo.

Autônomo, como o próprio nome indica, é o trabalhador que assume o ônus da própria atividade e desempenha seu ofício com autonomia, sem que haja uma subordinação típica a outrem, podendo livremente adotar diversos procedimentos disponíveis na execução do seu trabalho. Ainda que o autônomo preste serviços de forma contínua e a apenas um tomador, tal fato não caracteriza a qualidade de empregado.

Essas características e condições dependerão de cada situação fática e estarão sujeitas a uma eventual análise da fiscalização trabalhista, competindo, definitivamente ao Poder Judiciário, se intentada ação nesse sentido, a incumbência de declarar se o trabalho executado é em caráter autônomo ou com vínculo empregatício.

Para a caracterização do vínculo empregatício, exigem-se os seguintes requisitos:

Capítulo III – Registro de Empregado

a) prestação de serviço de natureza não eventual a empregador;
b) pessoalidade;
c) subordinação hierárquica;
d) pagamento de salário.

A representação comercial autônoma (contrato de agência), nos termos da Lei nº 4.886/1965, é exercida por pessoa jurídica ou pessoa física, sem relação de emprego, que desempenha, em caráter não eventual por conta de uma ou mais pessoas, a mediação para realização de negócios mercantis, agenciando propostas ou pedidos, para transmiti--los aos representados, podendo praticar ou não atos relacionados com a execução dos negócios.

Da análise dos mencionados conceitos, constata-se que há semelhança entre as atividades do autônomo e as do representante comercial autônomo (agente), posto que ambos exercem a sua atividade com autonomia, sem pessoalidade, embora esse último deva atender às disposições da Lei nº 4.886/1965, enquanto que, para os autônomos em geral, não há lei específica que regulamente a atividade. Entretanto, essas duas figuras não se confundem, tampouco se assemelham à figura do empregado, o qual se subordina ao empregador.

Os arts. 9º e 444 da CLT determinam, respectivamente, serem nulos de pleno direito os atos praticados com o objetivo de desvirtuar, impedir ou fraudar a aplicação dos preceitos contidos na consolidação, e que as relações contratuais de trabalho podem ser objeto de livre estipulação das partes interessadas em tudo quanto não contravenha às disposições de proteção ao trabalho, aos contratos coletivos que lhe sejam aplicáveis e às decisões das autoridades competentes.

Ante o exposto, entendemos que no caso de a empresa rescindir o contrato de trabalho dos seus empregados e, *in continenti*, ou sem solução de continuidade no exercício das respectivas atividades os recontrata, seja na condição de autônomo ou representante comercial autônomo (agente), permanecendo esses no exercício das funções que até então exerciam na condição de empregado (vinculados a uma supervisão, ao cumprimento de metas, produção mínima, obrigados a comparecer à empresa para participar de reuniões diárias ou semanais, treinamentos, obrigados a visitar clientes predeterminados etc.), estarão caracterizadas a interferência, a supervisão e a consequente subordinação à contratante, elementos esses que determinam o reconhecimento da continuidade do vínculo empregatício.

Portanto, nessas condições, os contratos de prestação de serviços autônomos ou de representação comercial (contrato de agência) firmados são considerados nulos de pleno direito, persistindo o contrato de emprego indevidamente rescindido.

Por outro lado, tendo havido a ruptura dos contratos de trabalho e a contratação dos ex-empregados na condição de autônomos ou representantes comerciais autônomos (agentes), desde que esses passem a exercer a nova atividade com total autonomia, podendo fazer-se substituir por outrem, sem qualquer interferência, controle, ou supervisão da contratante, assumindo os ônus da atividade, não há que se falar em continuidade do vínculo de emprego, posto que nessa relação não se verificam os elementos caracterizadores do vínculo empregatício.

CADASTRO GERAL DE EMPREGADOS E DESEMPREGADOS (CAGED)

As empresas que admitirem, dispensarem ou transferirem empregados regidos pela Consolidação das Leis do Trabalho estão obrigadas a comunicar o fato mensalmente à Secretaria do Trabalho. Esta obrigação era feita por meio da relação denominada Cadastro Geral de Empregados e Desempregados (CAGED).

Entretanto, a mencionada obrigação já foi substituída pelo e.Social. Assim, não há mais que se falar em envio do Caged.

CAPÍTULO IV
CONTRATO DE TRABALHO

CONCEITO

O contrato de trabalho é o ato jurídico que retrata a relação de emprego. Gera direitos e obrigações para as partes envolvidas (empregado e empregador) desde o momento da sua celebração, o qual pode ser tácito ou expresso, ou seja, o contrato pode ser firmado por escrito ou verbalmente.

PROIBIÇÃO DE EXIGÊNCIA DE EXPERIÊNCIA SUPERIOR A 6 MESES

A CLT, em seu art. 442-A, proíbe ao empregador exigir do candidato ao emprego a comprovação de experiência prévia por tempo superior a 6 meses no mesmo tipo de atividade.

DURAÇÃO

O contrato de trabalho pode ser firmado por prazo determinado ou indeterminado ou para prestação de trabalho intermitente. Será por prazo indeterminado o contrato celebrado sem termo final definido, ou seja, o tempo de duração é estipulado para prolongar-se pelo tempo que as partes desejarem, não havendo qualquer limite para a sua vigência.

Já o contrato de trabalho por prazo determinado tem seu termo final previamente fixado, ou então, tem a sua vigência dependente da execução de serviços especificados, ou ainda, da realização de certo acontecimento suscetível de previsão aproximada.

Entretanto, o contrato de trabalho a prazo determinado não depende exclusivamente da vontade das partes. Para a sua execução é necessário a verificação das circunstâncias legais que o autorizam. São elas:

a) serviço cuja natureza ou transitoriedade justifique a predeterminação do prazo;

42 DEPARTAMENTO DE PESSOAL MODELO

b) atividades empresariais de caráter transitório (retrata o exercício por um curto período de uma atividade que não é habitual na empresa);
c) contrato de experiência.

A legislação só autoriza a realização de contrato de trabalho a prazo, na ocorrência das hipóteses mencionadas nas letras de "a" a "c".

Exemplos de contratos de trabalho a prazo determinado:

1) atividade cuja natureza ou transitoriedade justifique a predeterminação do prazo:

- indústria de fogos de artifício contrata trabalhadores para vender os mencionados fogos por ocasião dos festejos juninos;

- fábricas de panetones contrata vendedores para vender o mencionado produto no final do ano;

2) atividade empresarial de caráter transitório:

- contratação de intérpretes para a realização anual de feira internacional;

- contratação de demonstradoras para apresentação de produtos novos em supermercados;

3) contrato de experiência – é também chamado de contrato de prova. A finalidade do contrato de experiência é permitir o mútuo conhecimento entre os contratantes. Neste período, a empresa observa o desempenho funcional do empregado na execução de suas atribuições e o empregado, por sua vez, analisa as condições de trabalho oferecidas e sua adaptação e integração às mesmas e ao ambiente de trabalho.

O contrato a prazo determinado terá duração de, no máximo:

a) 2 anos; ou
b) 90 dias, em caso de contrato de experiência.

PRORROGAÇÃO – POSSIBILIDADE

Nos contratos a prazo determinado, é permitida apenas uma prorrogação. Desta forma, firmado o contrato por um determinado período pode-se prorrogá-lo por mais um prazo, desde que a soma dos dois não ultrapasse a 2 anos.

Capítulo IV – Contrato de Trabalho   43

Tratando-se de contrato de experiência, admite-se também uma só prorrogação, e, neste caso, a soma dos dois períodos não poderá ultrapassar 90 dias.

O contrato de trabalho por prazo determinado que, tácita ou expressamente, for prorrogado mais de uma vez passará a vigorar sem determinação de prazo.

Todo contrato que suceder, dentro de 6 meses, a outro por prazo determinado, será considerado por prazo indeterminado, salvo se a expiração daquele dependeu da execução de serviços especializados ou da realização de certos acontecimentos.

Exemplos:

Prorrogação de contrato de experiência:

a) empregado com contrato de experiência de 45 dias pode tê-lo prorrogado por mais 45 dias;

b) o contrato de experiência inicialmente firmado por 30 dias pode ser prorrogado por mais 60 dias ou por um prazo menor.

Observar que o período prorrogado somado ao transcorrido não pode ultrapassar 90 dias corridos (prazo legal), ou período inferior fixado em documento coletivo de trabalho, se for o caso.

CONTRATO A PRAZO NOS TERMOS DA LEI Nº 9.601/1998

Caracteriza-se como contrato por prazo determinado, nos termos da Lei nº 9.601/1998, aquele firmado para admissões que representem acréscimo no número de empregados, cuja celebração deve contar com a participação obrigatória do sindicato representativo da respectiva categoria profissional, não sendo possível à empresa celebrá-lo diretamente com o empregado, sob pena da perda de sua eficácia plena. Admite-se sua implantação em qualquer atividade desenvolvida pela empresa ou estabelecimento, independentemente dos requisitos previstos na Consolidação das Leis do Trabalho, art. 443, § 2º.

O mencionado contrato tem duração máxima de 2 anos e pode sofrer, dentro deste período, sucessivas prorrogações.

SUSPENSÃO E INTERRUPÇÃO DO CONTRATO DE TRABALHO

A extinção do contrato de trabalho se dá quando deixa de existir o vínculo que une empregado e empregador.

Todavia, existem determinadas situações que, embora não dissolvam essa relação, implicam a paralisação total ou parcial do contrato, isto é, embora o contrato continue a existir, todas ou algumas de suas cláusulas deixam de surtir efeito, temporariamente, ocorrendo a suspensão ou a interrupção do contrato de trabalho.

Quando ocorre a paralisação total do contrato, dizse que há suspensão. Quando a paralisação é parcial, isto é, quando somente uma ou algumas das cláusulas do contrato deixam de vigorar, dizse que há interrupção.

Exemplo

O empregado adoece e entra em gozo de benefício por incapacidade temporária (antigo auxílio-doença previdenciário). Nesta hipótese, ocorre

a) interrupção do contrato nos 15 primeiros dias de afastamento, pois a cláusula contratual que obriga o empregado a prestar serviços fica paralisada apesar de o empregador ser obrigado a pagar os valores relativos ao respectivo período; e

b) suspensão do contrato a partir do 16º dia de afastamento da atividade, pois todas as cláusulas do contrato ficam paralisadas enquanto o empregado estiver recebendo o benefício previdenciário e não retornar às atividades.

EFEITOS DA SUSPENSÃO NO CONTRATO – RETORNO DO EMPREGADO – GARANTIAS

Na suspensão do contrato de trabalho, todas as suas cláusulas deixam de vigorar. Assim, o principal efeito dessa situação é que, durante este período, o empregador não paga salários, e o empregado não presta serviços.

Deixando de existir o motivo que determinou a suspensão do contrato, é assegurado ao empregado o retorno ao cargo que exercia na empresa anteriormente e, ainda, lhe são garantidas todas as vantagens que,

Capítulo IV – Contrato de Trabalho

durante sua ausência, tenham sido atribuídas à categoria a que pertencia na empresa.

Assim, se durante a suspensão do contrato, surgiram novas vantagens à categoria do empregado, quer decorrentes de lei, acordo ou convenção coletiva, sentença normativa ou, até mesmo por espontaneidade do empregador, o empregado será beneficiado, da mesma forma que os demais empregados.

GREVE

Observadas as disposições previstas na Lei nº 7.783/1989, a participação em greve suspende o contrato de trabalho, devendo as relações obrigacionais durante o período serem regidas por acordo, convenção, laudo arbitral ou decisão da Justiça do Trabalho.

É vedada a rescisão do contrato de trabalho durante a greve, bem como a contratação de trabalhadores substitutos.

CONTRATOS POR PRAZO DETERMINADO

Nos contratos por prazo determinado, o tempo de afastamento, se assim acordarem as partes interessadas, não será computado na contagem do prazo para a respectiva terminação. Nesta situação, ocorrerá a suspensão do contrato de trabalho.

PARTICIPAÇÃO DO EMPREGADO EM CURSO OU PROGRAMA DE QUALIFICAÇÃO PROFISSIONAL OFERECIDO PELO EMPREGADOR

O contrato de trabalho poderá ser suspenso, por um período de 2 a 5 meses, para participação do empregado em curso ou programa de qualificação profissional oferecido pelo empregador.

Tal suspensão deverá estar prevista em convenção ou acordo coletivo de trabalho com o consentimento formal do empregado.

Observese que o contrato de trabalho não poderá ser suspenso mais de uma vez no período de 16 meses, para efeito da qualificação profissional do empregado.

Após a autorização concedida por intermédio de convenção ou acordo coletivo, o empregador deverá notificar o respectivo sindicato com antecedência mínima de 15 dias da suspensão contratual.

O empregador poderá conceder ao empregado ajuda compensatória mensal, sem natureza salarial, durante o período da suspensão contratual (2 a 5 meses), com valor a ser definido em convenção ou acordo coletivo.

O empregado, no período em que estiver participando de curso ou programa de qualificação profissional, fará jus aos benefícios voluntariamente concedidos pelo empregador. Exemplo: concessão de reajustes salariais voluntários.

Se ocorrer a dispensa do empregado no transcurso do período de suspensão contratual ou nos 3 meses subsequentes ao seu retorno ao trabalho, o empregador pagará ao empregado, além das parcelas indenizatórias previstas na legislação em vigor, multa a ser estabelecida em convenção ou acordo coletivo, sendo de, no mínimo, 100% sobre o valor da última remuneração mensal anterior à suspensão do contrato.

Se durante a suspensão do contrato não for ministrado curso ou programa de qualificação profissional ou o empregado permanecer trabalhando para o empregador, ficará descaracterizada a suspensão e o empregador ficará sujeito ao pagamento imediato dos salários e dos encargos sociais referentes ao período, às penalidades cabíveis previstas na legislação em vigor, bem como às sanções previstas em convenção ou acordo coletivo.

O prazo-limite (2 a 5 meses) poderá ser prorrogado mediante:

a) convenção ou acordo coletivo de trabalho;
b) consentimento formal do empregado.

O ônus correspondente ao valor da bolsa de qualificação profissional no respectivo período de prorrogação da suspensão contratual é do empregador.

EFEITOS DA INTERRUPÇÃO NO CONTRATO DE TRABALHO

Na interrupção, a paralisação do contrato é parcial, isto é, embora continue a existir, o contrato não se opera em sua plenitude. Assim, há uma simples interrupção na prestação de serviços pelo empregado, prevalecendo, para o empregador, a obrigatoriedade de pagar os salários, no todo ou em parte.

Se subsiste o pagamento dos salários, evidentemente, todas as vantagens atribuídas à categoria do empregado na empresa ser-lhe-ão asseguradas, principalmente aquelas que dizem respeito à alteração salarial. Por

Capítulo IV – Contrato de Trabalho

outro lado, o período de interrupção do contrato é computado, normalmente, no tempo de serviço do empregado, para todos os efeitos legais.

São casos de interrupção do contrato de trabalho, entre outros:

a) prestação de serviço militar obrigatório: embora sem pagamento de salários, este período é computado como tempo de serviço, além de serem devidos os depósitos do FGTS;

b) acidente do trabalho: embora sem pagamento de salários, o período também é computado como de serviço efetivo, sendo devidos os depósitos do FGTS e o pagamento do salário-família;

c) ausência por motivo de doença até o 15º dia: tais ausências são computadas como tempo de serviço, devendo ser pagos os respectivos salários;

d) licença remunerada;

e) período em que não houver serviço na empresa, por culpa ou responsabilidade dela: os salários correspondentes deverão ser pagos, e o período computado no tempo de serviço;

f) férias: o período é computado como de serviço efetivo, devendo ser pagos os salários correspondentes;

g) licença da gestante: durante este período, são assegurados à empregada o emprego, os salários correspondentes e cômputo do respectivo período no tempo de serviço;

h) suspensão do empregado estável, por motivo de ajuizamento de inquérito para apuração de falta grave, quando a ação for julgada improcedente: esse período é computado no tempo de serviço do empregado, sendo devidos os respectivos salários;

i) ausências legais: são computadas como de serviço efetivo, sendo devidos, também, os salários respectivos;

j) quando o empregado for afastado do serviço, por requisição de autoridade competente, em razão de motivo que interesse à segurança nacional, até 90 dias: durante esse período, que é computado no tempo de serviço, os salários são pagos pelo empregador;

k) repouso semanal e feriados: computase o tempo de serviço, devendo ser paga a remuneração correspondente;

l) testemunha, júri e comparecimento a juízo como parte: as ausências são consideradas como de serviço efetivo, devendo ser pagos os salários correspondentes.

CONTRATO DE EXPERIÊNCIA

Contrato de experiência, conforme já vimos, tem por objetivo permitir às partes o mútuo conhecimento. Neste período, o empregador observa o empregado no tocante ao seu desempenho técnico, comportamental, sua adaptação ao ambiente de trabalho, relações interpessoais etc. e o empregado, por sua vez, irá analisar as condições de trabalho que lhe são oferecidas, sua adaptação ao ambiente, convívio com superiores hierárquicos e colegas etc.

Neste contrato, serão estabelecidas as cláusulas relativas às relações de trabalho, como salário, cargo, função, horas de trabalho etc., e fixada também a data em que ocorrerá a sua extinção, que não poderá exceder os limites fixados em lei (90 dias no máximo). O documento coletivo de trabalho da categoria profissional respectiva (acordo, convenção ou sentença normativa) pode estabelecer limite inferior.

PRORROGAÇÃO DO CONTRATO

Tratandose de contrato de experiência, admitese uma só prorrogação, e a soma dos dois períodos (inicial mais prorrogado) não pode ultrapassar 90 dias, ou prazo inferior se houver previsão nesse sentido no documento coletivo de trabalho da categoria profissional respectiva.

A prorrogação deve:

a) ser assinada por ambas as partes, não sendo suficiente somente a previsão de prorrogação no contrato; e

b) ser expressa, sob pena de o contrato passar a vigorar por prazo indeterminado se houver a continuidade da prestação de serviços sem a formalização da prorrogação.

Não obstante o anteriormente exposto, ressaltamos que algumas decisões judiciais têm aceitado como válidas cláusulas de prorrogação automática constante de contrato de experiência.

EXTINÇÃO DO CONTRATO

Atingido o prazo final previamente fixado, o contrato de experiência se extingue automaticamente pelo decurso do respectivo prazo.

Se qualquer das partes (empregador ou empregado) não se manifestar acerca do término do contrato, no dia imediato ao termo final previsto, o contrato passa a vigorar por prazo indeterminado.

Capítulo IV – Contrato de Trabalho　　　　　　　　　　　　　　　49

Desta forma, caso o empregador não pretenda dar continuidade ao contrato deverá observar o seguinte:

 a) comunicar o fato ao empregado até o último dia útil do contrato de experiência, evitando o comparecimento do trabalhador ao serviço no dia seguinte ao término do prazo;

 b) impedir a compensação de horas de trabalho relativa a dia(s) que recaia(m) após o término da experiência.

Caso o empregado não deseje a continuidade do vínculo, deve, da mesma forma, comunicar sua decisão ao empregador, até o último dia de trabalho, bem como não trabalhar no período que se destina à compensação da jornada de trabalho relativa aos dias que recaiam após a extinção da experiência.

Reproduzimos a seguir, a título de exemplo, um modelo de comunicação por parte do empregador.

Empregado:

Seção/Depto.:

Comunicamos a V. Sª que seu contrato de experiência termina nesta data.

Não havendo interesse de nossa parte na continuidade do contrato de trabalho, solicitamos o seu comparecimento ao Depto. de Pessoal da empresa às _____ horas do dia _____/_____/_____ (primeiro dia útil imediatamente ao término do contrato) para o pagamento das parcelas rescisórias devidas.

_____, _____ de _____ de _____.

(Local e data)

_____

(empregador)

_____

(empregado)

RESCISÃO ANTECIPADA – POSSIBILIDADE

Qualquer das partes pode proceder à rescisão antecipada do contrato de experiência.

Neste tipo de contrato, não é devido o aviso-prévio, ou seja, a parte que quiser romper o contrato não está obrigada a avisar à outra parte da sua intenção com antecedência mínima de 30 dias. O pré-aviso é devido nos contratos a prazo indeterminado.

Entretanto, quando o contrato a prazo determinado, inclusive o de experiência, contiver cláusula assecuratória de direito recíproco de rescisão antecipada, e esse direito for exercido, o aviso-prévio de, no mínimo, 30 dias passa a ser devido pela parte que exercer o direito. Nesse caso, aplicam-se ao contrato os princípios que regem a rescisão dos contratos por prazo indeterminado.

RUPTURA CONTRATUAL POR INICIATIVA DO EMPREGADOR – INDENIZAÇÃO (CLT, ART. 479)

Inexistindo cláusula assecuratória do direito recíproco de rescisão antecipada, o empregador, que despedir o empregado sem justa causa, fica obrigado ao pagamento de indenização igual à metade da remuneração a que o empregado teria direito até o término do contrato.

Capítulo IV – Contrato de Trabalho   51

Exemplos

a) Empregado admitido no dia 1º.10, com contrato de experiência de 60 dias, é dispensado, sem justa causa, após 20 dias de sua vigência, não havendo cláusula que preveja o direito recíproco de rescisão antecipada do contrato.

Nesta hipótese, o empregador deve pagar, além das verbas rescisórias cabíveis, a título de indenização, a metade da remuneração a que o empregado teria direito até o término normal do contrato. Assim, temse:

Remuneração em outubro = R$ 1.550,00

Prazo do contrato = 60 dias

Período de vigência = 20 dias

Remuneração a que o empregado teria direito nos 40 dias restantes = R$ 2.048,43

Indenização devida = R$ 1.024,21 (R$ 2.048,43 ÷ 2)

b) Empregado admitido no dia 1º.11, com contrato de experiência de 45 dias, é dispensado, sem justa causa, após 30 dias de sua vigência, não havendo cláusula que preveja o direito recíproco de rescisão antecipada do contrato.

Nesta hipótese, o empregador deve pagar, além das verbas rescisórias cabíveis, a título de indenização, a metade da remuneração a que o empregado teria direito até o término normal do contrato. Assim, temse:

Remuneração em novembro = R$ 1.240,00

Prazo do contrato = 45 dias

Período de vigência = 30 dias

Remuneração a que o empregado teria direito nos 15 dias restantes = R$ 600,00

Indenização devida = R$ 300,00 (R$ 1.240,00 ÷ 31 x 15 ÷ 2)

A indenização não é computada para fins de pagamento de férias e 13º salário proporcionais.

Caso haja no contrato de trabalho cláusula assecuratória de direito recíproco de rescisão antecipada, é obrigatório o pagamento do aviso--prévio de, no mínimo, 30 dias, mais o correspondente acréscimo de 1/12 no 13° salário e nas férias proporcionais, situação em que não será devida a indenização mencionada anteriormente.

RUPTURA CONTRATUAL MOTIVADA PELO EMPREGADO – INDENIZAÇÃO

No caso de rescisão antecipada de contrato sem justa causa, motivada pelo empregado, este ficará obrigado a indenizar o empregador dos prejuízos resultantes da ruptura contratual. Entretanto, a indenização não poderá exceder àquela a que o empregado teria direito em idênticas condições.

A Justiça do Trabalho tem exigido a comprovação dos efetivos prejuízos por meio de documentos, não bastando a simples alegação do empregador de que a rescisão resultou em prejuízo para a empresa.

CONTRATOS SUCESSIVOS – INTERVALO SUPERIOR A 6 MESES – CELEBRAÇÃO

Conforme já mencionado anteriormente, é considerado por prazo indeterminado todo contrato que suceder, dentro de 6 meses, a outro contrato por prazo determinado.

VERBAS RESCISÓRIAS DEVIDAS AO EMPREGADO NA RUPTURA DO CONTRATO DE EXPERIÊNCIA

1. Extinção automática

Na extinção automática do contrato de experiência, serão devidas aos empregados as seguintes verbas rescisórias:

a) saldo de salário;
b) férias proporcionais;
c) 1/3 sobre as férias;
d) 13° salário proporcional;
e) depósito e liberação do FGTS com código 04, se for o caso.

Capítulo IV – Contrato de Trabalho   53

2. Rescisão antecipada, sem justa causa, por iniciativa do empregador

2.1. Contrato sem cláusula de direito recíproco de rescisão

a) saldo de salário;
b) férias proporcionais;
c) 1/3 sobre as férias;
d) 13º salário proporcional;
e) depósito e liberação do FGTS com código 01, se for o caso;
f) 40% sobre o FGTS;
g) indenização do art. 479 da CLT;
h) seguro-desemprego.

Somente tem direito ao seguro-desemprego, no caso de contrato de experiência, o empregado que for dispensado antecipadamente, sem justa causa, hipótese em que o FGTS é liberado com o código 01.

Nos termos da Lei nº 9.491/1997, art. 31, regulamentada pelo Decreto nº 2.430/1997, ficou estabelecido que os valores relativos aos depósitos referentes ao mês da rescisão e ao imediatamente anterior que ainda não tenham sido recolhidos, bem como a importância igual a 40% (despedida sem justa causa ou indireta), ou 20% (culpa recíproca ou força maior) do montante de todos os depósitos realizados na conta vinculada do FGTS, durante a vigência do contrato de trabalho, atualizados monetariamente e acrescidos dos respectivos juros, devem ser depositados na conta vinculada do trabalhador no FGTS.

2.2. Contrato com cláusula de direito recíproco de rescisão antecipada

Nos contratos de experiência com cláusula assecuratória do direito recíproco de rescisão antecipada, caso haja a ruptura contratual antes do prazo, sem justa causa, e por iniciativa do empregador, o empregado fará jus a:

a) saldo de salário;
b) férias proporcionais;
c) 1/3 sobre as férias;

DEPARTAMENTO DE PESSOAL MODELO

d) 13º salário proporcional;
e) depósito e liberação do FGTS com código 01, se for o caso;
f) 40% sobre o FGTS;
g) aviso-prévio;
h) seguro-desemprego.

3. Rescisão antecipada, sem justa causa, por iniciativa do empregado

3.1. Contrato sem cláusula de direito recíproco de rescisão

a) saldo de salário;
b) 13º salário proporcional;
c) férias proporcionais;
d) 1/3 sobre as férias;
e) depósito do FGTS.

Nesta hipótese, o empregado fica com a obrigação de indenizar o empregador (CLT, art. 480), se for o caso.

3.2. Contrato com cláusula de direito recíproco de rescisão antecipada

Nos contratos de experiência com cláusula assecuratória de direito recíproco de rescisão antecipada, caso haja a ruptura contratual antes do prazo, sem justa causa, e por iniciativa do empregado, ele fará jus a:

a) saldo de salário;
b) 13º salário proporcional;
c) férias proporcionais;
d) 1/3 sobre as férias;
e) depósito do FGTS.

Nesta hipótese, o empregado tem a obrigação de conceder o aviso-prévio de 30 dias ao empregador ou indenizá-lo.

4. Rescisão antecipada por culpa recíproca

a) saldo de salário;
b) depósito e liberação do FGTS com código 02, se for o caso;
c) 20% sobre o FGTS;
d) aviso-prévio (*);
e) férias proporcionais (*);
f) 1/3 sobre as férias;

Capítulo IV – Contrato de Trabalho

g) 13º salário (*);
h) 50% da indenização do art. 479 da CLT.

> (*) Se no contrato de trabalho houver cláusula assecuratória do direito recíproco de rescisão antecipada, e esta for utilizada, devese aplicar os princípios da rescisão dos contratos a prazo indeterminado, inclusive com direito ao aviso-prévio.

(*) A Súmula nº 14 do Tribunal Superior do Trabalho (TST) dispõe: "Reconhecida a culpa recíproca na rescisão do contrato de trabalho (CLT, art. 484), o empregado tem direito a 50% (cinquenta por cento) do valor do aviso-prévio, do décimo terceiro salário e das férias proporcionais".

5. Rescisão antecipada, com justa causa, por iniciativa do empregador

Na hipótese de ruptura contratual por justa causa cometida pelo empregado, este fará jus apenas ao saldo de salário.

6. Rescisão antecipada, com justa causa, por iniciativa do empregado (rescisão indireta)

Na justa causa cometida pelo empregador, o empregado tem os mesmos direitos devidos no caso de dispensa sem justa causa por iniciativa do empregador.

7. Falecimento do empregado

Na hipótese de falecimento do empregado durante a experiência, são devidos os seguintes direitos aos dependentes ou sucessores:

a) saldo de salário;
b) 13º salário proporcional;
c) férias proporcionais;
d) 1/3 sobre férias;
e) depósito do FGTS.

O saldo total das contas vinculadas em nome do *de cujus* deve ser rateado, em partes iguais, entre os dependentes legalmente habilitados e, na falta destes, aos sucessores.

AFASTAMENTOS DO EMPREGADO DURANTE O CONTRATO DE EXPERIÊNCIA

a) **Auxílio-doença** – No afastamento do empregado das suas atividades em decorrência de percepção do benefício por incapacidade temporária (antigo auxílio-doença), os 15 primeiros dias de ausência (interrupção contratual) são pagos pela empresa e, neste período, o contrato vigora normalmente. A partir do 16º dia, o empregado passa a receber o benefício previdenciário e ocorre a suspensão dos efeitos contratuais.

b) **Acidente do trabalho** – o acidente do trabalho acarreta a interrupção do contrato de trabalho, considerandose todo o período como de efetivo serviço.

Uma situação muito comum verificada no Departamento de Pessoal das empresas é a ocorrência de acidente do trabalho que envolve empregado em cumprimento de contrato de experiência. Daí surge a dúvida se o empregado em questão terá ou não direito à estabilidade provisória no emprego.

Conforme verificamos, o contrato de experiência constitui uma das modalidades de contrato de trabalho a prazo determinado, ou seja, contrato no qual o termo final (extinção) foi previamente fixado por acordo entre as partes. Nessa espécie contratual, uma vez atingido o prazo pactuado, o contrato estará totalmente cumprido.

O ponto crucial da questão é saber se o acidente do trabalho sofrido pelo empregado altera a natureza jurídica do contrato de experiência, situação em que este passaria a observar as regras de um contrato a prazo indeterminado, e o empregado acidentado, por consequência, teria direito à estabilidade provisória no emprego.

Até a inserção do item III na Súmula TST nº 378, ocorrida em 14.09.2012, o entendimento do Tribunal em comento era no sentido de que o instituto da estabilidade provisória do acidentado era incompatível com o contrato de experiência, uma vez que essa modalidade de contrato tem o seu termo final predeterminado desde a sua celebração, mediante vontade expressa das partes, a qual se sobrepõe a qualquer tipo de estabilidade.

Com a alteração ocorrida na mencionada Súmula, observa-se que o TST mudou a sua posição, passando a defender a extensão da estabi-

Capítulo IV – Contrato de Trabalho   57

lidade provisória de emprego ao empregado acidentado, ainda que este tenha sido contratado mediante contrato por tempo determinado.

Dessa forma, não obstante o contrato de experiência ter a natureza jurídica de contrato a prazo determinado, o TST inseriu à Súmula TST nº 378, o item III, para determinar que: "III – o empregado submetido a contrato de trabalho por tempo determinado goza da garantia provisória de emprego, decorrente de acidente do trabalho, prevista no art. 118 da Lei nº 8.213/91".

A Súmula TST nº 378 determina:

"SÚMULA Nº 378. ESTABILIDADE PROVISÓRIA. ACIDENTE DE TRABALHO. ART. 118 DA LEI Nº 8.213/91 (inserido o item III)

I – É constitucional o artigo 118 da Lei nº 8.213/1991 que assegura o direito à estabilidade provisória por período de 12 meses após a cessação do auxílio-doença ao empregado acidentado (ex-OJ nº 105 da SBDI-1 – inserida em 1º.10.1997).

II – São pressupostos para a concessão da estabilidade o afastamento superior a 15 dias e a consequente percepção do auxílio-doença acidentário, salvo se constatada, após a despedida, doença profissional que guarde relação de causalidade com a execução do contrato de emprego (primeira parte – ex-OJ nº 230 da SBDI-1 – inserida em 20.06.2001).

III – O empregado submetido a contrato de trabalho por tempo determinado goza da garantia provisória de emprego, decorrente de acidente de trabalho.

    c) **Gestante** – Constituição Federal/1988 veda a dispensa arbitrária ou sem justa causa da empregada gestante desde a confirmação da gravidez até 5 meses após o parto.

A jurisprudência trabalhista firmava-se no sentido de que o contrato de experiência era incompatível com qualquer forma de estabilidade, inclusive a estabilidade provisória da gestante, visto que o término do contrato está predeterminado desde a sua celebração.

Entretanto, o TST alterou a redação do item III da sua Súmula nº 244, para determinar: "SÚMULA Nº 244. GESTANTE. ESTABILIDADE PROVISÓRIA (redação do item III alterada na sessão do Tribunal Pleno realizada em 14.09.2012)

I – O desconhecimento do estado gravídico pelo empregador não afasta o direito ao pagamento da indenização decorrente da estabilidade (art. 10, II, "b" do ADCT).

II – A garantia de emprego à gestante só autoriza a reintegração se esta se der durante o período de estabilidade. Do contrário, a garantia restringe-se aos salários e demais direitos correspondentes ao período de estabilidade.

III – A empregada gestante tem direito à estabilidade provisória prevista no art. 10, inciso II, alínea "b", do Ato das Disposições Constitucionais Transitórias, mesmo na hipótese de admissão mediante contrato por tempo determinado."

Observa-se, portanto, que, com a alteração da redação do item III da Súmula nº 244, anteriormente transcrita, a posição do mencionado Tribunal foi alterada, passando este a ser favorável à concessão da estabilidade provisória da gestante mesmo nos contratos de trabalho por tempo determinado.

Não obstante as mencionadas Súmulas, o Supremo Tribunal Federal (STF) ao julgar o RE nº 629053 – Tema de Repercussão nº 497, decidiu, por unanimidade, que a estabilidade provisória da gestante só é aplicada nos contratos a prazo para impedir a rescisão contratual arbitrária ou sem justa causa, ou seja, rescisão imotivada, por iniciativa do empregador, não alcançando a rescisão por decurso de prazo do contrato. Como a decisão tem repercussão geral, deve ser aplicada pelas instâncias inferiores da Justiça do Trabalho.

e) **Dirigente sindical** – a candidatura ao cargo de dirigente sindical do empregado contratado sob experiência não lhe assegura a estabilidade provisória de emprego.

f) **Membro da Cipa** – por analogia, da mesma forma que o dirigente sindical, entendese que os candidatos e/ou membros da Comissão Interna de Prevenção de Acidentes (Cipa) não gozam de estabilidade durante o contrato de experiência.

INDENIZAÇÃO ADICIONAL (DISPENSA ANTES DA DATA-BASE) NO CONTRATO DE EXPERIÊNCIA

Os artigos 9º da Lei nº 6.708/1979 e 9º da Lei nº 7.238/1984 asseguram ao empregado dispensado sem justa causa, no período de 30 dias que antecede a data de sua correção salarial (data-base), o direito à indenização adicional equivalente a 1 salário mensal.

Na rescisão antecipada de contrato sem cláusula de direito recíproco de rescisão antecipada, no período de 30 dias que antecede a data-base, entendese ser devida tão somente a indenização prevista no art.

Capítulo IV – Contrato de Trabalho 59

479 da CLT, pelo fato de continuar sendo tratado juridicamente como contrato por prazo determinado.

Entretanto, tratando-se de contrato com cláusula de direito recíproco de rescisão antecipada, e caso esta seja exercida no mencionado período, aplicam-se os princípios que regem a rescisão dos contratos por prazo indeterminado, sendo devida, portanto, a referida indenização.

Caso ocorra a extinção automática do contrato de experiência no período de 30 dias que antecede a data-base não há de se falar na indenização adicional, por não se tratar de dispensa sem justa causa, e sim extinção do contrato de trabalho por término do prazo de experiência.

PRAZO DE PAGAMENTO DAS VERBAS RESCISÓRIAS NO CONTRATO DE EXPERIÊNCIA

O pagamento das parcelas constantes de instrumento de rescisão ou recibo de quitação deve ser efetuado até o 10º dia do término do contrato.

CONTRATO POR OBRA CERTA

Contrato de trabalho por obra certa é aquele celebrado entre as partes pelo período de duração da obra. Tratase, portanto, de contrato por prazo determinado, podendo ser enquadrado na condição de execução de "serviços especificados" de que trata a CLT, art. 443, § 1º, bem como de realização de certo acontecimento suscetível de previsão aproximada.

A sua duração não poderá exceder 2 anos e não poderá ser prorrogado mais de uma vez.

CONTRATO DE SAFRA

Contrato de safra é aquele que tem a sua duração dependente de variações estacionais das atividades agrárias, assim entendidas as tarefas normalmente executadas no período entre a preparação do solo para o plantio e a colheita.

Esta espécie de contrato não está sujeita à limitação de apenas uma prorrogação, podendo-se firmar vários contratos consecutivos ou não, com o mesmo empregador. Por exemplo: um contrato para adubar a terra preparando-a para o plantio, outro para o plantio propriamente dito e outro por ocasião da colheita.

CONTRATO DE TRABALHO INTERMITENTE

O trabalho intermitente é uma figura nova criada pela reforma trabalhista instituída pela Lei n° 13.467/2017.

É considerado intermitente o contrato de trabalho no qual a prestação de serviços, com subordinação, não é contínua, ocorrendo com alternância de períodos de prestação de serviços e de inatividade, determinados em horas, dias ou meses, independentemente do tipo de atividade do empregado e do empregador exceto para os aeronautas, regidos por legislação própria.

Contrato – Celebração

O contrato de trabalho intermitente deve ser celebrado por escrito e deve conter especificamente o valor da hora de trabalho, que não pode ser inferior ao valor horário do salário mínimo ou àquele devido aos demais empregados do estabelecimento que exerçam a mesma função em contrato intermitente ou não.

Convocação para o trabalho

O empregador convocará o empregado para o trabalho, com antecedência mínima de 3 dias corridos, sendo aceita como válida a comunicação feita por qualquer meio de comunicação eficaz (e.mail, WhatsApp, telegrama, carta etc.). Recomenda-se, portanto, que seja utilizada forma de comunicação passível de ser comprovada. A informação deverá esclarecer qual será a jornada.

Após o recebimento da comunicação, o empregado tem o prazo de 1 dia útil (excluído, portanto, domingos e feriados) para responder ao chamado. Caso não o faça no mencionado prazo será caracterizada a recusa, a qual, para este tipo de contrato, não descaracteriza a subordinação.

A recusa também não pode ser entendida como ato faltoso de insubordinação do empregado.

Aceita a convocação, a parte que descumprir o acordado, sem justo motivo, pagará à outra, no prazo de 30 dias, a título de multa, o valor equivalente à metade da remuneração que seria devida, permitida a compensação em igual prazo.

Capítulo IV – Contrato de Trabalho   61

Exemplo

O empregado é convocado para trabalhar 8 horas diárias durante uma semana (6 dias), com salário/hora de R$ 20,00. Aceita a convocação, porém, neste mesmo periodo vai prestar serviço a outro empregador. Cálculo da indenização a ser paga a título de descumprimento da convocação.

Horas que seriam trabalhadas = 48 (8 × 6);

Valor salário hora = R$ 20,00

Valor total da remuneração relativa aos dias que seriam trabalhados = R$ 960,00 (20,00 × 48);

RSR devido = RS 160,00 (1/6 do valor da semana, ou seja, R$ 960,00 ÷ 6)

Total da remuneração que seria devida = R$ 1.120,00

Indenização devida = R$ 560,00 (R$ 1.120,00 ÷ 2)

Com relação à compensação alternativa, entende-se que, a multa poderá, mediante acordo entre as partes (empregado e empregador) ser, em futura convocação para o trabalho, deduzida da remuneração então devida, desde que esta nova convocação se dê dentro dos 30 dias.

Esta imposição de multa vem sendo muito criticada, por ser bastante prejudicial ao trabalhador.

Por ocasião da promulgação da Medida Provisória n° 808/2017 esta multa havia sido suprimida do texto da lei da reforma, porém, desde 23.04.2018, a referida Medida Provisória teve seu prazo de vigência encerrado por não ter sido apreciada pelo Congresso Nacional no prazo legalmente estabelecido.

Assim, não fica afastada a possibilidade de, em futuro próximo, a referida lei da reforma vir a sofrer novas modificações extinguindo, novamente, a imposição da comentada multa.

Período de inatividade

O período em que o empregado não for convocado para o trabalho (seja dias, semanas ou meses) não será considerado tempo à disposição do empregador, podendo o trabalhador prestar serviços a outros contratantes. Portanto, não haverá qualquer tipo de pagamento ou contagem do mesmo para qualquer efeito.

Remuneração

Ao final de cada período de prestação de serviço, o empregado receberá, de imediato, o pagamento das seguintes parcelas:

a) remuneração relativa ao período trabalhado;
b) repouso semanal remunerado correspondente;
c) férias proporcionais com acréscimo do terço constitucional;
d) 13º salário proporcional;
e) adicionais legais.

O recibo de pagamento deverá conter a discriminação dos valores pagos relativos a cada uma das parcelas devidas.

Exemplo

Empregado foi convocado para trabalhar com jornada de 7 horas diárias, de segunda a sábado, no periodo de 1º a 25.08.2021. Aceitou a convocação e prestou os serviços.

Considerando que o seu salário/hora seja de R$ 25,00, temos:

a) nº de dias úteis (2ª-feira a sábado) no periodo de 1º a 25.08.2021 = 21

b) horas trabalhadas no periodo = 147

c) dias de RSR no periodo = 4

Cálculo

a) Remuneração das horas trabalhadas = R$ 3.675,00 (R$ 25,00 × 147)

b) RSR = R$ 700,00 (R$ 25,00 × 7 × 4)

c) Remuneração Total = R$ 4.375,00 (R$ 3.675,00 + R$ 700,00)

d) Ferias proporcionais (1/12) = R$ 364,58 (R$ 4.375,00 ÷ 12)

e) Terço constitucional sobre férias = R$ 121,53 (R$ 364,58 ÷ 3)

f) 13º salário proporcional (1/12) = R$ 364,58 (R$ 4.375,00 ÷ 12)

Total devido ao empregado: R$ 5.225,69 (R$ 4.375,00 + R$ 364,58 + R$ 121,53 + R$ 364,58)

Assim, no dia 25.08.2021 (final do período trabalhado) o empregado deverá receber a importância total de R$ 5.225,69

Capítulo IV – Contrato de Trabalho

Se o período da convocação exceder um mês, o pagamento das parcelas deve ser efetuado até o quinto dia útil do mês subsequente ao trabalhado.

Encargos legais

O empregador efetuará o recolhimento da contribuição previdenciária e o depósito do Fundo de Garantia do Tempo de Serviço (FGTS), na forma da lei, com base nos valores pagos no período mensal e fornecerá ao empregado comprovante do cumprimento dessas obrigações.

Portanto, ao final de cada mês, tendo havido convocação para o trabalho, o empregador efetuará o cálculo da contribuição previdenciária considerando o total da remuneração paga no mês (um ou mais chamamentos ao serviço) recolhendo a contribuição devida até o dia 20 do mês subsequente.

A incidência da contribuição previdenciária, no caso do 13º salário, é calculada mensalmente sobre a parcela proporcional paga, devida ou creditada, em separado da remuneração do mês. No tocante às férias, a incidência ocorrerá mensalmente quando as parcelas forem pagas, devidas ou creditadas juntamente com as outras parcelas salariais.

Da mesma forma efetuará o depósito do FGTS sobre o total da remuneração paga no mês (um ou mais chamamentos ao trabalho) até o dia 7 do mês subsequente.

Deverá fornecer ao empregado comprovante do recolhimento da contribuição previdenciária bem como do depósito do FGTS.

Conforme estabelece a Medida Provisória nº 1.107/2022, o prazo para o empregador efetuar os depósitos do FGTS será alterado para o dia 20 do mês subsequente ao da competência da remuneração, contudo, esta alteração somente surtirá efeitos a partir da data de início da arrecadação por meio da prestação dos serviços digitais de geração de guias, devendo o Ministério do Trabalho e Previdência editar as normas complementares necessárias para tanto, o que ainda não ocorreu.

Férias

A cada 12 meses (período aquisitivo), o empregado adquire direito a usufruir, nos 12 meses subsequentes, um mês de férias, período no qual não poderá ser convocado para prestar serviços pelo mesmo empregador.

Lembre-se, porém, de que a remuneração relativa às férias já foram pagas no curso do ano, de forma proporcional, na data acordada para o pagamento.

Outra questão a ressaltar é que este empregado pode nunca ter direito ao repouso relativo às férias, uma vez que, embora esteja em gozo de férias em relação a um empregador, poderá estar sendo convocado para o trabalho em relação aos demais.

Ainda, a norma estabelece que o empregado terá um **mês** de férias. Entretanto, conforme estabelece a CLT, as férias são concedidas em dias e não em mês. Pretendeu o legislador criar um novo cálculo de férias ou se trata de um equívoco?

HOME OFFICE (TELETRABALHO)

A Consolidação das Leis do Trabalho (CLT) estabelece que não há diferença entre o trabalho realizado no estabelecimento do empregador, o executado no domicílio do empregado e o realizado a distância, desde que esteja caracterizada a relação de emprego.

A cada dia o chamado teletrabalho ou *home office* se torna mais comum. As pesquisas acerca do assunto informam que atualmente, cerca de 30% das empresas adotam a prática, permitindo que parte dos seus empregados executem suas tarefas fora do estabelecimento da empresa, seja em tempo integral ou apenas em alguns dias da semana.

Esta prática tem apresentado várias vantagens para ambas as partes (empregado e empresa) e, ainda, para a coletividade pois implica na melhora da mobilidade urbana e, também, para o meio ambiente com a diminuição da emissão de poluentes decorrentes da utilização dos veículos.

A reforma trabalhista, instituída pela Lei nº 13.467/2017 introduziu, entre outros, o art. 75-B à CLT, para dispor que, considera-se teletrabalho (*home office*) a prestação de serviços de maneira preponderante ou não, fora das dependências do empregador, com a utilização de tecnologias de informação e de comunicação que, por sua natureza, não se constituam como trabalho externo.

A Medida Provisória nº 1.108/2022 regulamentou o trabalho em *home office* e determinou que:

a) ainda que o trabalhador compareça de forma habitual ao estabelecimento empregador para a realização de atividades espe-

Capítulo IV – Contrato de Trabalho

cíficas que exijam a sua presença, este fato não descaracteriza o *home office*;

b) o serviço poderá ser pretado por jornada ou por produção ou tarefa, sendo que, no caso de serviço por produção ou tarefa o trabalhador não estará sujeito ao controle da jornada pois não será aplicado a ele o capítulo da CLT que trata da duração do trabalho;

c) o empregador deve priorizar para o trabalho remoto os trabalhadores com deficiência e aqueles com filhos ou crianças sob guarda judicial, até 4 anos de idade.

Para o sucesso do *home office* é necessário que a empresa analise o tipo do trabalho e o perfil do empregado que será submetido à medida, pois algumas atividades não permitem a adoção do sistema e, nem todo empregado irá se adaptar ao trabalho em casa.

Para o bom êxito desta forma de trabalho o trabalhador deve estabelecer e cumprir uma rotina de trabalho, estar *online*, possibilitando a interação com a equipe e a chefia sempre que necessário, manter-se atualizado e cumprir prazos de entrega.

Além disso, deve atender às convocações para comparecimento à empresa, manter telefone e contato atualizado, consultar os canais de comunicação estabelecidos (email, WhatsApp etc.), preservar o sigilo dos dados acessados de forma remota.

A subordinação, elemento principal para o reconhecimento do vínculo empregatício, pode ser caracterizada:

a) pela obrigatoriedade de os trabalhos serem executados de acordo com as normas estabelecidas previamente;

b) pelo direito do empregador de dar ordens, por exemplo, alterar os dias de entrega das peças ou do trabalho produzido, determinar o comparecimento do empregado no estabelecimento em dia e hora que fixar, e pela obrigação de o empregado obedecer a ordens.

A prestação de serviços nesta modalidade deverá constar expressamente do contrato individual de trabalho, que especificará as atividades que serão realizadas pelo empregado.

Poderá ser realizada a alteração entre regime presencial para o de teletrabalho desde que haja mútuo acordo entre as partes, registrado em aditivo contratual. Poderá também ser realizada a alteração (regime de teletrabalho para o presencial) por determinação do empregador, garantido prazo de transição mínimo de 15 dias, com correspondente registro em aditivo contratual.

As disposições relativas à responsabilidade pela aquisição, manutenção ou fornecimento dos equipamentos tecnológicos e da infraestrutura necessária e adequada à prestação do trabalho remoto, bem como ao reembolso de despesas arcadas pelo empregado, serão previstas em contrato escrito. As utilidades ora mencionadas não integram a remuneração do empregado.

Assim, algumas características pessoais e profissionais do empregado são fundamentais para o bom êxito do sistema *home office*, tais como:

    a) concentração (foco no trabalho);

    b) disciplina;

    c) iniciativa;

    d) aptidão para resolver problemas sozinho;

    e) independência profissional;

    f) experiência;

    g) gerenciar tarefas elegendo prioridades e evitando o acúmulo de trabalho;

    h) cumprir prazos e metas;

    i) comprometimento;

    j) confiabilidade.

Gestores

Os meios telemáticos e informatizados de comando, controle e supervisão de empregados (internet, videoconferência, Skype, WhatsApp etc.), são equiparáveis aos meios diretos e pessoais.

Os gestores podem gerenciar os empregados que trabalham em domicílio, mediante:

    a) fixação de metas de desempenho a serem atingidas e monitoramento do cumprimento das mesmas;

    b) observação da adaptação do empregado ao sistema;

    c) aferição da qualidade do trabalho;

Capítulo IV – Contrato de Trabalho

d) aferição da produtividade;
e) realização de reuniões presenciais habituais para discussão e análise de trabalho;
f) manutenção de relatórios de acompanhamento do teletrabalho.

Vantagens

Uma das principais vantagens da adoção do trabalho em domicílio é a otimização do tempo do trabalhador, que não precisa se deslocar de casa para o trabalho, deixando de despender precioso tempo no trânsito das grandes cidades, cada vez mais caótico, o que acarreta menor desgaste físico e emocional, resultando em sua maior satisfação, posto que passa a trabalhar no conforto do seu lar e no convívio dos familiares.

Além disso, a flexibilização do horário permite que haja adequação entre o trabalho e a vida particular, pois o trabalhador pode atender necessidades pessoais, como, por exemplo, ir ao médico e exercer as suas atividades profissionais em outro horário.

Para as empresas as vantagens também são consideráveis, pois, além de contarem com trabalhadores mais satisfeitos e menos desgastados, o que resulta em maior e melhor produção, a prática acarreta diretamente diminuição de custos tais como: ocupação de menor espaço físico, menores gastos com vale-transporte, café, água, luz, material de higiene, limpeza etc.

Apresentamos a seguir um quadro com algumas vantagens do *home office*.

Home Office – Vantagens		
Empresa	**Empregado**	**Coletividade e Meio ambiente**
- diminuição de custos com: a) aluguel (na medida em que contará com menor número de colaboradores quem atuam presencialmente; b) equipamentos, tais como: telefone, computador; impressora etc., conforme o caso; c) luz, água, papel, material de limpeza, de higiene pessoal; d) contratação de número menor de colaboradores para manutenção e asseio; e) vale transporte; f) alimentação;	- Flexibilização do horário de trabalho, o que permite a adequação do atendimento das necessidades pessoais com as obrigações profissionais	- melhora na mobilidade urbana com a diminuição do uso de veículos, notadamente nos horários de pico - diminuição da poluição – menor emissão de poluentes em virtude da diminuição do uso do carro
- otimização das atividades (maior eficiência e eficácia na realização dos trabalhos)	- exercício das atividades no horário em que seu rendimento é melhor	
- maior motivação e dedicação dos trabalhadores	- maior comodidade	

- aumento da produtividade	- ganho do tempo anteriormente perdido no deslocamento residência/empresa e vice-versa	
- maior índice de satisfação dos empregados	- melhora da saúde em virtude da diminuição do estresse decorrente de engarrafamentos, exposição à violência urbana (acidentes de trânsito, assaltos, sequestros etc.)	
- diminuição do pagamento de dias parados aos empregados (ex: ausências de dias ou períodos destinados a consultas médicas e exames laboratoriais)	- aumento da satisfação e maior motivação	
	- economia com roupas, menor uso do veículo, calçados, maquiagem etc.	
	- aumento do convívio com a família	

O empregador deverá instruir os empregados, de maneira expressa e ostensiva, quanto às precauções a tomar a fim de evitar doenças e acidentes de trabalho, e o empregado deverá assinar termo de responsabilidade comprometendo-se a seguir as instruções fornecidas pelo empregador.

Caracterizada a relação empregatícia, ao trabalhador em *home office* são garantidos todos os direitos trabalhistas comuns aos empregados que executam o serviço no estabelecimento do empregador.

CAPÍTULO V
CONTRATOS ESPECIAIS DE TRABALHO

ESTAGIÁRIO

Conceito

O estágio é um procedimento didático-pedagógico e ato educativo que tem por objetivo estabelecer o vínculo entre o aprendizado teórico e o prático. Em outras palavras, o estágio coloca o aluno em contato direto com as competências próprias da atividade profissional. É a aplicação prática do aprendizado teórico.

Poderá ser obrigatório ou não. Será obrigatório quando a sua realização for exigida como condição para a conclusão do curso e obtenção do diploma. Será não obrigatório quando a sua realização for opcional, ou seja, de livre escolha do aluno, e acrescido à carga horária normal do curso.

O estágio, como ato educativo escolar supervisionado, deverá ter acompanhamento efetivo pelo professor orientador da instituição de ensino e por supervisor da parte concedente, comprovado por vistos nos relatórios de atividades do educando apresentados periodicamente e por menção de aprovação final.

O descumprimento dos requisitos legais exigidos ou de qualquer obrigação contida no termo de compromisso caracteriza vínculo de emprego do educando com a parte concedente do estágio para todos os fins da legislação trabalhista e previdenciária.

A realização de estágios aplicase aos estudantes estrangeiros regularmente matriculados em cursos superiores no País, autorizados ou reconhecidos, observado o prazo do visto temporário de estudante, na forma da legislação aplicável.

Costumeiramente, as empresas contratam *trainees*, jovens recém-formados ou que estão cursando o ensino superior, para participar de programas de desenvolvimento com regras previamente definidas pela empresa. Esta atividade de *trainee* não é considerada atividade de está-

Capítulo V – Contratos Especiais de Trabalho   71

gio, em virtude do vínculo empregatício existente entre este e a empresa contratante.

As instituições de ensino e as partes cedentes de estágio podem recorrer aos serviços de agentes de integração públicos e privados, mediante condições acordadas em instrumento jurídico apropriado.

Os agentes de integração, como auxiliares no processo de aperfeiçoamento do instituto do estágio devem:

a) identificar oportunidades de estágio;
b) ajustar suas condições de realização;
c) fazer o acompanhamento administrativo;
d) encaminhar negociação de seguros contra acidentes pessoais;
e) cadastrar os estudantes.

É vedada a cobrança de qualquer valor dos estudantes, a título de remuneração pelos serviços prestados.

Os agentes de integração serão responsabilizados civilmente se indicarem estagiários para a realização de atividades não compatíveis com a programação curricular estabelecida para cada curso, assim como estagiários matriculados em cursos ou instituições para as quais não há previsão de estágio curricular.

Obrigações das instituições de ensino

São obrigações das instituições de ensino, em relação aos estágios de seus educandos:

a) celebrar termo de compromisso com o educando ou com seu representante ou assistente legal, quando ele for absoluta ou relativamente incapaz, e com a parte concedente, indicando as condições de adequação do estágio à proposta pedagógica do curso, à etapa e modalidade da formação escolar do estudante e ao horário e calendário escolar;
b) avaliar as instalações da parte concedente do estágio e sua adequação à formação cultural e profissional do educando;
c) indicar professor orientador, da área a ser desenvolvida no estágio, como responsável pelo acompanhamento e avaliação das atividades do estagiário;
d) exigir do educando a apresentação periódica, em prazo não superior a 6 meses, de relatório das atividades;

e) zelar pelo cumprimento do termo de compromisso, reorientando o estagiário para outro local em caso de descumprimento de suas normas;

f) elaborar normas complementares e instrumentos de avaliação dos estágios de seus educandos;

g) comunicar à parte concedente do estágio, no início do período letivo, as datas de realização de avaliações escolares ou acadêmicas.

Plano de atividades do estagiário

O plano de atividades do estagiário, elaborado mediante acordo entre as 3 partes (educando, parte concedente do estágio e instituição de ensino), será incorporado ao termo de compromisso por meio de aditivos à medida que for avaliado, progressivamente, o desempenho do estudante.

Partes concedentes

Convênio de concessão de estágio

É facultado às instituições de ensino celebrar com entes públicos e privados convênio de concessão de estágio, nos quais se explicitem o processo educativo compreendido nas atividades programadas para seus educandos e as condições em que o estágio será realizado.

A celebração de convênio de concessão de estágio entre a instituição de ensino e a parte concedente não dispensa a celebração do termo de compromisso entre o educando, a parte concedente do estágio e a instituição de ensino.

Inexistência de vínculo empregatício

O estágio, obrigatório ou não, não cria vínculo empregatício de qualquer natureza, desde que observados os seguintes requisitos:

a) matrícula e frequência regular do educando em curso de educação superior, de educação profissional, de ensino médio, da educação especial e nos anos finais do ensino fundamental, na modalidade profissional da educação de jovens e adultos e atestados pela instituição de ensino;

Capítulo V – Contratos Especiais de Trabalho 73

b) celebração de termo de compromisso entre o educando, a parte concedente do estágio e a instituição de ensino;

c) compatibilidade entre as atividades desenvolvidas no estágio e aquelas previstas no termo de compromisso.

Manutenção de estagiário em desconformidade com a lei

A manutenção de estagiários, em desconformidade com a Lei nº 11.788/2008, caracteriza vínculo de emprego do educando com a parte concedente do estágio para todos os fins da legislação trabalhista e previdenciária.

A instituição privada ou pública que reincidir na irregularidade ficará impedida de receber estagiários por 2 anos, contados da data da decisão definitiva do processo administrativo correspondente, sendo que tal penalidade limita-se à filial ou agência em que for cometida a irregularidade.

Número máximo de estagiários

O número máximo de estagiários em relação ao quadro de pessoal das empresas concedentes deverá atender às seguintes proporções:

a) de 1 a 5 empregados: 1 estagiário;

b) de 6 a 10 empregados: até 2 estagiários;

c) de 11 a 25 empregados: até 5 estagiários;

d) acima de 25 empregados: até 20% de estagiários.

Considera-se quadro de pessoal o conjunto de trabalhadores empregados existentes no estabelecimento do estágio.

Na hipótese de a parte concedente contar com várias filiais ou estabelecimentos, os quantitativos mencionados serão aplicados a cada um deles.

Quando o cálculo do percentual disposto na letra "d" resultar em fração poderá ser arredondado para o número inteiro imediatamente superior.

As limitações mencionadas nas letras de "a" a "d" não se aplicam aos estágios de nível superior e de nível médio profissional.

Fica assegurado às pessoas portadoras de deficiência o percentual de 10% das vagas oferecidas pela parte concedente do estágio.

Duração do estágio

A duração do estágio, na mesma parte concedente, não poderá exceder 2 anos, exceto quando se tratar de estagiário portador de deficiência.

Direitos dos estagiários (jornada, duração, bolsa em dinheiro etc.)

Por não serem empregados, os estagiários não têm direito ao recebimento de verbas trabalhistas tais como: salário, 13º salário, aviso-prévio, férias etc., tampouco a benefícios concedidos por lei ou por liberalidade do empregador aos empregados como, por exemplo: vale-transporte, vale-alimentação, assistência médica.

Bolsa em dinheiro e vale-transporte

No caso de estágio obrigatório, caso queira, a parte concedente do estágio pode conceder bolsa em dinheiro ao estagiário, ou seja, um valor fixado pela empresa, pago por liberalidade, que não tem natureza salarial e, portanto, não sofre incidência de contribuição previdenciária, tampouco serve de base de cálculo para depósito de Fundo de Garantia do Tempo de Serviço (FGTS).

Tratando-se, porém, de estágio não obrigatório, o pagamento de uma contraprestação é compulsório, o que vale dizer, não pode haver estágio não obrigatório sem pagamento ao estagiário. Neste caso, deve haver, também, a concessão de auxílio-transporte. Os valores e forma de pagamento tanto da contraprestação como do auxílio-transporte serão definidos pela parte concedente do estágio.

Imposto de Renda Retido na Fonte

Os rendimentos provenientes de bolsa de estudos e de pesquisa e a remuneração de estagiários são tributáveis, respeitado o limite de isenção da tabela progressiva.

Recesso

É assegurado ao estagiário, sempre que o estágio tenha duração igual ou superior a 1 ano, período de recesso de 30 dias, a ser gozado preferencialmente durante suas férias escolares. O recesso em questão deverá ser remunerado quando o estagiário receber bolsa ou outra forma de contraprestação.

Os dias de recesso serão concedidos de maneira proporcional, nos casos de o estágio ter duração inferior a 1 ano.

Capítulo V – Contratos Especiais de Trabalho 75

Exemplo
Cálculo do dias de recesso de estagiário cujo estágio teve duração de 10 meses

$$\frac{12}{10} \quad \frac{30}{X}$$

$= 10 \times 30 \div 12 = 25$

Assim, o estagiário tem 25 dias de recesso.

Jornada de trabalho

A lei não estabelece uma jornada de trabalho a ser cumprida pelo estagiário, ficando a fixação desta na dependência de acordo a ser firmado entre as partes (aluno, parte concedente e escola), porém, determina o limite máximo a ser observado.

Assim, o limite será:

a) de 4 horas diárias e 20 horas semanais, no caso de estudantes de educação especial e dos anos finais do ensino fundamental, na modalidade profissional de educação de jovens e adultos;

b) de 6 horas diárias e 30 horas semanais, no caso de estudantes do ensino superior, da educação profissional de nível médio e do ensino médio regular;

c) de 40 horas semanais nos períodos em que não estão programadas aulas presenciais, nos casos relativos a cursos que alternam teoria e prática, desde que isso esteja previsto no projeto pedagógico do curso e da instituição de ensino.

Normas relativas à segurança e saúde no trabalho

Aplicase ao estagiário a legislação relacionada à saúde e segurança no trabalho, sendo sua implementação de responsabilidade da parte concedente do estágio.

Dessa forma, a parte concedente do estágio deve observar em relação aos seus estagiários, o Programa de Controle Médico de Saúde Ocupacional (PCMSO), Equipamento de Proteção Individual (EPI), Ergonomia e demais Normas Regulamentadoras relativas à Segurança e Saúde no Trabalho.

TEMPORÁRIO

Requisitos

A empresa não pode contratar um trabalhador temporário quando bem desejar. Para tanto, é necessário a ocorrência dos pressupostos legais para esta contratação que são:

a) necessidade de substituição de seus empregados permanentes; ou

b) demanda complementar de serviços (não são assim consideradas as demandas contínuas ou permanentes ou demandas decorrentes da abertura de filiais).

Esses dois pressupostos é que caracterizam o trabalho temporário e devem ser comprovados em caso de fiscalização.

Exemplos

Situações que autorizam a contratação de trabalhadores temporários:

a) afastamento ou impedimento de empregado efetivo por motivo de férias, auxílio-doença, licença-maternidade, entre outros;

b) fatores imprevisíveis ou, quando decorrente de fatores previsíveis, tenha natureza intermitente, periódica ou sazonal (pico de produção, por exemplo).

A contratação do trabalhador temporário se verifica mediante contrato entre a empresa requisitante da mão de obra e a empresa de trabalho temporário que colocará o trabalhador à disposição da primeira.

Empresa de trabalho temporário é a pessoa jurídica devidamente registrada no Ministério do Trabalho e Previdência, cuja atividade consiste em colocar à disposição de outras empresas, temporariamente, trabalhadores, devidamente qualificados, por elas remunerados e assistidos, obrigando-se também a registrar na Carteira de Trabalho e Previdência Social (CTPS) do trabalhador sua condição de temporário.

Para o registro no Ministério do Trabalho e Previdência a empresa de trabalho temporário deverá apresentar:

a) prova de constituição da pessoa jurídica e de inscrição no Cadastro Nacional da Pessoa Jurídica (CNPJ);

b) prova do competente registro na Junta Comercial da localidade em que tenha sede;

c) prova de possuir capital social de, no mínimo, R$ 100.000,00.

Capítulo V – Contratos Especiais de Trabalho

Trabalhador temporário é a pessoa física que, por intermédio de empresa de trabalho temporário, presta serviço a uma empresa para atender à necessidade transitória de substituição de pessoal regular e permanente ou a demanda complementar de serviços.

Empresa tomadora de serviço ou cliente é a pessoa jurídica ou entidade a ela equiparada, que celebra contrato de prestação de trabalho temporário com empresa de trabalho temporário.

Relação contratual entre a empresa de trabalho temporário e o tomador do serviço

O contrato celebrado pela empresa de trabalho temporário e a tomadora de serviços será necessariamente escrito, ficará à disposição da autoridade fiscalizadora no estabelecimento da tomadora de serviços e poderá abranger qualquer atividade desenvolvida pela tomadora, seja atividade-meio ou atividade-fim. O contrato deverá conter:

a) qualificação das partes;

b) motivo justificador da demanda de trabalho temporário;

c) prazo da prestação de serviços;

d) valor da prestação de serviços;

e) disposições sobre a segurança e a saúde do trabalhador, independentemente do local de realização do trabalho.

Com relação a um mesmo empregado, o contrato não poderá exceder de 180 dias, consecutivos ou não, podendo ser prorrogado por mais 90 dias, consecutivos ou não, desde que comprovada a manutenção das condições que ensejaram o contrato.

O trabalhador temporário que cumprir o período de 270 dias (180 + 90) somente poderá ser colocado à disposição da mesma tomadora de serviços em novo contrato temporário, após 90 dias do término do contrato anterior. A contratação anterior ao prazo mencionado caracteriza vínculo empregatício com a tomadora.

É responsabilidade da empresa contratante garantir as condições de segurança, higiene e salubridade dos trabalhadores, quando o trabalho for realizado em suas dependências ou em local por ela designado.

A contratante estenderá ao trabalhador da empresa de trabalho temporário o mesmo atendimento médico, ambulatorial e de refeição destinado aos seus empregados, existente nas dependências da contratante, ou local por ela designado.

Contrato com o trabalhador

O contrato de trabalho celebrado entre empresa de trabalho temporário e cada um dos assalariados colocados à disposição de uma empresa tomadora ou cliente deve ser obrigatoriamente escrito e dele devem constar, expressamente, os direitos conferidos aos trabalhadores.

É nula de pleno direito qualquer cláusula proibitiva da contratação do trabalhador pela empresa tomadora de serviço ou cliente.

A condição de temporário deve também ser registrada na Carteira de Trabalho e Previdência Social (CTPS) do trabalhador.

Direitos assegurados ao trabalhador temporário

Aos trabalhadores temporários, são assegurados os seguintes direitos:

a) remuneração equivalente à percebida pelos empregados de mesma categoria da empresa tomadora ou cliente, calculada à base horária, garantido, em qualquer hipótese, a percepção do salário mínimo;

b) jornada normal máxima de 8 horas diárias e 44 semanais, salvo nas atividades em que a lei estabeleça jornada menor, remuneradas as horas extras, não excedentes de 2, com acréscimo mínimo de 50%;

c) PIS (cadastramento do trabalhador temporário);

d) Repouso Semanal Remunerado (RSR);

e) remuneração adicional por trabalho noturno de, no mínimo, 20% superior em relação à diurna;

f) vale-transporte;

g) férias proporcionais, no caso de pedido de demissão, despedida sem justa causa ou término normal do contrato, à razão de 1/12 do último salário percebido, acrescido do terço constitucional, por mês trabalhado, considerandose como mês completo a fração igual ou superior a 15 dias;

h) Fundo de Garantia do Tempo de Serviço (FGTS);

i) 13º salário (Gratificação Natalina) correspondente a 1/12 da última remuneração, por mês trabalhado, ou fração igual ou superior a 15 dias;

j) seguro-desemprego;

Capítulo V – Contratos Especiais de Trabalho

k) benefícios e serviços da Previdência Social;
l) seguro de acidente do trabalho.

Acidente do trabalho ocorrido com trabalhador temporário

A empresa tomadora ou cliente deve comunicar à empresa de trabalho temporário a ocorrência de acidente cuja vítima seja um assalariado posto à sua disposição, considerando-se local de trabalho, neste caso, tanto aquele onde se efetua a prestação do trabalho, quanto a sede da empresa de trabalho temporário.

A empresa de trabalho temporário tem o dever de comunicar o acidente ao Instituto Nacional do Seguro Social (INSS) e às pessoas, bem como às demais entidades.

O encaminhamento do acidentado ao INSS, se for o caso, pode ser feito diretamente pela empresa tomadora de serviço, ou cliente, de conformidade com normas expedidas por aquele Instituto.

Comprovante de regularidade perante o INSS

As empresas de trabalho temporário são obrigadas a fornecer às empresas tomadoras ou clientes, a seu pedido, comprovante da regularidade de sua situação com o INSS.

Fiscalização – Exigência

As empresas de trabalho temporário são obrigadas a apresentar à fiscalização da Secretaria do trabalho:

a) o contrato firmado com o trabalhador temporário;
b) os comprovantes de recolhimento das contribuições previdenciárias.

A empresa tomadora de serviço ou cliente, por sua vez, se obriga a apresentar à fiscalização, quando solicitado, o contrato firmado com a empresa de trabalho temporário.

Falência

No caso de falência da empresa de trabalho temporário, a empresa tomadora de serviço ou cliente é solidariamente responsável pelo recolhimento das contribuições previdenciárias, no tocante ao tempo em que o trabalhador esteve sob suas ordens, assim como em referência ao mesmo período, pela remuneração e indenização devidas aos trabalhadores.

Término normal de contrato de trabalho temporário ou rescisão

A rescisão do contrato de trabalho temporário acarreta o pagamento de todas as verbas rescisórias, calculadas proporcionalmente à duração do contrato e conforme o tipo de rescisão efetuada.

Proibições

É vedado à empresa de trabalho temporário cobrar do trabalhador qualquer importância, mesmo a título de mediação, podendo apenas efetuar os descontos previstos em lei, sob pena de cancelamento de seu registro para funcionamento, sem prejuízo das sanções administrativas e penais cabíveis.

Proibição de contratação para substituir trabalhadores em greve

É proibida a contratação de trabalho temporário para a substituição de trabalhadores em greve, salvo nos casos previstos em lei. Desta forma, a substituição só poderá ocorrer em caso de greve legalmente declarada abusiva ou quando se tratar de greve em atividades essenciais.

Previdência Social

A empresa de trabalho temporário está sujeita às contribuições previdenciárias, bem como ao cumprimento das obrigações acessórias, da mesma forma que as demais empresas, de acordo com o seu enquadramento no código FPAS.

O trabalhador temporário e os empregados permanentes da empresa de trabalho temporário contribuem de acordo com a tabela de descontos dos empregados.

Retenção previdenciária

A empresa contratante de serviços sujeitos à retenção previdenciária, prestados mediante cessão de mão de obra ou empreitada, inclusive em regime de trabalho temporário, deverá reter 11%, ou mais conforme

Capítulo V – Contratos Especiais de Trabalho　　　　　　　　81

o caso, do valor bruto da nota fiscal, fatura ou recibo de prestação de serviços e recolher à Previdência Social a importância retida em documento de arrecadação identificado com a denominação social e o CNPJ da empresa contratada.

O valor retido deve ser compensado pela empresa contratada quando do recolhimento das contribuições devidas à Previdência Social.

Folha de pagamento

A empresa de trabalho temporário é obrigada a elaborar folha de pagamento especial para os trabalhadores temporários.

Atividades excluídas

O trabalho temporário não se aplica às empresas de vigilância e transporte de valores, permanecendo as respectivas relações de trabalho reguladas por legislação especial, e subsidiariamente pela CLT.

CONTRATO DE APRENDIZAGEM

Obrigatoriedade

Os estabelecimentos de qualquer natureza são obrigados a empregar e matricular nos cursos dos Serviços Nacionais de Aprendizagem número de aprendizes equivalente a 5%, no mínimo, e 15%, no máximo, dos trabalhadores existentes em cada estabelecimento, cujas funções demandem formação profissional, sendo que as frações de unidade no cálculo da referida percentagem darão lugar à admissão de um aprendiz. Devem ser incluídas na base de cálculo todas as funções que demandem formação profissional, independentemente de serem proibidas para 18 anos.

São excluídos da base de cálculo da cota de aprendizes:

a) os trabalhadores contratados sob o regime de trabalho temporário instituído pela Lei nº 6.019/1974; e

b) os aprendizes já contratados;

c) as funções que exigem habilitação profissional de nível técnico ou superior;

d) os cargos de direção, de gerência ou de confiança.

As funções e atividades executadas por terceiros, dentro dos parâmetros legais, serão computadas para o cálculo da cota cabível à empresa prestadora de serviços.

Empresas e entidades dispensadas da contratação

Estão dispensadas do cumprimento da cota de aprendizagem, nos termos da lei:

a) as microempresas e empresas de pequeno porte;

b) as entidades sem fins lucrativos que tenham por objetivo a educação profissional.

Atendimento prioritário aos adolescentes entre 14 e 18 anos – Exceção

A contratação de aprendizes deverá atender, prioritariamente, aos adolescentes entre 14 e 18 anos, exceto quando:

a) as atividades práticas da aprendizagem ocorrerem no interior do estabelecimento, sujeitando os aprendizes à insalubridade ou à periculosidade, sem que se possa elidir o risco ou realizá-las integralmente em ambiente simulado;

b) a lei exigir, para o desempenho das atividades práticas, licença ou autorização vedada para pessoa com idade inferior a 18 anos; e

c) a natureza das atividades práticas for incompatível com o desenvolvimento físico, psicológico e moral dos adolescentes aprendizes.

Nessas hipóteses, nos estabelecimentos onde forem desenvolvidas atividades em ambientes e/ou funções proibidas aos menores de 18 anos, os empregadores deverão contratar, para essas atividades ou funções, aprendizes maiores de 18 e até 24 anos de idade ou aprendizes com deficiência a partir dos 18 anos.

Contratação do aprendiz – Efetivação

A contratação do aprendiz deverá ser efetivada diretamente pelo estabelecimento obrigado ao cumprimento da cota de aprendizagem ou, supletivamente, pelas entidades sem fins lucrativos que tenham por objetivo a assistência ao adolescente e a educação profissional, registradas no Conselho Municipal dos Direitos da Criança e do Adolescente (CMDCA).

Capítulo V – Contratos Especiais de Trabalho   83

Na hipótese de contratação de aprendiz diretamente pelo estabelecimento este assumirá a condição de empregador, devendo inscrever o aprendiz em programa de aprendizagem a ser ministrado pelas entidades autorizadas.

A contratação de aprendiz por intermédio de entidade sem fins lucrativos somente deverá ser formalizada após a celebração de contrato entre o estabelecimento e a entidade no qual, dentre outras obrigações recíprocas, se estabelecerá as seguintes:

a) a entidade sem fins lucrativos, simultaneamente ao desenvolvimento do programa de aprendizagem, assume a condição de empregador, com todos os ônus dela decorrentes, anotando na CTPS do aprendiz a informação de que o específico contrato de trabalho decorre de contrato firmado com determinado estabelecimento para efeito do cumprimento de sua cota de aprendizagem; e

b) o estabelecimento assume a obrigação de proporcionar ao aprendiz a experiência prática da formação técnico-profissional metódica a que este será submetido.

Empresas públicas

A contratação de aprendizes por empresas públicas e sociedades de economia mista será efetuada de forma direta, hipótese em que será realizado processo seletivo mediante edital, ou por intermédio de entidades sem fins lucrativos.

A contratação de aprendizes por órgãos e entidades da administração direta, autárquica e fundacional observará regulamento específico.

Trabalhador aprendiz – Conceito

Trabalhador aprendiz é o maior de 14 e menor de 24 anos de idade, sujeito à formação técnico-profissional metódica, que celebra contrato de aprendizagem e está matriculado em Serviços Nacionais de Aprendizagem ou em outras entidades autorizadas por lei.

A idade máxima mencionada não se aplica a aprendizes portadores de deficiência.

Contrato de aprendizagem – Conceito

É o contrato de trabalho especial, ajustado por escrito e por prazo determinado não superior a 2 anos, em que o empregador se compromete a assegurar ao aprendiz, inscrito em programa de aprendizagem,

DEPARTAMENTO DE PESSOAL MODELO

formação técnico-profissional metódica, compatível com o seu desenvolvimento físico, moral e psicológico, e o aprendiz se compromete a executar com zelo e diligência, as tarefas necessárias a essa formação. Quando se tratar de aprendiz portador de deficiência, o prazo máximo não será aplicado.

Requisitos para a validade do contrato

Para a validade do contrato de aprendizagem, o empregador deve observar:

a) anotação na Carteira de Trabalho e Previdência Social (CTPS);

b) matrícula e frequência do aprendiz na escola, caso não haja concluído o ensino fundamental;

c) inscrição em programa de aprendizagem desenvolvido sob a orientação das seguintes entidade qualificada em formação técnico-profissional metódica:

– entes do Sistema Nacional de Aprendizagem;

– escolas técnicas e agrotécnicas de educação;

– entidades sem fins lucrativos que tenham por objetivo a assistência ao adolescente e à educação profissional, registradas no CMDCA;

– entidades de práticas desportivas das diversas modalidades filiadas ao Sistema Nacional dos Desporto e ao Sistema do Desporto dos Estados, do Distrito Federal e dos Municípios.

Para o aprendiz com deficiência com 18 anos ou mais, a validade do contrato de aprendizagem pressupõe anotação na CTPS e matrícula e frequência em programa de aprendizagem desenvolvido sob orientação de entidade qualificada em formação técnico-profissional metódica.

Formação técnico-profissional

Formação técnico-profissional metódica são as atividades teóricas e práticas, metodicamente organizadas em tarefas de complexidade progressiva desenvolvidas no ambiente de trabalho, realizada por programas de aprendizagem organizados e desenvolvidos sob a orientação e responsabilidade de entidades qualificadas em formação técnico-profissional metódica.

Capítulo V – Contratos Especiais de Trabalho 85

Deverá observar os seguintes princípios:

a) garantia de acesso e frequência obrigatória do aprendiz ao ensino fundamental;
b) horário especial para o exercício das atividades; e
c) capacitação profissional adequada ao mercado de trabalho.

Ao aprendiz com idade inferior a 18 anos, é assegurado o respeito à sua condição peculiar de pessoa em desenvolvimento.

Entidades qualificadas em formação técnico-profissional metódica

São entidades qualificadas em formação técnico-profissional metódica:

a) os Serviços Nacionais de Aprendizagem:
   – Serviço Nacional de Aprendizagem Industrial (SENAI);
   – Serviço Nacional de Aprendizagem Comercial (SENAC);
   – Serviço Nacional de Aprendizagem Rural (SENAR);
   – Serviço Nacional de Aprendizagem do Transporte (SENAT);
   – Serviço Nacional de Aprendizagem do Cooperativismo (SESCOOP);
b) as escolas técnicas de educação, inclusive as agrotécnicas;
c) as entidades sem fins lucrativos, que tenham por objetivos a assistência ao adolescente e à educação profissional, registradas no CMDCA;
d) as entidades de práticas desportivas das diversas modalidades filiadas ao Sistema Nacional do Desporto e aos Sistemas de Desportos dos Estados do Distrito Federal e dos Municípios.

Aprendizes – Direitos trabalhistas e previdenciários

Ao empregado aprendiz são assegurados os seguintes direitos, além de outros destinados aos empregados em geral:

a) salário mínimo/hora;
b) jornada de trabalho de 6 horas diárias;
c) Fundo de Garantia do Tempo de Serviço (FGTS);
d) férias;
e) vale-transporte;
f) 13º salário;
g) repouso semanal remunerado;
h) benefícios previdenciários.

Remuneração

É garantido o salário mínimo/hora, salvo condição mais benéfica.

Condição mais favorável é aquela fixada no contrato de aprendizagem ou prevista em convenção ou acordo coletivo de trabalho, onde se especifique o salário mais vantajoso ao aprendiz, bem como o piso regional de que trata a Lei Complementar n° 103/2000, a qual autoriza os Estados e o Distrito Federal a instituir, mediante lei de iniciativa do Poder Executivo, o piso salarial de que trata o inciso V do art. 7° da Constituição Federal para os empregados que não tenham piso salarial definido em lei federal, convenção ou acordo coletivo de trabalho.

Desta forma, considera-se para fins de apuração do salário mínimo/hora:

a) o valor do salário mínimo nacional;
b) o valor do salário mínimo regional fixado em lei;
c) o piso da categoria previsto em instrumento normativo, quando houver previsão de aplicabilidade ao aprendiz;
d) o valor pago por liberalidade do empregador.

O aprendiz maior de 18 anos que labore em ambiente insalubre ou perigoso ou cuja jornada seja cumprida em horário noturno faz jus ao recebimento dos respectivos adicionais.

Jornada de trabalho

A jornada de trabalho não excederá 6 horas diárias, podendo envolver atividades teóricas e práticas ou apenas uma delas, observadas as seguintes condições:

a) a duração da jornada poderá ser de até 8 horas para os aprendizes que já tiverem completado o ensino fundamental, desde que nestas sejam incluídas obrigatoriamente atividades teóricas;
b) são vedadas, em qualquer caso, a prorrogação e a compensação da jornada e trabalho aos domingos;
c) a jornada semanal do aprendiz, inferior a 25 horas, não caracteriza trabalho em tempo parcial.

Capítulo V – Contratos Especiais de Trabalho

Atividades teóricas e práticas

As aulas teóricas devem ocorrer em ambiente físico adequado ao ensino, e com meios didáticos apropriados, podendo se dar sob a forma de aulas demonstrativas no ambiente de trabalho, hipótese em que é vedada qualquer atividade laboral do aprendiz, ressalvado o manuseio de materiais, ferramentas, instrumentos e assemelhados.

É vedado ao responsável pelo cumprimento da cota de aprendizagem atribuir ao aprendiz atividades diversas daquelas previstas no programa de aprendizagem.

As aulas práticas podem ocorrer na própria entidade qualificada em formação técnico-profissional metódica ou no estabelecimento contratante ou concedente da experiência prática do aprendiz.

Na hipótese de o ensino prático ocorrer no estabelecimento, será formalmente designado pela empresa, ouvida a entidade qualificada em formação técnico-profissional metódica, um empregado monitor responsável pela coordenação de exercícios práticos e acompanhamento das atividades do aprendiz no estabelecimento, em conformidade com o programa de aprendizagem.

A entidade responsável pelo programa de aprendizagem fornecerá aos empregadores e ao Ministério do Trabalho e Previdência, quando solicitado, cópia do projeto pedagógico do programa.

Para fins da experiência prática segundo a organização curricular do programa de aprendizagem, o empregador que mantenha mais de um estabelecimento em um mesmo município poderá centralizar as atividades práticas correspondentes em um único estabelecimento.

Nenhuma atividade prática poderá ser desenvolvida no estabelecimento em desacordo com as disposições do programa de aprendizagem.

As atividades teóricas e práticas da aprendizagem devem ser realizadas em ambientes adequados ao desenvolvimento dos respectivos programas, cabendo às empresas e às entidades responsáveis pelos cursos de aprendizagem oferecer aos aprendizes condições de segurança e saúde e acessibilidade nos ambientes de aprendizagem, observadas as condições previstas na legislação.

Menor de 18 anos de idade

Quando o menor de 18 anos for empregado em mais de um estabelecimento, as horas de trabalho em cada um serão totalizadas.

Na fixação da jornada de trabalho do menor de 18 anos, a entidade qualificada em formação técnico-profissional metódica levará em conta os direitos assegurados na Lei nº 8.069/1990, que dispõe sobre o Estatuto da Criança e do Adolescente.

FGTS

Nos contratos de aprendizagem, aplicam-se as disposições da Lei nº 8.036/1990, que rege o Fundo de Garantia do Tempo de Serviço (FGTS). Entretanto, a alíquota corresponderá a 2% da remuneração paga ou devida ao empregado aprendiz, em conformidade com o § 7º, do art. 15, da Lei nº 8.036/1990.

Férias

As férias devem coincidir, preferencialmente, com as férias escolares, sendo vedado ao empregador fixar período diverso daquele definido no programa de aprendizagem.

Vale-transporte

É assegurado ao aprendiz o direito ao vale-transporte.

Demais direitos

Os demais direitos trabalhistas e previdenciários do empregado aprendiz são os mesmos aplicáveis aos demais empregados (13º salário; seguro-desemprego em razão de rescisão antecipada do contrato de aprendizagem, repouso semanal remunerado, auxílio por incapacidade temporária, benefício por incapacidade permanente etc.).

Encargos legais

O trabalhador aprendiz está sujeito aos descontos das contribuições previdenciárias e ao imposto de renda que será retido na fonte, da mesma forma que os demais empregados da empresa onde trabalha.

Capítulo V – Contratos Especiais de Trabalho

No que tange à contribuição sindical, lembramos que a CLT em seus artigos 545, 578, 579, e 582 determinou que as contribuições devidas aos sindicatos pelos participantes das categorias econômicas ou profissionais ou das profissões liberais representadas pelas referidas entidades serão recolhidas e pagas, sob a denominação de contribuição sindical, desde que prévia e expressamente autorizado pelo trabalhador ou pela empresa, conforme o caso.

Rescisão do contrato de trabalho

A extinção do contrato de aprendizagem ocorrerá na data prevista para seu término ou quando o aprendiz completar 24 anos de idade, salvo no caso de aprendiz portador de deficiência, situação em que não há limite de idade, ou ainda, antecipadamente, nas seguintes hipóteses:

a) desempenho insuficiente ou inadaptação do aprendiz, comprovado mediante laudo de avaliação elaborado pela entidade qualificada em formação técnico profissional metódica;

b) falta disciplinar grave;

c) ausência injustificada à escola que implique perda do ano letivo;

d) a pedido do aprendiz;

e) fechamento do estabelecimento quando não houver possibilidade de transferência sem geração de prejuízo;

f) morte do empregador empresa individual;

g) rescisão indireta.

Nota-se, portanto, que a rescisão antecipada do contrato sem justificativa e por iniciativa do empregador não poderá ocorrer.

Verbas rescisórias devidas

Serão devidas ao aprendiz as verbas rescisórias de acordo com o motivo da rescisão, conforme a seguir:

a) Rescisão no término do contrato

Verbas rescisórias									
Saldo de salário	Aviso-prévio	13º salário		Férias +1/3		FGTS		Indenização CLT, art. 479	Indenização CLT, art. 480
		Integral	Proporcional	Integral	Proporcional	Saque	Multa		
SIM	NÃO	SIM	SIM	SIM	SIM	SIM	NÃO	NÃO	NÃO

b) Rescisão antecipada

Causa da rescisão	Verbas rescisórias									
	Saldo de salário	Aviso-prévio	13º salário		Férias +1/3		FGTS		Indenização CLT, art. 479	Indenização CLT, art. 480
			Integral	Proporcional	Integral	Proporcional	Saque	Multa		
Implemento da idade	SIM	NÃO	SIM	SIM	SIM	SIM	SIM	NÃO	NÃO	NÃO
Desempenho insuficiente ou inadaptação do aprendiz	SIM	NÃO	SIM	SIM	SIM	SIM	NÃO	NÃO	NÃO	NÃO
Falta disciplinar grave (art. 482 CLT)	SIM	NÃO	SIM	NÃO	SIM	NÃO	NÃO	NÃO	NÃO	NÃO
Ausência injustificada à escola que implica perda do ano letivo	SIM	NÃO	SIM	SIM	SIM	SIM	NÃO	NÃO	NÃO	NÃO
A pedido do aprendiz	SIM	NÃO	SIM	SIM	SIM	SIM	NÃO	NÃO	NÃO	NÃO
Fechamento do estabelecimento sem possibilidade de transferência para outro e sem prejuízo ao aprendiz ou morte do empregador constituído em empresa individual.	SIM	NÃO	SIM	SIM	SIM	SIM	SIM	SIM	SIM	NÃO
Rescisão indireta	SIM	NÃO	SIM	SIM	SIM	SIM	SIM	SIM	SIM	NÃO
Descaracterização, quando não se puder transformar o contrato para por prazo indeterminado	SIM	NÃO	SIM	SIM	SIM	SIM	SIM	SIM	SIM	NÃO

Ocorrendo a extinção ou rescisão do contrato de aprendizagem, o empregador deverá contratar novo aprendiz.

Capítulo V – Contratos Especiais de Trabalho

A diminuição do quadro de pessoal da empresa, ainda que em razão de dificuldades financeiras ou de conjuntura econômica desfavorável, não autoriza a rescisão antecipada dos contratos de aprendizagem em curso, que deverão ser cumpridos até o seu termo final.

Encargos legais

Sobre o salário devido ou pago pela empresa ao aprendiz durante a aprendizagem incidem normalmente todos os encargos legais aplicados aos empregados não aprendizes, com exceção do depósito do FGTS, o qual observa a alíquota de 2% sobre a remuneração paga ou creditada ao aprendiz, enquanto sobre os salários dos demais trabalhadores aplicase a alíquota de 8%.

Certificado de qualificação profissional de aprendizagem

Aos aprendizes que concluírem os programas de aprendizagem com aproveitamento, será concedido pela entidade qualificada em formação técnico-profissional metódica o certificado de qualificação profissional.

O certificado de qualificação profissional deverá enunciar o título e o perfil profissional para a ocupação na qual o aprendiz foi qualificado.

Questões controvertidas sobre Contrato de trabalho

Trabalho temporário na área rural

Muito se discute acerca da possibilidade de contratação de trabalhadores temporários no âmbito rural.

A legislação é silente quanto à necessidade de a empresa tomadora da mão de obra ser urbana ou não.

Entretanto, considerando que a Lei nº 6.019/1974, já na sua ementa, esclarece dispor sobre o trabalho temporário nas empresas urbanas, entendemos que não só a empresa de trabalho temporário (fornecedora da mão de obra) deve ser urbana, como também deve ser urbana a empresa cliente, isto é, a empresa tomadora da mão de obra.

Por essas razões, abraçamos a posição de que o trabalho temporário regido pela Lei nº 6.019/1974 não tem aplicação no âmbito rural.

Ademais, a legislação que rege o trabalho rural (Lei n° 5.889/1973, regulamentada pelo Decreto n° 10.854/2021) prevê a possibilidade de o empregador rural firmar contrato de safra com os trabalhadores a fim de atender à necessidade de acréscimo de mão de obra em determinados períodos da safra.

Desta forma, constata-se que a legislação específica que rege o trabalho rural disciplina, expressamente, a contratação a prazo, portanto, temporária, para atender às necessidades transitórias do empregador rural.

Considerando que a legislação rural já cuida especificamente do tema no seu âmbito de atuação (rural), não há que se falar na utilização de trabalho temporário regido pela Lei n° 6.019/1974, o qual tem aplicação somente no âmbito urbano.

Temporário – Aviso-prévio – Indevido

Quando da promulgação da atual Constituição Federal (CF/1988), verificou-se nos meios jurídicos a discussão acerca da aplicação do instituto do aviso-prévio ao trabalhador temporário.

Tal dúvida se deu em virtude de a CF/1988 determinar ser direito dos trabalhadores urbanos, entre outros, o aviso-prévio proporcional ao tempo de serviço, sendo, no mínimo, de 30 dias, nos termos da lei.

Analisando toda a legislação atinente ao tema, verificamos:

a) a Lei n° 6.019/1974, alterada pela Lei n° 13.429/2017as quais regem a matéria, não estendem a essa classe de trabalhadores o direito à mencionada verba;

b) o art. 487 da Consolidação das Leis do Trabalho (CLT), c/c art. 7°, XXI, da CF/1988, estipula que, nos contratos a prazo indeterminado, a parte que, sem justo motivo, quiser proceder à ruptura contratual deverá avisar à outra da sua resolução com antecedência mínima de 30 dias.

Houve quem entendesse que o trabalhador temporário faria jus ao aviso-prévio, posto que o art. 7° da CF/1988 assegura tal direito aos trabalhadores urbanos e o trabalhador temporário está abrangido pela expressão "trabalhadores urbanos" constante do *caput* do dispositivo constitucional em questão. Argumentavam, ainda, que o texto constitucional, salvo a questão do empregado doméstico, não estabeleceu qualquer exceção quanto à abrangência da aplicação dos direitos ali relacionados, razão pela qual os trabalhadores temporários fariam jus ao avi-

Capítulo V – Contratos Especiais de Trabalho　　93

so-prévio na ocorrência de rescisão antecipada do contrato de trabalho.

A segunda corrente, predominante, desde a promulgação da CF/1988, defende posição contrária, ou seja, pela não extensão do direito ao trabalhador temporário, sob o argumento de que este não foi expressamente mencionado no referido art. 7º da CF/1988, conforme ocorreu com os trabalhadores rurais, domésticos e avulsos. Alegam, ainda, os defensores desta corrente que:

a) os temporários não podem ser caracterizados como trabalhadores urbanos para os fins de aquisição dos direitos relacionados no art. 7º da CF/1988, uma vez que, se assim o fossem, teriam de ser entendidos como abrangidos pela expressão "trabalhadores urbanos", portanto, fazendo jus aos direitos relacionados no mencionado artigo, também os profissionais autônomos, empresários etc.;

b) a CLT, ao estabelecer em seus arts. 481 e 487 o direito ao aviso-prévio, o fez em relação aos contratos a prazo indeterminado e aos contratos a prazo determinado com cláusula assecuratória do direito recíproco de rescisão antecipada, quando esse direito for efetivamente exercido, uma vez que nessa situação o contrato a termo passa a observar as normas aplicáveis aos contratos a prazo indeterminado. O contrato de trabalho temporário é um contrato por prazo certo, uma vez que, no momento da sua celebração, o trabalhador já é cientificado da data em que o contrato irá encerrar-se. Assim sendo, não há de se falar em pré-aviso da sua ruptura, visto já ser esta conhecida previamente;

c) o inciso XXI do art. 7º da CF/1988, ao disciplinar o direito do trabalhador ao aviso-prévio proporcional ao tempo de serviço, inovou a verba em questão apenas no que se refere ao seu período de duração, passando os 30 dias previstos na CLT a serem considerados apenas o prazo mínimo de concessão. Portanto, não alterou a abrangência da verba, passando a estendê-la a todos os tipos de contrato de trabalho.

Conclui-se, assim, que o aviso-prévio constitucional é o mesmo previsto na CLT tão somente com o seu prazo estendido, não se tratando de criação de nova verba.

De onde se verifica que as determinações da Consolidação sobre o assunto continuam em plena vigência, o que vale dizer que o aviso-prévio é devido nos contratos a prazo indeterminado ou no contrato a prazo determinado com cláusula assecuratória do direito recíproco de rescisão antecipada quando este direito for exercido por qualquer das partes.

Aperfeiçoamento profissional – Cláusula de permanência

O artigo 444 da Consolidação das Leis do Trabalho (CLT) determina que as relações contratuais de trabalho podem ser objeto de livre estipulação das partes interessadas em tudo quanto não contravenha às disposições de proteção ao trabalho, aos contratos coletivos que lhe sejam aplicáveis e às decisões das autoridades competentes.

Este dispositivo fundamenta o princípio da autonomia da vontade das partes, reconhece o amplo poder deliberativo do empregador e do empregado quando da celebração do contrato individual de trabalho, assegurando a ambos a possibilidade de livremente acordarem as condições em que o mesmo será desenvolvido, restringindo somente a existência de cláusulas contratuais contrárias à legislação em vigor.

Nos dias atuais, o aperfeiçoamento profissional é uma imposição. É necessidade cada vez mais premente, obrigando as empresas a investirem recursos consideráveis em cursos de especialização de seus empregados objetivando a melhoria de seus produtos e serviços.

Para resguardar este investimento, é comum as empresas optarem pela inclusão de cláusulas no contrato de trabalho que estabeleçam determinadas condições para a realização desses cursos, as quais, uma vez pactuadas, passam a integrar a relação empregatícia, produzindo os efeitos que nelas estão previstos.

Tendo por base o princípio da liberdade contratual, consagrado pelo citado art. 444 da CLT, os Tribunais Trabalhistas têm se manifestado no sentido de que é legalmente possível a inclusão de cláusulas condicionais e/ou restritivas, podendo ser ajustadas, entre outras, as seguintes:

a) previsão de restituição das despesas com o curso;
b) previsão de indenização, por parte do empregado, dos gastos despendidos pela empresa;
c) proibição de o empregado demitir-se, por certo período (cláusula de permanência), sob pena de multa previamente estabelecida etc.

A doutrina e a jurisprudência trabalhistas, contudo, não são pacíficas acerca do posicionamento anteriormente mencionado, havendo entendimentos diversos sustentando a tese de que o risco da atividade econômica, previsto no art. 2º da CLT, deve ser suportado pela empresa, incluindo-se, portanto, as despesas decorrentes da especialização do

Capítulo V – Contratos Especiais de Trabalho

empregado nos custos empresariais, os quais não podem ser transferidos ao empregado.

Os adeptos dessa corrente doutrinária afirmam que as cláusulas anteriormente referidas, se inseridas no contrato, são nulas de pleno direito, não produzindo quaisquer efeitos legais.

O apontador do jogo do bicho e a relação de emprego

A prática do jogo do bicho embora seja uma contravenção penal, é comumente observada nas cidades e arregimenta um grande número de trabalhadores.

A questão que se impõe é saber se existe vínculo empregatício entre a banca do jogo do bicho e os trabalhadores que esta arregimenta.

A questão não é de fácil solução. Assim, vejamos. O art. 3º da CLT define como empregado toda pessoa física que prestar serviços de natureza não eventual a empregador, sob a dependência deste e mediante salário.

Da análise desse conceito, chega-se à conclusão de que, uma vez verificada a ocorrência dos pressupostos da relação de emprego mencionados – ou seja, a habitualidade na prestação de serviços, a subordinação e a remuneração –, estaria caracterizado o vínculo.

Na questão em comento, os requisitos da relação de emprego estão presentes, o que pode levar alguns a, sem maiores reflexões, concluir, de imediato, pela existência do vínculo empregatício com os seus consequentes reflexos.

Entretanto, o Tribunal Superior do Trabalho, por meio da Orientação Jurisprudencial SDI-I nº 199, esclarece:

> *199. Jogo do bicho. Contrato de Trabalho. Nulidade. Objeto ilícito. Arts. 82 e 145 do Código Civil. (Inserido em 08.11.2000)*

Contudo, há que se observar que na análise da questão devem ser verificadas, também, a legislação civil e a penal.

O art. 58 do Decreto-lei nº 3.688/1941 (Lei das Contravenções Penais) assim dispõe:

> *Art. 58. Explorar ou realizar a loteria denominada jogo do bicho, ou praticar qualquer ato relativo à sua realização ou exploração:*

Pena – prisão simples, de quatro meses a um ano, e multa, de dois a vinte contos de réis.

Parágrafo único. Incorre na pena de multa, de duzentos mil réis a dois contos de réis, aquele que participa da loteria, visando a obtenção de prêmio, para si ou para terceiro.

O Código Civil Brasileiro (Lei nº 10.406/2002) determina em seus arts. 104, 422 e 594:

Art. 104. A validade do negócio jurídico requer:

I – agente capaz;

II – objeto lícito, possível, determinado ou determinável;

III – forma prescrita ou não defesa em lei.

Art. 422. Os contratantes são obrigados a guardar, assim na conclusão do contrato, como em sua execução, os princípios de probidade e boa-fé.

Art. 594. Toda a espécie de serviço ou trabalho lícito, material ou imaterial, pode ser contratada mediante retribuição.

Da análise dos mencionados dispositivos, verificase que:

a) a prática de qualquer ato relativo à realização do jogo do bicho está devidamente tipificada como contravenção penal, portanto, constitui atividade ilícita;

b) para que os contratos em geral sejam válidos, entre outros, o seu objeto há de ser lícito;

c) os contratantes (partes) estão obrigados a observar os princípios da probidade (honestidade, honradez, decoro etc.);

d) os serviços ou trabalhos lícitos podem ser contratados mediante remuneração.

A *contrario sensu*, concluise que os serviços ou trabalhos ilícitos não poderão ser contratados.

Não obstante os dispositivos legais em comento, a questão é controvertida no âmbito doutrinário e jurisprudencial.

A maioria das decisões é no sentido de não reconhecer o vínculo empregatício em virtude da ilicitude do objeto do contrato. Entretanto,

Capítulo V – Contratos Especiais de Trabalho

há várias decisões favoráveis ao reconhecimento do vínculo por entender ser esta atividade tolerada pela sociedade e que a empregadora não pode se beneficiar da própria torpeza.

De todo o exposto, pode-se concluir:

a) ser a prática de todos os atos relativos à realização ou à exploração do jogo do bicho contravenção penal;

b) ser público e notório o fato de o jogo do bicho ser vedado por lei;

c) que a validade dos contratos em geral, inclusive o de trabalho, está condicionada à licitude do seu objeto;

d) que a ninguém é concedido o direito de alegar o desconhecimento da lei em sua defesa;

e) que todo cidadão está obrigado a se pautar com honestidade e honradez.

Dessa forma, entendemos, s. m. j., que o contrato de prestação de serviços, verbal ou escrito, firmado entre o explorador do jogo do bicho e os trabalhadores é nulo e, assim o sendo, não pode resultar no reconhecimento do vínculo empregatício entre as partes, portanto, as relações decorrentes deste contrato não estão sujeitas à apreciação à luz do direito do trabalho.

Período de treinamento e processo seletivo – Possibilidade de integração ao contrato de trabalho

A seleção do candidato visa comprovar suas aptidões, competências, capacidades etc., valores que integram o seu patrimônio intelectual, físico, comportamental etc. O processo pode redundar na sua escolha ou eliminação. Neste contexto, o tempo empregado na seleção é irrelevante para definir a natureza da relação entre as partes.

Nesta situação, não há prestação de serviço à empresa, pois esta não se beneficia das atividades desenvolvidas pelo candidato, pois somente verifica e comprova, por meio de testes, as competências deste.

Assim, entendemos que o tempo despendido em tal processo não gera vínculo empregatício, posto que sequer acarreta expectativa de direito, uma vez que o candidato tem ciência de que se trata de período de comprovação de competências e não de trabalho.

O que comumente ocorre é que muitas empresas mesclam os períodos de seleção e de treinamento, fazendo com que o candidato, no período respectivo, execute atividades normais da empresa, ou seja, juntamente com a verificação e a comprovação das competências do candidato, a empresa já realiza o treinamento buscando tornar o trabalhador apto a executar a contento a atividade pretendida, obtendo vantagens advindas das tarefas realizadas por ele.

Veja que, nesta situação, o período dito de "seleção e treinamento" apresenta características próprias do contrato de experiência. Neste cenário, entendemos que o período de seleção e treinamento integra o contrato de trabalho.

CAPÍTULO VI
JORNADA DE TRABALHO

JORNADA DE TRABALHO

A jornada normal diária de trabalho, fixada pela CF/1988, é de até 8 horas, não podendo exceder a 44 horas semanais, ressalvados os casos mais benéficos, ou seja, jornada reduzida, prevista em:

- Lei;
- cláusula de sentença normativa;
- acordo ou convenção coletiva de trabalho da categoria;
- espontaneamente, por meio do contrato.

Jornada de trabalho vem a ser a duração diária das atividades do empregado, ou seja, a quantidade de tempo em que o empregado, por força do contrato de trabalho, fica à disposição do empregador, seja trabalhando efetivamente ou aguardando ordens. Neste período, o trabalhador não pode dispor de seu tempo em proveito próprio.

Lembre-se que a Lei nº 13.467/2017, que instituiu a reforma trabalhista, acresceu o art. 611-A à CLT para determinar, entre outras disposições, que a convenção coletiva e o acordo coletivo de trabalho têm prevalência sobre a lei, quando dispuserem, entre outros, sobre jornada de trabalho, observados os limites constitucionais.

Trabalho normal – Duração

A duração normal do trabalho não deve ultrapassar a 8 horas diárias e 44 semanais.

Assim, considerando o módulo semanal de 44 horas, a jornada normal diária corresponde às 7h20min, obtida mediante o seguinte cálculo:

a) dias de trabalho na semana = 6 (2ª feira a sábado, por exemplo);
b) limite máximo semanal = 44 horas;
c) divisão da duração semanal pelo número de dias de trabalho na semana: 44 ÷ 6 = 7,3333.

Observa-se que o cálculo da divisão resulta em dízima periódica simples, não representando 7 horas e 33 minutos, mas 7 horas e 20 minutos, tendo em vista que a operação matemática é realizada em escala decimal, contrapondo-se, portanto, às frações de horário, cuja escala é sexagesimal (60 segundos e 60 minutos), ou seja:

$(7,3333 - 7)$ x 60 = 20 minutos, ou, ainda, 1 hora = 60 minutos

44 horas x 60 minutos = 2.640 minutos

2.640 ÷ 6 = 440 minutos ou 7 horas + 20 minutos

Para se obter a jornada mensal:

30 dias x 7h20min = 220 horas mensais ou 30 x 440 minutos = 13.200 minutos mensais

13.200 ÷ 60 = 220 horas

Menores e mulheres

É proibido qualquer trabalho aos menores de dezesseis anos de idade, salvo na condição de aprendiz, a partir dos quatorze anos.

A empresa ao contratar empregados menores e mulheres deverão observar a mesma jornada fixada pela Constituição Federal/1988, quais sejam 8 horas diária e 44 horas semanais, facultada a compensação de horários mediante acordo coletivo ou convenção coletiva, no caso do menor e de acordo individual, coletivo ou convenção coletiva, no caso de mulher.

Menores – Empregos simultâneos

Quando se tratar de menores de 18 anos de idade, havendo empregos simultâneos, a soma das horas de trabalho em todas as empresas não poderá exceder de 8 horas diárias. Podem, no entanto, as partes (empregado e empregador) fixar limite inferior ao estabelecido legalmente.

Duração – Aprendizes

A jornada de trabalho do aprendiz não excederá 6 horas diárias, sendo vedadas a prorrogação e a compensação da jornada, podendo, neste caso, envolver atividades teóricas e práticas ou apenas uma delas.

O limite poderá ser de até 8 horas diárias para os aprendizes que já tiverem completado o ensino fundamental, desde que nestas sejam incluídas obrigatoriamente atividades teóricas.

Capítulo VI – Jornada de Trabalho

A jornada semanal do aprendiz, inferior a 30 horas, não caracteriza trabalho em tempo parcial de que trata a CLT, artigo 58-A.

Reduzida

A duração normal do trabalho conforme já mencionamos, em qualquer atividade privada, é de até 8 horas diárias e 44 horas semanais.

Contudo, a lei estabelece outros limites às determinadas atividades profissionais, consideradas as condições específicas em que se realizam. Relacionamos a seguir as principais atividades que, por força de lei, têm jornada de trabalho reduzida.

Lembramos que a mencionada relação de profissões é meramente exemplificativa, devendo ser consultadas as legislações pertinentes a outras profissões, bem como recomendamos consultar o documento coletivo de trabalho das categorias profissionais respectivas, para saber se há condições mais favoráveis.

Jornada de 7 horas

- Empregados sujeitos a horários variáveis das seções de técnica, telefones, revisão, expedição, entrega e balcão das empresas que exploram serviços de telefonia, telegrafia submarina e subfluvial, radiotelegrafia e radiotelefonia.

- Músicos (no caso de força maior ou festejos populares e serviço reclamado pelo interesse nacional).

- Operadores em serviço de telefonia, telegrafia submarina e subfluvial, radiotelegrafia e radiotelefonia, sujeitos a horários variáveis.- Radialistas (setores de cenografia e caracterização).

Jornada de 6 horas

- Aeroviários (execução ou direção em serviço de pista).
- Artistas (radiodifusão, fotografia, gravação, cinema, circo e variedades, dublagem).
- Ascensoristas.
- Bancários (inclusive porteiros, telefonistas de mesa, contínuos e serventes).
- Empregados de empresas de crédito, financiamento ou investimento.
- Músicos de estabelecimentos de diversões públicas (cabarés, boates, *dancings, taxi dancings,* salões de danças e congêneres), onde atuem dois ou mais conjuntos.
- Operadores cinematográficos e ajudantes.
- Operadores em serviço de telefonia, telegrafia submarina e subfluvial, radiotelegrafia e radiotelefonia.
- Operadores telegrafistas do serviço ferroviário.
- Radialistas (setores de produção, interpretação, dublagem, tratamento e registros sonoros e visuais, montagem e arquivamento, transmissão de sons e imagens, revelação e copiagem de filmes, artes plásticas e animação de desenhos e objetos e manutenção técnica).
- Técnicos em espetáculos de diversões.
- Telefonistas de mesa.
- Trabalhadores em minas no subsolo.

Capítulo VI – Jornada de Trabalho

Jornada de 5 horas

- Noticiarista.

- Radiorrepórter.

- Repórter (cinematográfico, fotográfico e de setor).

- Revisor (chefe de revisão).

- Secretário.

- Subsecretário.

- Fisioterapeuta.

- Músicos.

- Arranjadores e orquestradores.

- Cantores de todos os gêneros e especialidades.

- Compositores de música erudita ou popular.

- Copistas de música.

- Jornalistas profissionais.

- Arquivista-pesquisador.

- Diagramador.

- Editor.

- Diretores de cena lírica.

- Diretores de orquestras ou conjuntos populares.

- Instrumentistas de todos os gêneros e especialidades.

- Professores particulares de música.

- Regentes de orquestras sinfônicas, óperas, bailados, operetas, orquestras mistas, de salão, ciganas, jazz sinfônico, conjuntos corais e bandas de músicas.

- Radialistas (setores de autoria e locução).

- Terapeuta ocupacional.

> Jornada de 4 horas
>
> - Técnico em radiologia (operador de raio-x).

> Jornadas Especiais
>
> - Artistas e técnicos em espetáculos de diversões – Teatro.
> - Músicos das empresas nacionais de navegação.
> - Professores.
> - Professores de cursos livres.

Tempo parcial

Jornada a tempo parcial é aquela cuja duração não exceda a:

a) 30 horas semanais, sem a possibilidade de horas suplementares semanais; ou

b) 26 horas semanais, com a possibilidade de acréscimo de até 6 horas suplementares semanais.

O trabalhador em tempo parcial receberá a remuneração calculada de forma proporcional à jornada executada, em relação aos empregados que cumprem, nas mesmas funções, tempo integral.

As horas suplementares à duração do trabalho semanal serão pagas com o adicional de 50% sobre o salário-hora normal.

Se o contrato estabelecer jornada inferior a 26 horas semanais, as horas suplementares a este quantitativo serão consideradas extraordinárias e estão limitadas também a 6 horas semanais.

Poderão, também, as horas suplementares serem compensadas diretamente até a semana imediatamente posterior à da sua execução, devendo ser feita a sua quitação na folha de pagamento do mês subsequente, caso não sejam compensadas.

Flexível ou móvel

É aquela em que o empregador, previamente, estabelece um limite inicial e final do horário de trabalho e os empregados, dentro desse li-

Capítulo VI – Jornada de Trabalho 105

mite, cumprem integralmente a sua jornada de trabalho, normalmente de 8 horas.

Exemplo

Jornada diária de 8 horas. Supondo que poderá iniciar das 7 horas às 9 horas com término das 16 horas às 18 horas. Neste período, o trabalhador cumprirá a sua jornada de até 8 horas diárias, podendo, em determinado dia, cumprir a jornada das 8 às 17 horas, com uma hora de intervalo para repouso ou alimentação; em outro dia, poderá iniciar a sua jornada das 9 às 18 horas e assim sucessivamente, observando sempre a sua jornada diária estabelecida contratualmente.

Turnos ininterruptos de revezamento

A Constituição Federal/1988, artigo 7º, XIV, estabelece a jornada de 6 horas para os trabalhadores rurais e urbanos que executem seu labor em turnos ininterruptos de revezamento, ou seja, naquele tipo de trabalho em que entre a jornada de trabalho de uma turma e outra, não há intervalo de tempo, de modo que as atividades não sofrem interrupção entre a saída de um turno e a entrada de outro.

Para o trabalho realizado em turnos ininterruptos de revezamento, a jornada será de 6 horas, salvo negociação coletiva. Para a fixação desta jornada, é necessário a ocorrência de 3 fatores simultaneamente:

- existência de turnos: a empresa mantém uma ordem ou critério de alteração de horários de trabalho prestado em revezamento;
- revezamento de turnos: o empregado ou turmas de empregados trabalham alternadamente para possibilitar, em face da não interrupção do trabalho, o descanso de outro empregado ou turma;
- revezamento ininterrupto de turno: que não sofra solução de continuidade no período de 24 horas, independentemente de haver ou não trabalho aos domingos. A ininterrupção deve ocorrer em relação à atividade da empresa – e não do empregado – a qual, operando 24 horas por dia, todos os dias, necessita de turnos de trabalho que se sucedam sem solução de continuidade, salvo quanto aos intervalos legalmente previstos, estes em relação à atividade dos empregados.

O Tribunal Superior do Trabalho (TST), por meio da Súmula n° 360, dispõe que: "A interrupção do trabalho destinada a repouso e alimentação, dentro de cada turno, ou o intervalo para repouso semanal, não descaracteriza o turno de revezamento com jornada de 6 (seis) horas previsto no artigo 7°, XIV, da CF."

Lembra-se que as Súmulas do TST apenas norteiam as decisões judiciais das diversas instâncias da Justiça do Trabalho, não as vinculando ao seu entendimento.

O entendimento predominante no âmbito doutrinário e jurisprudencial é no sentido de que o turno de revezamento se refere ao empregado, sendo inaplicável o disposto no já citado artigo 7°, XIV, da CF quando o trabalho ocorrer em turnos fixos. Assim, se os empregados revezam-se em diferentes turnos (manhã, tarde, noite), sem o direito à permanência num determinado horário, farão jus à jornada de 6 horas.

Jornada 12 x 36

A Lei n° 13.467/2017 que instituiu a reforma trabalhista, entre outras providências, acrescentou o art. 59-A à CLT, dispondo que, em exceção à jornada normal de até 8 h diárias e 44 semanais, é facultado às partes, mediante acordo individual escrito, convenção coletiva ou acordo coletivo de trabalho, estabelecer horário de trabalho de 12 horas seguidas por 36 horas ininterruptas de descanso.

Para tanto:

a) os intervalos para repouso e alimentação podem ser observados ou indenizados;

b) a remuneração mensal pactuada abrangerá os pagamentos devidos pelo DSR e pelo descanso em feriados, e

c) serão considerados compensados os feriados e as prorrogações de trabalho noturno, quando houver;

d) não será exigida licença prévia das autoridades competentes, no caso de prorrogação da jornada em atividade insalubre.

Trajeto – Horas *in itinere*

Antes da reforma trabalhista, instituída pela Lei n° 13.467/2017, na hipótese em que o local de trabalho fosse de difícil acesso ou não servido por transporte regular público, e a empresa fornecesse a condução, o tempo despendido pelo empregado, tanto na ida quanto na volta, era com-

Capítulo VI – Jornada de Trabalho

putado na jornada de trabalho. Referido período de deslocamento era denominado, pela doutrina e pela jurisprudência, como horas *in itinere*.

Entretanto, a Lei em comento, alterou a redação do § 2º do art. 58 da CLT para determinar que o tempo gasto pelo empregado da sua residência ao local de trabalho e vice-versa, seja a pé ou por qualquer meio de transporte, inclusive o fornecido pelo empregador, não será computado na jornada de trabalho, por não ser considerado como tempo à disposição do empregador.

Assim sendo, desde 11.11.2017 deixou de existir as chamadas horas *in itinere*.

Situações em que não se aplicam as normas da duração do trabalho

Não se aplica o capítulo da duração do trabalho:

a) aos empregados que exercem atividade externa incompatível com a fixação de horário de trabalho, devendo essa condição ser anotada na Carteira de Trabalho e Previdência Social e no registro de empregados;

b) aos gerentes, assim considerados os exercentes de cargos de gestão, aos quais se equiparam, para esse efeito, os diretores e chefes de departamento ou filial;

c) os empregados em regime de teletrabalho que prestam serviço por produção ou tarefa.

Entretanto, serão aplicadas as normas de duração do trabalho aos empregados mencionados na letra "b", quando o salário do cargo de confiança, compreendendo a gratificação de função, se houver, for inferior ao valor do respectivo salário efetivo acrescido de 40%.

Embora não haja conceituação expressa na legislação trabalhista em vigor, o entendimento predominante é no sentido de que, a principal característica do cargo de confiança é retratada pelo poder de autonomia nas decisões importantes a serem tomadas no âmbito da empresa, poder este em que o empregado substitui o empregador, independentemente da esfera de sua atuação (administrativa ou técnica).

Tais empregados, em virtude dos poderes dos quais se encontram investidos, podem contratar, demitir, assalariar etc., se diferenciando dos demais empregados.

Por expressa disposição legal, os exercentes dos cargos de confiança não estão sujeitos às disposições que regulam a duração do trabalho, portanto, não têm de cumprir uma jornada de trabalho fixada.

Para maior compreensão, seguem exemplos de empregado ocupante de cargo de chefia.

Exemplos

1) Gerente com poder de mando na empresa:

Salário efetivo = R$ 3.000,00

Adicional de função = R$ 7.000,00

Total = R$ 10.000,00

O total da remuneração é superior ao salário efetivo do cargo, acrescido de 40% (R$ 3.000,00 x 40% = R$ 1.200,00). Dessa forma, o gerente está dispensado da marcação de jornada.

2) Gerente com poder de mando na empresa:

Salário efetivo = R$ 3.000,00

Adicional de função = R$ 1.000,00

Total = R$ 4.000,00

O total da remuneração (R$ 4.000,00) é inferior ao salário efetivo do cargo, acrescido de 40% (R$ 3.000,00 + 40% = R$ 4.200,00). Esse gerente está sujeito a marcação de ponto.

3) Gerente sem poder de mando na empresa (não contrata, assalaria, demite etc.).

Independentemente da remuneração auferida e da denominação do cargo, o gerente está obrigado à marcação da jornada por não exercer encargo de gestão.

Não obstante o anteriormente exposto, lembramos que a reforma trabalhista, instituída pela Lei nº 13.467/2017, acresceu o art. 611A à CLT, para, entre outras providências, determinar que a convenção e o acordo coletivo de trabalho podem identificar os cargos que se enquadram como funções de confiança. Assim, havendo previsão neste sentido nos mencionados documentos elas deverão ser observadas.

Acordo de prorrogação de horas

Os empregados maiores de 18 anos poderão ter a duração normal do trabalho acrescida de horas extras, em número não excedente de 2, mediante acordo individual (entre empregador e empregado) ou mediante documento coletivo de trabalho (acordo ou convenção), sendo a hora extra remunerada com percentual, no mínimo, 50% superior à da hora normal.

O percentual de acréscimo sobre o valor da hora normal poderá ser superior a 50%, se assim estabelecerem as partes, ou houver disposição em convenção ou acordo coletivo de trabalho da categoria profissional respectiva.

O acordo de prorrogação de horas pode ser firmado por escrito em duas vias, ficando uma delas com o empregador e a outra com o empregado, e anotado no registro de empregados, podendo também ser firmado por prazo indeterminado ou determinado.

Todavia, caso a Justiça do Trabalho seja solicitada, esta pode entender que, durante o prazo de vigência do contrato, o empregado permanece à disposição do empregador, fazendo jus às horas extras nele estipuladas, ainda que não trabalhadas, aconselha-se:

a) firmá-lo por tempo determinado (10 dias, 4, 5, 6, meses etc.), ou seja, pelo prazo necessário à execução do serviço, renovando-o, se necessário;

b) incluir cláusula que faculte às partes cancelar a prorrogação ajustada, se, antes de findo o prazo do contrato, a sua continuidade não for conveniente ao empregado, ou se terminar ou diminuir o serviço que a ocasionou.

Não será computado como hora extra, por não se considerar tempo à disposição do empregador o período que exceder a jornada normal, ainda que supere 5 minutos, em que o empregado, por escolha própria ficar na empresa em consequência de: insegurança pública, condições climáticas, práticas religiosas, relacionamento social, descanso, lazer, estudo (particular), alimentação, higiene pessoal, troca de uniforme quando não for exigido que a troca ocorra na empresa, entre outras atividades particulares.

Menores

Com relação aos menores de 18 anos, é vedado a prorrogação da jornada diária de trabalho, salvo:

- até mais 2 horas, independentemente de acréscimo salarial, mediante convenção ou acordo coletivo, desde que o excesso de horas de um dia seja compensado pela diminuição em outro, de modo a observar o limite máximo semanal (44 horas) ou outro inferior legalmente fixado;
- excepcionalmente, por motivo de força maior, até o máximo de 12 horas, com acréscimo salarial de, pelo menos 50% sobre a hora normal e desde que o trabalho do menor seja imprescindível ao funcionamento do estabelecimento, devendo ser comunicada por escrito à autoridade competente, dentro do prazo de 48 horas.

Tratando-se de aprendizes é vedada, em qualquer caso, a prorrogação e a compensação da jornada de trabalho.

Atividades insalubres

O art. 60 da CLT determina que nas atividades insalubres, exceto na jornada 12 X 36, qualquer acordo de prorrogação deve ser antecedido de licença prévia das autoridades competentes em matéria de medicina do trabalho, as quais, para esse efeito, procederão aos necessários exames locais e à verificação dos métodos e processos de trabalho, quer diretamente, quer por intermédio de autoridades sanitárias federais, estaduais e municipais, com quem entrarão em entendimento para tal fim.

Não obstante tal determinação, com a reforma trabalhista, instituída pela Lei nº 13.467/2017, foi acrescido o art. 611A à CLT, o qual, entre outras providências, determina que o acordo coletivo ou a convenção coletiva de trabalho podem dispor sobre a prorrogação de jornada em ambientes insalubres, sem licença prévia das autoridades competentes do Ministério do Trabalho e Previdência, tendo tal negociação prevalência sobre a lei.

Necessidade imperiosa – Possibilidade de prorrogação

Ocorrendo necessidade imperiosa, a duração normal do trabalho pode ser prorrogada independentemente de acordo ou contrato coletivo:

Capítulo VI – Jornada de Trabalho 111

a) por motivo de força maior, entendendo-se como tal todo acontecimento inevitável em relação à vontade do empregador, e para a realização do qual este não concorreu, direta ou indiretamente;

b) para atender à realização ou à conclusão de serviços inadiáveis ou cuja inexecução possa causar prejuízo manifesto.

Supressão de horas extras

A supressão total ou parcial, pelo empregador, do serviço suplementar prestado com habitualidade, durante pelo menos 1 ano, assegura ao empregado o direito à indenização correspondente ao valor de um mês das horas suprimidas total ou parcialmente para cada ano ou fração igual ou superior a 6 meses de prestação de serviço acima da jornada normal. O cálculo observará a média das horas suplementares efetivamente trabalhadas nos últimos 12 meses, multiplicada pelo valor da hora extra do dia da supressão (Súmula nº 291 do TST).

Exemplo

Supressão total

- Empregado presta 2 horas extras diárias há 4 anos e 8 meses, com adicional de horas extraordinárias de 50%.

- O salário mensal, no momento da supressão, corresponde a R$ 1.320,00 (base de 220 horas/mês).

- Horas extras realizadas nos últimos 12 meses anteriores à supressão = 520.

Cálculo da indenização:

520 ÷ 12 = 43,3333 (média aritmética das horas extras efetuadas nos 12 meses imediatamente anteriores à supressão);

Salário/hora normal = R$ 1.320,00 ÷ 220 = R$ 6,00;

Salário/hora extra = R$ 6,00 x 1,50 = R$ 9,00;

Valor da indenização = R$ 9,00 x 43,3333 x 5 = R$ 1.950,00.

Considera-se 5 anos em virtude de o empregado ter trabalhado 4 anos e 8 meses, ou seja, fração superior a 6 meses.

Acordo de compensação de horas – Banco de horas

Poderá ser dispensado o acréscimo de salário se, por força de acordo ou convenção coletiva de trabalho, o excesso em um dia for compensado pela correspondente diminuição em outro dia, de maneira que não exceda, no período máximo de um ano, à soma das jornadas semanais de trabalho previstas, nem seja ultrapassado o limite máximo de 10 horas diárias.

O banco de horas poderá, também, ser estabelecido mediante acordo individual escrito (empregado e empregador), mas neste caso, a compensação deve ocorrer no período máximo de seis meses.

Também é considerado lícito o acordo de compensação de jornada, individual, tácito ou escrito, para compensação no mesmo mês.

Na hipótese de rescisão do contrato de trabalho sem que tenha havido a compensação integral da jornada extraordinária, fará o trabalhador jus ao pagamento das horas extras não compensadas, calculadas sobre o valor da remuneração na data da rescisão.

A prestação de horas extras habituais não descaracteriza o acordo de compensação de horas e o banco de horas.

Acordo de prorrogação e de compensação – Simultâneos

O acordo de prorrogação pode ser firmado simultaneamente ao de compensação de horas, desde que não se ultrapasse o limite de 10 horas para a jornada diária.

Exemplo

Se o empregado trabalha de 2ª a 6ª feira, 8 horas e 48 minutos por dia para compensar os sábados, pode trabalhar em horário extraordinário mais 1 hora e 12 minutos, fazendo jus, neste caso, ao adicional de horas extras. Observa-se que não foi ultrapassado o limite de 10 horas diárias.

Trabalho em sábado compensado – Impossibilidade

O sábado compensado, para as empresas que adotam este regime e distribuem a jornada deste dia nos demais dias da semana, é considerado um dia já trabalhado, não podendo nele haver a prestação de serviços.

Capítulo VI – Jornada de Trabalho

Sendo assim, entende-se que não poderá haver trabalho nos dias cujas jornadas já foram redistribuídas em outros dias para atender a um acordo de compensação.

Horário noturno

Considera-se noturno o trabalho executado entre as 22 horas de um dia e às 5 horas do dia seguinte, no caso de empregados urbanos.

Nas atividades rurais, considera-se noturno o trabalho executado entre:

a)   as 21 horas de um dia e às 5 horas do dia seguinte, na lavoura;
b)   as 20 horas de um dia e às 4 horas do dia seguinte, na pecuária.

Aos empregados urbanos, que trabalham em horário noturno, é assegurada remuneração com acréscimo de 20%, no mínimo, sobre a hora diurna.

Os trabalhadores rurais recebem para cada hora noturna trabalhada um acréscimo de, no mínimo, 25% sobre a remuneração normal da hora diurna, seja na lavoura, seja na atividade pecuária.

Menores

O trabalho em horário noturno é proibido aos menores de 18 anos, de ambos os sexos.

Hora noturna – Duração

A hora do trabalho noturno é computada como de 52 minutos e 30 segundos (7 minutos e 30 segundos de redução em relação à hora diurna) para atividades urbanas. Nas atividades rurais, a hora noturna tem duração de 60 minutos, não sofrendo, por conseguinte, qualquer redução temporal.

Na prática, significa que 1 hora normal trabalhada em período diurno equivale a 60 minutos efetivamente trabalhados, enquanto no período noturno corresponde apenas a 52 minutos e 30 segundos de efetivo trabalho.

O intervalo para repouso ou alimentação, concedido dentro ou fora do horário noturno de trabalho, não sofre qualquer redução temporal, ou seja, se o intervalo é de 1 hora, por exemplo, este tem duração normal de 60 minutos.

Intervalos entre jornadas de trabalho

Em geral, entre duas jornadas de trabalho, haverá um período mínimo de 11 horas consecutivas para descanso.

Ressalte-se que a legislação não proíbe a manutenção de mais de um vínculo empregatício, por parte do empregado, sendo possível, portanto, encerrar a jornada de trabalho em um emprego e, sem necessidade de aguardar 11 horas, iniciar outra jornada de trabalho em outro emprego.

Exemplo: Empregado mantém vínculo empregatício com as empresas "A" e "B":

Empresa "A" jornada de 8 horas diárias – início 8 horas e término às 17 horas com intervalo de 1 hora para repouso e alimentação;

Empresa "B" jornada de 8 horas diárias – início 20 horas e término às 5 horas com intervalo de 1 hora para repouso e alimentação.

Percebe-se que a norma legal refere-se ao intervalo entre jornadas de trabalho no mesmo empregador, situação em que o empregado quando do término da jornada da empresa "A" ao retornar no dia seguinte observou o intervalo de 11 horas consecutivas.

Intervalos especiais entre jornadas de trabalho, entre outros:

Cabineiros/Ferroviário	- 14 h
Jornalista profissional	- 10 h
Serviços de telefonia, telegrafia submarina e subfluvial, radiotelegrafia e radiotelefonia	- 17 h
Operadores cinematográficos	- 12 h

Intervalo destinado ao repouso ou alimentação

O intervalo destinado ao repouso ou alimentação é considerado período de suspensão da jornada de trabalho, portanto, não são nela computados.

Ressalte-se que o tempo de intervalo a ser concedido é estabelecido em função da quantidade de horas da jornada de trabalho integral, e não da quantidade de horas de parte desta jornada, quando esta é superior a 4 horas.

Capítulo VI – Jornada de Trabalho

Tais intervalos são os seguintes:

Jornada de trabalho	Intervalo
Jornada de até 4 horas	Não há intervalo
Jornada de 4 a 6 horas	Intervalo obrigatório de 15 minutos
Jornada superior a 6 horas	Intervalo mínimo de 1 hora e máximo de 2 horas

Momento da concessão

Inexiste previsão legal determinando o tempo mínimo de horas que o empregado deve trabalhar para que lhe seja concedido o intervalo. A doutrina entende que deve ser concedido de forma a evitar a sobrecarga de trabalho em qualquer dos períodos da jornada; aconselha-se que este deva ser concedido no tempo intermediário da jornada do trabalho, de forma que os períodos não fiquem desproporcionais e, consequentemente, o empregado tenha um desgaste excessivo, em um deles.

Entretanto, no setor de transporte rodoviário, o § 5 do art. 71 da CLT, acrescido pela Lei nº 13.467/2017, determina que o intervalo mínimo de 1 hora e máximo de 2 horas poderá ser reduzido e/ou fracionado, e o intervalo de 15 minutos poderá ser fracionado, quando compreendidos entre o término da primeira hora trabalhada e o início da última hora trabalhada, desde que previsto em convenção ou acordo coletivo de trabalho, ante a natureza do serviço e em virtude das condições especiais de trabalho a que são submetidos estritamente os motoristas, cobradores, fiscalização de campo e afins nos serviços de operação de veículos rodoviários, empregados no setor de transporte coletivo de passageiros, mantida a remuneração e concedidos intervalos para descanso menores ao final de cada viagem.

Trabalho contínuo superior a 6 horas

Em qualquer trabalho contínuo, cuja duração exceda 6 horas, é assegurada a concessão de um intervalo com duração mínima de 1 hora e salvo acordo escrito ou contrato coletivo em contrário, não poderá exceder de 2 horas.

> Exemplo
> Jornada diária de 7 horas
> Entrada: 9 horas
> Intervalo para repouso ou alimentação: 12 às 13 h (1 hora)
> Saída: 17 horas

Trabalho contínuo superior a 4 e não excedente a 6 horas

Neste caso, é obrigatória a concessão de um intervalo de 15 minutos. Nestas situações, devemos considerar o número total de horas trabalhadas.

Assim, um empregado, com jornada das 8 às 18 horas e repouso de 1 hora, das 12 às 13 horas, não faz jus ao intervalo de 15 minutos, ainda que, no período da tarde, ultrapasse o limite de 4 horas (das 13 às 18 horas = 5 horas).

Aplica-se este intervalo quando o empregado tenha sido contratado para trabalhar com jornada superior a 4 horas diárias.

> Exemplo:
> Empregado com jornada de 5 horas diárias terá direito à concessão de um intervalo para repouso ou alimentação de 15 minutos.

Trabalho contínuo até 4 horas

Não há obrigatoriedade da concessão do intervalo, salvo cláusula constante em acordo ou convenção coletiva de trabalho.

Redução do intervalo – Possibilidade

A reforma trabalhista, instituída pela Lei nº 13.467/2017, acresceu o art. 611A à CLT para determinar, entre outras providências, que mediante negociação coletiva, poderão ser estabelecidas regras relativas ao intervalo intrajornada, respeitado o limite mínimo de 30 minutos para jornadas superiores a 6 horas diárias.

Portanto, mediante negociação coletiva (acordo ou convenção), poderá ser fixado intervalo para alimentação inferior a 1 hora, sendo, no mínimo, de 30 minutos.

Capítulo VI – Jornada de Trabalho

Intervalo para repouso ou alimentação superior a 2 horas

O requisito para que o elastecimento do intervalo em mais de 2 horas seja legal, é que haja acordo escrito ou contrato coletivo. A questão que se impõe é saber se esse acordo escrito, mencionado no dispositivo analisado, pode ser individual ou deve ser coletivo.

Parte da doutrina trabalhista defende o entendimento de que para que o intervalo superior a 2 horas seja legal, é necessária a realização de acordo coletivo ou convenção coletiva. Assim, de acordo com essa corrente, o elastecimento do intervalo em mais de 2 horas necessita de negociação com o sindicato da categoria profissional respectiva.

A maioria dos doutrinadores, entretanto, defende a posição de que o acordo escrito mencionado no *caput* do art. 71 da CLT pode ser individual, isto é, firmado entre empregado e empregador, independentemente de qualquer participação do sindicato da categoria profissional em questão.

Havendo necessidade, a empresa poderá acordar com seus empregados intervalo para alimentação ou repouso superior a 2 horas (de 3 ou 4 horas etc.), quer por intermédio de acordo individual (empregador e empregado), quer por meio de negociação coletiva (acordo, convenção ou sentença normativa) quer, ainda, mediante o próprio contrato de trabalho. É recomendável que esse acordo seja estabelecido por escrito e a anuência das partes confirmada por assinatura.

Quadro Demonstrativo – Intervalos legais e especiais

Duração do trabalho	Intervalos legais	
	Na jornada	Entre jornadas
Até 4 horas	-0-	11 horas
Mais de 4 a 6 horas	15 minutos	11 horas
Mais de 6 horas	1 a 2 horas	11 horas
Trabalho noturno urbano (das 22 às 5 horas)	60 minutos no mínimo	11 horas

Casos específicos	Intervalos especiais previstos na CLT		
	Na jornada	Entre jornadas	Prorrogação da jornada
Ferroviários cabineiros	-0-	14 horas	-0-
Equipagem de trem	-0-	10 horas	-0-
Serviços de telefonia, telegrafia submarina e subfluvial, radiotelegrafia e radiotelefonia (sujeitos a horários variáveis)	20 minutos após 3 horas de esforço contínuo	17 horas	-0-
Jornalistas profissionais	-0-	10 horas	-0-
Operadores cinematográficos	-0-	12 horas	2 horas entre o período destinado à limpeza e manutenção do equipamento e o destinado ao trabalho em cabina; e 1 hora entre a sessão diurna (extraordinária) e a noturna (normal)
Mecanografia	10 minutos a cada 90 de trabalho	11 horas	-0-

Minas de subsolo	15 minutos a cada 3 horas de trabalho	11 horas	-0-
Câmaras frigoríficas	20 minutos após 1 hora e 40 minutos de trabalho	11 horas	-0-
Mulheres	2 descansos de meia hora cada um, para amamentar o filho	11 horas	
Radialista	20 minutos após 3 horas de esforço contínuo	11 horas	-0-
Menores	-0-	11 horas	
Músicos	-0-	11 horas	30 minutos nos casos de prorrogação do período normal de trabalho.
Médico	10 minutos a cada 90 de trabalho		

Marcação de ponto – Controle de jornada

O controle da jornada visa tanto para o empregado quanto para o empregador o fiel cumprimento das horas efetivamente trabalhadas, refletindo a exatidão do cumprimento da jornada acordada e das horas extraordinárias porventura realizadas.

Obrigatoriedade

Os estabelecimentos com mais de 20 trabalhadores, estão obrigados à marcação da hora de entrada e saída, em registro manual, mecânico ou eletrônico, sendo permitida a pré-assinalação do período de repouso. É permitida também a utilização de registro de ponto por exceção à jornada regular de trabalho, mediante acordo individual escrito, convenção coletiva ou acordo coletivo de trabalho. Neste caso (ponto por exceção), o empregado não fará a anotação da hora de entrada e saída, mas apenas das ocorrências além delas, ou seja, anotará as horas extras, as saídas antecipadas etc.

A marcação de ponto será observada por estabelecimento, e não por empresa.

Portanto, se uma empresa com vários estabelecimentos contar, no total, com mais de 20 empregados, desde que nenhum dos seus estabelecimentos conte com aquele número de trabalhadores isoladamente, não estará obrigada a exigir dos seus empregados a marcação de ponto.

Quando a jornada de trabalho for executada integralmente fora do estabelecimento do empregador, o horário constará do registro manual, mecânico ou eletrônico em poder do empregado.

Modelos de registro manual de trabalho externo

Não há modelo oficial de registro manual. Entretanto, nele deverão constar, no mínimo: a identificação das partes, CNPJ da empresa, n^o de registro, CPF, função, local de trabalho, horário de entrada e de saída identificando os períodos destinados a repouso e alimentação, o mês e o ano a que se refere, com as respectivas assinaturas. Além desses dados, deverá constar resumo geral da ocorrência diária da jornada do trabalho do empregado tais como: horas extras, repouso semanal remunerado e horas noturnas.

Algumas empresas optam também por outros sistemas de registro de ponto, como programas pelo computador, cartões magnéticos, que geralmente são acoplados ao crachá do colaborador, reconhecimento biométrico, pelo reconhecimento das digitais, entre outros. Além de modernos, esses sistemas são seguros, minimizam a possibilidade de erro e evitam fraudes.

Capítulo VI – Jornada de Trabalho

Formas de marcação de ponto

O empregador é quem determinará a forma de marcação, podendo ser manual (folha ou livro de ponto), mecânica (cartão de ponto, o qual é marcado mecanicamente no relógio de ponto) ou eletrônica (marcação computadorizada) e poderá, ainda, fixar um tipo de marcação para um setor da empresa e outro para outro setor.

Neste controle de jornada, poderá haver a pré-assinalação do período de repouso ou alimentação. Isto equivale a dizer que os empregados não estão obrigados a realizar a referida marcação no período destinado ao repouso ou alimentação, podendo o próprio empregador fazer a assinalação deste período evitando assim a referida marcação.

Sistema de Registro Eletrônico de Ponto – Conceito

O Sistema de Registro Eletrônico de Ponto (SREP) é o conjunto de equipamentos e programas informatizados destinado à anotação, por meio eletrônico, da entrada e saída dos trabalhadores das empresas.

O SREP deve registrar fielmente as marcações efetuadas, não sendo permitida qualquer ação que desvirtue os fins legais a que se destina, tais como:

a) restrições de horário à marcação do ponto;
b) marcação automática do ponto, utilizando-se horários predeterminados ou o horário contratual;
c) exigência, por parte do sistema, de autorização prévia para marcação de sobrejornada; e
d) existência de qualquer dispositivo que permita a alteração dos dados registrados pelo empregado.

Tipos de Sistema de Registro Eletrônico de Ponto

Para a adoção do registro eletrônico é obrigatório o uso de um dos sistemas de registro a seguir:

a) REP-C – sistema de registro eletrônico convencional;
b) REP-A – sistema de registro de ponto alternativo;
c) REP-P – sistema de registro eletrônico de ponto via programa.

Registrador Eletrônico de Ponto Convencional (REP-C) – Conceito

É o equipamento de automação utilizado exclusivamente para o registro de jornada de trabalho e com capacidade para emitir documentos decorrentes da relação de trabalho e realizar controle de natureza fiscal trabalhista referentes à entrada e à saída de empregados nos locais de trabalho.

Para a utilização de Sistema de Registro Eletrônico de Ponto, é obrigatório o uso do REP-C no local da prestação do serviço e disponível para a pronta extração e impressão de dados pelo Auditor Fiscal do Trabalho.

O REP deverá apresentar, entre outros, os seguintes requisitos:

a) relógio interno de tempo real com precisão mínima de 5 partes por milhão e que permita operações de ajustes, com capacidade de funcionamento ininterrupto por um período mínimo de mil quatrocentos e quarenta horas na ausência de energia elétrica de alimentação;

b) mostrador não analógico do relógio de tempo real contendo hora, minutos e segundos;

c) dispor de mecanismo impressor em bobina de papel, integrado e de uso exclusivo do equipamento, que permita impressões com durabilidade mínima de cinco anos;

d) meio de armazenamento permanente, denominado Memória de Registro de Ponto (MRP), com capacidade de retenção dos dados gravados por, no mínimo, 10 anos, onde os dados armazenados não possam ser apagados ou alterados, direta ou indiretamente;

e) meio de armazenamento, denominado Memória de Trabalho (MT), onde ficarão armazenados os dados necessários à operação do REP;

f) gerar o Arquivo Fonte de Dados (AFD);

g) emitir a Relação Instantânea de Marcação (RIM);

h) realizar a marcação de ponto, observados os passos determinados legalmente;

i) impressão do comprovante de registro ao trabalhador;

j) identificação do REP.

Capítulo VI – Jornada de Trabalho 123

Dados que deverão ser gravados na MT

Os seguintes dados deverão ser gravados na MT:

a) do empregador: tipo de identificador do empregador, CNPJ ou CPF; identificador do empregador; CEI/CAEPF/CNO, caso exista; razão social ou nome; e local da prestação do serviço; e

b) dos empregados que utilizam o REP: nome, CPF e demais dados necessários à identificação do empregado pelo equipamento.

As seguintes operações deverão ser gravadas de forma permanente na MRP:

a) marcação de ponto, armazenando número do CPF, data e hora da marcação;

b) inclusão ou alteração das informações do empregador na MT, contendo os dados de data, hora e responsável pela inclusão ou alteração; tipo de identificador do empregador, CNPJ ou CPF; identificação do empregador; CEI/CAEPF/CNO, caso exista; razão social ou nome; e local da prestação do serviço;

c) ajuste do relógio interno, contendo os seguintes dados: data antes do ajuste, hora antes do ajuste, data ajustada, hora ajustada; identificação do responsável pelo ajuste;

d) inserção, alteração e exclusão de dados do empregado na MT, contendo: data e hora da operação, tipo de operação, número do CPF, nome do empregado e demais dados necessários à identificação do trabalhador, identificação do responsável pela operação;

e) eventos sensíveis do REP, considerando seus respectivos códigos.

Cada registro gravado na MRP deve conter Número Sequencial de Registro (NSR) consistindo em numeração sequencial em incrementos unitários, iniciando-se em 1 na primeira operação do REP.

Funcionalidades do Registrador Eletrônico de Ponto

O REP deverá prover as seguintes funcionalidades:

a) marcação de ponto, composta dos seguintes passos:

a.1) receber diretamente a identificação do trabalhador, sem interposição de outro equipamento;

a.2) obter a hora do Relógio de Tempo Real;

a.3) registrar a marcação de ponto na MRP; e

a.4) imprimir o comprovante do trabalhador.

b) geração do Arquivo Fonte de Dados (AFD), a partir dos dados armazenados na MRP;

c) gravação do AFD em dispositivo externo de memória, por meio da Porta Fiscal;

d) emissão da Relação Instantânea de Marcações com as marcações efetuadas nas últimas vinte e quatro horas contendo:

d.1) cabeçalho com Identificador (CNPJ/CPF), CEI/CAEPF/CNO, razão social ou nome do empregador, local de prestação de serviço, número de fabricação do REP, hora, dia, mês e ano da admissão da RIM;

d.2) NSR;

d.3) número do CPF e nome do empregado; e

d.4) horário da marcação;

d.5) quadrado de 10mm de lado, na cor preta, sólida, impresso ao final da RIM, no centro do papel.

Comprovante de Registro de Ponto do Trabalhador

É um documento impresso para o empregado acompanhar, a cada marcação, o controle de sua jornada de trabalho, contendo as seguintes informações:

a) cabeçalho contendo o título "Comprovante de Registro de Ponto do Trabalhador";

b) identificação do empregador contendo nome, CNPJ/CPF e CEI/CAEPF/CNO, caso exista;

c) local da prestação do serviço;

d) modelo e número de fabricação do REP-C ou número de registro no INPI no caso de REP-P;

e) identificação do trabalhador contendo nome e número do CPF;

f) data e horário do respectivo registro; e

Capítulo VI – Jornada de Trabalho

g) NSR;

h) código hash (SHA-256) da marcação, exclusiva para o REP-P; e

i) assinatura eletrônica.

A impressão deverá ser feita em cor contrastante com o papel, em caracteres legíveis com a densidade horizontal máxima de oito caracteres por centímetro e o caractere não poderá ter altura inferior a três milímetros.

Programa de Tratamento de Registro de Ponto – Conceito

É o conjunto de rotinas informatizadas que tem por função tratar os dados relativos à marcação dos horários de entrada e saída, originários do AFD, gerando o relatório "Espelho de Ponto Eletrônico" e o arquivo eletrônico de jornada.

A função de tratamento dos dados se limitará a acrescentar informações para complementar eventuais omissões no registro de ponto, inclusive ausências e movimentações do banco de horas, ou indicar marcações indevidas.

Cadastramento – Fabricante do Registrador Eletrônico de Ponto

O fabricante do REP deverá se cadastrar junto ao Ministério do Trabalho e Previdência, e solicitar o registro de cada um dos modelos de REP que produzir.

O fabricante ou desenvolvedor de sistema de registro de ponto e de programa de tratamento de registro de ponto deverão fornecer ao empregador usuário do seu equipamento ou programa um documento denominado "Atestado Técnico e Termo de Responsabilidade" assinado pelo responsável técnico e pelo responsável legal pela empresa fabricante ou desenvolvedora, afirmando expressamente que o equipamento e os programas atendem às determinações legais.

Adulteração de marcação

Comprovada a adulteração de horários marcados pelo trabalhador ou a existência de dispositivos, programas ou sub-rotinas que permitam a adulteração dos reais dados do controle de jornada ou parametrizações e bloqueios na marcação, o Auditor Fiscal do Trabalho deverá apreender documentos e equipamentos, copiar programas e dados que julgar necessários para comprovação do ilícito.

Importador do REP para o Brasil – Equiparação

Equipara-se ao fabricante ou desenvolvedor nacional, o importador que legalmente introduzir no Brasil qualquer um dos sistemas de registro eletrônico de ponto.

O manual do usuário, o "Termo de Responsabilidade e Atestado Técnico", documentação técnica e as informações constantes no sistema de registro importado, deverão ser redigidos em língua portuguesa.

Questões controvertidas referentes à jornada de trabalho

Cursos de treinamento e de aperfeiçoamento – Integração do período na jornada de trabalho

O tempo gasto pelos empregados em cursos de treinamento ou aperfeiçoamento ministrados nas suas empresas com o intuito de buscar o desenvolvimento profissional deve ser computado na jornada de trabalho?

A solução da dúvida depende da forma pela qual a participação do trabalhador no mencionado treinamento ocorre. Assim, vejamos:

Jornada de trabalho é a duração diária das atividades do empregado, ou seja, o lapso de tempo em que o trabalhador, por força do contrato de trabalho, fica à disposição do empregador independentemente de estar efetivamente trabalhando ou aguardando ordens.

Os cursos de treinamento e capacitação, via de regra, objetivam desenvolver o trabalhador no aspecto profissional, proporcionando condições para que a sua atividade seja exercida com maior qualidade e produtividade. Desta forma, o interesse maior nesse desenvolvimento é do empregador, uma vez que a atividade exercida com excelência reflete no bom andamento do negócio. Ainda que haja um interesse concorrente do trabalhador, posto que este se desenvolve profissionalmente, o maior beneficiado é o empregador.

Por tais razões, entendemos que o tempo despendido pelo empregado em cursos de treinamento ou aperfeiçoamento ministrados na empresa ou em dependências de terceiros, cuja frequência seja exigida pelo empregador, constitui tempo à disposição da empresa e, assim sendo,

Capítulo VI – Jornada de Trabalho

deve ser considerado no cômputo da jornada de trabalho; portanto, se o seu acréscimo resultar em prorrogação da jornada normal de trabalho, o período excedente deverá ser remunerado como horas extraordinárias, com o adicional mínimo de 50% sobre o valor da hora normal.

Se a frequência do trabalhador aos cursos em questão constituir ato volitivo deste, ou seja, o empregado livremente decide se participará ou não do curso, sem qualquer imposição do empregador, as horas respectivas não serão remuneradas por não caracterizar tempo à disposição do empregador.

Se o curso for realizado durante a jornada normal de trabalho do empregado, ainda que a sua participação seja exigida, não há que se falar em pagamento de horas extras, uma vez que não houve prorrogação da jornada normal e as horas despendidas no curso já estão englobadas na remuneração normal do trabalhador.

O empregado que viaja a serviço da empresa e as horas despendidas na viagem

As horas despendidas nas viagens a serviço da empresa devem ser pagas como extraordinárias?

Essa é uma dúvida comum, porém, não há dispositivo legal disciplinando a questão.

A jurisprudência trabalhista tem defendido o entendimento de que o tempo durante o qual o empregado permanece viajando por determinação da empresa deve ser considerado como de serviço efetivo, tendo em vista que o despendimento desse tempo se dá em função do trabalho.

Desta forma, se o período trabalhado durante o dia, incluindo o tempo gasto com a viagem, extrapolar a jornada normal de trabalho, o excesso deverá ser remunerado como extraordinário com o respectivo acréscimo legal.

Quanto ao período em que o referido empregado permanece na cidade de destino, sem trabalhar, aguardando ordens, as decisões trabalhistas não são uniformes, havendo entendimento de que referido intervalo entre jornadas será considerado como tempo à disposição do empregador, devendo ser remunerado, aplicando-se por analogia o disposto na CLT, art. 244, § 2º (regime de sobreaviso no serviço ferroviário), situação em que tais horas seriam remuneradas à razão de 1/3 do salário-hora normal.

Lembra-se que o TST, por meio da Súmula nº 428, esclarece:

"SOBREAVISO APLICAÇÃO ANALÓGICA DO ART. 244, § 2º DA CLT

I – O uso de instrumentos telemáticos ou informatizados fornecidos pela empresa ao empregado, por si só, não caracteriza o regime de sobreaviso.

II – Considera-se em sobreaviso o empregado que, à distância e submetido a controle patronal por instrumentos telemáticos ou informatizados, permanecer em regime de plantão ou equivalente, aguardando a qualquer momento o chamado para o serviço durante o período de descanso."

Há também entendimento no sentido de que tais períodos sejam considerados apenas como intervalo para repouso, sem qualquer remuneração.

Em virtude da divergência existente, cabe à empresa, diante da ausência de disposição expressa nos citados documentos coletivos de trabalho, adotar um dos critérios mencionados, lembrando que o empregado sentindo-se lesado, poderá provocar a manifestação do Poder Judiciário, ao qual caberá a solução definitiva da controvérsia.

Caso o empregado tenha de pernoitar em hotel, não há que se falar em horas extras relativas ao pernoite, desde que ele não esteja à disposição do empregador aguardando ordens.

Nos termos da CLT, art. 62, inciso I, os empregados que exercem atividade externa incompatível com a fixação de horário de trabalho não estão sujeitos a controle de jornada e, portanto, não lhes assiste o direito ao recebimento de horas extras.

Questões controvertidas referentes a controle de horário

Cartão de ponto – Necessidade ou não da assinatura do empregado

É obrigatório colher a assinatura do empregado no registro de ponto (cartão, livro ou registro eletrônico)?

Esta é uma dúvida que assalta os profissionais dos departamentos de pessoal das empresas em geral. Afinal é ou não necessário cumprir essa formalidade?

Capítulo VI – Jornada de Trabalho 129

A CLT determina em seu art. 74, § 2º, que, para os estabelecimentos com mais de 20 trabalhadores, é obrigatória a anotação da hora de entrada e de saída em registro manual, mecânico ou eletrônico, conforme instruções a serem expedidas pelo Ministério do Trabalho e Previdência, podendo haver pré-assinalação do período de repouso.

Não há, entretanto, qualquer dispositivo legal, determinando a obrigatoriedade de o empregado assinar os registros de ponto (cartões, livros, registro eletrônico, "espelho" do cartão etc.).

A finalidade principal do controle de ponto é permitir que o empregado registre diariamente o seu horário de entrada e de saída, de forma que evidencie seu comparecimento à empresa, bem como o efetivo tempo de permanência no exercício de suas atividades, a fim de ter as horas de trabalho corretamente remuneradas.

No âmbito jurisprudencial e doutrinário, a matéria comporta entendimentos controvertidos. Alguns sustentam que, uma vez que a lei não exige a assinatura do trabalhador no cartão de ponto, não cabe ao intérprete exigi-la, portanto, o cartão de ponto sem a assinatura do trabalhador goza de validade legal. Outros, considerando a finalidade do mencionado documento, defendem que este somente será válido se ostentar o ciente do trabalhador, que ao assinar concordaria com as marcações efetuadas.

Entendemos que, embora a legislação trabalhista não exija a assinatura do empregado no cartão de ponto, por medida preventiva é aconselhável que o empregador colha a assinatura do trabalhador no mencionado documento (cartão, livro ou espelho de ponto) para, dessa forma, resguardar-se em eventuais questionamentos futuros.

A precaução justifica-se pelas seguintes razões:

a) pela finalidade do documento em questão, a qual, conforme já dissemos, é comprovar a jornada de trabalho efetivamente cumprida, devendo, portanto, espelhar a realidade, ou seja, o tempo efetivamente trabalhado, o qual determinará a apuração da remuneração devida ao trabalhador (salário básico, horas extras, adicional noturno etc.);

b) por constituir obrigação do empregador a guarda do citado registro, portanto, se nele não constar a assinatura do trabalhador, este poderá futuramente impugnar o documento em eventual questionamento judicial.

Várias decisões judiciais são no sentido de não aceitar como válido o documento quando dele não constar a assinatura de seu titular, embasadas no entendimento de que somente com a concordância expressa do empregado seriam dadas como verdadeiras as anotações nele contidas. Por outro lado, várias decisões, também, são no sentido de considerar válido o documento mesmo que não contenha a assinatura do trabalhador.

CAPÍTULO VII
REPOUSO SEMANAL REMUNERADO

REPOUSO SEMANAL REMUNERADO

A todo empregado é assegurado um descanso semanal de 24 horas consecutivas, preferencialmente aos domingos e, nos limites das exigências técnicas das empresas, nos feriados civis e religiosos, de acordo com a tradição local.

Não devemos confundir o repouso entre jornadas, de 11 horas, com o repouso semanal remunerado de 24 horas. Inclusive, um intervalo deve somar-se ao outro, ou seja, após o último dia de trabalho semanal, o empregado deve ter um intervalo mínimo de 35 horas de repouso (11 + 24 = 35 horas).

Escala de revezamento de folga

Exceto os elencos teatrais e congêneres, nos serviços que exijam trabalho aos domingos, será estabelecida escala de revezamento, previamente organizada e sujeita à fiscalização.

O modelo da escala de revezamento é de livre escolha da empresa, organizada de maneira que, a cada 6 dias de trabalho corresponda 1 folga e, em geral em um período máximo de 7 semanas de trabalho, cada empregado usufrua ao menos um domingo de folga.

O trabalho da mulher aos domingos exige a organização de escala de revezamento quinzenal, que favoreça o repouso dominical.

No comércio em geral, a folga dominical deve ocorrer a cada 3 semanas.

Trabalho em dias de repouso

É vedado o trabalho nos dias de repouso, garantida, entretanto, a remuneração respectiva, excetuados os casos em que a execução dos serviços seja imposta pelas exigências técnicas das empresas.

Constituem exigências técnicas aquelas que, em razão do interesse público, ou pelas condições peculiares às atividades da empresa ou ao local onde estas se exercitarem, tornem indispensável a continuidade do trabalho em todos ou alguns dos respectivos serviços.

Permissão em caráter permanente

Às empresas em que, em razão do interesse público ou pelas condições peculiares às próprias atividades ou ao local onde as atividades são exercidas, seja indispensável a continuidade do trabalho, é concedida em caráter permanente permissão para o trabalho em dias de repouso, as quais estão relacionadas no Anexo IV da Portaria MTP nº 671/2021. Neste caso, a empresa concederá outro dia de folga ao empregado.

As empresas não enquadradas no parágrafo anterior podem, excepcionalmente, realizar trabalho em dia de repouso:

a) por motivo de força maior; ou
b) para atender à realização ou conclusão de serviços inadiáveis ou cuja inexecução possa acarretar prejuízo manifesto, a empresa obtiver autorização prévia da Secretaria Especial do Trabalho com discriminação do período autorizado, o qual não excederá de 60 dias, de cada vez.

Nestes casos, se a empresa não determinar outro dia de folga, a remuneração será paga em dobro.

Atividades não relacionadas no Quadro – Autorização transitória

Quaisquer outras atividades que, por motivo de exigências técnicas, necessitarem obter permissão para o trabalho nos dias de repouso, devem obter autorização prévia e transitória do MTP.

A autorização transitória, a ser concedida pelo chefe da unidade da Inspeção do Trabalho, deverá conter a circunscrição do local da prestação de serviços, e ser dada mediante fundamentação técnica que leve à conclusão da existência de serviços inadiáveis ou cuja inexecução possa acarretar prejuízo manifesto.

Concedida a autorização, nos serviços que exijam trabalho aos domingos, será estabelecida escala de revezamento de folga.

Cálculo do Repouso Semanal Remunerado

Para os empregados que trabalham por mês, por dia, por semana ou por quinzena, a remuneração do repouso corresponde a um dia de serviço, computadas as horas extras habitualmente prestadas.

Capítulo VII – Repouso Semanal Remunerado

Para os que trabalham por hora, corresponderá à jornada de trabalho, incluídas as horas extras habitualmente prestadas.

O empregado que sem motivo justificado ou em virtude de punição disciplinar não tiver trabalhado durante toda a semana, cumprindo integralmente sua jornada de trabalho perderá o dia de repouso.

Para tanto, entende-se por semana o período de segunda-feira a domingo que antecede o dia de repouso semanal.

Importante: A empresa que esteja adotando a conduta de não descontar o RSR quando tais empregados não cumprem a jornada semanal integral, não poderá fazê-lo sob pena de arguição de nulidade dessa alteração por ofensa ao princípio da inalterabilidade das condições contratuais que impliquem, direta ou indiretamente, prejuízos ao empregado.

Comissionista

A Súmula nº 201 do Supremo Tribunal Federal (STF) dispõe: "O vendedor pracista, remunerado mediante comissão, não tem direito ao repouso semanal remunerado."

Já o Tribunal Superior do Trabalho, por meio da Súmula nº 27, entende de forma diversa: "É devida a remuneração do repouso semanal e dos dias feriados ao empregado comissionista, ainda que pracista."

Calcula-se o RSR somando-se as comissões percebidas durante a semana e dividindo-se o resultado pelo número de dias úteis da respectiva semana:

Exemplo

– valor total das comissões recebidas na semana: R$ 1.200,00

– nº de dias trabalhados na semana: 5

– nº de dias úteis da semana: 6

– RSR = R$ 1.200,00 ÷ 6 = R$ 200,00

O cálculo mensal, será obtido pela divisão do total de comissões auferidas no mês pelo número de dias úteis (segunda-feira a sábado), multiplicado o resultado pelos domingos e feriados do respectivo mês.

> **Exemplo**
> – valor total mensal das comissões: R$ 3.000,00
> – n° de dias úteis do mês: 24
> – n° de feriados e domingos: 6
> – RSR = R$ 3.000,00 ÷ 24 = R$ 125,00 x 6 = R$ 750,00

Por analogia, a Lei n° 605/1949, art. 7°, letra "c", que trata do repouso do tarefeiro e do pecista, há os que entendem que o cálculo do RSR sobre as comissões é feito dividindose a soma das comissões percebidas durante a semana pelo número de dias de serviço efetivamente prestados ao empregador.

Jornada de trabalho diária não uniforme

Na hipótese de jornada diária não uniforme, o repouso semanal remunerado corresponderá a 1/6 do total de horas da semana.

Tarefeiros ou pecistas

Para os que trabalham por tarefa ou peça, corresponderá ao valor total das tarefas ou peças da semana, dividido pelos número de dias efetivamente trabalhados.

Exemplo

1) Tarefeiro
– n° de tarefas executadas na semana: 60
– valor da tarefa: R$ 5,00
– salário relativo às tarefas (R$ 5,00 x 60): R$ 300,00
– RSR: R$ 300,00 ÷ 6 (dias efetivamente trabalhados): R$ 50,00

2) Pecista
– n° de peças realizadas na semana: 1.000
– valor da peça: R$ 0,80
– salário relativo às peças (R$ 0,80 x 1000): R$ 800,00
– RSR: R$ 800,00 ÷ 6 (dias efetivamente trabalhados): R$ 133,33

Capítulo VII – Repouso Semanal Remunerado

Trabalho em domicílio

Para os empregados que trabalham em domicílio, *home office*, tele-trabalho, corresponderá à importância total da sua produção na semana dividida por 6.

Exemplo

- valor total da produção na semana: R$ 1.200,00

- RSR = R$ 1.200,00 ÷ 6 = R$ 200,00

Reflexo das horas extras no repouso semanal remunerado

O adicional de horas extras habitualmente prestadas, devem refletir no repouso semanal remunerado.

Para o cálculo das horas extras, somase o total de horas extras realizadas no mês, multiplicando-se esse número pelo salário-hora acrescido do adicional de 50%, dividindo-se o resultado obtido pelo número de dias úteis, multiplicando-se, finalmente, o resultado pelo número de domingos e feriados existentes no mesmo mês.

Exemplo:

- Total de horas extras no mês – 40 horas

- Valor hora c/ adicional (R$ 10,00 x 1,50) – R$ 15,00

- R$ 15,00 x 40 = R$ 600,00

- R$ 600,00 ÷ 26 (dias úteis) = R$ 23,08

- RSR = R$ 23,08 X 5 (domingos e feriados) = R$ 115,40

Reflexo do adicional noturno no repouso semanal remunerado

O adicional noturno, pago com habitualidade, integra o salário do empregado para todos os efeitos legais; portanto, repercute também na remuneração do repouso semanal.

Exemplos

a) cálculo semanal – considerando um empregado com salário/hora de R$ 8,00 e que durante a semana realizou 30 horas noturnas, temos:

– salário/hora .... = R$ 8,00

– horas trabalhadas na semana .... = 44

– horas noturnas trabalhadas na semana .... = 30

– valor do adicional noturno .... = R$ 1,60 (20% de R$ 8,00)

– valor do RSR ....= R$ 58,67 (44 ÷ 6 × R$ 8,00)

– valor do reflexo do adicional noturno no RSR ....= R$ 8,00 (30 ÷ 6 × R$ 1,60)

– valor total do RSR ....= R$ 66,67 (R$ 58,67 + R$ 8,00)

b) cálculo mensal – considerando um empregado com salário mensal de R$ 1.760,00 e que durante o mês realizou 100 horas noturnas, tendo o mês 26 dias úteis e 4 RSR, temos:

– salário mensal .... = R$ 1.760,00

– n° de horas noturnas realizadas no mês .... = 100

– n° de dias úteis do mês .... = 26

– média diária das horas noturnas .... = 3,85 (100 ÷ 26)

– valor do salário/hora .... = R$ 8,00 (R$ 1.760,00 ÷ 220)

– valor do adicional noturno .... = R$ 1,60 (20% de R$ 8,00)

– valor do adicional noturno no mês .... = R$ 160,00 (R$ 1,60 × 100)

– valor do reflexo do adicional noturno no RSR ......= R$ 24,64 (3,85 × R$ 1,60 × 4)

c) considerando um empregado que trabalha integralmente no horário noturno e com salário de R$ 1.800,00, temos:

– salário .... = R$ 1.800,00

– valor do adicional noturno .... = R$ 360,00 (20% de R$ 1.800,00)

– remuneração total .... = 2.160,00 (R$ 1.800,00 + R$ 360,00)

Desconto do RSR

Para que o empregado tenha direito à remuneração do RSR, é necessário que o seu horário de trabalho seja integralmente cumprido, sem faltas, atrasos ou saídas injustificados durante o expediente.

Entre outras, são consideradas ausências legais que não prejudicam a remuneração do RSR as a seguir relacionadas:

Capítulo VII – Repouso Semanal Remunerado 137

- até 2 dias consecutivos, em caso de falecimento do cônjuge, ascendente (pais, avós etc.), descendente (filhos, netos etc.), irmão ou pessoa que, declarada em sua Carteira de Trabalho e Previdência Social (CTPS), vivia sob sua dependência econômica;
- até 3 dias consecutivos, em virtude de casamento;
- por 5 dias, enquanto não for fixado outro prazo em lei, como licença-paternidade;
- por 1 dia, em cada 12 meses de trabalho, em caso de doação voluntária de sangue devidamente comprovada;
- até 2 dias consecutivos ou não, para fins de alistamento eleitoral, nos termos da lei respectiva;
- no período de tempo em que tiver de cumprir as exigências do Serviço Militar referidas na Lei nº 4.375/1964, art. 65, "c";
- nos dias em que estiver comprovadamente realizando provas de exame vestibular para ingresso em estabelecimento de ensino superior;
- durante o licenciamento compulsório da empregada por motivo de maternidade ou aborto não criminoso e de adoção ou guarda judicial de criança, observados os requisitos para percepção do salário-maternidade custeado pela Previdência Social;
- por paralisação do serviço nos dias em que, por conveniência do empregador, não tenha havido trabalho;
- justificada pela empresa, assim entendida a que não tiver determinado o desconto do correspondente salário;
- durante a suspensão preventiva para responder a inquérito administrativo ou de prisão preventiva, quando for impronunciado ou absolvido;
- no período de férias;
- pelo comparecimento para depor como testemunha, quando devidamente arrolado ou convocado;
- pelo comparecimento como parte à Justiça do Trabalho;
- no período de afastamento do serviço em razão de inquérito judicial para apuração de falta grave, julgado improcedente;
- pelo afastamento por doença ou acidente do trabalho, inclusive nos 15 primeiros dias pagos pela empresa mediante comprovação, observada a legislação previdenciária;

- pela convocação para o serviço eleitoral;
- por greve, desde que tenha havido acordo, convenção, laudo arbitral ou decisão da Justiça do Trabalho que disponha sobre a manutenção dos direitos trabalhistas aos grevistas durante a paralisação das atividades;
- no período de frequência em curso de aprendizagem;
- para o(a) professor(a), por 9 dias, em consequência de casamento ou falecimento de cônjuge, pai, mãe ou filho;
- pelo comparecimento como jurado no Tribunal do Júri;
- por licença remunerada;
- pelo tempo que se fizer necessário, quando, na qualidade de representante de entidade sindical, estiver participando de reunião oficial de organismo internacional do qual o Brasil seja membro.
- as ausências ao trabalho dos representantes dos trabalhadores em atividade, decorrentes das atuações do Conselho Nacional de Previdência Social (CNPS), serão abonadas, computandose como jornada efetivamente trabalhada para todos os fins e efeitos legais;
- as ausências ao trabalho dos representantes dos trabalhadores no Conselho Curador do FGTS, decorrentes das atividades desse órgão, serão abonadas, computando-se como jornada efetivamente trabalhada para todos os fins e efeitos legais;
- nos períodos de afastamento do representante dos empregados quando convocado para atuar como conciliador nas Comissões de Conciliação Prévia, sendo computado como tempo de trabalho efetivo o despendido nessa atividade;
- as ausências ao trabalho dos que exercerem as funções de membro do Conselho Nacional do Desenvolvimento Urbano (CNDU) e dos Comitês Técnicos serão abonadas computando-se como jornada efetivamente trabalhada para todos os efeitos legais;
- por dispensa do horário de trabalho pelo tempo necessário para a realização de, no mínimo, 6 consultas médicas e demais exames complementares durante a gravidez;
- pelo tempo que se fizer necessário quando tiver que comparecer a juízo;

Capítulo VII – Repouso Semanal Remunerado

até 2 dias para acompanhar consultas médicas e exames complementares durante o período de gravidez de sua esposa ou companheira;

por 1 dia por ano para acompanhar filho de até seis anos em consulta médica.

– por outros motivos previstos em acordo, convenção coletiva de trabalho ou sentença normativa do sindicato representativo da categoria profissional.

Semana de retorno do afastamento

O empregado tem direito ao repouso semanal remunerado da semana, durante a qual retorna ao trabalho, após um período de afastamento, uma vez que a suspensão ou interrupção do contrato de trabalho, por aquele motivo, não se caracteriza atraso ou ausência injustificada.

Pagamento em dobro

O trabalho realizado em dia destinado ao repouso, desde que não determinado outro dia de folga, é pago em dobro.

As decisões na Justiça do Trabalho são no sentido de que a dobra se aplica às horas trabalhadas no dia destinado ao descanso, independentemente do valor do repouso semanal remunerado, legalmente já assegurado no salário do empregado.

Sendo assim, serão pagas em dobro as horas efetivamente trabalhadas no dia de repouso, sem prejuízo do valor do repouso semanal remunerado, a ser pago juntamente com o salário do empregado.

Assim dispõe a Súmula nº 146 do TST:

> "O trabalho prestado em domingos e feriados, não compensado, deve ser pago em dobro, sem prejuízo da remuneração relativa ao repouso semanal."

Comércio em geral – Trabalho aos domingos e feriados

É autorizado o trabalho aos domingos nas atividades do comércio em geral, observada a legislação municipal.

A empresa deve elaborar escala de trabalho de forma que o repouso semanal remunerado coincida, pelo menos uma vez no período máximo de 3 semanas, com o domingo, respeitadas as demais normas de proteção ao trabalho e outras a serem estipuladas em negociação coletiva.

Havendo trabalho aos domingos, será organizada uma escala de revezamento quinzenal, que favoreça o repouso dominical das trabalhadoras.

Importante ressaltar que a Lei autoriza o trabalho aos domingos e feriados no comércio em geral, cabendo aos municípios a decisão sobre a possibilidade de que haja o funcionamento dessa atividade específica, nesses dias, nos limites dos seus respectivos territórios.

Assim, antes de qualquer atitude no sentido de programar o funcionamento de um estabelecimento dessa natureza aos domingos e feriados, é importante consultar a Prefeitura Municipal respectiva.

Atividades autorizadas a funcionar aos domingos e feriados

I - INDÚSTRIA

1) laticínios, excluídos os serviços de escritório;
2) frio industrial, fabricação e distribuição de gelo, excluídos os serviços de escritório;
3) purificação e distribuição de água (usinas e filtros), excluídos os serviços de escritório;
4) produção, transmissão e distribuição de energia elétrica, excluídos os serviços de escritório, mas incluídos:
a) o fornecimento de suprimentos para o funcionamento e a manutenção das centrais geradoras e dos sistemas de transmissão e distribuição de energia; e
b) as respectivas obras de engenharia.
5) produção e distribuição de gás; excluídos os serviços de escritório;
6) serviços de esgotos, excluídos os serviços de escritórios;
7) confecção de coroas de flores naturais;
8) pastelaria, confeitaria e panificação em geral;
9) indústria do malte, excluídos os serviços de escritório;
10) indústria do cobre eletrolítico, de ferro (metalúrgica), de alumínio e do vidro, excluídos os serviços de escritório;
11) turmas de emergência nas empresas industriais, instaladoras e conservadoras de elevadores e cabos aéreos;
12) trabalhos em curtumes, excluídos os serviços de escritório;
13) alimentação de animais destinados à realização de pesquisas para preparo de soro e outros produtos farmacêuticos;
14) siderurgia, fundição, forjaria, usinagem (fornos acesos permanentemente), excluídos os serviços de escritório;

Capítulo VII – Repouso Semanal Remunerado 141

15) lubrificação e reparos do aparelhamento industrial (turma de emergência);
16) indústria moageira, excluídos os serviços escritório;
17) usinas de açúcar e de álcool, incluídas oficinas, excluídos serviços de escritório;
18) indústria do papel de imprensa, excluídos os serviços de escritório;
19) indústria de cimento em geral, excluídos os serviços de escritório;
20) indústria de acumuladores elétricos, porém unicamente nos setores referentes a carga de baterias, moinho e cabine elétrica, excluídos todos os demais serviços;
21) indústria da cerveja, excluídos os serviços de escritório;
22) indústria do refino do petróleo, excluídos os serviços de escritório;
23) indústria Petroquímica, excluídos os serviços de escritório;
24) indústria de extração de óleos vegetais comestíveis, excluídos os serviços de escritório;
25) processamento de hortaliças, legumes e frutas;
26) indústria de extração de óleos vegetais e indústria de biodiesel, excluídos os serviços de escritório;
27) indústria do vinho, do mosto de uva, dos vinagres e bebidas derivados da uva e do vinho, excluídos os serviços de escritório;
28) indústria aeroespacial;
29) indústria de beneficiamento de grãos e cereais;
30) indústria de artigos e equipamentos médicos, odontológicos, hospitalares, de laboratórios, de higiene, de medicamentos e de insumos farmacêuticos e vacinas;
31) indústria de carnes e seus derivados (abate, processamento, armazenamento, manutenção, higienização, carga, descarga, transporte e conservação frigorífica), excluídos os serviços de escritório;
32) indústria da cerâmica em geral, excluídos os serviços de escritório;
33) indústria do chá, incluídos os serviços de escritório;
34) indústria têxtil em geral, excluídos os serviços de escritório;
35) indústria do tabaco, excluídos os serviços de escritório;
36) indústria do papel e papelão, no setor de purificação e alvejamento, incluídas as operações químicas propriamente ditas e as de supervisão e manutenção;
37) indústria química;
38) indústria da borracha, excluídos os serviços de escritório;
39) indústria de fabricação de chapas de fibra e madeira, excluídos os serviços de escritório;

40) indústria de gases industriais e medicinais, excluídos os serviços de escritório;
41) indústria de extração de carvão, excluídos os serviços de escritório;
42) indústria de alimentos e de bebidas;
43) atividades de produção, distribuição, comercialização, manutenção, reposição, assistência técnica, monitoramento e inspeção de equipamentos de infraestrutura, instalações, máquinas e equipamentos em geral, incluídos elevadores, escadas rolantes e equipamentos de refrigeração e climatização; e
44) indústria de peças e acessórios para veículos automotores e sistemas motores de veículos.

II - COMÉRCIO

1) varejistas de peixe;
2) varejistas de carnes frescas e caça;
3) venda de pão e biscoitos;
4) varejistas de frutas e verduras;
5) varejistas de aves e ovos;
6) varejistas de produtos farmacêuticos (farmácias, inclusive manipulação de receituário);
7) flores e coroas;
8) barbearias e salões de beleza;
9) entrepostos de combustíveis, lubrificantes e acessórios para automóveis (postos de gasolina);
10) locadores de bicicletas e similares;
11) hotéis e similares (restaurantes, pensões, bares, cafés, confeitarias, leiterias, sorveterias e bombonerias);
12) casas de diversões; inclusive estabelecimentos esportivos em que o ingresso seja pago;
13) limpeza e alimentação de animais em estabelecimentos de avicultura;
14) feiras-livres e mercados, comércio varejista de supermercados e de hipermercados, cuja atividade preponderante seja a venda de alimentos, inclusive os transportes a eles inerentes;
15) porteiros e cabineiros de edifícios residenciais;
16) serviços de propaganda dominical;
17) comércio de artigos regionais nas estâncias hidrominerais;
18) comércio em portos, aeroportos, estradas, estações rodoviárias e ferroviárias;

Capítulo VII – Repouso Semanal Remunerado 143

19) comércio em hotéis;
20) agências de turismo, locadoras de veículos e embarcações;
21) comércio em postos de combustíveis;
22) comércio em feiras e exposições;
23) comércio em geral;
24) estabelecimentos destinados ao turismo em geral;
25) atacadistas e distribuidores de produtos industrializados;
26) lavanderias e lavanderias hospitalares;
27) revendedores de tratores, caminhões, automóveis e veículos similares; e
28) comércio varejista em geral.

III - TRANSPORTES

1) serviços portuários;
2) navegação, inclusive escritório, unicamente para atender a serviço de navios;
3) trânsito marítimo de passageiros; excluídos os serviços de escritório;
4) serviços de transporte, armazenamento, entrega e logística de cargas em geral;
5) serviço de transportes aéreos; excluídos os departamentos não ligados diretamente ao tráfego aéreo;
6) transporte interestadual rodoviário, inclusive limpeza e lubrificação dos veículos;

7) transporte de passageiros por elevadores e cabos aéreos;

8) serviços de manutenção aeroespacial;

9) transporte público coletivo urbano e de caráter urbano de passageiros e suas atividades de apoio à operação; e

10) controle de tráfego aéreo, aquático ou terrestre.

IV - COMUNICAÇÕES E PUBLICIDADE

1) empresa de comunicação telegráficas, radiotelegráficas e telefônicas; excluídos os serviços de escritório e oficinas, salvo as de emergência;

2) empresas de radiodifusão, televisão, de jornais e revistas; excluídos os serviços de escritório;

3) distribuidores e vendedores de jornais e revistas (bancas e ambulantes);

4) anúncios em bondes e outros veículos (turma de emergência); e

5) telecomunicações e internet.

V - EDUCAÇÃO E CULTURA

1) estabelecimentos de ensino (internatos); excluídos os serviços de escritório e magistério;

2) empresas teatrais; excluídos os serviços de escritório;

3) biblioteca; excluídos os serviços de escritório;

4) museu; excluídos de serviços de escritório;

5) empresas exibidoras cinematográficas; excluídos de serviços de escritório;

6) empresa de orquestras;

7) cultura física; excluídos de serviços de escritório; e

8) instituições de culto religioso.

VI - SERVIÇOS FUNERÁRIOS

1) estabelecimentos e entidades que executem serviços funerários.

VII - AGRICULTURA, PECUÁRIA E MINERAÇÃO

1) limpeza, alimentação, manejo zootécnico e manejo sanitário para animais em propriedades agropecuárias;

2) produção, colheita, beneficiamento, lavagem e transporte de hortaliças, legumes, frutas, flores, grãos, cereais, sementes e outros produtos de origem agrícola;

3) plantio, tratos culturais, corte, carregamento, transbordo e transporte de cana-de-açúcar;

4) agroindústria;

5) prevenção, controle e erradicação de pragas dos vegetais e de doença dos animais; e

6) atividades de lavra, beneficiamento, produção, comercialização, escoamento e suprimento de bens minerais.

VIII - SAÚDE E SERVIÇOS SOCIAIS

1) hospitais, clínicas, casas de saúde e ambulatórios;

2) hotelaria hospitalar, incluídos os serviços de lavanderias, camareira,

Capítulo VII – Repouso Semanal Remunerado 145

limpeza e higienização, alimentação, gerenciamento de resíduos, central telefônica;

3) assistência social e atendimento à população em estado de vulnerabilidade; e

4) academias de esporte de todas as modalidades.

IX - ATIVIDADES FINANCEIRAS E SERVIÇOS RELACIONADOS

1) atividades envolvidas no processo de automação bancária;

2) teleatendimento e telemarketing;

3) serviço de Atendimento ao Consumidor (SAC) e ouvidoria;

4) serviços por canais digitais, incluídos serviços de suporte a esses canais;

5) áreas de tecnologia, de segurança e de administração patrimonial;

6) atividades bancárias de caráter excepcional ou eventual;

7) atividades bancárias em áreas de funcionamento diferenciado, como feiras, exposições, *shopping centers*, aeroportos e terminais de ônibus, de trem e de metrô; e

8) produção e distribuição de numerário à população e manutenção da infraestrutura tecnológica do Sistema Financeiro Nacional e do Sistema de Pagamentos Brasileiro.

X - SERVIÇOS

1) guarda, uso e controle de substâncias, materiais e equipamentos com elementos tóxicos, inflamáveis, radioativos ou de alto risco, definidos pelo ordenamento jurídico brasileiro, em atendimento aos requisitos de segurança sanitária, metrologia, controle ambiental e prevenção contra incêndios;

2) serviço de *call center*;

3) serviço relacionado à tecnologia da informação e de processamento de dados (*data center*) para suporte de outras atividades previstas nesta Portaria;

4) levantamento e análise de dados geológicos com vistas à garantia da segurança coletiva, notadamente por meio de alerta de riscos naturais e de cheias e inundações;

5) mercado de capitais e seguros;

146 **DEPARTAMENTO DE PESSOAL MODELO**

6) unidades lotéricas;

7) serviços de comercialização, reparo e manutenção de partes e peças novas e usadas e de pneumáticos novos e remoldados; e

8) atividades de construção civil.

Questão controvertida referente ao Descanso Semanal Remunerado

Mensalistas e quinzenalistas – Desconto do repouso semanal

Quando o empregado mensalista e quinzenalista falta injustificadamente ao serviço, a empresa pode efetuar o desconto do repouso semanal?

Esta é uma questão polêmica. Discutese se é legalmente possível efetuar ou não o desconto do RSR dos empregados mensalista e quinzenalista quando faltam ao serviço sem justificativa legal, em virtude do disposto na Lei nº 605/1949, artigos 6º e 7º , § 2º, os quais determinam:

> Art. 6º Não será devida a remuneração quando, sem motivo justificado, o empregado não tiver trabalhado durante toda a semana anterior, cumprindo integralmente o seu horário de trabalho.
>
> ....
>
> Art. 7º A remuneração do repouso semanal corresponderá:
>
> ....
>
> § 2º Consideramse já remunerados os dias de repouso semanal do empregado mensalista ou quinzenalista cujo cálculo de salário mensal ou quinzenal, ou cujos descontos por falta sejam efetuados na base do número de dias do mês ou de 30 (trinta) e 15 (quinze) diárias, respectivamente.

Considerando a redação dos mencionados dispositivos, há corrente jurisprudencial que entende que o mensalista e o quinzenalista não estão sujeitos à assiduidade para fazer jus ao repouso remunerado, o que vale dizer que, ainda que faltem ao trabalho sem justificativa legal, só poderá ser descontado o valor correspondente ao dia da falta, uma vez que os dias de repouso já se encontram remunerados.

Outros, porém, defendem o entendimento de que os requisitos para a concessão do repouso semanal remunerado, assiduidade e pon-

Capítulo VII – Repouso Semanal Remunerado

tualidade, se aplicam a todos os empregados, mensalistas ou não, sob pena de ferir o princípio da igualdade.

Entendemos que os empregados contratados como quinzenalistas ou mensalistas não terão direito ao RSR quando, sem motivo justificado, tiverem faltado ao serviço, deixando, portanto, de cumprir integralmente seu horário de trabalho durante a semana.

Entretanto, se o empregador estiver seguindo o critério de não descontar o RSR de mensalista e quinzenalista e vier a fazê-lo, poderá ser surpreendido com a arguição de nulidade dessa alteração por contrariar a CLT, artigo 468, que considera lícitas apenas as alterações dos contratos de trabalho que não resultem, direta ou indiretamente, prejuízos aos empregados.

CAPÍTULO VIII
Salário e Remuneração

SALÁRIO E REMUNERAÇÃO

Salário

O salário tomado em seu sentido estrito é a parcela básica correspondente ao valor previamente pactuado e fixado como contraprestação pelos serviços prestados, ou seja, é o salário essencial. Seu pagamento se dá de forma habitual.

Remuneração

A remuneração, por sua vez, é o salário tomado em sentido amplo (*lato sensu*) e é constituída não só da parcela fixa estipulada (salário *stricto sensu*), mas também das parcelas salariais adicionais, ou seja, valores que são pagos conforme as peculiaridades da atividade ou das condições de trabalho a que o empregado estiver submetido, por exemplo: adicionais de insalubridade, extraordinário, periculosidade etc. Esse pagamento pode ocorrer de forma habitual ou esporádica.

A Lei nº 13.467/2017, que instituiu a reforma trabalhista, alterou o art. 457 da CLT para determinar que são incluídas na remuneração:

a) a importância fixa estipulada;

b) as gorjetas;

c) as gratificações legais; e

d) as comissões pagas pelo empregador.

Foi ainda determinado que as verbas elencadas a seguir, mesmo quando pagas com habitualidade, não integram a remuneração do empregado, não se incorporam ao contrato de trabalho e não constituem base de incidência de qualquer encargo trabalhista e previdenciário:

a) ajuda de custo;

b) auxílio-alimentação (vedado o pagamento em dinheiro);

c) diárias para viagem (independentemente do valor);

Capítulo VIII – Salário e Remuneração   149

d) prêmios;

e) assistência médica ou odontológica (própria ou conveniada);

f) reembolso de despesas médico-hospitalares, com medicamentos, óculos, aparelhos ortopédicos, próteses, órteses e outras similares;

g) Abonos.

São considerados prêmios as liberalidades concedidas pelo empregador, em forma de bens, serviços ou valor em dinheiro, a empregado ou grupo de empregados em razão de desempenho superior ao ordinariamente esperado no exercício de suas atividades.

Parcelas integrantes

As parcelas integrantes, como próprio nome já diz, são aquelas que fazem parte da remuneração, ou seja, são incorporadas à remuneração não só a quantia fixa estipulada, como também, entre outras, as comissões, as gratificações legais, as gorjetas, as parcelas *in natura* que são aquelas em espécies, que a empresa por força do contrato ou do costume fornecer habitualmente ao trabalhador.

Integram a remuneração do empregado, entre outras, as seguintes parcelas:

a) salário;

b) comissões, percentagens, com base na produção do empregado – é uma forma de salário em que o empregado recebe um percentual do produto de seu trabalho. Assim, por exemplo, o empregado recebe 5% sobre o valor das vendas por ele realizadas;

c) gorjetas – importância dada de forma espontânea pelo cliente ou a que for cobrada pela empresa, como adicional nas contas e destinada à distribuição aos empregados;

Súmula 354 do TST

Gorjetas – Natureza jurídica – Repercussões

As gorjetas, cobradas pelo empregador na nota de serviço ou oferecidas espontaneamente pelos clientes, integram a remuneração do empregado, não servindo de base de cálculo para as parcelas de aviso-prévio, adicional noturno, horas extras e repouso semanal remunerado.

d) gratificações legais – as gratificações previstas na legislação;
e) adicionais de periculosidade ou insalubridade: são devidos só e enquanto perdurarem as condições desfavoráveis à segurança ou saúde do empregado;

– As atividades ou as operações insalubres são aquelas que, por sua natureza, condições ou métodos de trabalho, expõem os empregados a agentes nocivos à saúde, acima dos limites de tolerância.

A Constituição Federal vedou a utilização do salário mínimo para qualquer fim. Em decorrência dessa vedação constitucional, há controvérsia sobre a base de cálculo do adicional e, até que o Poder Judiciário venha julgar definitivamente a questão, recomendase que as empresas se acautelem diante do critério a ser adotado, podendo a questão ser solucionada por meio de negociação coletiva de trabalho.

– Periculosidade – as atividades ou operações perigosas são aquelas que, por sua natureza ou métodos de trabalho, impliquem risco acentuado em virtude de exposição permanente do trabalhador a: inflamáveis, explosivos ou energia elétrica; a roubos ou outras espécies de violência física nas atividades profissionais de segurança pessoal ou patrimonial. São também consideradas perigosas as atividades de trabalhador em motocicleta. O empregado que trabalha nessas condições tem direito ao adicional de 30% sobre o seu salário sem os acréscimos resultantes de gratificações, prêmios ou participações nos lucros da empresa;

f) adicional de transferência – o empregado que for transferido provisoriamente para localidade diversa da resultante do contrato de trabalho (deslocamento que acarreta mudança de domicílio), terá direito ao adicional de, no mínimo, 25% de seu salário, enquanto durar a transferência.

Salário mínimo

O art. 7º da Constituição Federal em seu inciso IV determina ser direito do trabalhador o salário mínimo , fixado em lei, nacionalmente unificado, capaz de atender a suas necessidades vitais básicas e às de

Capítulo VIII – Salário e Remuneração

sua família com moradia, alimentação, educação, saúde, lazer, vestuário, higiene, transporte e previdência social, com reajustes periódicos que lhe preservem o poder aquisitivo, sendo vedada sua vinculação para qualquer fim.

Assim sendo, não se poderá contratar remuneração inferior ao salário-mínimo. Determina a CLT que, nos casos de salário fixado por unidade de obra, este mínimo deverá ser garantido ao empregado, ainda que sua produção não o tenha atingido.

Não obstante o anteriormente exposto, ressaltamos que, conforme estabelece o art. 611-A da CLT, acrescido pela Lei nº 13.467/2017 (Reforma Trabalhista), a qual vigora desde 11.11.2017, por meio de negociação coletiva (convenção ou acordo) poderá ser pactuada a forma de remuneração por produtividade e por desempenho individual, situação em que, o que for negociado, terá prevalência sobre a disposição legal.

Baseados nesta determinação, poder-se-ia concluir, a princípio, que os mencionados documentos coletivos poderiam autorizar salário por produção inferior ao mínimo legal, ou seja, o empregado seria remunerado com base no que produziu independentemente de garantia de valor mínimo. Entretanto, é bom lembrar que o art. 7º, VII, da Constituição Federal garante aos empregados que recebem remuneração variável salário nunca inferior ao mínimo. Desta forma, se o documento coletivo estabelecer forma de remuneração inferior ao mínimo, esta regra poderá ter a sua constitucionalidade contestada.

Piso salarial estadual

A lei autorizou os Estados e o Distrito Federal a instituir o piso salarial proporcional à extensão e à complexidade do trabalho para os empregados que não tenham piso salarial definido em lei federal, convenção ou acordo coletivo de trabalho. Nos Estados em que não houver lei estabelecendo um salário mínimo superior ao mínimo legal nacionalmente unificado, deve-se observar este último.

Salário normativo

Algumas categorias profissionais, por meio do documento coletivo de trabalho (acordo, convenção ou sentença normativa) fixam o valor da remuneração mínima devida aos integrantes da respectiva categoria, independentemente da função que exerçam na empresa.

Salário profissional

Para algumas profissões, a própria lei estabelece a remuneração mínima a ser observada. É o caso, por exemplo, dos médicos e engenheiros.

Salário substituição

Tratando-se de substituição de empregado a Justiça do Trabalho orienta que enquanto perdurar a substituição que não tenha caráter meramente eventual, inclusive nas férias, o empregado substituto fará jus ao salário contratual do substituído.

A substituição não eventual se caracteriza como uma situação definida, passível de previsão pelo empregador e de caráter temporário.

Considerase substituição eventual a situação decorrente de acontecimento incerto, casual ou fortuito, de curta duração, normalmente em decorrência de ausências momentâneas do empregado substituído.

Durante o período em que o salário substituição está sendo pago, seu valor integra a remuneração do empregado substituto para todos os efeitos legais.

– Súmula 159 do TST:

Substituição de caráter não eventual e vacância do cargo

"I – Enquanto perdurar a substituição que não tenha caráter meramente eventual, inclusive nas férias, o empregado substituto fará jus ao salário contratual do substituído.

II – Vago o cargo em definitivo, o empregado que passa a ocupá-lo não tem direito ao salário igual ao do antecessor".

Salário complessivo

Caracterizado como o valor destinado a atender de forma global, vários direitos legais ou contratuais do empregado.

A Justiça do Trabalho entende que é nula a cláusula contratual que fixa importância ou percentagem para atender englobadamente vários direitos do trabalhador.

Deve a empresa, obrigatoriamente, discriminar todas as parcelas que compõem a remuneração do empregado, tanto na folha quanto no recibo de pagamento, a fim de evitar a caracterização do salário complessivo.

Capítulo VIII – Salário e Remuneração

Gorjetas

Gorjetas são valores recebidos de terceiros (clientes) e não do empregador. Quando recebidos como adicional na nota de serviço, tais valores formam um fundo especial, sob a custódia do empregador, que fará a sua distribuição aos empregados.

Quebra de caixa

A parcela quebra de caixa constitui verba que geralmente é paga a empregados que lidam permanentemente com dinheiro, numerários da empresa, tais como caixas de bancos, de lojas etc.

A finalidade desse pagamento é ressarcir os eventuais prejuízos sofridos pelo empregado no exercício da sua atividade, posto que as diferenças a menor apuradas no seu movimento diário podem ser deduzidas do seu salário; por esta razão, é conferida a ele esta verba como forma, também, de remunerar a preocupação que a atividade lhe impõe.

Inexiste na legislação qualquer dispositivo determinando o pagamento desta verba. Esta obrigação, quando existe, deflui do documento coletivo de trabalho da categoria profissional respectiva, do Regulamento Interno da Empresa ou, ainda, da liberalidade do empregador.

A Súmula nº 247 do TST datada de 2003, estabelece que: "A parcela paga aos bancários sob a denominação 'quebra de caixa' possui natureza salarial, integrando o salário do prestador dos serviços, para todos os efeitos legais."

Na época, embora a Súmula se refira especificamente aos empregados do setor bancário, entendeu-se que aplica-se o mesmo entendimento aos empregados de outras atividades que exerçam as suas funções de maneira semelhante.

Não obstante o anteriormente exposto, observa-se, tanto na doutrina como na jurisprudência trabalhistas, a existência de entendimento, embora de forma não pacífica, no sentido de que se a verba for paga mensalmente, independentemente de ter havido ou não perda durante o mês, o valor correspondente integrará a remuneração para todos os efeitos legais. Caso contrário, ou seja, se o pagamento for efetuado apenas quando ocorre o prejuízo, a parcela terá caráter de ressarcimento e não de salário.

A partir de 11.11.2017, com a entrada em vigor da Lei nº 13.467/2017, a qual deu nova redação ao art. 457 da CLT, o conceito de remuneração foi alterado. Desde então, integram a remuneração a importância fixa estipulada, as gratificações legais, as gorjetas e as comissões pagas pelo empregador.

Verifica-se assim, que a verba paga a título de quebra de caixa não se encaixa no mencionado conceito. Desta forma, entendemos que a mencionada verba, desde 11.11.2017 deixou de ser considerada, para efeitos trabalhistas, como parcela integrante da remuneração.

Contudo, no aspecto previdenciário, é bom lembrar que o *caput* do art. 28 da Lei nº 8.212/1991, o qual não foi alterado pela Lei nº 13.467/2017, determina que se entende por salário de contribuição do empregado a remuneração auferida em uma ou mais empresas, assim entendida a totalidade dos rendimentos pagos, devidos ou creditados a qualquer título, durante o mês, destinados a retribuir o trabalho, qualquer que seja a sua forma.

No que tange ao FGTS, a Instrução Normativa MTP nº 2/2021, prevê expressamente que a verba paga a título de quebra de caixa integra a remuneração para este fim.

Observa-se assim, que a integração ou não da mencionada verba na remuneração constitui matéria controvertida.

Parcelas não integrantes da remuneração

O empregador pode conceder várias vantagens ou parcelas *in natura* aos seus empregados, sem que os valores correspondentes integrem as respectivas remunerações para efeitos trabalhistas e previdenciários.

Entre as parcelas que podem ser concedidas sem o risco da integração ao salário, destacamos:

a) vestuários, equipamentos e outros acessórios fornecidos aos empregados e utilizados no local de trabalho, para a prestação do serviço;

b) a importância recebida a título de bolsa de complementação educacional de estagiário, quando paga nos termos da Lei;

c) a participação do empregado nos lucros ou resultados da empresa, quando paga ou creditada de acordo com lei específica;

d) o valor das contribuições efetivamente pago pela pessoa jurídica relativo a programa de previdência complementar privada, aberta ou fechada concedido aos empregados;

e) valor relativo à assistência prestada por serviço médico ou odontológico, próprio da empresa ou com ela conveniado, inclusive o reembolso de despesas com medicamentos, óculos, aparelhos ortopédicos, despesas médico-hospitalares e outras similares;

Capítulo VIII – Salário e Remuneração   155

f) o ressarcimento de despesas pelo uso de veículo do empregado, quando devidamente comprovadas;

g) o reembolso creche pago em conformidade com a legislação trabalhista, observado o limite máximo de 6 anos de idade da criança, quando devidamente comprovadas as despesas;

h) o reembolso-babá, limitado ao menor salário de contribuição mensal e condicionado à comprovação do registro na CTPS da empregada, do pagamento da remuneração e do recolhimento da contribuição previdenciária, pago em conformidade com a legislação trabalhista, observado o limite máximo de 6 anos de idade da criança; e

i) o valor das contribuições efetivamente pago pela pessoa jurídica relativo a prêmio de seguro de vida em grupo, desde que previsto em acordo ou convenção coletiva de trabalho e disponível à totalidade de seus empregados e dirigentes.

Apuração da remuneração

Os salários poderão ser fixados por unidade de tempo ou por unidade de obra. O primeiro apura o valor da remuneração com base no número de horas ou de dias em que o empregado prestou serviços ou ficou à disposição do empregador. O segundo, por sua vez, considerará, para tanto, a produção (tarefa, peça, comissão etc.) realizada pelo empregado no mês.

O critério a ser adotado para a apuração da remuneração nada tem a ver com os intervalos de seu pagamento ao empregado.

Assim, por exemplo, um empregado horista tem a sua remuneração apurada com base na hora trabalhada e pode ter a forma de pagamento mensal.

Modalidades de salário

A remuneração pode ser paga, entre outras, nas seguintes modalidades:

a) fixa – valor fixo estipulado por mês;

b) variável – (comissões, percentagens – normalmente percentual sobre vendas);

c) mista – parte fixa e parte variável;

d) tarefa – valor fixo pago por tarefa realizada.

A remuneração pode ser composta, também, de utilidades, ou seja, de prestações *in natura*, como, por exemplo, habitação. Entretanto, não pode haver remuneração paga, exclusivamente, em utilidades, pois parte da remuneração deve ser paga em dinheiro.

Em situações em que as utilidades integram o salário (desde que concedidas habitualmente, por força de contrato ou do costume, e que atendam aos interesses do empregado), a estas deverão ser atribuídos valores, para que sejam inseridas nos cálculos de férias, 13º salário, depósitos do FGTS, contribuição previdenciária etc. Estes valores, todavia, devem ser justos e razoáveis.

Vale ressaltar que o Tribunal Superior do Trabalho (TST), por meio da Súmula nº 258, determinou que: "os percentuais fixados em lei relativos ao salário *in natura* apenas se referem às hipóteses em que o empregado percebe salário mínimo, apurando-se, nas demais, o real valor da utilidade."

Desta forma, quando o colaborador receber salário diverso do mínimo, considerase o real valor da utilidade, para efeito de integração.

Para efeitos trabalhistas, também não integram a remuneração as seguintes parcelas:

a) vestuários, equipamentos e outros acessórios fornecidos aos empregados e utilizados no local de trabalho, para a prestação do serviço;

b) educação, em estabelecimento de ensino próprio ou de terceiros, compreendendo os valores relativos a matrícula, mensalidade, anuidade, livros e material didático;

c) transporte destinado ao deslocamento para o trabalho e retorno, em percurso servido ou não por transporte público;

d) assistência médica, hospitalar e odontológica, prestada diretamente ou mediante seguro-saúde;

e) seguros de vida e de acidentes pessoais;

f) previdência privada;

g) o valor correspondente ao vale-cultura.

Descontos legais

A princípio, é proibido ao empregador efetuar qualquer desconto nos salários do empregado, salvo quando este resultar de adiantamentos, dispositivos de lei ou de documento coletivo de trabalho. Entre os descontos legalmente autorizados, os mais comuns são os relativos à contribuição previdenciária e à retenção de Imposto de Renda na Fonte.

No que tange à contribuição sindical, ressaltamos que a CLT em seus artigos 545, 578, 579 e 582 determinou que as contribuições devidas aos sindicatos pelos participantes das categorias econômicas ou

Capítulo VIII – Salário e Remuneração

profissionais ou das profissões liberais representadas pelas referidas entidades serão recolhidas e pagas, sob a denominação de contribuição sindical, desde que prévia e expressamente autorizado pelo trabalhador ou pela empresa, conforme o caso. A cobrança também não poderá ser determinada por meio de negociação coletiva, bem como ser exigida a manifestação de oposição.

Outros descontos – Validade

O Tribunal Superior do Trabalho (TST), por meio da Súmula nº 342, determinou que os "descontos, efetuados com a autorização prévia e por escrito do empregado, para ser integrado em planos de assistência odontológica, médico-hospitalar, de seguro, de previdência privada ou de entidade cooperativa, cultural ou recreativo-associativa de seus trabalhadores, em seu benefício e de seus dependentes, não afrontam o disposto no artigo 462 da CLT, salvo se ficar demonstrada a existência de coação ou de outro defeito que vicie o ato jurídico".

Verificase que a Súmula nº 342, do TST, dispõe que os citados descontos não são contrários à legislação trabalhista, exceto se forem eivados de coação ou de outro defeito que invalide o ato jurídico.

Com base na mencionada Súmula, tanto a doutrina como a jurisprudência têm admitido a validade de outros descontos nos salários, desde que previamente autorizados pelos trabalhadores, como, por exemplo, pagamento de compras efetuadas em farmácias e supermercados que mantenham convênio com as empresas empregadoras etc.

Limite de descontos

A soma de todos os descontos a serem efetuados na remuneração do trabalhador não poderá ultrapassar a 70% do salário deste.

Dano causado pelo empregado

Na hipótese de dano causado pelo empregado, o desconto será lícito, desde que esta possibilidade tenha sido previamente acordada ou na ocorrência de dolo do empregado. Portanto, se o dano causado pelo empregado resultar da prática de ato doloso, ou seja, de ato praticado com o intuito deliberado de prejudicar o empregador, é lícito o desconto, ainda que não previsto contratualmente.

No caso de dano decorrente de culpa do empregado, isto é, quando no exercício de suas funções, embora não tenha tido ele a intenção de praticá-lo, tenha agido com imprudência, negligência ou imperícia,

DEPARTAMENTO DE PESSOAL MODELO

o desconto ficará condicionado à existência de prévio acordo firmado para este fim.

Assim, no momento da admissão do empregado, torna-se conveniente a inserção de cláusula, no seu contrato de trabalho, que permita esse tipo de desconto salarial.

Adicionais salariais

Alguns empregados, em virtude das condições em que o trabalho é realizado, ou pelos riscos aos quais se encontram expostos, têm direito ao recebimento de alguns adicionais salariais, os quais integram à sua remuneração para todos os efeitos legais.

Entre os adicionais salariais, os mais comuns são:

a) insalubridade – as atividades ou as operações insalubres são aquelas que, por sua natureza, condições ou métodos de trabalho, expõem os empregados a agentes nocivos à saúde, acima dos limites de tolerância.
A Constituição Federal vedou a utilização do salário mínimo para qualquer fim. Em decorrência dessa vedação constitucional, há controvérsia sobre a base de cálculo do adicional e, até que o Poder Judiciário venha julgar definitivamente a questão, recomendase que as empresas se acautelem diante do critério a ser adotado, podendo a questão ser solucionada por meio de negociação coletiva de trabalho;

b) periculosidade – são consideradas atividades ou operações perigosas aquelas que, por sua natureza ou métodos de trabalho, impliquem risco acentuado em virtude de exposição permanente do trabalhador a: inflamáveis, explosivos ou energia elétrica, roubos ou outras espécies de violência física nas atividades profissionais de segurança pessoal ou patrimonial. São também consideradas perigosas as atividades de trabalhador em motocicleta. O empregado que trabalha nessas condições tem direito ao adicional de 30% sobre o seu salário básico;

c) hora extra – o empregado que trabalha além da jornada normal, mediante acordo de prorrogação de horas, tem direito ao adicional extraordinário correspondente a, pelo menos, 50% do valor da hora normal. Todavia, o percentual de acréscimo poderá ser superior se assim estabelecerem as partes ou houver disposição em documento coletivo de trabalho;

Capítulo VIII – Salário e Remuneração

d) noturno – o empregado urbano que trabalha entre 22 horas de um dia e às 5 horas do dia seguinte tem direito ao adicional noturno equivalente a 20% do valor da hora normal de trabalho.

Nas atividades rurais, considerase noturno o trabalho executado:

- entre as 21 horas de um dia e às 5 horas do dia seguinte, na lavoura;
- entre as 20 horas de um dia e às 4 horas do dia seguinte, na pecuária.

Nas duas situações, o adicional equivalente a 25% do valor da hora normal;

e) transferência – o empregado que for transferido provisoriamente para localidade diversa da resultante do contrato de trabalho (deslocamento que acarreta mudança de domicílio), terá direito ao adicional de, no mínimo, 25% de seu salário, enquanto durar a transferência.

Diárias para viagem

Alguns empregados exercem total ou parcialmente as suas atividades fora do estabelecimento da empresa e, para desempenharem de forma satisfatória as suas obrigações contratuais, efetuam gastos com o próprio deslocamento, hospedagem, alimentação etc. Entre esses trabalhadores, os casos mais comuns são os dos vendedores.

Para ressarcir tais despesas, necessárias à execução do trabalho, as partes (empregado e empregador) fixam, de comum acordo, uma determinada quantia. Muitas vezes, porém, o quantum é fixado unilateralmente pelo empregador. A este quantum dáse o nome de diárias para viagem. Portanto, diárias para viagem constitui condições dadas pelo empregador para que o trabalho seja realizado e não retribuição pelos serviços prestados.

Para que haja o pagamento de tal verba, é necessário que:

a) o empregado realize serviço externo, não havendo justificativa para o pagamento a empregado que só trabalha internamente;

b) haja habitualidade, necessidade contínua do pagamento, ou seja, que o serviço externo seja sucessivamente realizado;

c) não haja a necessidade de comprovação das despesas efetuadas, o que vale dizer que, se o valor pago for superior às despesas efetuadas, o empregado ficará com o excedente.

Lembramos, porém, que, embora a legislação não exija a comprovação das despesas efetuadas, é conveniente que haja certa relação entre os valores gastos e o valor pago a título de diárias, não significando, todavia, que os valores devam ser idênticos, mas, numa comparação entre as quantias, não deve haver desproporção que possa caracterizar remuneração disfarçada de diárias.

As diárias para viagem, independentemente do seu valor, não integram o salário do empregado e, portanto, não sofrem incidências de encargos trabalhistas e previdenciários.

Veículo do empregado a serviço da empresa

Alguns empregados exercem total ou parcialmente as suas atividades fora do estabelecimento da empresa e, para desempenharem de forma satisfatória as suas obrigações contratuais, recebem de seus empregadores veículos para facilitar o próprio deslocamento.

Outros empregados utilizam veículo próprio no desempenho de suas atividades e têm reembolsadas as despesas correspondentes (combustível, lubrificação, lavagem, reparos, aquisição de peças etc.), por meio da verba intitulada "quilometragem rodada" ou "reembolso de despesas".

Quando o veículo é fornecido pelo empregador ao empregado como instrumento para o melhor desempenho das atividades, não têm natureza salarial, ainda que seja ele utilizado pelo empregado também em atividades particulares, conforme determina a Súmula nº 367 do TST.

367. UTILIDADES IN NATURA. HABITAÇÃO. ENERGIA ELÉTRICA. VEÍCULO. CIGARRO. NÃO INTEGRAÇÃO AO SALÁRIO

I – A habitação, a energia elétrica e veículo fornecidos pelo empregador ao empregado, quando indispensáveis para a realização do trabalho, não têm natureza salarial, ainda que, no caso de veículo, seja ele utilizado pelo empregado também em atividades particulares.

II – O cigarro não se considera salário-utilidade em face de sua nocividade à saúde.

A parcela salarial *in natura* se caracteriza quando a prestação é concedida não para o trabalho, e sim pelo trabalho, ou seja, se o empregador concede o veículo que visa tão somente atender ao interesse do empregado, sem relação com o trabalho efetuado, a parcela correspondente (veículo) acresce o patrimônio do trabalhador e, portanto, integra a sua remuneração.

Capítulo VIII – Salário e Remuneração 161

Na hipótese de uso de veículo de propriedade do trabalhador em que há ressarcimento de despesas, devem-se observar as mesmas considerações, ou seja, se o veículo é utilizado para o exercício da atividade, o entendimento é de que o valor respectivo não integra a remuneração, caso contrário, ou seja, se o ressarcimento das despesas visa somente o interesse do empregado, estará caracterizada a parcela salarial.

Recomenda-se que o valor a ser pago seja justo e razoável, obedecendo, de preferência, ao cálculo de custos elaborados por entidades especializadas, tais como o do Sindicato dos Condutores Autônomos.

Não obstante o anteriormente comentado em relação ao ressarcimento de despesas pelo uso de veículo do empregado, considerando que a Reforma Trabalhista, instituída pela Lei nº 13.467/2017, alterou o conceito de salário, determinando ser este constituído da importância fixa estipulada, das gratificações legais, das comissões pagas pelo empregador e das gorjetas, não fica afastada a possibilidade de entendimento no sentido de que o ressarcimento das despesas decorrentes do uso do veículo deixam de integrar a remuneração do trabalhador para efeitos trabalhistas.

Ressalte-se, porém, que, no âmbito previdenciário, o valor correspondente ao ressarcimento de despesas somente não estará sujeito à contribuição correspondente se houver comprovação das despesas efetuadas, o que vale dizer que, se houver pagamento de valor superior às despesas efetivamente comprovadas, o valor excedente sofrerá incidência de contribuição previdenciária.

O acerto de contas mediante apresentação de notas exclui a possibilidade da integração da verba no salário do empregado, tanto no aspecto trabalhista como previdenciário e do FGTS.

Empregados que exercem cargos de confiança e o direito ao adicional de transferência

Por serem pessoas de confiança do empregador, esses empregados podem, a qualquer momento, ser removidos para lugares diversos do constante no contrato de trabalho, conforme conveniência da empresa, desde que haja necessidade de serviço.

A lei determina que, enquanto durar a transferência provisória, o empregador é obrigado a pagar ao empregado um adicional de, no mínimo, 25% de seu salário.

Assim, entendemos que, havendo a transferência provisória, independentemente do fato de o empregado transferido exercer cargo de confiança, será devido o pagamento de adicional de transferência, uma vez que, para o respectivo pagamento, a norma legal exige apenas que a transferência seja provisória, não excetuando qualquer empregado em função do cargo exercido.

Pagamento – Prazo

O pagamento dos salários não pode ser estipulado por prazo superior a um mês, excetuados os casos de comissões, percentagens e gratificações.

Pagamento mensal

Quando o pagamento for estipulado por mês, deverá ser efetuado, no mais tardar, até o 5º dia útil do mês subsequente ao vencido, devendo-se sempre observar se há cláusula, em acordo ou convenção coletiva de trabalho da respectiva categoria profissional, estabelecendo outro prazo.

Pagamento semanal ou quinzenal

Quando estipulado por semana ou quinzena, o pagamento deverá ser efetuado até o 5º dia após o vencimento.

Dias úteis – Contagem

O pagamento deve ser feito em dia útil, e no local de trabalho, durante a jornada ou imediatamente após o seu término. Na contagem dos dias, deve-se incluir o sábado e excluir o domingo e o feriado, inclusive o municipal.

Comissões e percentagens

No caso de comissões e percentagens, o pagamento será exigível quando ultimada a transação. A transação será considerada aceita quando o empregador não recusar a proposta, por escrito, dentro do prazo de 10 dias, ou de 90 dias, se a transação for concluída com quem estiver estabelecido noutro Estado ou no estrangeiro.

O pagamento será mensal, podendo ser estipulado por prazo superior desde que não exceda a 3 meses.

Capítulo VIII – Salário e Remuneração

Forma de pagamento

O pagamento será feito em moeda corrente, não se permitindo o uso de moeda estrangeira ou nota promissória. O pagamento pode ser efetuado por meio de conta bancária, aberta para esse fim, em nome de cada empregado e com o consentimento deste, em estabelecimento de crédito próximo ao local de trabalho.

A utilização de dinheiro "vivo", bem como de cheques, para a efetuação de pagamentos está em desuso. Atualmente, o manejo do dinheiro se dá, em geral, por intermédio de instituições financeiras, em razão da praticidade e da segurança que estas oferecem.

No âmbito das relações de trabalho, a questão não é observada de forma diferente. A maioria dos empregadores utiliza as instituições financeiras para efetuar o pagamento dos salários aos seus empregados, mediante depósito em conta bancária.

Recibo

O pagamento do salário deve ser efetuado contrarrecibo, no qual serão discriminadas todas as parcelas pagas. O recibo conterá a assinatura do empregado ou sua impressão digital, se analfabeto; será assinado a rogo, caso não seja possível tal procedimento.

Terá força de recibo o comprovante de depósito em conta corrente aberta em nome do empregado.

Equiparação salarial

Por vezes, as empresas são surpreendidas com demandas judiciais, nas quais ex-empregados pleiteiam equiparação salarial com colegas (paradigmas) que exerceram os mesmos cargos que eles, e ficam em dúvida se essa equiparação é ou não devida.

O art. 461 da CLT determina que, sendo idêntica a função, a todo trabalho de igual valor, prestado ao mesmo empregador, no mesmo estabelecimento empresarial, corresponderá igual salário, sem distinção de sexo, etnia, nacionalidade ou idade.

Requisitos

Para que os empregados que exercem as mesmas funções em uma determinada empresa tenham direito ao mesmo salário, é necessário que haja o atendimento dos seguintes requisitos:

a) identidade de funções – o serviço executado pelo empregado que pretende ter equiparação salarial deve ser igual ao do paradigma. Não basta que o cargo tenha a mesma denominação ou que o serviço seja semelhante, é necessário que ambos façam exatamente o mesmo serviço;

Exemplo

Duas empregadas são contratadas para exercer o mesmo cargo (redatoras), porém, uma redige textos complexos, elabora pesquisas técnicas e emite pareceres, enquanto a outra seleciona notícias e redige textos simples.

Neste caso, embora a denominação do cargo seja a mesma, não há identidade de funções.

---

b) trabalho de igual valor – é aquele feito com a mesma produtividade e com a mesma perfeição técnica entre pessoas;

Exemplo

Dois empregados produzem, na mesma quantidade de tempo, o mesmo número de peças com igual qualidade.

---

c) serviço prestado ao mesmo empregador, no mesmo estabelecimento empresarial – o paradigma e o trabalhador devem ser empregados no mesmo estabelecimento do empregador;
d) entre o empregado e o paradigma, a diferença de tempo de serviço prestado ao mesmo empregador não pode ser superior a 4 anos e a diferença de tempo na função não pode ser superior a 2 anos.
e) proibição de distinção por sexo, etnia, nacionalidade ou idade.

Observar ainda, que a equiparação salarial só será possível entre empregados contemporâneos no cargo ou na função, ficando vedada a indicação de paradigmas remotos, ainda que o paradigma contemporâneo tenha obtido a vantagem em ação judicial própria.

Capítulo VIII – Salário e Remuneração

O trabalhador readaptado em nova função, por motivo de deficiência física ou mental, atestada por órgão competente da Previdência Social, não servirá de paradigma para fins de equiparação salarial.

No caso de comprovada discriminação por motivo de sexo ou etnia, o juízo determinará, além do pagamento das diferenças salariais devidas, multa, em favor do empregado discriminado, no valor de 50% do limite máximo dos benefícios do Regime Geral de Previdência Social.

Não se aplicam as normas relativas à equiparação salarial quando a empresa tiver pessoal organizado em quadro de carreira ou adotar, por meio de norma interna da empresa ou de negociação coletiva, plano de cargos e salários, dispensada qualquer forma de homologação ou registro em órgão público.

CAPÍTULO IX
DIREITOS TRABALHISTAS

FÉRIAS

Férias individuais

Os empregados sejam eles urbanos, rurais ou domésticos têm direito ao gozo de um período de férias anuais remuneradas com, pelo menos, um terço a mais do que o salário normal.

Entretanto, desde que haja concordância do empregado, as férias poderão ser usufruídas em até 3 períodos, sendo que um deles não poderá ser inferior a 14 dias corridos e os demais não poderão ser inferiores a 5 dias corridos, cada um.

O objetivo das férias é permitir a recuperação das forças físicas e mentais do trabalhador desgastadas no decurso de cada ano de serviços prestados ao mesmo empregador.

As férias são concedidas por ato do empregador, que fixa a época que melhor atenda aos seus interesses, não podendo, contudo, ultrapassar o limite dos 12 meses subsequentes à aquisição do direito pelo empregado, sob pena de pagamento em dobro da respectiva remuneração e sujeição à multa administrativa imposta pela fiscalização trabalhista.

Os 12 meses de aquisição do direito às férias é chamado de período aquisitivo.

Entretanto, na fixação do período de férias a liberdade do empregador não é total, isto porque, a Convenção nº 132, da Organização Internacional do Trabalho (OIT), aprovada pelo Congresso Nacional por meio do Decreto Legislativo nº 47/1981, ratificada em 1997, com o depósito do instrumento de ratificação em 23.09.1998 e, por fim, promulgada pelo Decreto nº 3.197/1999 – DOU de 06.10.1999, a qual, desde então, vigora no Brasil, determina que a ocasião em que as férias serão gozadas será determinada pelo empregador, após consulta à pessoa empregada interessada em questão ou seus representantes, a menos que seja fixada por regulamento da empresa ou documento coletivo de trabalho.

Capítulo IX – Direitos Trabalhistas

Desta forma, embora o empregador fixe a época do gozo das férias do seu empregado, deve anteriormente combinar com este o respectivo período, procurando atender ao interesse de ambos.

Apuração do direito às férias

Proporcionalidade

A cada período de 12 meses de vigência de contrato de trabalho, o empregado tem direito a férias de acordo com o número de faltas injustificadas verificadas no curso do período aquisitivo correspondente, conforme a tabela a seguir.

Nº de dias corridos de férias	Nº de faltas injustificadas ao serviço no curso do período aquisitivo
30	Até 5
24	de 6 a 14
18	de 15 a 23
12	de 24 a 32

Caso o empregado conte com mais de 32 faltas injustificadas no curso do período aquisitivo perderá as férias respectivas.

Para este efeito, só devem ser consideradas as faltas de período integral, ou seja, o empregador não pode somar períodos de atrasos injustificados a fim de completar uma jornada de trabalho.

Faltas justificadas ou abonadas

As faltas justificadas por lei ou pelo documento coletivo de trabalho (acordo, convenção ou sentença normativa) ou aquelas abonadas por liberalidade do empregador (todas não sujeitas a desconto na remuneração), não serão consideradas para efeito de redução do período de gozo de férias do empregado.

O empregador também não pode firmar acordos para descontar das férias dos seus empregados os chamados "dias pontes", ou seja, sextas-feiras que sucedem os feriados que recaem nas quintas feiras e as segundas-feiras que antecedem os feriados que recaem nas terças-feiras. Tais acordos, se firmados, serão ilegais.

Não se consideram faltas ao serviço para fins de redução do período de férias, entre outras:

1. até 2 dias consecutivos, em caso de falecimento do cônjuge, ascendente, descendente, irmão ou pessoa que, declarada em sua CTPS, viva sob sua dependência econômica;
2. até 3 dias consecutivos, em virtude de casamento;
3. por 5 dias, enquanto não for fixado outro prazo em lei, como licença-paternidade;
4. por 1 dia, em cada 12 meses de trabalho, em caso de doação voluntária de sangue devidamente comprovada;
5. até 2 dias consecutivos ou não, para fins de alistamento eleitoral, nos termos da lei respectiva;
6. no período de tempo em que tiver de cumprir as exigências do Serviço Militar;
7. nos dias em que estiver comprovadamente realizando provas de exame vestibular para ingresso em estabelecimento de ensino superior;
8. pelo tempo que se fizer necessário, quando tiver de comparecer a juízo;
9. pelo tempo que se fizer necessário, quando, na qualidade de representante de entidade sindical, estiver participando de reunião oficial de organismo internacional do qual o Brasil seja membro;
10. durante o licenciamento compulsório da empregada por motivo de maternidade ou aborto não criminoso e de adoção ou guarda judicial de criança, para fins de adoção observados os requisitos da legislação previdenciária para percepção do benefício de salário-maternidade;
11. justificadas pela empresa, assim entendidas as que não tiverem determinado o desconto do correspondente salário;
12. durante a suspensão preventiva para responder a inquérito administrativo ou de prisão preventiva, quando for impronunciado ou absolvido;
13. comparecimento para depor como testemunha, quando devidamente arrolado ou convocado;
14. o comparecimento como parte à Justiça do Trabalho;
15. o afastamento para servir como jurado no Tribunal do Júri;

Capítulo IX – Direitos Trabalhistas

16. o afastamento por doença ou acidente do trabalho, nos 15 primeiros dias pagos pela empresa mediante comprovação, observada a legislação previdenciária;
17. a convocação para serviço eleitoral;
18. a greve, desde que tenha havido acordo, convenção, laudo arbitral ou decisão da Justiça do Trabalho que disponha sobre a manutenção dos direitos trabalhistas aos grevistas durante a paralisação das atividades;
19. o período de frequência em curso de aprendizagem;
20. para o(a) professor(a), por 9 dias, em consequência de casamento ou falecimento de cônjuge, pai, mãe ou filho;
21. a dos representantes dos trabalhadores em atividade, decorrentes das atuações do Conselho Nacional de Previdência Social (CNPS), as quais são computadas como jornada efetivamente trabalhada para todos os fins e efeitos legais;
22. o período de férias, que, inclusive, é computado para todos os efeitos como tempo de serviço;
23. a dos representantes dos trabalhadores no Conselho Curador do FGTS, decorrentes das atividades desse órgão, serão abonadas, computandose como jornada efetivamente trabalhada para todos os fins e efeitos legais;
24. o período de afastamento do representante dos empregados quando convocado para atuar como conciliador nas Comissões de Conciliação Prévia, sendo computado como tempo de trabalho efetivo o despendido nessa atividade;
25. o afastamento dos que exercerem as funções de membro do Conselho Nacional do Desenvolvimento Urbano (CNDU) e dos Comitês Técnicos, serão abonadas, computandose como jornada efetivamente trabalhada para todos os efeitos legais;
26. a dispensa do horário de trabalho pelo tempo necessário para a realização de, no mínimo, 6 consultas médicas e demais exames complementares durante a gravidez;
27. por motivo de acidente do trabalho ou enfermidade atestado pelo INSS, salvo se o benefício perdurar por mais de 6 meses ainda que descontínuos, dentro de um mesmo período aquisitivo, hipótese em que o empregador não tem direito às férias;
28. nos dias em que não tenha havido serviço, exceto se o empregado deixar de trabalhar por mais de 30 dias com percepção

de salário no curso do período aquisitivo em virtude de paralisação parcial ou total dos serviços de empresas, caso em que
não faz jus às férias;

29. até 2 dias para acompanhar consultas médicas e exames complementares durante o período de gravidez de sua esposa ou
companheira;

30. por 1 dia por ano para acompanhar filho de até 6 anos em
consulta médica;

31. outros motivos previstos em acordo, convenção ou dissídio
coletivo de trabalho da entidade sindical representativa da
categoria profissional.

Perda do direito

O empregado perderá o direito às férias, se no curso do período
aquisitivo respectivo, ocorrer uma das seguintes situações:

a) permanecer em gozo de licença, com percepção de salários,
por mais de 30 dias;

b) deixar de trabalhar, com percepção de salário, por mais de 30
dias em virtude de paralisação parcial ou total dos serviços
da empresa; e

c) tiver percebido da Previdência Social prestações de acidente do trabalho ou de benefício por incapacidade temporária
(antigo auxílio-doença), por mais de 6 meses, embora descontínuos.

Será iniciada a contagem de novo período aquisitivo quando o empregado, após o implemento de qualquer das condições mencionadas,
retornar ao serviço.

Na hipótese constante da letra "b", a empresa deverá comunicar ao
Ministério do Trabalho e Previdência, com antecedência mínima de 15
dias, as datas de início e fim da paralisação total ou parcial dos serviços
da empresa e, em igual prazo, deverá comunicar nos mesmos termos,
ao sindicato representativo da categoria profissional, bem como deverá
afixar aviso nos respectivos locais de trabalho.

A Convenção nº 132 da OIT dispõe que em condições a serem determinadas pela autoridade competente ou pelo órgão apropriado de
cada país, os períodos de incapacidade para o trabalho resultantes de
doença ou de acidentes não poderão ser computados como parte do

Capítulo IX – Direitos Trabalhistas 171

período mínimo de férias anuais remuneradas previsto no § 3º do artigo 3º da mencionada Convenção. Portanto, esta determinação fica na dependência de norma legal que a regulamente.

Readmissão dentro de 60 dias da demissão

A Consolidação das Leis do Trabalho dispõe que não terá direito a férias o empregado que, no curso do período aquisitivo, tiver deixado o emprego e não for readmitido dentro de 60 dias subsequentes à sua saída (CLT, artigo 133, I).

> Art. 133. Não terá direito a férias o empregado que, no curso do período aquisitivo:
>
> I – deixar o emprego e não for readmitido dentro de 60 (sessenta) dias subsequentes à sua saída;
>
> (...).

O artigo 146 do mesmo diploma legal estabelece:

> Art. 146. Na cessação do contrato de trabalho, qualquer que seja a sua causa, será devida ao empregado a remuneração simples ou em dobro, conforme o caso, correspondente ao período de férias cujo direito tenha adquirido.
>
> Parágrafo único. Na cessação do contrato de trabalho, após 12 (doze) meses de serviço, o empregado, desde que não haja sido demitido por justa causa, terá direito à remuneração relativa ao período incompleto de férias, de acordo com o art. 130, na proporção de 1/12 (um doze avos) por mês de serviço ou fração superior a 14 (quatorze) dias.

Com base no parágrafo único do artigo 146 da CLT, anteriormente à publicação do Decreto nº 3.197/1999 que promulgou a Convenção nº 132 da OIT, o empregado que pedisse demissão antes de completar um ano de serviço na empresa não teria direito ao recebimento das férias proporcionais indenizadas por ocasião da rescisão contratual. Assim, a previsão contida no artigo 133, I, era justificável, pois o empregado não receberia suas férias proporcionais indenizadas por ocasião da rescisão contratual. Assim, sendo readmitido dentro de 60 dias da dispensa, o período anterior à ruptura contratual seria computado para efeito de férias.

Ocorre que, a Convenção nº 132 da Organização Internacional do Trabalho (OIT) sobre Férias Anuais Remuneradas a qual encontra-se em vigor no Brasil desde 06.10.1999, estabelece, entre outras condições, que o direito às férias proporcionais indenizadas em rescisão é garantido ao trabalhador ainda que este não tenha completado o período de um ano de serviço.

O Tribunal Superior do Trabalho (TST), por meio da Súmula nº 261, consubstanciou o seu entendimento acerca do assunto determinando:

> Súmula 261. Férias Proporcionais. Pedido de demissão. Contrato vigente há menos de um ano – Nova redação
>
> O empregado que se demite antes de completar 12 (doze) meses de serviço tem direito a férias proporcionais.

Dessa forma, embora o inciso I do artigo 133 da CLT, bem como o parágrafo único do artigo 146 da CLT, não tenham sido expressamente revogados, não há razão de computar o período aquisitivo anterior à ruptura contratual na nova relação empregatícia, ainda que a readmissão tenha ocorrido dentro de 60 dias da data de saída.

Licença remunerada no curso do aquisitivo

A licença remunerada não é prevista na legislação trabalhista. A sua concessão ou não ficará na dependência da liberalidade do empregador. Quando concedida acarreta a interrupção do contrato de trabalho.

É recomendável que a concessão da licença remunerada se dê, preferencialmente, na forma escrita, ou seja, que as partes (empregado e empregador) acordem as condições da licença e os motivos que a justificam.

Caso haja concessão da citada licença no curso do período aquisitivo por mais de 30 dias, o empregado perde o direito às férias do respectivo período.

Se a licença, embora superior a 30 dias, recair em períodos aquisitivos distintos, de tal forma que em nenhum deles ultrapasse a 30 dias, não haverá a perda do direito às férias.

Capítulo IX – Direitos Trabalhistas 173

Exemplos

a) licença remunerada de 40 dias dentro do mesmo período aquisitivo (perda do direito a férias)

Início do período aquisitivo 04.02.2021

Licença remunerada no período de 1º.06 a 10.07.2021 = 40 dias

Retorno ao trabalho e início da contagem de novo período aquisitivo: 11.07.2021

b) licença remunerada de 40 dias em períodos aquisitivos distintos (manutenção do direito às férias respectivas)

1º período aquisitivo – 04.02.2020 a 03.02.2021

2º período aquisitivo 04.02.2021 a 03.02.2022

Licença remunerada de 40 dias no período de 13.01 a 21.02.2021

Observase que nesta hipótese embora a licença remunerada tenha sido de 40 dias, 22 dias recaíram no 1º período aquisitivo e os 18 dias restantes recaíram no 2º período aquisitivo, assegurando a manutenção das férias de ambos os períodos, visto que, em nenhum deles o período de licença ultrapassou a 30 dias.

c) licença remunerada de 60 dias (manutenção e perda do direito a férias em períodos aquisitivos distintos)

1º período aquisitivo – 04.02.2019 a 03.02.2020

2º período aquisitivo 04.02.2020 a 03.02.2021

Licença remunerada de 60 dias no período de 13.01 a 12.03.2020

- Manutenção do direito a férias: período aquisitivo de 04.02.2019 a 03.02.2020 (22 dias de licença remunerada);

- Perda do direito a férias: período aquisitivo de 04.02.2020 a 03.02.2021.

Licença não remunerada

A licença não remunerada também não é prevista em lei, podendo ser concedida ou não pelo empregador, a pedido do empregado. Sua concessão acarreta a suspensão temporária de todos os efeitos do contrato de trabalho.

Independentemente do seu tempo de duração, não ocasiona a perda do direito a férias, apenas suspende a contagem do período aquisitivo, cujo tempo de serviço deve ser complementado pelo empregado quando de seu retorno ao trabalho, com o cumprimento do período aquisitivo que ficou suspenso.

Observar que, a partir do dia seguinte ao término do cumprimento do aquisitivo restante, inicia-se a contagem de novo período aquisitivo.

Exemplo

Empregado com período aquisitivo de férias iniciado em 1º.04.2021, solicitou ao empregador e teve concedida a licença sem remuneração, no período de 1º.06 a 30.06.2021 (30 dias).

O seu período aquisitivo que inicialmente seria de 1º.04.2021 a 31.03.2022, ficou alterado para 1º.04.2021 a 30.04.2022, pois após o fim da licença sem remuneração com o seu retorno ao trabalho em 1º.07.2021 terá que trabalhar mais 30 dias para complementar o período aquisitivo inicialmente previsto.

Empresa – Paralisação total ou parcial

Quando ocorre a paralisação total ou parcial das atividades da empresa o empregado, não faz jus a férias, desde que:

a) seja notificado do período de paralisação;

b) não seja convocado a trabalhar antes de 31 dias corridos;

c) tenha recebido os correspondentes salários;

d) a empresa tenha comunicado ao Ministério do Trabalho e Previdência, com antecedência mínima de 15 dias, as datas de início e fim da paralisação total ou parcial dos serviços;

e) em igual prazo, a empresa tenha comunicado, nos mesmos termos, o sindicato representativo da categoria profissional; e

Capítulo IX – Direitos Trabalhistas 175

f) a empresa tenha afixado aviso, nos termos anteriormente mencionados, nos respectivos locais de trabalho.

Quando ocorre a perda das férias em virtude da paralisação das atividades da empresa há controvérsia nos entendimentos doutrinários e jurisprudenciais acerca do pagamento do terço constitucional ao empregado. Veja o nosso posicionamento logo adiante em "questões polêmicas sobre férias".

Afastamento do empregado em decorrência de doença ou acidente do trabalho – Efeitos

O afastamento por motivo de doença ou acidente, com recebimento de benefício pago pela Previdência Social, durante mais de 6 meses, no mesmo período aquisitivo de férias ainda que descontínuos implica a perda do direito às férias correspondentes.

Embora, conforme já vimos, a Convenção nº 132 da OIT determine que em condições a serem determinadas pela autoridade competente ou pelo órgão apropriado de cada país, os períodos de incapacidade para o trabalho resultantes de doença ou de acidentes não poderão ser computados como parte do período mínimo de férias anuais remuneradas previsto no § 3º do artigo 3º da mencionada Convenção, esta determinação fica na dependência de norma legal que a regulamente.

> **Exemplos**
>
> a) Empregado admitido em 04.01.2021 afastou-se por motivo de doença ou acidente no período de 1º.06.2021 (16º dia de afastamento) a 19.12.2021.
>
> Período aquisitivo inicial: 04.01.2021 a 03.01.2022
>
> Período de afastamento para recebimento do benefício: 1º.06 a 19.12.2021 (6 meses e 19 dias)
>
> Retorno ao trabalho: 20.12.2021
>
> Observa-se que o período aquisitivo iniciado em 04.01.2021 é interrompido pelo acidente ou doença durante 6 meses e 19 dias contínuos. Portanto, ao empregado não são devidas férias, iniciando-se novo período aquisitivo em 20.12.2021, data do retorno do empregado ao trabalho.
>
> b) empregado admitido em 03.05.2020 afastouse por motivo de doença ou acidente no período de 1º.01.2021 (16º dia de afastamento) a 31.10.2021.
>
> 1º período aquisitivo: 03.05.2020 a 02.05.2021
>
> 2º período aquisitivo 03.05.2021 a 02.05.2022
>
> Período de afastamento 04.01 a 31.10.2021 (10 meses)
>
> Neste caso, o empregado afastou-se por 10 meses, dos quais 4 meses e 2 dias recaíram no 1º período aquisitivo e 5 meses e 28 dias recaíram no 2º período aquisitivo.
>
> Assim sendo, o empregado tem direito às férias relativas a cada um dos períodos aquisitivos, pois embora tenha recebido prestações de benefícios por 10 meses, em nenhum dos períodos ultrapassou o lapso de 6 meses de afastamento.

Abono pecuniário – Conversão

O empregado pode converter 1/3 do período de férias a que tiver direito em abono pecuniário, no valor da remuneração que lhe seria devida nos dias correspondentes.

Conforme o número de dias corridos de férias a que faz jus, o empregado pode pleitear a conversão de parte das férias em abono pecuniário na seguinte proporção:

Número de dias a serem convertidos em abono pecuniário	Período de férias em descanso	Férias/limite de faltas injustificadas
10	20	30 dias (até 5 faltas)
8	16	24 dias (de 6 a 14 faltas)
6	12	18 dias (de 15 a 23 faltas)
4	8	12 dias (de 24 a 32 faltas)

Caso queira, o empregado pode converter em abono pecuniário período inferior a 1/3 das férias, pois, neste caso, o período de gozo é ampliado, atendendo à finalidade principal das férias, ou seja, o descanso. Todavia, é ilegal aumentar o período de abono pecuniário além do terço permitido, para reduzir as férias.

A conversão de parte das férias em abono pecuniário deve ser requerida pelo empregado, até 15 dias antes do término do período aquisitivo. Se for requerido após o citado prazo, a concessão ou não do abono fica a critério exclusivo do empregador.

O pagamento do abono vincula-se à concessão das férias. Vale dizer: não há pagamento de abono sem o respectivo descanso.

Havendo opção pelo abono, a legislação trabalhista é omissa quanto ao respectivo período em que o empregado deva trabalhar, se antes ou depois do período fixado para as férias.

É possível a ocorrência de ambas as situações, ficando a critério do empregador depois de ouvido o empregado, a sua fixação. O prazo de pagamento será de 2 dias antes do início do gozo, no mínimo, desde que o período de férias convertido em trabalho seja posterior ao de descanso. Tratando-se, contudo, de período de abono fixado antes do início de gozo das férias, entendese que o pagamento de ambos (férias e abono) deva ocorrer até 2 dias antes do início do respectivo período de abono.

O abono de férias não integra a remuneração do empregado para os efeitos da legislação do trabalho desde que não excedente de 20 dias do salário.

Férias fracionadas e a conversão em abono pecuniário

Quando as férias do empregado são fracionadas (com o consentimento deste) em 2 ou 3 períodos, surge a dúvida com relação ao cálculo do abono pecuniário.

Conforme vimos, a CLT determina que, com a concordância do empregado, as suas férias podem ser fracionadas em até 3 períodos, sendo que um deles não pode ser inferior a 14 dias e os dois restantes não podem ser inferiores a 5 dias.

Assim, conclui-se que, ao fixar a possibilidade de fracionamento das férias em 3 períodos, o legislador entendeu que o gozo de 24 dias de férias ao ano, considerando os 3 períodos (14+5+5), é o tempo necessário para que o trabalhador se restabeleça física e mentalmente do desgaste provocado pelo ano de trabalho transcorrido.

Dessa forma, considerando que o legislador, ao fixar o período de férias, buscou privilegiar o descanso e a higidez do trabalhador, entendemos que, em havendo o fracionamento das férias, atendidos os requisitos legais já mencionados, o empregado poderá usar da faculdade legal que lhe é atribuída e converter até 1/3 de suas férias individuais em abono pecuniário, desde que observe os períodos mínimos de gozo.

Exemplos

a) empregado com direito a 30 dias de férias solicita o fracionamento das férias em 2 períodos de 15 dias cada um. Goza o primeiro período e, quando da concessão do 2° período, solicita a conversão de 10 dias em abono pecuniário. Assim temos:

2° período de férias	Abono pecuniário	Período de gozo
15 dias	10 dias	5 dias

Capítulo IX – Direitos Trabalhistas 179

> Nesse exemplo entendemos ser legalmente possível atender à solicitação do trabalhador, pois, ao converter 10 dias de suas férias em abono pecuniário, restou o período mínimo de gozo estabelecido pela lei (5 dias).
>
> Não obstante a nossa posição, ressaltamos a existência de entendimento no sentido de que o empregado só poderia converter em abono pecuniário 1/3 do período restante de férias. Assim, segundo esta corrente, nesta situação, somente poderia ser convertido 5 dias em abono.

b) empregado com direito a 30 dias de férias solicita o seu fracionamento em dois períodos: um de 20 dias e o outro de 10 dias. Goza os 20 dias de férias relativos ao primeiro período e, na concessão do 2º período, solicita a conversão de parte das férias em abono pecuniário;

2º período de férias	Abono pecuniário	Período de gozo
10 dias	5 dias	5 dias

> Observe-se que, neste exemplo, somente foi possível converter 5 dias em abono, a fim de observar o período mínimo de gozo de 5 dias estabelecido pela lei.
>
> Não obstante a nossa posição, ressaltamos a existência de entendimento no sentido de que o empregado só poderia converter em abono pecuniário 1/3 do período restante de férias. Assim, segundo esta corrente, nesta situação, somente poderia ser convertido 3 dias em abono.

c) empregado com direito a 30 dias de férias solicita o seu fracionamento em 3 períodos (14, 9 e 7 dias). Goza o primeiro período e, quando da concessão do 2º e 3º períodos, solicita a conversão de parte das férias em abono pecuniário.

2º período de férias	Abono pecuniário máximo possível	Período de gozo
9 dias	4 dias	5 dias

3º período de férias	Abono pecuniário máximo possível	Período de gozo
7 dias	2 dias	5 dias

Período convertido em abono pecuniário – Dispensa do empregado

Nos dias trabalhados relativos ao período convertido em abono pecuniário, o contrato de trabalho vigora plenamente com a prestação normal dos serviços por parte do empregado. Assim não há qualquer impedimento legal para que o empregador proceda à rescisão do contrato de trabalho, salvo previsão em contrário no documento coletivo de trabalho da categoria profissional respectiva.

Férias – Período concessivo

As férias são concedidas por ato do empregador em um só período ou em até 3 períodos (mediante a concordância do empregado), nos 12 meses subsequentes à data em que o empregado completar o período aquisitivo sob pena de pagamento em dobro, da respectiva remuneração, e sujeição à multa administrativa. Esse período é chamado de "concessivo" ou "de gozo" ou ainda, "de fruição".

Conforme já comentamos, a época da concessão das férias é a que melhor atenda aos interesses do empregador. Entretanto, o artigo 10 da Convenção nº 132, da Organização Internacional do Trabalho (OIT), determina que:

> Artigo 10
>
> 1. A ocasião em que as férias serão gozadas será determinada pelo empregador, após consulta à pessoa empregada interessada em questão ou seus representantes, a menos que seja fixada por regulamento, acordo coletivo, sentença arbitral ou qualquer outra maneira conforme à prática nacional.
>
> 2. Para fixar a ocasião do período de gozo das férias serão levadas em conta as necessidades do trabalho e as possibilidades de repouso e diversão ao alcance da pessoa empregada.

Desta forma, o empregador não pode decidir sozinho sobre a época em que o seu empregado gozará as férias, é necessário, para tanto, analisar não só as necessidades da empresa, mas também o interesse do empregado no que se relaciona ao seu repouso e diversão; portanto, o período de gozo de férias deve ser decidido em comum acordo.

Capítulo IX – Direitos Trabalhistas

É vedado o início das férias no período de dois dias que antecede feriado ou dia de Repouso Semanal Remunerado.

Por exemplo, se ocorrer um feriado na quarta feira, o empregado não poderá entrar em férias na segunda feira antecedente.

A Convenção nº 132 da OIT determina, em seu artigo 6º que os dias de feriados, quer se situem ou não dentro do período de férias anuais, não deverão ser computados como parte do período mínimo de férias anuais remuneradas previsto na mencionada Convenção, ou seja, segundo a Convenção as férias devem ser contadas em dias úteis.

Ocorre que o período mínimo de férias previsto na Convenção nº 132 é de 3 semanas (21 dias) a cada ano de serviço e a CLT concede 30 dias de férias corridos a cada ano de trabalho. Portanto, a previsão do texto consolidado é mais benéfica.

Ante a previsão da Convenção da OIT, surge a dúvida acerca da contagem dos dias de férias, ou seja, as mesmas são contadas em dias corridos (conforme determina a CLT) ou em dias úteis (de acordo com o estabelecido na Convenção OIT)?

Entendemos que como a CLT concede período maior que o previsto na Convenção, portanto, mais benéfico ao empregado, observa-se a norma mais vantajosa, de forma que o disposto no artigo 6º da Convenção não será aplicado, o que determina a contagem das férias em dias corridos. Ressaltamos, porém, a existência de entendimento contrário, sustentando a posição de que, ainda que o período de férias previsto na CLT seja superior ao da Convenção, os dias de feriados não devem ser contados nas férias.

Fracionamento das férias

Reza a CLT que, desde que haja concordância do empregado, independentemente de sua idade, as férias poderão ser usufruídas em até 3 períodos, sendo que um deles não poderá ser inferior a 14 dias corridos e os demais não poderão ser inferiores a 5 dias corridos, cada um. Portanto, o fracionamento das férias depende da concordância do empregado, não podendo, ser imposto pela empresa.

ESTUDANTES E APRENDIZES

O empregado estudante, menor de 18 anos de idade, tem o direito de fazer coincidir suas férias com o período de suas férias escolares.

As férias dos trabalhadores aprendizes devem coincidir, preferencialmente, com as férias escolares, sendo vedado ao empregador fixar período diverso daquele definido no programa de aprendizagem.

Empregados pertencentes a uma mesma família

Os membros de uma família, que trabalham no mesmo estabelecimento ou empresa, têm direito a gozar férias no mesmo período, se assim o desejarem e se deste fato não resultar prejuízo para o serviço.

Requisitos a serem observados para a concessão das férias

Para a concessão das férias ao empregado, o empregador deverá:

a) enviar o aviso de férias ao empregado com antecedência mínima de 30 dias do início do efetivo gozo;

b) informar a concessão das férias ao eSocial mediante o envio do evento correspondente.

As anotações relativas às férias serão feitas no sistema informatizado da CTPS digital gerados pelo empregador.

Valor das férias e prazo para o pagamento

O empregado perceberá, durante as férias, a remuneração que lhe for devida na data da sua concessão.

O pagamento efetua-se até 2 dias antes do início do respectivo período, competindo ao empregado dar quitação do pagamento.

O prazo de pagamento das férias constitui matéria controvertida. Indaga-se se os 2 dias antes do efetivo gozo devem ser corridos ou úteis?

A legislação trabalhista é silente quanto à forma de contagem desses dias e as decisões judiciais sobre o assunto são escassas.

O artigo 7º da Convenção nº 132 da OIT dispõe apenas que as férias devem ser pagas antes do efetivo gozo, sem especificar o período.

Considerando ser a finalidade do pagamento antecipado das férias a de prover o empregado com recursos econômicos necessários para que este as desfrute da melhor forma possível, se o referido pagamento for efetuado por meio de depósito em conta bancária, entendemos que deva ocorrer com a antecedência mínima de 2 dias úteis. Esse é o posicionamento também adotado por boa parte dos doutrinadores.

Assim, se o empregado tiver o início do gozo de férias fixado numa segunda-feira, é recomendável que o pagamento da respectiva remuneração ocorra o mais tardar até a quinta-feira antecedente, de modo a permitir que até 2 dias antes do início do gozo das férias a remuneração devida esteja disponível ao empregado.

Capítulo IX – Direitos Trabalhistas

Tendo ocorrido a opção pela conversão de parte das férias em abono pecuniário, o prazo de pagamento, conforme entendemos, será de 2 dias úteis antes do início do gozo, no mínimo, desde que o período de férias convertido em trabalho seja posterior ao de descanso.

Caso o período de abono recaia antes do início do gozo das férias, entendemos que o pagamento de ambos (férias e abono) deva ocorrer até 2 dias úteis antes do início do respectivo período de abono.

Ressaltamos, porém, que parte da doutrina, considerando que onde o legislador não especificou, não cabe ao intérprete fazê-lo, defende o entendimento de que o pagamento das férias deve ser feito com a anterioridade de 2 dias corridos do início do respectivo gozo.

Cálculo

As férias são pagas em número de dias de gozo, portanto, deve-se, primeiramente, encontrar a remuneração diária, qualquer que seja a forma de pagamento, observando:

a) Mês de 28 dias

Remuneração diária = Remuneração mensal ÷ 28

Exemplo

Empregado com férias de 30 dias no período de 1º.02 a 02.03
Remuneração mensal de R$ 1.484,00
Remuneração diária relativa a fevereiro = R$ 1.484,00 ÷ 28 = R$ 53,00
Remuneração diária relativa a março = R$ 1.484,00 ÷ 31 = R$ 47,87

b) Mês de 29 dias

Remuneração diária = Remuneração mensal ÷ 29

Exemplo

Empregado com férias de 30 dias (a serem gozadas em ano bissexto) no período de 1º.02 a 02.03
Remuneração mensal de R$ 1.484,00
Remuneração diária relativa a fevereiro = R$ 1.484,00 ÷ 29 = R$ 51,17
Remuneração diária relativa a março = R$ 1.484,00 ÷ 31 = R$ 47,87

c) Mês de 30 dias

Remuneração diária = Remuneração mensal ÷ 30

Exemplo

Empregado com férias de 30 dias no período de 1º a 30.06
Remuneração mensal de R$ 1.484,00
Remuneração diária relativa a junho = R$ 1.484,00 ÷ 30 = R$ 49,47

---

d) Mês de 31 dias

Remuneração diária = Remuneração mensal ÷ 31
Empregado com férias de 30 dias no período de 1º a 30.07
Remuneração mensal de R$ 1.484,00
Remuneração diária relativa a julho = R$ 1.484,00 ÷ 31 = R$ 47,87

Valor das férias

Elaboramos a seguir alguns exemplos de cálculo de férias de empregados gozadas em um só período, em várias situações:

a) mensalistas

O valor bruto das férias integrais do mensalista corresponde à remuneração mensal vigente no mês da concessão, acrescidas de 1/3 da CF/1988. Assim em um mês de 31 dias temos.

Exemplo

- salário mensal	R$ 1.550,00
- salário/dia	(R$ 1.550,00 ÷ 31) = R$ 50,00
- remuneração	R$ 50,00 x 30 = R$ 1.500,00
- acréscimo de 1/3 da CF/1988	(R$ 1.500,00 ÷ 3) R$ 500,00
- total de férias + 1/3 da CF/1988 =	(R$ 1.500,00 + R$ 500,00) = R$ 2.000,00

Capítulo IX – Direitos Trabalhistas

b) horistas

As férias integrais do empregado horista equivalem à remuneração horária vigente no mês da concessão, multiplicada pelo número de horas de férias a que o empregado fizer jus, acrescida de 1/3.

Exemplo

Considerando um horista com jornada com base de 220 h/mês, e salário/hora de R$ 9,00 e com direito a férias de 30 dias, concedida em mês de 30 dias temos:

Valor bruto das férias

- salário/hora		R$	9,00
- salário/dia	R$ 9,00 x 7,333333 =	R$	66,00
- remuneração	R$ 66,00 x 30 =	R$	1.980,00
- acréscimo de 1/3 da CF/1988 (R$ 1.980,00 ÷ 3)		R$	660,00
- total de férias + 1/3 da CF/1988 (R$ 1.980,00 + R$ 660,00) =		R$	2.640,00

---

c) diaristas

As férias do diarista são calculadas com base na remuneração diária vigente no mês da concessão, multiplicada pelo número de dias de férias a que o empregado fizer jus, acrescida de 1/3.

Exemplo

Considerando uma remuneração diária de R$ 40,00 e férias de 30 dias em mês de 30 dias, temos:

- salário/dia		R$	40,00
- remuneração de férias	(R$ 40,00 x 30) =	R$	1.200,00
- acréscimo de 1/3 da CF/1988	(R$ 1.200,00 ÷ 3)	R$	400,00
- total bruto de férias + 1/3 da CF/1988 (R$ 1.200,00 + R$ 400,00) =		R$	1.600,00

---

d) horistas com jornada de trabalho variável

Encontrase a média do período aquisitivo, aplicando ao resultado obtido o valor do salário/hora na data da concessão das férias, acrescido de 1/3 da CF/1988.

DEPARTAMENTO DE PESSOAL MODELO

Exemplo

- salário/hora		R$ 7,00
- total de horas do período aquisitivo		2.496
- média mensal 2.496 ÷ 12 = 208		
- salário-base R$ 7,00 x 208 =		R$ 1.456,00

Férias de 30 dias em mês de 31 dias
- remuneração das férias   R$ 1.456,00 x 30 ÷ 31   R$ 1.409,03
- acréscimo de 1/3 da CF/1988   (R$ 1.409,03 ÷ 3) > R$ 469,68
- total bruto de férias + 1/3 da CF/1988   (R$ 1.409,03 + R$ 469,68) = R$1.878,71
Lembre-se que o mencionado empregado receberá 1 dia de saldo de salário em folha de pagamento

e) tarefeiro

As férias terão por base a média da produção no período aquisitivo respectivo, aplicando ao resultado o valor da remuneração da tarefa na data da concessão, acrescida do terço constitucional.

Exemplo

- média aritmética mensal das tarefas no período aquisitivo   800
- remuneração atual da tarefa   R$ 2,00
- férias de 30 dias em mês de 31 dias
- remuneração 800 x R$ 2,00 x 30   R$ 1.548,39
                  31
- acréscimo de 1/3 da CF/1988 (R$ 1.548,39 ÷ 3)   >   R$ 516,13
- total bruto de férias + 1/3 CF/1988 (R$ 1.548,39 + R$ 516,13)   =   R $ 2.064,52
Lembre-se que o mencionado empregado receberá 1 dia de saldo de salário em folha de pagamento

f) comissão, percentagem ou viagem

Empregado receberá as férias correspondentes à média da remuneração percebida nos 12 meses que precederem a concessão das férias, acrescida de 1/3 da CF/1988.

Capítulo IX – Direitos Trabalhistas

Exemplo

Empregado comissionista com direito a férias de 30 dias e período de gozo de 1º a 30 de março de 2022, relativas ao período aquisitivo de 02.01.2021 a 1º.01.2022, tendo percebido as comissões adiante (já incluídas da integração do Descanso Semanal Remunerado – DSR) nos 12 meses que precedem a concessão das férias:

Março/2021......................................R$	1.900,00
Abril/2021...R$	2.000,00
Maio/2021..R$	1.600,00
Junho/2021......................................R$	1.800,00
Julho/2021..R$	2.000,00
Agosto/2021.....................................R$	1.700,00
Setembro/2021.................................R$	1.900,00
Outubro/2021...................................R$	1.600,00
Novembro/2021................................R$	2.100,00
Dezembro/2021.............................. R$	1.900,00
Janeiro/2022.................................. R$	1.800,00
Fevereiro/2022............................... R$	2.000,00
Total...R$	22.300,00

média mensal:
- R$ 22.300,00 ÷ 12 > R$ 1.858,33
- remuneração bruta de férias acrescida de 1/3 da CF/1988:
R$ 1.858,33 + R$ 619,44 (1/3 de R$ 1.858,33)   =R$ 2.477,77

Sendo misto o salário (comissões e fixo), à média do variável somase o fixo da época do gozo das férias.

Férias Fracionadas – Cálculo

Desde que haja a concordância do empregado as suas férias podem ser fracionadas em 3 períodos, sendo que um deles não será inferior a 14 dias corridos e os demais não inferior a 5 dias corridos cada um.

Pode também o trabalhador converter 1/3 do seu período de férias em abono pecuniário.

Quando ocorre o pagamento fracionado das férias, a conversão de parte do período restante das mesmas em abono pecuniário comporta entendimentos controvertidos.

A primeira corrente de entendimento, à qual nos filiamos, sustenta que, como o direito às férias é de 30 dias, 1/3 corresponde a 10 dias. Desta forma, o empregado poderá converter do período restante de férias, até 10 dias em abono pecuniário, desde que observe os limites mínimos de gozo fixados por lei.

A segunda defende a posição de que, em caso de fracionamento, o empregado só poderá converter em abono pecuniário 1/3 do período restante de férias, posto que não há como converter período que já foi gozado. Neste caso, também devem ser observados os limites mínimos de fruição fixados.

Exemplos de cálculos considerando a primeira corrente de entendimento

a) mensalista – empregado que faz jus a 30 dias de férias e aufere um salário mensal de R$ 1.800,00, goza férias em dois períodos de 15 dias cada um em meses de 30 dias, e opta pela conversão de 10 dias do segundo período de férias a que tem direito em abono pecuniário, tem-se:

- 1º período de 15 dias.

Remuneração diária = R$ 60,00 (R$ 1.800,00 ÷ 30)

Remuneração dos 15 dias de férias = R$ 900,00 (R$ 60,00 × 15)

Terço constitucional sobre os 15 dias = R$ 300,00 (R$ 900,00 ÷ 3)

Total bruto de férias = R$ 1.200,00

- 2º período concedido em um mês de 30 dias

Base de cálculo = remuneração mensal .... (R$ 1.800,00)

- Direito ao período restante de férias = 15 dias

- Abono pecuniário – 10 dias

Gozo de férias – 5 dias

Remuneração das férias

- dias de férias = R$ 1.800,00 × 5 ÷ 30 .... R$ 300,00

Capítulo IX – Direitos Trabalhistas   189

- adicional de 1/3 CF/1988 = R$ 300,00 ÷ 3.................. R$ 100,00

Total bruto da férias .... R$ 400,00

- Remuneração do abono

- 10 dias de abono pecuniário = R$ 1.800,00 x 10 ÷ 30 = ...R$ 600,00

- adicional de 1/3 CF/1988 = R$ 600,00 ÷ 3 = ... R$ 200,00

Total do abono ....= .... R$ 800,00

Valor bruto total = (férias + abono) => (R$ 400,00 + R$ 800,00) = R$ 1.200,00

Observar que, além da remuneração mencionada, o empregado tem direito a receber o saldo de salário normal (sem o acréscimo de 1/3) relativo aos 10 dias que trabalhar do período de férias convertido em abono pecuniário.

Assim, na folha de pagamento para um mês de 30 dias, por exemplo (férias de 1 a 5 e abono de 6 a 15), devem constar, entre outros elementos:

- 5 dias de férias	=	R$	300,00
- adicional de 1/3 sobre férias	=	R$	100,00
- 10 dias de abono pecuniário	=	R$	600,00
- adicional de 1/3 sobre abono pecuniário	=	R$	200,00
- 15 dias de saldo de salário	=	R$	900,00
Total	=	R$	2.100,00

b) diarista (base de 30 dias por mês):

Empregado percebe um salário/dia de R$ 50,00, teve 4 faltas injustificadas no curso do período aquisitivo (30 dias de férias) e opta pelo gozo das férias em 3 períodos (1º de 14 dias, e os outros dois de 8 dias cada um), solicita que, nos dois períodos restantes, parte das férias seja convertida em abono pecuniário.

Neste caso, considerando que o período mínimo de gozo em cada um dos dois períodos restantes de férias é de 5 dias, somente 3 dias em cada período podem ser convertidos em abono. Considerando que os 3 períodos de férias sejam concedidos em meses de 30 dias, tem-se:

- Remuneração de férias

1° período

14 dias de férias = R$ 50,00 × 14 =..................................R$ 700,00
- terço constitucional sobre férias R$ 700,00 ÷ 3 =............R$ 233,33
Total bruto relativo ao 1° período de férias (R$ 700,00 + R$ 233,33) = R$ 933,33

2° período de férias

5 dias de férias = R$ 50,00 × 5 =....................................R$ 250,00
- terço constitucional sobre férias R$ 250,00 ÷ 3 =............R$ 83,33
Total bruto de férias......... .R$333,33

Abono pecuniário – 3 dias = R$ 50,00 × 3.......................R$ 150,00
- Terço constitucional sobre o abono – R$ 150,00 ÷ 3........R$ 50,00
Total abono..R$ 200,00
Total geral relativo ao 2° período de
férias (R$ 333,33 + R$ 200,00) = R$ 533,33
3° período de férias

5 dias de férias = R$ 50,00 × 5 =....................................R$ 250,00
- terço constitucional sobre férias R$ 250,00 ÷ 3 =...........R$ 83,33
Total férias..R$ 333,33

Abono pecuniário – 3 dias = R$ 50,00 × 3.......................R$ 150,00
- Terço constitucional sobre o abono – R$ 150,00 ÷ 3.......R$ 50,00
Total abono..R$ 200,00

Total bruto geral relativo ao 3° período
de férias (R$ 333,33 + R$ 200,00) = R$ 533,33

Capítulo IX – Direitos Trabalhistas

g) adicionais

Os adicionais por trabalho extraordinário, noturno, insalubre ou perigoso são computados no salário que serve de base de cálculo da remuneração das férias.

Hora extra

Conforme determina a Súmula nº 347 do TST, o cálculo do valor das horas extras habituais, para efeito de reflexos em verbas trabalhistas deve observar o número das horas efetivamente prestadas e sobre ele aplicase o valor do salário-hora da época do pagamento daquelas verbas.

Se, quando da concessão das férias, o empregado não estiver percebendo o mesmo adicional do período aquisitivo, ou o valor deste não tiver sido uniforme, computase a média duodecimal recebida naquele período, após a atualização das importâncias pagas, mediante incidência dos percentuais dos reajustamentos salariais supervenientes.

Desta forma, havendo o pagamento de adicionais extraordinários variáveis (50%, 60%, 70% etc.), devese fazer um cálculo separado para cada média.

Exemplo

Empregado realiza um total de 350 horas extras (HE) durante os 12 meses do período aquisitivo de férias, das quais, 150 HE a 50% por 5 meses e 200 HE a 70%, por 7 meses. O salário-hora normal do mês de férias é de R$ 8,00.

a) HE a 50%

- média mensal do número de HE a 50% (150 ÷ 5)
30

- valor da HE com adicional de 50% (R$ 8,00 x 1,50)
R$ 12,00

- valor da média do número de HE prestadas a 50% (R$ 12,00 x 30)
R$ 360,00

- proporcionalidade: [(R$ 360,00 ÷ 12) x 5] =
R$ 150,00

---

b) HE a 70%

- média mensal do número de HE a 70% (200 ÷ 7) > 28,57

- valor da HE com adicional de 70% (R$ 8,00 x R$ 1,70) = R$ 13,60

- valor da média do número de HE prestadas a 70% (R$ 13,60 x 28,57) > R$ 388,55

- proporcionalidade: [(R$ 388,55 ÷ 12) x 7] > R$ 226,65

Valor total de horas extras a ser integrado à base de cálculo de remuneração de férias:

(R$ 150,00 + R$ 226,65) = R$ 376,65

Insalubridade e periculosidade

Os adicionais de insalubridade e periculosidade não são variáveis pois representam percentual fixo. Desta forma, integram a remuneração das férias no valor vigente à época da concessão. Não sendo necessária a apuração de média.

Capítulo IX – Direitos Trabalhistas   193

Abono pecuniário

O abono pecuniário deve ser calculado sobre a remuneração das férias, já acrescida do terço constitucional.

Exemplos

a) Mensalista

Empregado com remuneração mensal de R$ 1.400,00 e com direito a 30 dias de férias, as quais serão gozadas de uma só vez, em mês também de 30 dias, converte 10 dias em abono pecuniário, sendo que o período de gozo será de 1º a 20 e o abono pecuniário de 21 a 30.

– Remuneração de férias

Base de cálculo = remuneração devida nos dias correspondentes (R$ 1.400,00) com adicional de 1/3 (R$ 466,67).

20 dias de férias = R$ 1.400,00 x 20 ÷ 30 = R$ 933,40,
Adicional de 1/3 = R$ 933,40 x 10 ÷ 30 > R$ 311,13

Total da remuneração de férias .... R$ 1.244,53

– Remuneração do abono

Base de cálculo

10 dias de abono pecuniário = R$ 1.400,00 x 10 ÷ 30 = R$ 466,67
Adicional de 1/3 CF/1988 = R$ 466,67 x 10 ÷ 30 >   R$ 155,56
Total da remuneração do abono   R$ 622,23
Valor bruto total = (férias + abono) => R$ 1.244,53 + R$ 622,23 =

R$ 1.866,76

Além da remuneração paga a título de férias e abono pecuniário, o empregado tem direito a receber o saldo de salário normal (sem o acréscimo de 1/3), relativo aos 10 dias do período de férias convertido em abono pecuniário.

Desta forma, na folha de pagamento deverão ser lançados:

- 20 dias de férias   = R$ 933,40
- adicional de 1/3 sobre férias   = R$ 311,13
- 10 dias de abono pecuniário   = R$ 466,67

- adicional de 1/3 sobre abono pecuniário	= R$ 155,56
- 10 dias de saldo de salário	= R$ 466,67
Total	=R$ 2.333,43

b) Diarista (base de 30 dias por mês):

Empregado com remuneração diária de R$ 50,00 e com direito a 30 dias de férias, as quais serão gozadas de uma só vez em mês também de 30 dias, converte 10 dias em abono pecuniário, sendo que o período de gozo será de 1º a 20 e o abono pecuniário de 21 a 30.

– Remuneração de férias

Cálculo = (salário-dia + 1/3 CF/1988) x 30 ÷ 30 x 20 =>
= (R$ 50,00 + R$ 16,67) x 30 ÷ 30 x 20 =>
= R$ 66,67 x 30 ÷ 30 x 20 =>
= R$ 2.000,10 ÷ 30 x 20 = R$ 1.333,40
20 dias de férias = R$ 50,00 x 30 ÷ 30 x 20 = R$ 1.000,00
Adicional de 1/3 CF/1988 = R$ 16,67 x 30 ÷ 30 x 20 = R$ 333,40
Total da remuneração das férias R$ 1.333,40

– Remuneração do abono

Base de cálculo = idem à das férias
10 dias de abono pecuniário = R$ 50,00 x 30 ÷ 30 x 10 = R$ 500,00
Adicional de 1/3 CF/1988 = R$ 16,67 x 30 ÷ 30 x 10 = R$ 166,70
Total da remuneração do abono R$ 666,70
Valor total = (férias + abono) => R$1.333,40 + R$ 666,70 = R$ 2.000,10

c) Horista (base de 220 horas por mês):

Empregado com salário/hora de R$ 9,00 e com direito a 30 dias de férias, as quais serão gozadas de uma só vez, em mês também de 30 dias, converte 10 dias em abono pecuniário, sendo que o período de gozo será de 1º a 20 e o abono pecuniário de 21 a 30.

– Remuneração de férias

Cálculo = (salário-hora x 220 ÷ 30 x 20 =>
= (R$ 9,00 x 220 ÷ 30 x 20 =>
= R$ 1.980,00 ÷ 30 x 20 = R$ 1.320,00
Adicional de 1/3 CF/1988 = R$ 3,00 x 220 ÷ 30 x 20 = R$ 440,00
Total da remuneração de férias R$ 1.760,00

– Remuneração do abono

Base de cálculo = idem à das férias
Cálculo = R$ 9,00 x 220 ÷ 30 x 10 = R$ 660,00
- adicional de 1/3 da CF/1988 = R$ 3,00 x 220 ÷ 30 x 10 = R$ 220,00

Capítulo IX – Direitos Trabalhistas

Total da remuneração do abono R$ 880,00
Valor total = (férias + abono) => R$ 1.760,00 + R$ 880,00 = R$ 2.640,00

Empregado contratado para trabalhar apenas alguns dias por semana

Da mesma forma que os demais empregados, o contratado para trabalhar alguns dias por semana faz jus a 30, 24, 18 ou 12 dias de férias, conforme o número de faltas injustificadas no período aquisitivo, percebendo, entretanto, a remuneração que receberia caso não estivesse de férias, acrescida do terço constitucional.

Exemplo

Empregado diarista que trabalha apenas às segundas, quartas e sextas--feiras, com direito a 30 dias de férias, que serão gozadas em mês em que teria 13 dias de trabalho, recebe remuneração referente a férias de 13 dias, acrescido do Repouso Semanal Remunerado (RSR).

Número de dias que trabalharia caso não estivesse de férias = 13
salário-dia: R$ 50,00
remuneração de férias:
- 13 dias x R$ 50,00 = R$ 650,00
- 4 dias (RSR e feriado no período) - R$ 150,00 (remuneração semanal) ÷ 6 (1/6 da remuneração semanal, considerando que em todas as semanas teria 3 dias de trabalho) × 4 (número de RSR no período) > R$ 100,00
- total das férias (R$ 650,00 + R$ 100,00) = R$ 750,00
- adicional de 1/3 CF/1988 sobre férias (R$ 750,00 ÷ 3) = R$ 250,00
remuneração total a pagar de férias: (R$ 750,00 + R$ 250,00) = R$ 1.000,00

Sobre a remuneração total (saldo de salário +férias + terço constitucional), incide a contribuição previdenciária e o desconto do IRRF, quando houver.

i) salário-utilidade

A parcela salarial paga em utilidades (prestações in natura) é considerada na base de cálculo das férias. Entretanto, aquelas utilidades que continuam sendo usufruídas durante o gozo de férias, tais como "habitação" não são computadas, exceto para o cálculo do terço constitucional de férias, o qual deverá ser apurado e pago separadamente.

Pagamento em dobro

Caso o empregador não conceda as férias no período concessivo, ou seja, nos 12 meses subsequentes à aquisição do respectivo período, as férias deverão ser pagas em dobro.

Neste caso, o empregado tem direito ao dobro da remuneração correspondente ao direito adquirido. Assim, se tiver direito a 30 dias de férias receberá a remuneração correspondente a 60 dias, sem prejuízo do adicional de 1/3 da CF/1988. O gozo, contudo, corresponde a 30 dias.

O pagamento de férias em dobro tem caráter de penalidade imposta ao empregador que descumpre o prazo legal de concessão.

Férias parciais em dobro

Os dias de férias gozados após o término do período concessivo devem ser remunerados em dobro.

Exemplo
1º período
Período aquisitivo: 1º.02.2019 a 31.01.2020
Período concessivo: 1º.02.2020 a 31.01.2021

2º período
Período aquisitivo: 1º.02.2020 a 31.01.2021
Período concessivo: 1º.02.2021 a 31.01.2022

Considerando que o gozo das férias relativas a esse dois períodos aquisitivos foram concedidos nas datas a seguir:
Férias relativas ao 1º período: 1º a 30.03.2021
Neste caso, o empregado recebeu a remuneração dobrada relativa aos 30 dias de férias, pois a totalidade delas foi concedida após o término do período concessivo.

Férias relativas ao 2º período: 15.01.2023 a 13.02.2023

Capítulo IX – Direitos Trabalhistas

> Neste caso, o empregado receberá a remuneração simples relativa a 17 dias de férias que recairão dentro do período concessivo (15.01 a 31.01.2022) e a remuneração dobrada relativa aos 13 dias de férias que recairão após o término do período concessivo (1º.02 a 13.02.2022).

Abono pecuniário

Na hipótese de férias pagas em dobro, caso o empregado converta 1/3 delas em abono pecuniário, este também é devido em dobro, sem prejuízo do acréscimo constitucional de 1/3.

Dias de férias	Abono (simples)	Abono em dobro	Dias de descanso (simples)	Remuneração em dobro dos dias de descanso	Total da remuneração
30	10	20	20	40	60 (30 em dobro)
24	8	16	16	32	48 (24 em dobro)
18	6	12	12	24	36 (18 em dobro)
12	4	8	8	16	24 (12 em dobro)

Proibição de prestação de serviço a outro empregador durante as férias

O empregado em gozo de férias não pode prestar serviços a outro empregador, salvo se estiver obrigado a fazê-lo em virtude de contrato de trabalho previamente mantido.

Assim, se o empregado que estiver em gozo de férias em uma empresa, passar a prestar serviços à outra com a qual não mantenha prévia vinculação empregatícia, estará sujeito a ter o seu contrato individual de trabalho com a primeira empresa, rescindido por justa causa.

Pagamento da 1ª parcela do 13º salário por ocasião das férias – Possibilidade

Caso o empregado pretenda receber a 1ª parcela do 13º salário por ocasião das férias deve requerer o pagamento no mês de janeiro do correspondente ano.

O adiantamento da 1ª parcela do 13º salário por ocasião das férias, somente é possível quando estas são gozadas entre os meses de fevereiro e novembro.

Empregado que fica doente no curso das férias

A doença que ocorre no curso das férias não suspende o gozo das mesmas, ou seja, o período de férias flui normalmente.

Caso a doença persista após o término das férias, a empresa deve pagar os primeiros 15 dias de afastamento (ou período inferior, conforme o caso), mediante atestado médico, contados a partir da data em que o empregado deveria retornar das férias. A partir do 16º dia de afastamento, competirá à Previdência Social pagar o benefício por incapacidade temporária.

A Convenção nº 132 da OIT dispõe que, em condições a serem determinadas pela autoridade competente ou pelo órgão apropriado de cada país, os períodos de incapacidade para o trabalho resultantes de doença ou de acidentes não poderão ser computados como parte do período mínimo de férias anuais remuneradas previsto na mencionada Convenção. Portanto, a aplicação desta determinação fica na dependência de norma legal que a regulamente.

Ocorrência de parto no curso das férias

Ocorrendo o parto no curso das férias, ou ainda a adoção de criança ou a obtenção de guarda judicial para fins de adoção que possibilite a concessão de salário-maternidade o gozo das férias fica suspenso durante o período do salário-maternidade (120 dias) e, se for o caso, o acréscimo de mais 2 semanas (prorrogação), sendo retomado logo após o término do benefício previdenciário, com o consequente pagamento das diferenças salariais decorrentes de aumentos eventualmente ocorridos no período da licença-maternidade.

Prescrição

É o modo pelo qual o direito de ação se extingue em consequência da falta do seu exercício, por determinado lapso de tempo.

Capítulo IX – Direitos Trabalhistas   199

A prescrição não extingue o direito em si, mas o direito à ação que o protege. Logo, caso o devedor pague o débito, ainda que decorrido o prazo prescricional, o pagamento é válido.

O direito de ação quanto a créditos resultantes das relações de trabalho observa o prazo prescricional de 5 anos para os trabalhadores urbanos e rurais, até o limite de 2 anos após a extinção do contrato de trabalho.

A prescrição do direito de reclamar a concessão das férias ou o pagamento respectivo é contada do término do prazo do período concessivo ou se for o caso, da cessação do contrato de trabalho.

Contra os menores de 18 anos de idade, não corre nenhum prazo de prescrição, o que vale dizer que somente quando o empregado completar 18 anos de idade é que o prazo prescricional começa a fluir.

Férias na cessação do contrato de trabalho

Férias vencidas

O empregado tem direito ao pagamento das férias vencidas (simples ou em dobro) na cessação do contrato de trabalho independentemente da causa da ruptura contratual (dispensa com ou sem justa causa, culpa recíproca, aposentadoria, morte etc.).

Férias proporcionais

a) Dispensa sem justa causa e pedido de demissão de empregado com mais de 1 ano de serviço

O empregado faz jus à remuneração relativa ao período incompleto de férias, na proporção de 1/12 de 30, 24, 18 ou 12 dias, segundo as faltas injustificadas no período aquisitivo, por mês de serviço ou fração igual ou superior a 15 dias, contados do início do período aquisitivo, e não dentro do mês civil.

Exemplo

Empregado admitido em 1º.02.2020 e cumpriu o último dia do aviso--prévio trabalhado em 16.10.2021. Gozou férias relativas ao período aquisitivo de 1º.02.2020 a 31.01.2021. No período aquisitivo iniciado em 1º.02.2021, não faltou injustificadamente ao serviço. Neste caso, teve direito a:

1º.02 a 28.02.2021 – 1/12
1º.03 a 31.03.2021 – 2/12
1º.04 a 30.04.2021 – 3/12
1º.05 a 31.05.2021 – 4/12
1º.06 a 30.06.2021 – 5/12
1º.07 a 31.07.2021 – 6/12
1º.08 a 31.08.2021 – 7/12
1º.09 a 30.09.2021 – 8/12
1º.10 a 16.10.2021 – 9/12

O empregado teve direito a 9/12 de férias proporcionais.

Por ocasião do pagamento das férias ao empregado na rescisão contratual, a empresa deverá computar, em separado , conforme o caso, as férias vencidas, as férias proporcionais e o acréscimo constitucional de 1/3 das férias.

b) Pedido de demissão de empregado com menos de 1 ano de serviço

O empregado com menos de 1 ano de serviço que pede demissão ou é dispensado sem justo motivo tem direito ao período incompleto de férias (férias proporcionais).

c) Dispensa com justa causa

O empregado dispensado por justa causa não tem direito às férias proporcionais.

Extinção automática ou rescisão antecipada de contrato a prazo determinado

As férias proporcionais são pagas quando da extinção automática de contrato a prazo, bem como na respectiva rescisão antes do término acordado, independentemente de haver ou não cláusula assecuratória do direito recíproco de rescisão antecipada.

Capítulo IX – Direitos Trabalhistas 201

Tabela de férias proporcionais em dias/horas

Faltas injustificadas Proporcionalidade	30 dias/220h (até 5 faltas injustificadas)	24 dias/176h (de 6 a 14 faltas injustificadas)
1/12	2,5 dias ou 18h20min	2 dias ou 14h40min
2/12	5 dias ou 36h40min	4 dias ou 29h20min
3/12	7,5 dias ou 55h	6 dias ou 44h
4/12	10 dias ou 73h20min	8 dias ou 58h40min
5/12	12,5 dias ou 91h40min	10 dias ou 73h20min
6/12	15 dias ou 110h	12 dias ou 88h
7/12	17,5 dias ou 128h20min	14 dias ou 102h40min
8/12	20 dias ou 146h40min	16 dias ou 117h20min
9/12	22,5 dias ou 165h	18 dias ou 132h
10/12	25 dias ou 183h20min	20 dias ou 146h40min
11/12	27,5 dias ou 201h40min	22 dias ou 161h20min
12/12	30 dias ou 220h	24 dias ou 176h

18 dias/132h (de 15 a 23 faltas injustificadas)	12 dias/1988h (de 24 a 32 faltas injustificadas)
1,5 dia ou 11h	1 dia ou 7h20min
3 dias ou 22h	2 dias ou 14h40min
4,5 dias ou 33h	3 dias ou 22h
6 dias ou 44h	4 dias ou 29h20min
7,5 dias ou 55h	5 dias ou 36h40min
9 dias ou 66h	6 dias ou 44h
10,5 dias ou 77h	7 dias ou 51h20min
12 dias ou 88h	8 dias ou 58h40min
13,5 dias ou 99h	9 dias ou 66h
15 dias ou 110h	10 dias ou 73h20min
16,5 dias ou 121h	11 dias ou 80h40min
18 dias ou 132h	12 dias ou 88h

Trabalho a tempo parcial

Os empregados contratados pelo regime de tempo parcial, ou seja, aquele cuja duração não exceda a 30 horas semanais, sem possibilidade de horas suplementares ou aquele cuja duração não exceda 26 horas semanais com possibilidade de até 6 horas suplementares semanais, também têm direito a 30, 24, 18 ou 12 dias de férias, conforme o número de faltas injustificadas no período aquisitivo respectivo.

TABELA DE FÉRIAS PROPORCIONAIS/TEMPO PARCIAL – 30H SEMANAIS

Férias proporcionais – Remuneração em dias/horas – Tabela				
Faltas injustificadas Proporcionalidade	30 dias/150h (até 5 faltas injustificadas)	24 dias/120h (de 6 a 14 faltas injustificadas)	18 dias/90h (de 15 a 23 faltas injustificadas)	12 dias/60h (de 24 a 32 faltas injustificadas)
1/12	2,5 dias ou 12h30min	2 dias ou 10h	1,5 dia ou 7h30min	1 dia ou 5h
2/12	5 dias ou 25h	4 dias ou 20h	3 dias ou 15h	2 dias ou 10h
3/12	7,5 dias ou 37h30min	6 dias ou 30h	4,5 dias ou 22h30min	3 dias ou 15h
4/12	10 dias ou 50h	8 dias ou 40h	6 dias ou 30h	4 dias ou 20h
5/12	12,5 dias ou 62h30min	10 dias ou 50h	7,5 dias ou 37h30min	5 dias ou 25h
6/12	15 dias ou 75h	12 dias ou 60h	9 dias ou 45h	6 dias ou 30h
7/12	17,5 dias ou 87h30min	14 dias ou 70h	10,5 dias ou 52h30min	7 dias ou 35h
8/12	20 dias ou 100h	16 dias ou 80h	12 dias ou 60h	8 dias ou 40h
9/12	22,5 dias ou 112h30min	18 dias ou 90h	13,5 dias ou 67h30min	9 dias ou 45h
10/12	25 dias ou 125h	20 dias ou 100h	15 dias ou 75h	10 dias ou 50h
11/12	27,5 dias ou 137h30min	22 dias ou 110h	16,5 dias ou 82h30min	11 dias ou 55h
12/12	30 dias ou 150h	24 dias ou 120h	18 dias ou 90h	12 dias ou 60h

TABELA DE FÉRIAS PROPORCIONAIS/TEMPO PARCIAL – 26H SEMANAIS

Férias proporcionais – Remuneração em dias/horas – Tabela				
Faltas injustificadas Proporcionalidade	30 dias/130h (até 5 faltas injustificadas)	24 dias/104h (de 6 a 14 faltas injustificadas)	18 dias/78h (de 15 a 23 faltas injustificadas)	12 dias/52h (de 24 a 32 faltas injustificadas)
1/12	2,5 dias ou 10h50min	2 dias ou 8h40min	1,5 dia ou 6h30min	1 dia ou 4h20min
2/12	5 dias ou 21h40min	4 dias ou 17h20min	3 dias ou 13h00min	2 dias ou 8h40min
3/12	7,5 dias ou 32h30min	6 dias ou 26h	4,5 dias ou 19h30min	3 dias ou 13h
4/12	10 dias ou 43h20min	8 dias ou 34h40min	6 dias ou 26h	4 dias ou 17h20min
5/12	12,5 dias ou 54h10min	10 dias ou 43h20min	7,5 dias ou 32h30min	5 dias ou 21h40min
6/12	15 dias ou 65h	12 dias ou 52h	9 dias ou 39h	6 dias ou 26h
7/12	17,5 dias ou 75h50min	14 dias ou 60h40min	10,5 dias ou 45h30min	7 dias ou 30h20min

Capítulo IX – Direitos Trabalhistas

8/12	20 dias ou 86h40min	16 dias ou 69h20min	12 dias ou 52h	8 dias ou 34h40min
9/12	22,5 dias ou 97h30min	18 dias ou 78h	13,5 dias ou 58h30min	9 dias ou 39h
10/12	25 dias ou 108h20min	20 dias ou 86h40min	15 dias ou 65h	10 dias ou 43h20min
11/12	27,5 dias ou 119h10min	22 dias ou 95h20min	16,5 dias ou 71h30min	11 dias ou 47h40min
12/12	30 dias ou 130h	24 dias ou 104h	18 dias ou 78h	12 dias ou 52h

Situações especiais

Marítimos

O tripulante que, por determinação do armador, é transferido para o serviço de outro, tem computado, para o efeito de férias, o tempo de serviço prestado ao primeiro, ficando obrigado a concedê-las o armador a cujo serviço se encontrar à época de gozá-las.

A pedido dos interessados e com aquiescência do armador, as férias podem ser concedidas parceladamente, nos portos de escala de grande estadia do navio, aos tripulantes ali residentes.

Considerase grande estadia a permanência no porto por prazo excedente a 6 dias.

Após o término das férias, o tripulante deve apresentarse ao armador, o qual deve designá-lo para qualquer de suas embarcações ou o adir a algum dos seus serviços terrestres, respeitadas a condição pessoal e a remuneração.

Em caso de necessidade determinada pelo interesse público e comprovada pela autoridade competente, pode o armador ordenar a suspensão das férias iniciadas ou a iniciar, ressalvado ao tripulante o direito ao respectivo gozo posteriormente.

O órgão regional do Ministério do Trabalho e Previdência pode autorizar a acumulação de 2 períodos de férias do marítimo, mediante requerimento justificado do sindicato, quando se tratar de sindicalizado e da empresa, quando o empregado não for sindicalizado.

À remuneração do tripulante em férias, acrescentase a respectiva etapa que estiver vencendo, bem como é devido o adicional de 1/3 da CF/1988.

Professores

Tendo em vista as condições peculiares de trabalho do professor, o gozo de suas férias individuais deve coincidir com os períodos de recesso escolar (férias escolares), pois a atividade do estabelecimento de ensino não sofre interrupção.

Técnicos em radiologia

Em geral, aos profissionais técnicos em radiologia são aplicadas, normalmente, as regras previstas na CLT sobre férias para os demais trabalhadores, ou seja, gozo de férias anuais remuneradas, sem prejuízo da remuneração.

Entretanto, o artigo 1º, alínea "b", da Lei nº 1.234/1950, a qual confere direitos e vantagens a servidores que operam com raios-x e substâncias radioativas, determina:

> Art. 1º Todos os servidores da União, civis e militares, e os empregados de entidades paraestatais de natureza autárquica, que operam diretamente com raios-x e substâncias radioativas, próximo às fontes de irradiação, terão direito a:
>
> (...)
>
> b) férias de vinte dias consecutivos, por semestre de atividade profissional, não acumuláveis;
>
> (...).

O artigo 79 da Lei nº 8.112/1990, que dispõe sobre o Regime Jurídico dos Servidores Públicos Civis da União, das autarquias e das fundações públicas federais prevê:

> Art. 79. O servidor que opera direta e permanentemente com raios-x ou substâncias radioativas gozará 20 (vinte) dias consecutivos de férias, por semestre de atividade profissional, proibida em qualquer hipótese a acumulação.

Assim, considerando as peculiaridades que envolvem a atividade dos técnicos em radiologia, recomenda-se consultar antecipadamente, o órgão de classe e a entidade sindical, respectivos, inclusive eventual documento coletivo de trabalho a fim de certificar-se dos procedimentos corretos para concessão de férias aos técnicos em radiologia.

Aeronautas

A Lei nº 13.475/2017, a qual dispõe sobre o exercício da profissão de tripulante de aeronave, denominado aeronauta, determina que:

a) as férias anuais do tripulante serão de 30 dias consecutivos. Entretanto, mediante acordo coletivo, as férias poderão ser fracionadas;

b) a concessão de férias será comunicada ao tripulante, por escrito, com antecedência mínima de 30 dias;

c) a empresa manterá quadro atualizado de concessão de férias, devendo existir rodízio entre os tripulantes do mesmo equipamento quando houver concessão nos meses de janeiro, fevereiro, julho e dezembro;

d) ressalvados os casos de rescisão de contrato, as férias não serão convertidas em abono pecuniário;

e) ressalvadas condições mais favoráveis, a remuneração das férias e o décimo terceiro salário do aeronauta serão calculados pela média das parcelas fixas e variáveis da remuneração no período aquisitivo;

f) o pagamento da remuneração das férias será realizado até 2 dias antes de seu início.

Atletas de futebol

O atleta profissional de futebol tem direito a férias anuais remuneradas de 30 dias, o qual coincidirá com o recesso obrigatório das atividades de futebol.

Penalidades

Nos termos da Portaria MTP nº 667/2021 os infratores dos dispositivos relativos às férias são punidos com multa de R$ 170,26, por empregado em situação irregular, dobrada em caso de reincidência, embaraço ou resistência à fiscalização, emprego de artifício ou simulação com o objetivo de fraudar a lei.

Encargos legais

Férias gozadas na vigência do contrato de trabalho (simples e proporcionais)

a) Contribuição previdenciária

Incide a contribuição previdenciária, observadas as alíquotas conforme as faixas salariais devidas pelos segurados empregados, respeitado o limite máximo.

A empresa, por sua vez, assume o encargo patronal (geralmente 20%), além da contribuição devida a terceiros e da contribuição para financiamento da aposentadoria especial e dos benefícios concedidos em razão do grau de incidência de incapacidade laborativa decorrente dos riscos ambientais do trabalho, incidente sobre o valor total bruto da folha de salários dos respectivos empregados, sem limitação ao teto máximo.

O recolhimento deve ser efetuado até o dia 20 do mês seguinte ao de competência, antecipando-se o prazo para o primeiro dia útil anterior, se não houver expediente bancário no dia 20.

Para determinação das alíquotas de desconto, obedecido o teto, somamse as importâncias recebidas durante o mês (remuneração, férias e acréscimo de 1/3 sobre férias da CF/1988), e não as parcelas separadamente. O abono pecuniário não integra o salário de contribuição.

Para o ano de 2022 a tabela de desconto de contribuição previdenciária é a seguinte:

Salário de contribuição (R$)	Alíquota progressiva para fins de recolhimento ao INSS
Até 1.212,00	7,5%
De 1.212,01 até 2.427,35	9%
De 2.427,36 até 3.641,03	12%
De 3.641,04 até 7.087,22	14%

A mencionada tabela será aplicada de forma progressiva sobre o salário de contribuição, incidindo cada alíquota sobre as faixas de valores compreendidas nos respectivos limites.

Exemplo:

Considerando que o empregado, no mês de janeiro de 2022, recebeu a remuneração total de R$ 7.500,00 (férias + terço constitucional sobre férias + saldo de salário).

Capítulo IX – Direitos Trabalhistas 207

Assim temos:

Teto máximo de contribuição previdenciária em 01/2022 = R$ 7.087,22

Faixas salariais(R$)	Alíquotas (%)	Cálculo	Contribuição (R$)
até 1.212,00	7,5%	R$ 1.212,00 x 7,5%	R$ 90,90
De 1.212,01 até 2.427,35	9%	R$ 2.427,35 – R$ 1.212,00 x 9%	R$ 109,38
De 2.427,36 até 3.641,03	12%	R$ 3.641,03 – R$ 2.427,35 X 12%	R$ 145,64
De 3.641,04 até 7.087,22	14%	R$ 7.087,22 – R$ 3.641,03 x 14%	R$ 482,46
Contribuição previdenciária total			R$ 828,38

b) FGTS

Deposita-se até o dia 7 do mês subsequente ao da competência da remuneração a importância correspondente a 8% calculada sobre o valor das férias, acrescido do terço constitucional, juntamente com o salário devido no respectivo mês.

Caso não haja expediente bancário no dia 7, o depósito deve ser antecipado.

Conforme estabelece a Medida Provisória nº 1.107/2022, o prazo para o empregador efetuar os depósitos do FGTS será alterado para o dia 20 do mês subsequente ao da competência da remuneração, contudo, esta alteração somente surtirá efeitos a partir da data de início da arrecadação por meio da prestação dos serviços digitais de geração de guias, devendo o Ministério do Trabalho e Previdência editar as normas complementares necessárias para tanto, o que ainda não ocorreu.

c) IRRF – O IRRF, a ser recolhido por meio do Documento de Arrecadação de Receitas Federais (DARF), incide na soma das férias e do adicional de 1/3 da CF/1988, separadamente da soma do salário percebido no mês, segundo a tabela progressiva vigente na data do pagamento.

Férias em dobro pagas na vigência do contrato de trabalho

a) Contribuição previdenciária

A contribuição previdenciária incide sobre a remuneração simples mais o terço constitucional, ou seja, o valor correspondente à dobra da remuneração de férias não sofre incidência.

b) FGTS

É devido o depósito correspondente a 8% da remuneração simples das férias.

c) IRRF – na base de cálculo do IRRF computase o valor total.

Férias vencidas (simples ou em dobro) e proporcionais pagas na rescisão contratual

a) Contribuição previdenciária – A importância paga a título de férias indenizadas (simples, em dobro e proporcionais) não integra o salário de contribuição e, portanto, não sofre incidência de contribuição previdenciária;

b) FGTS – Não integram a remuneração, para efeito de depósito do FGTS, as férias indenizadas (simples, em dobro e proporcionais);

c) IRRF – as férias vencidas (simples ou em dobro) e proporcionais, acrescidas do terço constitucional, pagas na rescisão do contrato de trabalho, não são tributadas.

Abono pecuniário

a) Contribuição previdenciária – o valor do abono pecuniário não está sujeito à contribuição previdenciária;

b) FGTS – O abono pecuniário e seu respectivo adicional constitucional não integram a remuneração para efeito de depósito do FGTS;

c) IRRF – o valor do abono pecuniário não é tributado.

Capítulo IX – Direitos Trabalhistas 209

Terço constitucional

a) Contribuição previdenciária – incide a contribuição previdenciária sobre as férias gozadas durante a vigência do contrato de trabalho. Não há incidência sobre as férias indenizadas;

b) FGTS – há o depósito relativo ao FGTS sobre as férias gozadas durante a vigência do contrato de trabalho. Não há depósito sobre as férias indenizadas;

c) IRRF – há tributação sobre as férias pagas na vigência do contrato de trabalho.

Embora não haja dispositivo legal expresso que discipline a incidência ou não do encargo previdenciário sobre o adicional de 1/3 de férias apurado sobre o abono pecuniário, parte da doutrina defende o entendimento de que, da mesma forma que não incide o encargo previdenciário sobre as férias indenizadas com o respectivo acréscimo constitucional de 1/3, também não haverá incidência previdenciária sobre o adicional de 1/3 pago juntamente com o abono pecuniário de férias.

Os defensores dessa linha de entendimento, entre os quais nos incluímos, argumentam que o acessório (adicional de 1/3) deve seguir a sorte do principal (abono de férias). Desta forma, como não incide contribuição previdenciária sobre o abono de férias, também não há que se falar da incidência sobre o respectivo terço constitucional.

Outros doutos, porém (corrente minoritária), são favoráveis à incidência previdenciária sobre a parcela do acréscimo constitucional de 1/3 calculada sobre o abono pecuniário de férias, embora este não sofra incidência, sob a argumentação de que, se a Lei nº 8.212/1991, art. 28, § 9º, não prevê, expressamente, a exclusão do encargo previdenciário sobre o adicional de 1/3 pago em função do abono pecuniário de férias, a contribuição deve incidir sobre a parcela relativa ao adicional em comento, independentemente de essa parcela referir-se ao abono pecuniário de férias.

Formulários

a) Modelo de escala anual de férias

ESCALA ANUAL DE FÉRIAS

Nº	NOME DO FUNCIONÁRIO	VENCIMENTO DO PERÍODO	ÚLTIMO PRAZO PARA GOZO	INÍCIO PREVISTO PARA	ABONO		12ª		OBSERVAÇÕES
					S	N	S	N	

INSTRUÇÕES PARA PREENCHIMENTO E ROTINA

Capítulo IX – Direitos Trabalhistas 211

b) Modelo de solicitação da 1ª parcela do 13º salário

SOLICITAÇÃO DA 1: PARCELA DO 13º SALÁRIO

_____ , ____ de _____ de _____

A(o)

_____
NOME DO EMPREGADOR

Prezados Senhores,

Nos termos da legislação vigente, solicito o pagamento da 1ª parcela do 13º salário por ocasião do gozo de minhas férias.

Solicito apor o seu ciente na cópia desta.

Nome do empregado	
CPF	Depto./Seção

Atenciosamente	Ciente em / /
Empregado	Empregador

NOTA: O adiantamento será pago ao ensejo das férias do empregado, sempre que este o requerer no mês de janeiro do correspondente ano.

FÉRIAS COLETIVAS

Férias coletivas são aquelas concedidas simultaneamente a todos os empregados da respectiva empresa ou de um ou mais de seus estabelecimentos ou setores e, normalmente, tem por objetivo atender a uma necessidade do empregador.

As mencionadas férias podem ser concedidas em 2 períodos anuais, desde que nenhum deles seja inferior a 10 dias corridos.

A Convenção nº 132, da OIT, a qual, desde 06.10.1999, vigora no Brasil, determina em seu artigo 8º:

> Artigo 8º
>
> 1. O fracionamento do período de férias anuais remuneradas pode ser autorizado pela autoridade competente ou pelo órgão apropriado de cada país.

DEPARTAMENTO DE PESSOAL MODELO

2. Salvo estipulação em contrário contida em acordo que vincule o empregador e a pessoa empregada em questão, e desde que a duração do serviço desta pessoa lhe dê direito a tal período de férias, uma das frações do referido período deverá corresponder pelo menos a duas semanas de trabalho ininterruptos.

Embora a Convenção trate apenas das férias individuais, parte dos doutrinadores defende o entendimento de que havendo o fracionamento das férias, uma das frações deverá corresponder a pelo menos 14 dias. O que vale dizer que a empresa pode conceder, por exemplo, 10 dias de férias coletivas desde que a fração restante de férias seja igual ou superior a 14 dias. Outros, defendem que esta regra refere-se apenas às férias individuais uma vez que as coletivas não foram tratadas na Convenção em comento.

Requisitos para a concessão

A concessão das férias coletivas pode ser objeto de documento coletivo de trabalho (acordo, convenção ou sentença normativa). Na falta de previsão nesses documentos, cabe ao empregador determinar o regime e a época de férias coletivas dos empregados.

Para tanto, deve:

a) comunicar ao Ministério do Trabalho e Previdência (MTP), com antecedência mínima de 15 dias, as datas de início e fim das férias. Essa comunicação pode ser feita via *web* no endereço: www.gov.br/pt-br/servicos/comunicar-ferias-coletivas;

b) informar na comunicação quais os estabelecimentos ou setores abrangidos pela medida;

c) enviar, no prazo de 15 dias, cópia da aludida comunicação aos sindicatos representativos da respectiva categoria profissional;

d) providenciar a afixação de aviso nos locais do trabalho, sobre a adoção do regime.

A Microempresa (ME) e a Empresa de Pequeno Porte (EPP) estão dispensadas de proceder à comunicação ao MTP; entretanto, entendemos que a comunicação ao sindicato representativo da respectiva categoria profissional continua sendo obrigatória.

Empregados afastados da atividade no curso das férias coletivas

Os empregados afastados das atividades por motivo de auxílio por incapacidade temporária, licença-maternidade, prestação de serviço

Capítulo IX – Direitos Trabalhistas

militar, licença remunerada ou não etc. continuam normalmente a usufruir o benefício ou a situação trabalhista em que se encontram fora do exercício da atividade na empresa. Assim, esses empregados não gozarão as férias coletivas com os demais empregados, salvo se o afastamento terminar antes da paralisação das atividades da empresa.

Se o afastamento se encerrar no curso das férias coletivas e, não havendo condições de retorno do empregado ao trabalho este será considerado em licença remunerada.

Empregados com menos de 12 meses de serviço

Os empregados que contam com menos de 12 meses de serviço na empresa, gozam, na oportunidade, férias proporcionais conforme tabela a seguir, iniciandose novo período aquisitivo a contar do primeiro dia de gozo, ou seja, referidos empregados, gozam férias proporcionais relativas ao período de vigência dos respectivos contratos individuais de trabalho, calculadas na proporção de 1/12 por mês de serviço ou fração superior a 14 dias, de 30, 24, 18 ou 12 dias, conforme a quantidade de faltas injustificadas no curso do período aquisitivo, remuneradas com 1/3 a mais que o salário normal.

Caso as condições de trabalho não permitam o retorno antecipado do empregado ao serviço em relação aos demais, o período de gozo das férias coletivas excedente ao direito adquirido será considerado licença remunerada.

Tabela prática de férias proporcionais – Remuneração em dias/horas

Faltas injustificadas Proporcionalidade	30 dias/220h (até 5 faltas injustificadas)	24 dias/176h (de 6 a 14 faltas injustificadas)	18 dias/132h (de 15 a 23 faltas injustificadas)	12 dias/88h (de 24 a 32 faltas injustificadas)
1/12	2,5 dias ou 18h20min	2 dias ou 14h40min	1,5 dia ou 11h	1 dia ou 7h20min
2/12	5 dias ou 36h40min	4 dias ou 29h20min	3 dias ou 22h	2 dias ou 14h40min
3/12	7,5 dias ou 55h	6 dias ou 44h	4,5 dias ou 33h	3 dias ou 22h
4/12	10 dias ou 73h20min	8 dias ou 58h40min	6 dias ou 44h	4 dias ou 29h20min

DEPARTAMENTO DE PESSOAL MODELO

Faltas injustificadas Proporcio- nalidade	30 dias/220h (até 5 faltas injustificadas)	24 dias/176h (de 6 a 14 faltas injustificadas)	18 dias/132h (de 15 a 23 faltas injustificadas)	12 dias/88h (de 24 a 32 faltas injustificadas)
5/12	12,5 dias ou 91h40min	10 dias ou 73h20min	7,5 dias ou 55h	5 dias ou 36h40min
6/12	15 dias ou 110h	12 dias ou 88h	9 dias ou 66h	6 dias ou 44h
7/12	17,5 dias ou 128h20min	14 dias ou 102h40min	10,5 dias ou 77h	7 dias ou 51h20min
8/12	20 dias ou 146h40min	16 dias ou 117h20min	12 dias ou 88h	8 dias ou 58h40min
9/12	22,5 dias ou 165h	18 dias ou 132h	13,5 dias ou 99h	9 dias ou 66h
10/12	25 dias ou 183h20min	20 dias ou 146h40min	15 dias ou 110h	10 dias ou 73h20min
11/12	27,5 dias ou 201h40min	22 dias ou 161h20min	16,5 dias ou 121h	11 dias ou 80h40min
12/12	30 dias ou 220h	24 dias ou 176h	18 dias ou 132h	12 dias ou 88h

Os empregados submetidos a contrato de trabalho sob o regime de trabalho a tempo parcial, observam a proporcionalidade das férias conforme as tabelas a seguir.

TABELA DE FÉRIAS PROPORCIONAIS/TEMPO PARCIAL – 30H SEMANAIS

Férias proporcionais – Remuneração em dias/horas – Tabela				
Faltas injusti- ficadas Proporcio- nalidade	30 dias/150h (até 5 faltas injustifi- cadas)	24 dias/120h (de 6 a 14 faltas injustifi- cadas)	18 dias/90h (de 15 a 23 faltas injustificadas)	12 dias/60h (de 24 a 32 faltas injustificadas)
1/12	2,5 dias ou 12h30min	2 dias ou 10h	1,5 dia ou 7h30min	1 dia ou 5h
2/12	5 dias ou 25h	4 dias ou 20h	3 dias ou 15h	2 dias ou 10h
3/12	7,5 dias ou 37h30min	6 dias ou 30h	4,5 dias ou 22h30min	3 dias ou 15h
4/12	10 dias ou 50h	8 dias ou 40h	6 dias ou 30h	4 dias ou 20h

Capítulo IX – Direitos Trabalhistas   215

5/12	12,5 dias ou 62h30min	10 dias ou 50h	7,5 dias ou 37h30min	5 dias ou 25h
6/12	15 dias ou 75h	12 dias ou 60h	9 dias ou 45h	6 dias ou 30h
7/12	17,5 dias ou 87h30min	14 dias ou 70h	10,5 dias ou 52h30min	7 dias ou 35h
8/12	20 dias ou 100h	16 dias ou 80h	12 dias ou 60h	8 dias ou 40h
9/12	22,5 dias ou 112h30min	18 dias ou 90h	13,5 dias ou 67h30min	9 dias ou 45h
10/12	25 dias ou 125h	20 dias ou 100h	15 dias ou 75h	10 dias ou 50h
11/12	27,5 dias ou 137h30min	22 dias ou 110h	16,5 dias ou 82h30min	11 dias ou 55h
12/12	30 dias ou 150h	24 dias ou 120h	18 dias ou 90h	12 dias ou 60h

TABELA DE FÉRIAS PROPORCIONAIS/TEMPO PARCIAL – 26H SEMANAIS

	Férias proporcionais – Remuneração em dias/horas – Tabela			
Faltas injustificadas Proporcionalidade	30 dias/130h (até 5 faltas injustificadas)	24 dias/104h (de 6 a 14 faltas injustificadas)	18 dias/78h (de 15 a 23 faltas injustificadas)	12 dias/52h (de 24 a 32 faltas injustificadas)
1/12	2,5 dias ou 10h50min	2 dias ou 8h40min	1,5 dia ou 6h30min	1 dia ou 4h20min
2/12	5 dias ou 21h40min	4 dias ou 17h20min	3 dias ou 13h00min	2 dias ou 8h40min
3/12	7,5 dias ou 32h30min	6 dias ou 26h	4,5 dias ou 19h30min	3 dias ou 13h
4/12	10 dias ou 43h20min	8 dias ou 34h40min	6 dias ou 26h	4 dias ou 17h20min
5/12	12,5 dias ou 54h10min	10 dias ou 43h20min	7,5 dias ou 32h30min	5 dias ou 21h40min
6/12	15 dias ou 65h	12 dias ou 52h	9 dias ou 39h	6 dias ou 26h
7/12	17,5 dias ou 75h50min	14 dias ou 60h40min	10,5 dias ou 45h30min	7 dias ou 30h20min
8/12	20 dias ou 86h40min	16 dias ou 69h20min	12 dias ou 52h	8 dias ou 34h40min
9/12	22,5 dias ou 97h30min	18 dias ou 78h	13,5 dias ou 58h30min	9 dias ou 39h
10/12	25 dias ou 108h20min	20 dias ou 86h40min	15 dias ou 65h	10 dias ou 43h20min
11/12	27,5 dias ou 119h10min	22 dias ou 95h20min	16,5 dias ou 71h30min	11 dias ou 47h40min
12/12	30 dias ou 130h	24 dias ou 104h	18 dias ou 78h	12 dias ou 52h

Exemplos

a) Férias coletivas inferiores ao direito adquirido

- Admissão: 02.04.2021
- Férias coletivas: 10 dias (08 a 17.11.2021)
- Faltas injustificadas ao serviço: 5
- Direito adquirido: 17,5 dias (7/12: 02.04.2021 a 07.11.2021)
- Início do novo período aquisitivo: 08.11.2021
- Remuneração:
- Salário = R$ 1.400,00 (mensalista)
- 10 dias de férias
- R$ 1.400,00 x 10 ÷ 30 = R$ 466,67

+

- 1/3 (CF) de R$ 466,67 = R$ 155,56
- Total bruto R$ 622,23

Neste caso, o empregado tem um saldo favorável de 7,5 dias, cujo pagamento e gozo ficam a critério do empregador, observado, contudo, o período concessivo.

b) Férias coletivas superiores ao direito adquirido:

- Admissão: 02.03.2021
- Férias coletivas: 25 dias (08.11 a 02.12.2021)
- Faltas injustificadas ao serviço: 4
- Direito adquirido: 20 dias (8/12: 02.03.2021 a 07.11.2021)
- Início do novo período aquisitivo: 08.11.2021

Capítulo IX – Direitos Trabalhistas   217

- Remuneração: 20 dias a título de férias proporcionais adquiridas:	
- Salário mensal = R$ 1.550,00	
- 20 dias de férias = R$ 1.550,00 x 20 ÷ 30 =	R$ 1.033,33
	+
1/3 (CF) de R$ 1.033,33 (R$ 1.033,33 ÷ 3) =	R$ 344,44
- Total bruto R$ 1.377,77	

O gozo dos 5 dias excedentes será considerado licença remunerada a qual deve ser paga em folha de pagamento normal, evitando-se, assim, a ocorrência de redução salarial. Sobre os 5 dias de licença não é devido o acréscimo constitucional de 1/3 de férias.

Duas férias coletivas concedidas antes de o empregado completar 1 ano de serviço

Caso a empresa conceda duas férias coletivas antes de o empregado completar 1 ano de serviço, deve observar que, por ocasião do 2º período de concessão de férias coletivas, o empregado terá direito às férias proporcionais relativas ao período iniciado no 1º dia de gozo do 1º período de férias coletivas até o dia imediatamente anterior ao início do gozo relativo ao 2º período de férias coletivas. Inicia, então, novo período aquisitivo a partir do 1º dia de gozo das férias coletivas (2º período).

Empregados com 12 ou mais meses de serviço

Aos empregados que contam com 12 ou mais meses de serviço na empresa, a concessão do período de férias coletivas constitui antecipação do gozo de férias relativas ao período aquisitivo de férias individuais, ainda que o período aquisitivo não tenha se completado.

Anotações

CTPS

Os registros eletrônicos gerados pelo empregador nos sistemas informatizados da CTPS em meio digital equivalem às anotações relativas às férias.

Abono pecuniário

A conversão de 1/3 do período de férias a que o empregado tem direito em abono pecuniário, no caso de férias coletivas, não depende da vontade do empregado. Deve ser objeto de acordo coletivo entre o empregador e o sindicato representativo da respectiva categoria profissional.

Remuneração

O empregado recebe a remuneração das férias coletivas conforme o salário vigente durante o efetivo gozo, ou seja, salário atualizado acrescido do terço constitucional.

As férias e o abono pecuniário, se for o caso, são pagos até 2 dias antes do correspondente gozo. Nesta hipótese, cabe à empresa fornecer ao empregado recibo correspondente à quitação dada por ele, com indicação do início e do término das férias.

Questões controvertidas sobre férias

A perda das férias em decorrência de licença remunerada e o direito ao terço constitucional

Quando o empregado perde o direito às férias por ter, no curso do respectivo período aquisitivo, gozado licença remunerada por mais de 30 dias, surge a dúvida sobre ser ou não devido o pagamento do terço constitucional sobre as férias perdidas.

Nesta situação, deixando de existir o direito às férias que é a verba principal, com ela deixa de existir também o direito ao terço constitucional que é a verba acessória ou, mesmo havendo a perda das férias o direito ao terço constitucionalmente é assegurado?

Para a solução da questão, é necessária a análise não só da legislação como também do entendimento doutrinário e jurisprudencial sobre o tema. Assim vejamos.

A Constituição Federal determina em seu artigo 7º, inciso XVII, que as férias anuais devem ser remuneradas com, pelo menos, um terço a mais do que o salário normal.

A Consolidação das Leis do Trabalho (CLT) determina, em seu artigo 133, incisos II e III, que:

Capítulo IX – Direitos Trabalhistas

Art. 133. Não terá direito a férias o empregado que, no curso do período aquisitivo:

I – ....

II – permanecer em gozo de licença, com percepção de salários, por mais de 30 (trinta) dias;

III – deixar de trabalhar, com percepção de salário, por mais de 30 (trinta) dias em virtude de paralisação parcial ou total dos serviços da empresa; e

IV – ....

Não há qualquer dispositivo legal disciplinando ser ou não devido o pagamento do terço constitucional quando ocorre a perda do direito às férias, mesmo porque esse direito (terço constitucional) só surgiu com a promulgação da Constituição Federal de 1988; portanto, posteriormente à legislação que regula a concessão das férias.

Ante a omissão legal, surgiram duas correntes de entendimento acerca do assunto.

A primeira defende a posição de que, em sendo as férias o direito principal e o terço constitucional sobre elas o direito acessório, havendo a perda das férias, deixa de existir o principal e, por princípio jurídico, o acessório segue a sorte do principal, logo, deixando de existir as férias, consequentemente, deixa de existir o terço constitucional sobre elas, pois não há acessório sem principal.

A segunda corrente defende posição contrária, alegando que o terço sobre férias é direito constitucionalmente assegurado ao trabalhador e, portanto, é devido mesmo quando ocorre a perda do direito às férias em virtude do gozo de licença remunerada por mais de 30 dias. Tal corrente sustenta, ainda, que admitir o não pagamento do terço constitucional, nesta situação, implicaria possibilitar ao empregador utilizar-se da concessão de licença remunerada para eximir-se do pagamento do terço.

Filiamo-nos à segunda corrente anteriormente mencionada mesmo porque quando da redação dos incisos II e III do citado artigo 133 da CLT, a substituição das férias pela licença não trazia nenhum prejuízo ao trabalhador, uma vez que os dois institutos (férias e licenças) se equivaliam; assim, a compensação era total, o que acarretava a sua licitude.

Após o nascimento do direito ao terço constitucional, tais institutos passaram a ter valores diferenciados; consequentemente, não mais se compensam integralmente, não podendo, por conseguinte, haver a substituição de um pelo outro sem que o trabalhador seja ressarcido do prejuízo sofrido.

Assim, entendemos que ocorrendo a perda das férias em virtude do gozo de licença remunerada por mais de 30 dias no curso do respectivo período aquisitivo, o trabalhador beneficiado pela licença tem direito ao recebimento do respectivo terço constitucional.

Férias fracionadas e o abono pecuniário

Quando o empregado tem as suas férias fracionadas, surge a dúvida sobre ser ou não legalmente possível converter em abono pecuniário parte do período restante das férias ou até um terço do período total.

Não há disposição legal expressa que discipline a questão. Verifica-se, também, tanto no âmbito doutrinário como no jurisprudencial, a escassez de posições acerca da matéria.

A legislação determina que o empregado tem a faculdade de converter 1/3 do período de férias a que tiver direito em abono pecuniário, desde que faça a solicitação até 15 dias antes do término do período aquisitivo respectivo. Caso a solicitação seja feita após o vencimento do mencionado prazo, a conversão dependerá da vontade do empregador.

A reforma trabalhista concedeu ao empregado a faculdade de fracionar o gozo de suas férias em até 3 períodos, desde que 1 deles seja, no mínimo, de 14 dias e os outros dois observem o período mínimo de gozo de 5 dias.

Assim, conclui-se que, ao fixar a possibilidade de fracionamento das férias em 3 períodos, o legislador entendeu que o gozo de 24 dias de férias ao ano, considerando os 3 períodos (14+5+5), é o tempo necessário para que o trabalhador se restabeleça física e mentalmente do desgaste provocado pelo ano de trabalho transcorrido.

Dessa forma, considerando que o legislador, ao fixar o período de férias, buscou privilegiar o descanso e a higidez do trabalhador, entendemos que, em havendo o fracionamento das férias, atendidos os requisitos legais já mencionados, o empregado poderá usar da faculdade legal que lhe é atribuída e converter até 1/3 de suas férias individuais em abono pecuniário, desde que observe os períodos mínimos de gozo.

Capítulo IX – Direitos Trabalhistas   221

Assim, por exemplo, se o empregado com direito a 30 dias de férias solicita o fracionamento das férias em 2 períodos de 15 dias cada um. Goza o primeiro período e, quando da concessão do 2º período, solicita a conversão de 10 dias em abono pecuniário, a conversão é possível uma vez que, no segundo período, restou os 5 dias exigidos para o repouso.

Entretanto, se o empregado com direito a 30 dias de férias solicita o seu fracionamento em 3 períodos (14, 9 e 7 dias). Goza o primeiro período e, quando da concessão do 2º e 3º períodos, solicita a conversão de parte das férias em abono pecuniário. Neste caso, no 2º período somente 4 dias podem ser convertidos em abono e no 3º período a conversão será somente de 2 dias, posto que, em ambos, deve restar um período mínimo de 5 dias de gozo.

Pedido de demissão no curso das férias

Discute-se no meio jurídico sobre a possibilidade legal de o empregado pedir demissão do seu emprego no curso das férias.

Não há qualquer dispositivo legal que disponha expressamente sobre o assunto.

O artigo 129 da CLT determina que todo empregado tem direito anualmente ao gozo de férias sem prejuízo da remuneração, período em que o contrato de trabalho fica interrompido.

Uma corrente doutrinária, com fundamento na interrupção do contrato de trabalho, sustenta o entendimento no sentido de ser incabível o pedido de demissão no curso das férias, posto que nesse período ficariam vedadas as alterações contratuais.

Corrente contrária posiciona-se no sentido de que o contrato de trabalho, ainda que interrompido, vigora plenamente durante as férias, gerando direitos e obrigações a empregados e empregadores. Para esses doutrinadores, o fato de o contrato estar em pleno vigor durante as férias do empregado torna o pedido de demissão perfeitamente possível.

Considerando a inexistência de dispositivo legal que vede o pedido de demissão durante as férias, entendemos ser este perfeitamente possível, devendo ser observado, no entanto, que:

   a)   caso o empregado seja dispensado do cumprimento do aviso-prévio, nada lhe será descontado a esse título, devendo a rescisão operar-se na data do pedido. O restante das férias, não gozadas, serão convertidas em férias indenizadas, observando-se que, a compensação dos dias indenizados será efetuada com o valor que foi pago anteriormente;

b) caso o empregador não dispense o empregado do cumprimento do aviso-prévio, este poderá ser descontado quando o empregado declarar sua intenção de não cumpri-lo, devendo a rescisão operar-se na data do pedido. O restante das férias, não gozadas, serão convertidas em férias indenizadas, observandose que a compensação dos dias indenizados será efetuada com o valor que foi pago anteriormente;

c) caso o empregado manifeste a intenção de cumprir regularmente o aviso-prévio trabalhado, este passará a fluir no dia seguinte ao pedido de demissão. O restante das férias, não gozadas, serão convertidas em férias indenizadas, observando-se que a compensação dos dias indenizados será efetuada com o valor que foi pago anteriormente.

Em relação à situação mencionada na letra "c", alertamos que há doutrinadores que defendem o entendimento de que se não houver a liberação do cumprimento do aviso-prévio por parte do empregador, este deverá ser cumprido após o término das férias, uma vez que férias e aviso-prévio são institutos distintos que não se confundem.

13º SALÁRIO

O 13º salário, também chamado de gratificação natalina, é verba devida a todos os empregados sejam eles urbanos, rurais ou domésticos e deve ser paga em 2 parcelas. A 1ª, entre os meses de fevereiro e novembro de cada ano, e a 2ª, até o dia 20 de dezembro.

O empregador não está obrigado a pagar a 1ª parcela no mesmo mês a todos os empregados. Contudo, o pagamento a todos os empregados deve ocorrer até 30 de novembro.

Caso queira, o empregado pode receber a 1ª parcela do 13º salário por ocasião do gozo das férias, desde que a concessão destas ocorra entre fevereiro e novembro. Para tanto, deverá requerer o pagamento no mês de janeiro do correspondente ano.

Valor

O valor do 13º salário corresponde a 1/12 da remuneração devida em dezembro, por mês de serviço do ano correspondente, sendo consi-

Capítulo IX – Direitos Trabalhistas

derado mês integral a fração igual ou superior a 15 dias de trabalho, no mês civil.

Os trabalhadores urbanos, rurais e domésticos fazem jus ao 13º salário com base na remuneração integral ou no valor da aposentadoria.

Para esse efeito, compreendem-se na remuneração do empregado, além da importância fixa estipulada, as gorjetas, as comissões pagas pelo empregador, as gratificações legais e bem como os adicionais por trabalho insalubre e perigoso, extraordinário, as parcelas in natura e o salário-utilidade.

Caso a remuneração do empregado seja composta de parte em dinheiro e de parte em utilidades como, por exemplo, habitação, o valor da quantia correspondente à parcela em utilidade deve ser computado para determinação do respectivo valor do 13º salário.

O TST orienta, por meio das súmulas a seguir transcritas, a integração de horas extras habitualmente prestadas e adicional noturno habitual.

A legislação trabalhista não prevê expressamente a integração desses adicionais no cálculo do 13º salário. Contudo, tendo em vista que a CF/1988, artigo 7º, inciso VIII, determina que o 13º salário deve ser calculado com base na remuneração integral, a inclusão de adicionais salariais ou vantagens integrantes da remuneração, percebidos pelo empregado de forma habitual passou a ser uma garantia constitucional.

Para obter a média da quantidade de horas extras habitualmente prestadas durante o ano, a empresa pode, salvo previsão diversa no documento coletivo de trabalho da categoria profissional respectiva, somar o número de horas extras realizadas no ano, dividir o total pelo número de meses correspondentes e multiplicar o número médio obtido pelo salário/hora vigente no momento do pagamento, acrescido do adicional extraordinário.

Súmulas TST

Hora extra

Nº 45 – A remuneração do serviço suplementar, habitualmente prestado, integra o cálculo da gratificação natalina prevista na Lei nº 4.090, de 13.07.1962.

Nº 291 – A supressão total ou parcial, pelo empregador, do serviço suplementar prestado com habitualidade, durante pelo menos 1 (um) ano, assegura ao empregado o direito à indenização correspondente ao valor de 1 (um) mês das horas suprimidas, total ou parcialmente, para cada

DEPARTAMENTO DE PESSOAL MODELO

ano ou fração igual ou superior a seis meses de prestação de serviço acima da jornada normal. O cálculo observará a média das horas suplementares nos últimos 12 (doze) meses anteriores à mudança, multiplicada pelo valor da hora extra do dia da supressão.

Nº 347 – O cálculo do valor das horas extras habituais, para efeito de reflexos em verbas trabalhistas, observará o número de horas efetivamente prestadas e a ele aplicase o valor do salário-hora da época do pagamento daquelas verbas.

Adicional noturno

- nº 60 do TST Adicional noturno. Integração no salário e prorrogação em horário diurno.

I – O adicional noturno, pago com habitualidade, integra o salário do empregado para todos os efeitos. (ex-Súmula nº 60 – RA 105/1974, DJ 24.10.1974)

II – Cumprida integralmente a jornada no período noturno e prorrogada esta, devido é também o adicional quanto às horas prorrogadas. Exegese do art. 73, § 5º, da CLT. (ex-OJ nº 6 da SBDI-1 – inserida em 25.11.1996)

Exemplo

Empregado com salário-hora de R$ 10,00, ganha em dezembro R$ 15,00 por hora extra (R$ 10,00 x 1,50). Trabalha em horário extraordinário 550 horas, de janeiro a novembro, portanto, em média 50 horas por mês (550 ÷ 11). No 13º salário, deve-se acrescentar R$ 750,00 (50 x R$ 15,00). Na impossibilidade de acrescentar, à média, as horas extras de dezembro, deve-se fazer o acerto em janeiro do ano seguinte.

Há quem entenda que a média, para cálculo de horas extras, é sempre duodecimal (divisor 12), não importando quantos meses no ano o empregado tenha efetuado horas extras.

Faltas ao serviço – Efeitos

Para ter direito a 1/12 de 13º salário relativo ao mês civil, é necessário que o empregado tenha trabalhado ao menos 15 dias no mês. Desta forma, é necessário apurar, mês a mês, as faltas não justificadas pelo empregado, a fim de verificar se houve pelo menos 15 dias de trabalho. Restando para cada mês, um saldo de, no mínimo, 15 dias após o desconto das faltas injustificadas, assegura-se ao empregado o recebimento de 1/12 de 13º salário.

Capítulo IX – Direitos Trabalhistas 225

As faltas legais e justificadas ao serviço não são computadas para esse efeito. Da mesma forma, os dias de repouso semanal que eventualmente não tiverem sido pagos ao empregado durante o ano, em decorrência de falta injustificada durante a semana ou punição disciplinar, também não poderão ser computados como faltas, ou seja, não diminuirá a contagem da proporcionalidade a que o empregado tiver direito. Esse critério é adotado para que não haja a ocorrência de dupla penalidade ao empregado.

São consideradas faltas legais ao serviço, entre outras:

1. até 2 dias consecutivos, em caso de falecimento do cônjuge, ascendente, descendente, irmão ou pessoa que, declarada em sua CTPS, viva sob sua dependência econômica;
2. até 3 dias consecutivos, em virtude de casamento;
3. por 5 dias, enquanto não for fixado outro prazo em lei, como licença-paternidade
4. por 1 dia, em cada 12 meses de trabalho, em caso de doação voluntária de sangue devidamente comprovada;
5. até 2 dias consecutivos ou não, para fins de alistamento eleitoral, nos termos da lei respectiva;
6. no período de tempo em que tiver de cumprir as exigências do Serviço Militar;
7. nos dias em que estiver comprovadamente realizando provas de exame vestibular para ingresso em estabelecimento de ensino superior;
8. pelo tempo que se fizer necessário, quando tiver de comparecer a juízo;
9. pelo tempo que se fizer necessário, quando, na qualidade de representante de entidade sindical, estiver participando de reunião oficial de organismo internacional do qual o Brasil seja membro;
10. durante o licenciamento compulsório da empregada por motivo de maternidade ou aborto não criminoso e de adoção ou guarda judicial de criança, para fins de adoção observados os requisitos da legislação previdenciária para percepção do benefício de salário-maternidade;
11. justificadas pela empresa, assim entendidas as que não tiverem determinado o desconto do correspondente salário;
12. durante a suspensão preventiva para responder a inquérito administrativo ou de prisão preventiva, quando for impronunciado ou absolvido;

13. comparecimento para depor como testemunha, quando devidamente arrolado ou convocado;
14. o comparecimento como parte à Justiça do Trabalho;
15. o afastamento para servir como jurado no Tribunal do Júri;
16. o afastamento por doença ou acidente do trabalho, nos 15 primeiros dias pagos pela empresa mediante comprovação, observada a legislação previdenciária;
17. a convocação para serviço eleitoral;
18. a greve, desde que tenha havido acordo, convenção, laudo arbitral ou decisão da Justiça do Trabalho que disponha sobre a manutenção dos direitos trabalhistas aos grevistas durante a paralisação das atividades;
19. o período de frequência em curso de aprendizagem;
20. para o(a) professor(a), por 9 dias, em consequência de casamento ou falecimento de cônjuge, pai, mãe ou filho;
21. a dos representantes dos trabalhadores em atividade, decorrentes das atuações do Conselho Nacional de Previdência Social (CNPS), as quais são computadas como jornada efetivamente trabalhada para todos os fins e efeitos legais;
22. o período de férias, que, inclusive, é computado para todos os efeitos como tempo de serviço;
23. a dos representantes dos trabalhadores no Conselho Curador do FGTS, decorrentes das atividades desse órgão, serão abonadas, computandose como jornada efetivamente trabalhada para todos os fins e efeitos legais;
24. o período de afastamento do representante dos empregados quando convocado para atuar como conciliador nas Comissões de Conciliação Prévia, sendo computado como tempo de trabalho efetivo o despendido nessa atividade;
25. o afastamento dos que exercerem as funções de membro do Conselho Nacional do Desenvolvimento Urbano (CNDU) e dos Comitês Técnicos, serão abonadas, computando-se como jornada efetivamente trabalhada para todos os efeitos legais;
26. a dispensa do horário de trabalho pelo tempo necessário para a realização de, no mínimo, 6 consultas médicas e demais exames complementares durante a gravidez;

Capítulo IX – Direitos Trabalhistas 227

27. por motivo de acidente do trabalho ou enfermidade atestado pelo INSS;
28. nos dias em que não tenha havido serviço;
29. até 2 dias para acompanhar consultas médicas e exames complementares durante o período de gravidez de sua esposa ou companheira;
30. por 1 dia por ano para acompanhar filho de até 6 (seis) anos em consulta médica;
31. outros motivos previstos em acordo, convenção ou dissídio coletivo de trabalho da entidade sindical representativa da categoria profissional.

Exemplos de cálculo de 1ª parcela do 13º salário

a) Mensalistas, horistas e diaristas:

Para esses empregados, a 1ª parcela do 13º salário corresponde à metade da remuneração percebida no mês anterior.

1 – Mensalistas com salário de R$ 3.200,00 recebe a 1ª parcela correspondente a R$ 1.600,00, ou seja:

R$ 3.200,00 ÷ 2 = R$ 1.600,00

2 – Horista com salário de R$ 20,00 (contratado à base de 220 horas mensais) recebe a título de 1ª parcela a metade de 220 horas:

R$ 20,00 x 220 ÷ 2 = R$ 2.200,00

3 – Diarista com salário/dia de R$ 50,00 recebe metade de 30 diárias:

R$ 50,00 x 30 ÷ 2 = R$ 750,00

b) Salário variável

Os empregados cuja remuneração é variável (comissionistas, tarefeiros, contratistas etc.) recebem a 1ª parcela equivalente à metade da média mensal apurada até o mês de outubro.

Tratando-se de salário essencialmente variável, ou seja, sem parte fixa, devem ser somadas as parcelas percebidas mensalmente, dividindose o total obtido pelo número de meses trabalhados, encontrando-se a média mensal. A 1ª parcela do 13º salário corresponde à metade da média mensal. Assim temos:

Empregado comissionista puro (sem parte fixa) recebe, de janeiro a outubro:

Janeiro	R$ 3.000,00
Fevereiro	R$ 3.500,00
Março	R$ 3.200,00
Abril	R$ 3.300,00
Maio	R$ 3.250,00
Junho	R$ 2.900,00
Julho	R$ 3.600,00
Agosto	R$ 3.250,00
Setembro	R$ 3.000,00
Outubro	R$ 3.500,00
Total	R$ 32.500,00

Média mensal

R$ 32.500,00 ÷ 10 = R$ 3.250,00

Cálculo da 1ª parcela do 13º salário:

R$ 3.250,00 ÷ 2 = R$ 1.625,00

Tarefeiro

Empregado tarefeiro produz 5.000 peças de janeiro a outubro, com a média mensal de produção de 500 peças.

Supondose que o salário/peça de R$ 5,00 em outubro, temos:

=> 500 x R$ 5,00 = R$ 2.500,00 =>

=> R$ 2.500,00 ÷ 2 = R$ 1.250,00

Salário misto (parte fixa mais variável)

No caso de empregado que recebe salário misto (fixo + variável), apurase a média mensal da parte variável e somase o salário fixo vigente no mês anterior ao pagamento. Assim, considerando um salário fixo

Capítulo IX – Direitos Trabalhistas

de R$ 1.000,00 e comissões, de janeiro a outubro, no montante de R$ 20.000,00, temos:

=> R$ 20.000,00 ÷ 10 = R$ 2.000,00 =>

=> R$ 2.000,00 + R$ 1.000,00 = R$ 3.000,00 =>

=> R$ 3.000,00 ÷ 2 = R$ 1.500,00

Nos exemplos em que o salário é variável, já está incluída a integração dos Repousos Semanais Remunerados (RSR).

Direito ao 13º salário proporcional – Empregados admitidos após 17 de janeiro

Os empregados admitidos após o dia 17 de janeiro não têm direito ao 13º salário de forma integral. Assim, a empresa deve apurar o direito à mencionada verba computando o período posterior à admissão do empregado, atribuindo-se metade de 1/12 da remuneração mensal percebida ou apurada por mês de serviço ou fração igual ou superior a 15 dias.

Exemplos de cálculo

a) Empregado mensalista admitido em 10 de março com salário de R$ 3.000,00, mantido em outubro, recebe a 1ª parcela de R$ 1.000,00:

=> R$ 3.000,00 ÷ 12 = R$ 250,00 (valor de 1/12) =>

=> R$ 250,00 x 8 (nº de meses de serviço até outubro) = R$ 2.000,00 =>

=> R$ 2.000,00 ÷ 2 = R$ 1.000,00

b) Comissionista (sem parte fixa)

Empregado comissionista puro admitido em 10 de julho:

Comissões:

- julho	R$ 3.000,00
- agosto	R$ 3.500,00
- setembro	R$ 4.000,00
- outubro	R$ 2.000,00
- total	R$ 12.500,00

Média das comissões: R$ 12.500,00 ÷ 4 = R$ 3.125,00

Cálculo de 1/12: R$ 3.125,00 ÷ 12 > R$ 260,42

Cálculo da 1ª parcela:

R$ 260,42 x 4 (nº de meses de serviço até outubro) ÷ 2 = R$ 520,84

Tratando-se de empregado com salário misto (fixo + variável), apura-se a média mensal da parte variável e adiciona-se ao salário fixo do mês anterior ao pagamento.

c) Pecista

Empregado pecista admitido em 8 de maio, produz um total de 7.000 peças até outubro. O salário/peça em outubro é R$ 10,00.

Média salarial:

7.000 x R$ 10,00 ÷ 6 > R$ 11.667,00

Cálculo de 1/12: R$ 11.667,00 ÷ 12 = R$ 972,25

Cálculo da 1ª parcela:

R$ 972,25 x 6 (nº de meses de serviço até outubro) ÷ 2 = R$ 2.916,75

1ª Parcela – Encargos sociais

- Contribuição previdenciária – Sobre a 1ª parcela não há incidência da contribuição previdenciária.
- IRRF – Não incide Imposto de Renda Retido na Fonte.
- FGTS – O depósito é efetuado até o dia 7 do mês seguinte àquele em que for paga ou devida a 1ª parcela. Não sendo dia útil, antecipar o recolhimento.

Conforme estabelece a Medida Provisória nº 1.107/2022, o prazo para o empregador efetuar os depósitos do FGTS será alterado para o dia 20 do mês subsequente ao da competência da remuneração, contudo, esta alteração somente surtirá efeitos a partir da data de início da arrecadação por meio da prestação dos serviços digitais de geração de guias, devendo o Ministério do Trabalho e Previdência editar as normas complementares necessárias para tanto, o que ainda não ocorreu.

Capítulo IX – Direitos Trabalhistas

2ª Parcela – Pagamento

O pagamento da 2ª parcela do 13º salário deve ocorrer, conforme já mencionado, até o dia 20 de dezembro, impreterivelmente.

O valor da 2ª parcela corresponde ao salário do mês de dezembro deduzidos após os descontos dos encargos legais devidos (contribuições previdenciárias e imposto de renda etc.) o valor pago a título de adiantamento da 1ª parcela.

Entretanto, até 20 de dezembro, nem sempre é possível saber quanto ganharão, neste mês, os empregados que trabalham por tarefa, produção, comissão e outras modalidades semelhantes de salários variáveis.

Neste caso, computada a parcela variável do mês de dezembro, o cálculo da gratificação deve ser revisto, acertando-se a diferença, se houver. O resultado pode ser a favor do empregado ou da empresa. Havendo diferença favorável ao empregado, o prazo para o seu pagamento é até o 5º dia útil do mês de janeiro.

Embora o artigo 77 do Decreto nº 10.854/2021 determine que o prazo para o acerto da diferença seja até 10 de janeiro do ano seguinte, vale lembrar que a CLT em seu artigo 459, § 1º, determina que o pagamento do salário mensal deve ser efetuado, o mais tardar, até o 5º dia útil do mês subsequente ao vencido.

Exemplos de cálculo

Nos exemplos a seguir, não foram calculados os descontos legais da contribuição previdenciária e do IRRF, os quais deverão ser apurados pela empresa.

a) para empregados mensalistas, horistas e diaristas admitidos até 17 de janeiro

- empregado mensalista, com salário de R$ 2.000,00 em outubro, recebe a 1ª parcela do 13º salário em novembro. Em dezembro, o salário ficou mantido em R$ 2.000,00. Assim temos:

- remuneração em dezembro = R$ 2.000,00

- 13º salário integral = R$ 2.000,00

- 1ª parcela percebida = R$ 1.000,00

- 2ª parcela a receber:

=> R$ 2.000,00 – R$ 1.000,00 = R$ 1.000,00

DEPARTAMENTO DE PESSOAL MODELO

b) empregado horista (base 220 horas mensais) recebe a 1ª parcela do 13º salário em junho com salário/hora de R$ 10,00 em maio. Em dezembro, o salário/hora passou a R$ 12,00. Assim temos:

1ª Parcela

- salário/hora em maio = R$ 10,00
- remuneração/base (R$ 10,00 x 220) = R$ 2.200,00
- 1ª parcela em junho => R$ 10,00 x 220 ÷ 2 = R$ 1.100,00

2ª Parcela

- salário/hora em dezembro = R$ 12,00
- 13º salário integral (R$ 12,00 x 220) = R$ 2.640,00
- 2ª parcela (R$ 2.640,00 – R$ 1.100,00 => 1ª parcela) = R$ 1.540,00

Lembrar que no exemplo não foram calculados os descontos legais da contribuição previdenciária e do IRRF, os quais deverão ser apurados pela empresa.

c) empregado diarista recebe a 1ª parcela do 13º salário em agosto, com base no salário/dia de R$ 100,00 vigente em julho. Em dezembro, o salário/dia passou para R$ 105,00. Assim temos:

1ª Parcela

- salário/dia em julho = R$ 100,00
- 1ª parcela em agosto => R$ 100,00 x 30 ÷ 2 = R$ 1.500,00

2ª Parcela

- salário/dia em dezembro = R$ 105,00
- 13º salário integral (R$ 105,00 x 30) = R$ 3.150,00
- 2ª parcela (R$ 3.150,00 – R$ 1.500,00) = R$ 1.650,00

Salário variável

Os empregados que têm salário essencialmente variável (comissões, tarefas etc.), recebem a título de 13º salário a média mensal das importâncias percebidas de janeiro a novembro.

Os que têm salário misto têm a média mensal das importâncias variáveis recebidas de janeiro a novembro adicionada à parte fixa vigente no mês de dezembro.

Capítulo IX – Direitos Trabalhistas

233

Portanto, observa-se que para apurar a remuneração mensal integral em todos os casos, usase critério idêntico ao utilizado na apuração da remuneração integral mensal para pagamento da 1ª parcela, isto é, somar o salário fixo de dezembro à média da parte variável de janeiro a novembro ou da admissão a novembro.

Exemplos de cálculos

a) empregado recebe comissões de janeiro a novembro à média mensal de R$ 2.300,00 (já incluído o valor da integração dos repousos semanais remunerados). A parte fixa é de R$ 1.000,00 e o 13º salário, R$ 3.300,00 (R$ 2.300,00 + R$ 1.000,00), menos a quantia eventualmente recebida como 1ª parcela e sujeita a acerto até o 5º dia útil de janeiro do ano seguinte), em decorrência das comissões percebidas em dezembro;

b) empregado comissionista recebe comissões de janeiro a junho no valor de R$ 10.500,00. Recebe a 1ª parcela do 13º salário, por ocasião das férias, em julho.

Nesse caso, temos:

1ª Parcela

- total das comissões de janeiro a junho = R$ 10.500,00

- média mensal das comissões (R$ 10.500,00 ÷ 6) = R$ 1.750,00

- 1ª parcela => R$ 1.750,00 ÷ 2 = R$ 875,00

2ª Parcela

Sabendo-se que de julho a novembro recebe mais R$ 15.000,00 de comissões, tem-se:

- total das comissões de janeiro a novembro =>

=> R$ 10.500,00 + R$ 15.000,00 = R$ 25.500,00

- média mensal (R$ 25.500,00 ÷ 11) > R$ 2.318,18

- 2ª parcela (R$ 2.318,18 – R$ 875,00 => 1ª parcela) => R$ 1.443,18

Em dezembro, o empregado recebe R$ 3.000,00 de comissões. Refaz-se o cálculo, da seguinte forma:

- total das comissões de janeiro a dezembro =>

=> R$ 10.500,00 + R$ 15.000,00 + R$ 3.000,00 = R$ 28.500,00

- média mensal (R$ 28.500,00 ÷ 12) = R$ 2.375,00

- 13º salário integral = R$ 2.375.00

- 1ª + 2ª parcelas (R$ 875,00 + R$ 1.443,18) = R$ 2.318,18

- valor a favor do empregado (R$ 2.375,00 – R$ 2.318,18) = R$ 56,82

c) Empregados com menos de 1 ano de serviço

Empregado comissionista admitido em 12 de junho recebe a 1ª parcela do 13º salário em novembro. Percebe as seguintes comissões:

1ª Parcela

- média mensal (R$ 17.000,00 ÷ 5) = R$ 3.400,00

- 1ª parcela (5/12 de R$ 3.400,00) =>

=> R$ 3.400,00 x 5 ÷ 12 > R$ 1.416,67 =>

=> (R$ 1.416,67 ÷ 2) > R$ 708,33

2ª Parcela

Admitindo-se que em novembro o empregado receba R$ 3.000,00 de comissões, observar:

- total das comissões de junho a novembro =>
=> (R$ 17.000,00 + R$ 3.000,00) = R$ 20.000,00
- média mensal (R$ 20.000,00 ÷ 7) > R$ 2.857,14

- 2ª parcela (7/12 de R$ 2.857,14) =>
=> R$ 2.857,14 x 7 ÷ 12 > R$ 1.666,67 =>
=> (R$ 1.666,67 – R$ 708,33) = R$ 958,34

Considerando-se que o empregado receba R$ 5.000,00 de comissões em dezembro, o acerto observa:

- total das comissões de junho a dezembro =>
=> (R$ 17.000,00 + R$ 3.000,00 + R$ 5.000,00) = R$ 25.000,00
- média mensal (R$ 25.000,00 ÷ 7) > R$ 3.571,43
- 13º salário proporcional

Capítulo IX – Direitos Trabalhistas

(7/12 de R$ 3.571,43)

=> R$ 3.571,43 x 7 ÷ 12 = > R$ 2.083,33 =>

- 1ª + 2ª parcelas

(R$ 708,33 + R$ 958,34) = R$ 1.666,67

- valor a favor do empregado

(R$ 2.083,33 – R$ 1.666,67) = R$ 416,66 (*)

(*) Acerto até o 5º dia útil de janeiro do ano seguinte. Tendo em vista o disposto no art. 77 do Decreto nº 10.854/2021, há quem defenda que o pagamento da diferença pode ser efetuado até o dia 10 de janeiro.

Nos exemplos anteriormente mencionados em que o salário é variável, já está incluída a integração dos repousos semanais remunerados.

Rescisão contratual

Na hipótese de extinção do contrato de trabalho, salvo na rescisão por justa causa, o empregado recebe o 13º salário proporcional ao tempo de serviço, calculado sobre a remuneração do mês da rescisão.

Em se tratando de rescisão contratual por culpa recíproca, o empregado terá direito a 50% do valor do décimo terceiro salário.

Trabalhadores avulsos

O 13º salário dos trabalhadores avulsos, ou seja, aqueles que prestam serviço por intermédio do órgão gestor de mão de obra ou de sindicatos (arrumadores, amarradores e estivadores etc.), segue normas próprias oriundas de negociação entre as entidades representativas dos trabalhadores portuários avulsos e dos operadores portuários. O operador portuário deve recolher ao órgão gestor de mão de obra os valores de 13º salário, entre outros, devidos ao trabalhador portuário avulso (Lei nº 12.815/2013 e Lei nº 9.719/1998).

Afastamentos do empregado das suas atividades – Efeitos no cálculo do 13º salário

Benefício por incapacidade temporária não decorrente de acidente do trabalho

O empregado que está ou esteve em gozo de benefício por incapacidade temporária (antigo auxílio-doença) não decorrente de acidente do trabalho recebe da empresa o 13º salário proporcional relativo ao período de efetivo trabalho, assim considerados os 15 primeiros dias de ausência, e o tempo anterior e posterior ao afastamento. A Previdência Social efetua o pagamento do abono anual relativo ao período de afastamento, isto é, do 16º dia até o retorno ao trabalho.

Exemplo

Empregado admitido em 02.02 ficou afastado por motivo de incapacidade temporária não decorrente de acidente do trabalho, no ano correspondente, de 1º.05 (16º dia de afastamento da atividade) até 30.06. Neste caso, a empresa deverá calcular o 13º salário da seguinte forma:

Deve computar 10/12 relativos ao 13º proporcional, dos quais:

a) 4/12 correspondem ao período de 1º.01 a 30.04 (anterior ao início do benefício previdenciário); e

b) 6/12 são relativos ao período de 1º.07 a 31.12 (posterior ao afastamento).

Abono anual pago pela Previdência Social

O abono anual é pago pela Previdência Social aos segurados e dependentes que, durante o ano, tenham recebido aposentadoria, salário maternidade, pensão por morte, benefício por incapacidade temporária, auxílios acidente ou reclusão e, é apurado, no que couber, da mesma forma que a gratificação de Natal dos trabalhadores, com base no valor da renda mensal do benefício do mês de dezembro de cada ano.

Benefício por incapacidade temporária (antigo auxílio-doença) decorrente de acidente do trabalho

Conforme determina o TST, as faltas ou ausências decorrentes de acidentes do trabalho não são consideradas para efeito de cálculo da gratificação natalina (Súmula nº 46 do TST). Portanto, as ausências ao serviço por acidente do trabalho não reduzem o cálculo e consequente pagamento do 13º salário.

Assim, considerando que o empregado receberá o abono anual, a empresa deve apenas complementar o valor do 13º salário, calculando-o

Capítulo IX – Direitos Trabalhistas   237

como se o contrato de trabalho não tivesse sido interrompido pelo acidente. Desta forma, o valor do abono anual mais o complemento pago pela empresa devem corresponder ao valor integral do 13º salário do empregado.

Exemplo

Empregado ficou afastado do trabalho por motivo de benefício por incapacidade temporária decorrente de acidente do trabalho no período de 1º.07 (16º dia seguinte ao do afastamento) até 30.09. Neste caso, a empresa deverá calcular o 13º salário desse empregado da seguinte forma:

a) 6/12 correspondentes ao período de 1º.01 a 30.06 (anterior ao afastamento);

b) 3/12 relativos ao período de 1º.10 a 31.12 (posterior ao afastamento); e

c) 3/12 pertinentes ao período de afastamento de 1º.07 a 30.09, deduzido o valor do abono anual pago pela Previdência Social.

Serviço militar

O empregado não tem direito ao 13º salário relativo ao período de afastamento para prestação do serviço militar obrigatório. Esse período de ausência só é computado para fins de indenização e estabilidade, não gerando qualquer outro direito.

O cargo anterior fica à disposição do empregado afastado para cumprir as exigências do serviço militar. Para o exercício desse direito, deverá apresentar-se à empresa dentro do prazo de 30 dias contados da baixa.

Salário-maternidade – 13º salário proporcional

A empresa deve pagar à sua empregada, em virtude de parto ou aborto não criminoso, o valor correspondente ao salário-maternidade, inclusive a parcela do 13º salário correspondente ao período da licença, podendo deduzir tais valores das contribuições previdenciárias devidas.

Para apuração do valor a deduzir a título de 13º salário correspondente ao período da licença, deverá observar o seguinte cálculo:

a) a remuneração correspondente ao 13º salário deverá ser dividida por 30;

b) o resultado da operação acima deverá ser dividido pelo número de meses considerados no cálculo da remuneração do 13º salário;

c) o valor apurado na forma da letra "b" deverá ser multiplicado pelo número de dias de gozo de licença-maternidade no ano. O resultado final corresponde ao valor da parcela referente ao 13º salário proporcional ao período da licença-maternidade.

Abono anual pago pela Previdência Social

A Previdência Social efetua o pagamento do salário-maternidade e respectivo abono anual às empregadas em virtude de adoção de criança ou obtenção de guarda judicial para fins de adoção. Nesta situação, o valor do abono anual (13º salário proporcional) correspondente ao período de duração do salário-maternidade será pago pelo INSS, em cada exercício, juntamente com a última parcela do benefício nele devida.

O empregado do sexo masculino que adotar ou obtiver guarda judicial para fins de adoção de criança terá direito à licença e ao salário maternidade pelo período de 120 dias. O benefício do salário-maternidade será pago diretamente pela Previdência Social.

O INSS é responsável pelo pagamento do salário maternidade diretamente à segurada nas seguintes hipóteses:

a) adoção ou obtenção de guarda judicial para fins de adoção;

b) empregada doméstica;

c) empregada do microempreendedor individual;

d) contribuinte individual;

e) trabalhador avulso;

f) segurada especial;

g) segurada facultativa; e

h) empregada intermitente.

Capítulo IX – Direitos Trabalhistas

2ª Parcela – Encargos sociais

Contribuição previdenciária

O 13º salário por ocasião do pagamento da parcela final em dezembro sofre a incidência da contribuição previdenciária pelo valor total, ou seja, sem a compensação dos adiantamentos pagos, tanto da parte da empresa como do empregado, sendo que para este último a incidência se dará mediante aplicação, em separado, da tabela de desconto previdenciário do empregado do mês de dezembro ou da rescisão, conforme o caso.

Imposto de Renda Retido na Fonte (IRRF)

O 13º salário também sofre a incidência do Imposto de Renda Retido na Fonte (IRRF), no mês de dezembro ou da rescisão contratual, conforme o caso, sobre o valor total (1ª e 2ª parcelas), separadamente dos demais rendimentos pagos, mediante a utilização da respectiva tabela progressiva vigente no mês de dezembro ou da rescisão, podendo ser feitas no rendimento bruto todas as deduções permitidas para fins de determinação da base de cálculo do imposto.

FGTS

O depósito do FGTS e feito com base na remuneração paga ou devida ao empregado no mês anterior, nela incluída, além de outras parcelas, a gratificação de Natal. Desta forma, o depósito do FGTS é devido tanto por ocasião do pagamento da 1ª parcela como por ocasião do pagamento da 2ª parcela do 13º salário.

Justa causa – Desconto das parcelas pagas – Possibilidade

Ocorrendo a ruptura do contrato de trabalho por justa causa motivada pelo empregado é possível proceder o desconto relativo às 1ª e 2ª parcelas de 13º salário que já tenham sido pagas das verbas trabalhistas devidas na rescisão.

Entretanto, o empregador não poderá efetuar qualquer cobrança caso o empregado dispensado não tenha créditos trabalhistas suficientes para a compensação.

Penalidades

Os infratores dos dispositivos relativos ao 13º salário são punidos com multa de R$ 170,26 por trabalhador prejudicado, dobrada na reincidência.

Prescrição

O direito de ação, quanto aos créditos resultantes das relações de trabalho, tem prazo prescricional de 5 anos para os trabalhadores urbanos e rurais, até o limite de 2 anos após a extinção do contrato.

Assim, se o empregado ingressar com ação dentro dos 2 anos da data da cessação do contrato de trabalho, poderá reclamar os últimos 5 anos.

Contra empregados menores de 18 anos não corre prazo prescricional, o que vale dizer que somente após o trabalhador completar aquela idade é que o prazo prescricional começa a fluir.

Questões controvertidas sobre o 13º salário

Inclusão do mês de novembro no cálculo da 1ª parcela do 13º salário dos empregados admitidos após 17 de janeiro

Muitas empresas têm dúvidas se deve ou não considerar o mês de novembro no cálculo da 1ª parcela do 13º salário dos empregados contratados após 17 de janeiro do ano em curso.

De fato, há doutrinadores que consideram válida a inclusão do mês de novembro na contagem proporcional do tempo de serviço para pagamento da 1ª parcela do 13º salário aos admitidos após 17 de janeiro e com menos de 1 ano na empresa. Assim, o adiantamento seria calculado computando-se os avos proporcionais de tempo de serviço até novembro, desde que o empregado já tenha trabalhado, no mínimo, 15 dias naquele mês. Entretanto, como a Lei nº 4.749/1965, no artigo 2º, determina o adiantamento do 13º salário na importância correspondente à metade do salário do mês anterior (base de cálculo), entendemos que a contagem dos avos proporcionais também deve ir até aquele mês. Portanto, até outubro. Entretanto, caso a empresa inclua o mês de novembro, estará beneficiando o empregado e, assim sendo, não haverá impedimento legal para essa prática.

Lembra-se, porém, que tal critério é mera liberalidade do empregador e não uma determinação legal, salvo determinação neste sentido constante do documento coletivo de trabalho da categoria profissional respectiva.

Capítulo IX – Direitos Trabalhistas

Existência de 2 limites máximos de salário de contribuição no mês de dezembro para o empregado

Embora a Lei nº 8.212/1991 em seu artigo 28, § 7º, determine que o décimo terceiro salário (gratificação natalina) integra o salário de contribuição, o que poderia levar o intérprete à primeira conclusão de que o mesmo deveria ser somado ao salário de dezembro, o artigo 214, § 7º do Regulamento da Previdência Social (RPS), aprovado pelo Decreto nº 3.048/1999, ao determinar a aplicação da tabela de desconto previdenciário em separado do salário normal, estabelece efetivamente a utilização de 2 limites máximos de salário de contribuição distintos em um mesmo mês para o empregado, ou seja, um para o salário normal de dezembro e outro para o 13º salário.

Desta forma, no mês de dezembro, o empregado sofre o desconto da contribuição previdenciária duas vezes, uma sobre o salário relativo ao próprio mês de dezembro e outra sobre o valor total do 13º salário e, caso a sua remuneração seja igual ou superior ao teto máximo de contribuição previdenciária, o desconto observará isoladamente considerado em ambos os casos, o mencionado teto máximo.

CAPÍTULO X
FUNDO DE GARANTIA DO TEMPO DE SERVIÇO (FGTS)

INSTITUIÇÃO

O Fundo de Garantia do Tempo de Serviço (FGTS) foi instituído pela Lei nº 5.107, de 13.09.1966, sendo atualmente regido pela Lei nº 8.036, de 11.05.1990.

Depósito – Obrigatoriedade

Todos os empregadores sejam pessoas físicas, jurídicas, de direito privado ou público, da administração pública direta, indireta ou fundacional de qualquer dos Poderes da União, dos Estados, do Distrito Federal e dos municípios que admitirem trabalhadores a seu serviço, bem como aqueles que, regidos por legislação especial, encontrarem-se nessa condição ou figurarem como fornecedores ou tomadores de mão de obra estão obrigados a depositar, em conta bancária vinculada do Fundo de Garantia do Tempo de Serviço (FGTS), aberta em nome do trabalhador, a importância correspondente a 8% da remuneração paga ou devida no mês anterior. Obriga-se também a depositar tal quantia ao empregado, quando este passar a exercer o cargo de diretoria, gerência ou outro de confiança imediata do empregador, havendo ou não a manutenção do vínculo empregatício. Portanto, tratando-se de empregado que passa a exercer a função de diretor não empregado, o depósito do FGTS continua sendo obrigatório durante o exercício das respectivas atividades e calculado sobre o valor da remuneração paga a estes.

Os servidores públicos, civis e militares, sujeitos a regime jurídico próprio, estão excluídos do FGTS.

Contratos de aprendizagem – Percentual – Redução

Nos contratos de aprendizagem a alíquota do FGTS, devida pelo empregador, fica reduzida para 2%.

Capítulo X – Fundo de Garantia do Tempo de Serviço (FGTS) 243

Cadastramento do empregador e do trabalhador no FGTS

O cadastramento do empregador e do trabalhador no sistema FGTS ocorre com a efetivação do seu primeiro recolhimento para o Fundo ou quando da primeira prestação de informações à Previdência Social. A identificação do empregador no sistema FGTS é feita por meio de sua inscrição no CNPJ/CAEPF.

Bancos depositários

Os depósitos, que vencem juros e estão sujeitos à atualização monetária, são efetuados pelos empregadores em agência da Caixa Econômica Federal (Caixa) e na rede bancária conveniada, para crédito nas contas vinculadas.

Empregadores não sujeitos aos depósitos do FGTS

Não se encontram obrigados ao depósito de FGTS correspondente a 8% ou 2% (conforme o caso), da remuneração, os seguintes casos:

a) os órgãos públicos em relação aos servidores públicos civis ou militares sujeitos a regime jurídico próprio;

b) as empresas em geral, em relação aos valores pagos aos diretores não empregados, trabalhadores eventuais e autônomos. Em relação aos diretores não empregados, a empresa tem a faculdade de estender a estes o regime do FGTS e, neste caso, cabe retratação, o que vale dizer que, se em determinado momento a empresa decidir não mais depositar os valores para os referidos trabalhadores, poderá fazê-lo. Entretanto, não poderá reaver os valores já depositados.

No caso de pessoa alheia ao quadro funcional da empresa, que venha a ser eleita diretor não empregado na S.A. ou nomeada diretor e considerada empregadora na sociedade por cotas de responsabilidade limitada, ou seja, não estando presentes na relação de trabalho os elementos caracterizadores do vínculo empregatício, o recolhimento do FGTS para esse trabalhador é facultativo.

Depósito

Os empregadores devem depositar mensalmente em conta bancária vinculada, até o dia 7 do mês subsequente ao da competência da remuneração, importância correspondente a 8% ou 2% conforme o caso, sobre a remuneração paga ou devida no mês anterior, a cada trabalhador, incluídas as parcelas de que tratam os artigos 457 e 458 da

CLT e a gratificação de Natal a que se refere a Lei n° 4.090/1962, com as modalidades da Lei n° 4.749/1965. Não sendo dia útil, antecipar o recolhimento.

> Conforme estabelece a Medida Provisória n° 1.107/2022, o prazo para o empregador efetuar os depósitos do FGTS será alterado para o dia 20 do mês subsequente ao da competência da remuneração, contudo, esta alteração somente surtirá efeitos a partir da data de início da arrecadação por meio da prestação dos serviços digitais de geração de guias, devendo o Ministério do Trabalho e Previdência editar as normas complementares necessárias para tanto, o que ainda não ocorreu.

Depósito do FGTS durante o afastamento – Obrigatoriedade

O depósito de 8% ou 2% conforme o caso, tem por base de cálculo o valor contratual mensal da remuneração, inclusive sobre a parte variável, calculada segundo os critérios previstos na CLT e na legislação esparsa, atualizada sempre que ocorrer aumento geral na empresa ou para a categoria a que pertencer o trabalhador afastado nas seguintes situações:

a) serviço militar obrigatório;
b) quinze primeiros dias de licença para tratamento de saúde, exceto no caso de concessão de novo benefício decorrente da mesma doença, dentro de sessenta dias contados da cessação do benefício anterior;
c) licença por acidente de trabalho;
d) licença-maternidade;
e) licença-paternidade;
f) gozo de férias;
g) exercício de cargo de confiança imediata do empregador; e
h) demais casos de ausências remuneradas.

Parcelas integrantes da remuneração para fins de FGTS

A Instrução Normativa MTP n° 2/2021, a qual dispõe sobre os procedimento a serem observados pela auditoria fiscal do trabalho, determina em seu art. 221, que integram a remuneração para efeito de depósito do FGTS, entre outras, as seguintes parcelas:

Capítulo X – Fundo de Garantia do Tempo de Serviço (FGTS)

I) o salário-base, inclusive as prestações *in natura*;

II) as horas extras;

III) os adicionais de insalubridade, periculosidade, penosidade e do trabalho noturno;

IV) o adicional por tempo de serviço;

Nota das autoras

No tocante à verba "adicional por tempo de serviço" observa-se que a mesma não se coaduna com o novo conceito trabalhista de remuneração instituído pela "reforma trabalhista". Assim sendo, não deveria ser considerada para efeito de depósitos do FGTS.

V) o adicional por transferência de localidade de trabalho;

VI) o salário-família, no que exceder o valor legal obrigatório;

VII) o abono ou gratificação de férias, desde que excedente a 20 (vinte) dias do salário, concedido em virtude de cláusula contratual, de regulamento da empresa, ou de convenção ou acordo coletivo;

VIII) o valor de um terço do abono constitucional das férias;

IX) as comissões;

X) as diárias para viagem, pelo seu valor global, quando não houver comprovação da viagem ou em caso de fraude;

XI) as etapas, no caso dos marítimos;

XII) as gorjetas;

XIII) a gratificação de natal, seu valor proporcional e sua parcela devida sobre o aviso prévio indenizado, inclusive na extinção de contrato a prazo certo e de safra, e a gratificação periódica contratual, pelo seu duodécimo;

Nota das autoras

No tocante à verba "gratificação periódica contratual" observa-se que a mesma não se coaduna com o novo conceito trabalhista de remuneração instituído pela "reforma trabalhista", o qual abarca apenas as gratificações legais. Assim sendo, não deveria ser considerada para efeito de depósitos do FGTS.

XIV) as gratificações legais, as de função e as que tiverem natureza de contraprestação pelo trabalho;

Nota das autoras

A reforma trabalhista determina que integram a remuneração as gratificações legais. Assim sendo, demais gratificações não previstas em lei não integram este conceito e, portanto, não deveriam ser consideradas para efeito de depósitos do FGTS.

XV) as gratificações incorporadas em razão do exercício de cargo de confiança, antes de 11 de novembro de 2017, data de início da vigência da Lei nº 13.467/2017;

XVI) as retiradas de diretores não empregados, quando haja deliberação da empresa, garantindo-lhes os direitos decorrentes do contrato de trabalho;

XVII) as retiradas de diretores empregados, quando existente a subordinação jurídica, descrita de forma clara e precisa no relatório circunstanciado e em eventuais autos de infração;

XVIII) o valor a título de licença-prêmio;

XIX) o valor pelo repouso semanal remunerado;

XX) o valor pelos domingos e feriados civis e religiosos trabalhados, bem como o valor relativo à dobra em razão de feriados trabalhados, não compensados;

XXI) o valor a título de aviso prévio, trabalhado ou indenizado, proporcional ao tempo de serviço;

XXII) o valor a título de quebra de caixa;

Nota das autoras

No tocante à verba "quebra de caixa" observa-se que a mesma não se coaduna com o novo conceito trabalhista de remuneração instituído pela "reforma trabalhista". Assim sendo, não deveria ser considerada para efeito de depósitos do FGTS.

Capítulo X – Fundo de Garantia do Tempo de Serviço (FGTS)

XXIII) o valor do tempo de reserva, nos termos do § 6º do art. 235-E da CLT, durante sua vigência;

XXIV) prêmios concedidos pelo empregador com natureza de contraprestação, originados antes de 11 de novembro de 2017, data de início da vigência da Lei nº 13.467/2017 ou em caso de fraude;

XXV) abonos concedidos pelo empregador com natureza de contraprestação, originados antes de 11 de novembro de 2017, data de início da vigência da Lei nº 13.467/2017 ou em caso de fraude;

XXVI) valor relativo ao período integral do intervalo intrajornada, quando não concedido em seu período mínimo antes de 11 de novembro de 2017, data de início da vigência da Lei nº 13.467/2017;

XXVII) parcela à qual, por força de convenção ou acordo coletivo de trabalho, for atribuída natureza salarial;

XXVIII) hora ou fração trabalhada durante o intervalo intrajornada;

XXIX) alimentação fornecida *in natura* em desacordo com o PAT;

Nota das autoras

No tocante à verba "alimentação fornecida *in natura*" seja ela com observância ou não do PAT, observa-se que a mesma não se coaduna com o novo conceito trabalhista de remuneração instituído pela "reforma trabalhista". Assim sendo, não deveria ser considerada para efeito de depósitos do FGTS.

XXX) valor dos *tickets*, vales e cartões fornecido a título de auxílio alimentação em desacordo com o PAT antes de 11.11.2017;

XXXI) as importâncias pagas em dinheiro a título de auxílio alimentação, independentemente de adesão ao PAT.

Parcelas não integrantes da remuneração para fins de FGTS

A Instrução Normativa MTP nº 2/2021, a qual dispõe sobre os procedimentos a serem observados pela auditoria fiscal do trabalho, determina em seu art. 222, que não integram a remuneração para efeito de depósito do FGTS, entre outras, as seguintes parcelas:

I) participação do empregado nos lucros ou resultados da empresa, quando paga ou creditada de acordo com a Lei n° 10.101, de 19 de dezembro de 2000;

II) abono correspondente à conversão de um terço das férias em pecúnia e seu respectivo adicional constitucional;

III) abono ou gratificação de férias, concedido em virtude de contrato de trabalho, de regulamento da empresa, de convenção ou acordo coletivo de trabalho, cujo valor não exceda a 20 (vinte) dias do salário;

IV) o valor correspondente ao pagamento da dobra da remuneração de férias concedidas após o prazo legal;

V) importâncias recebidas a título de férias indenizadas e o respectivo adicional constitucional;

VI) indenização por tempo de serviço anterior a 05 de outubro de 1988, de empregado não-optante pelo FGTS;

VII) indenização relativa à dispensa de empregado no período de 30 (trinta) dias que antecede sua data-base, de acordo com o disposto no art. 9° da Lei n° 7.238, de 29 de outubro de 1984;

VIII) indenização por despedida sem justa causa do empregado nos contratos com termo estipulado de que trata o art. 479 da CLT , bem como na indenização prevista na alínea "f" do art. 12° da Lei n° 6.019, de 03 de janeiro de 1974.

IX) indenização do tempo de serviço do safrista, quando do término normal do contrato de que trata o art. 14 da Lei n° 5.889, de 8 de junho de 1973.

X) indenização recebida a título de incentivo à demissão;

XI) indenização rescisória do FGTS sobre o montante de todos os depósitos realizados na conta vinculada do trabalhador, de que trata o art. 18° da Lei n° 8.036, de 11 de maio de 1990 .

XII) indenização relativa à licença-prêmio;

XIII) ajuda de custo, em parcela única, recebida exclusivamente em decorrência de mudança de localidade de trabalho do empregado, na forma do art. 470 da CLT;

Capítulo X – Fundo de Garantia do Tempo de Serviço (FGTS)   249

XIV) ajuda de custo, quando paga mensalmente, recebida como verba indenizatória para ressarcir despesa relacionada à prestação de serviços ou à transferência do empregado, nos termos do art. 470 da CLT;

XV) ajuda de custo, em caso de transferência permanente, e o adicional mensal, em caso de transferência provisória, recebidos pelo aeronauta nos termos da Lei nº 5.929, de 30 de outubro de 1973.

XVI) diárias para viagem, desde que comprovada sua natureza indenizatória;

Nota das autoras

Observe-se que a reforma trabalhista determinou que as diárias para viagem não integram a remuneração, independentemente de qualquer comprovação. Portanto, desde que concedidas para os fins a que se destinam, ou seja, ressarcir gastos com serviços externos, não são consideradas como remuneração.

XVII) valor da bolsa de aprendizagem, garantida ao adolescente até quatorze anos de idade, de acordo com o disposto no art. 64º da Lei nº 8.069, de 13 de julho de 1990 , vigente até 15 de dezembro de 1998, em face da promulgação da Emenda Constitucional nº 20;

XVIII) valor da bolsa ou outra forma de contraprestação, quando paga ao estagiário nos termos da Lei nº 11.788, de 25 de setembro de 2008;

XIX) cotas do salário-família e demais benefícios pagos pela Previdência Social, nos termos e limites legais, salvo o salário maternidade e o auxílio doença decorrente de acidente do trabalho;

XX) alimentação fornecida *in natura* de acordo com o Programa de Alimentação do Trabalhador – PAT, instituído pela Lei nº 6.321, de 14 de abril de 1976.

Nota das autoras

Lembre-se que, conforme a reforma trabalhista o auxílio-alimentação (vedado o seu pagamento em dinheiro) não integra a remuneração. Desta forma, seja a alimentação fornecida por meio ou fora do PAT não integra a remuneração do trabalhador.

XXI) instrumentos de pagamento fornecidos a título de auxílio alimentação quando realizados de acordo com o PAT, antes de 11.11.2017;

250   DEPARTAMENTO DE PESSOAL MODELO

XXII) instrumentos de pagamento fornecidos a título de auxílio alimentação independentemente de adesão ao PAT, a partir de 11.11.2017;

XXIII) vale-transporte, nos termos e limites legais, bem como transporte fornecido pelo empregador para deslocamento ao trabalho e retorno, em percurso servido ou não por transporte público;

XXIV) valor da multa paga ao trabalhador em decorrência do atraso na quitação das parcelas rescisórias;

XXV) importâncias recebidas a título de ganhos eventuais e abonos expressamente desvinculados do salário por força de lei;

Nota das autoras

No tocante à verba "abono" observa-se que a mesma não se coaduna com o novo conceito trabalhista de remuneração instituído pela "reforma trabalhista". Assim sendo, não deveria ser considerada para efeito de depósitos do FGTS, independentemente de estar expressamente desvinculados do salário por força de lei.

XXVI) abono do Programa de Integração Social – PIS e do Programa de Assistência ao Servidor Público – PASEP;

XXVII) valores correspondentes a transporte, alimentação e habitação fornecidos pelo empregador ao empregado contratado para trabalhar em localidade distante de sua residência, em canteiro de obras ou local que, por força da atividade, exija deslocamento e estada, observadas as normas de proteção estabelecidas pelo Ministério do Trabalho e Previdência;

XXVIII) importância paga ao empregado a título de complementação ao valor do auxílio-doença, desde que este direito seja extensivo à totalidade dos empregados da empresa;

Nota das autoras

Esta verba "complementação de auxílio-doença" não se coaduna com o novo conceito trabalhista de remuneração instituído pela "reforma trabalhista". Assim sendo, não deveria ser considerada para efeito de depósitos do FGTS, independentemente de ser extensiva ou não à totalidade dos empregados da empresa.

Capítulo X – Fundo de Garantia do Tempo de Serviço (FGTS) 251

XXIX) parcelas destinadas à assistência ao empregado da agroindústria canavieira, de que tratava o art. 36 da Lei nº 4.870, de 1º de dezembro de 1965, já revogado;

XXX) prêmios compreendidos como parcelas pagas por liberalidade e em razão de desempenho superior ao ordinariamente esperado no exercício das atividades do empregado, originados a partir de 11 de novembro de 2017, data de início da vigência da Lei nº 13.467/2017;

XXXI) abonos originados a partir de 11 de novembro de 2017, data de início da vigência da Lei nº 13.467/2017 , desde que não sejam pagos como contraprestação pelo trabalho;

Nota das autoras

No tocante à verba "abono" observa-se que a mesma não se coaduna com o novo conceito trabalhista de remuneração instituído pela "reforma trabalhista". Assim sendo, não deveria ser considerada para efeito de depósitos do FGTS.

XXXII) indenização devida pelo período parcial ou integral de intervalo intrajornada suprimido, quando o fato gerador for originado a partir de 11 de novembro de 2017, data de início da vigência da Lei nº 13.467/2017;

XXXIII) valor das contribuições efetivamente pagas pelo empregador a título de previdência privada;

XXXIV) valor relativo a assistência médica, hospitalar e odontológica, prestada diretamente pelo empregador ou mediante seguro- saúde;

XXXV) valor correspondente a vestuários, equipamentos e outros acessórios fornecidos ao empregado e utilizados no local de trabalho para prestação dos serviços, inclusive na hipótese de teletrabalho;

XXXVI) ressarcimento de despesas pelo uso de veículo do empregado, quando devidamente comprovadas;

XXXVII) valor relativo à concessão de educação, em estabelecimento de ensino do empregador ou de terceiros, compreendendo valores relativos a matrícula, mensalidade, anuidade, livros e material didático;

XXXVIII) valores recebidos em decorrência da cessão de direitos autorais;

XXXIX) auxílio-creche pago em conformidade com a legislação trabalhista, para ressarcimento de despesas devidamente comprovadas com crianças de até 6 (seis) anos de idade;

XL) auxílio-babá, limitado ao salário mínimo, pago em conformidade com a legislação trabalhista, para ressarcimento de despesas de remuneração e contribuição previdenciária de empregado que cuide de crianças de até 6 (seis) anos de idade;

Nota das autoras

No tocante às verbas "auxílio-babá e auxílio-creche" observa-se que as mesmas não se coadunam com o novo conceito trabalhista de remuneração instituído pela "reforma trabalhista". Assim sendo, independentemente do valor pago e da idade da criança, não deveriam ser consideradas para efeito de depósitos do FGTS.

XLI) valor das contribuições efetivamente pagas pelo empregador a título de prêmio de seguro de vida e de acidentes pessoais;

XLII) o valor do tempo de espera, nos termos do § 9º do art. 235-C da CLT;

XLIII) valor pago ao empregado a título de multa correspondente a um trinta avos da média da gorjeta por dia de atraso;

XLIV) valor correspondente a alimentação seja *in natura* ou por meio de documento de legitimação, tais como *tickets*, vales, cupons, cheques, cartões eletrônicos destinados a aquisição de refeições ou de gêneros alimentícios no período de vigência da Medida Provisória 905/2019;

XLV) ajuda compensatória mensal paga em conformidade com o inciso V do § 1º do art. 9º da Lei nº 14.020/2020;

XLVI) parcela de compensação indenizatória antecipada pelo empregador no contrato de trabalho verde e amarelo, mediante acordo com o empregado, nas hipóteses do § 1º e § 2º do art. 6º da Medida Provisória nº 905/2019; e

XLVII) retiradas de diretores empregados com contratos suspensos, quando ausente a subordinação jurídica.

Capítulo X – Fundo de Garantia do Tempo de Serviço (FGTS)

Documentos de recolhimento do Fundo de Garantia do Tempo de Serviço (FGTS)

As instruções pertinentes aos recolhimentos mensais e rescisórios ao FGTS e das contribuições sociais constam atualmente no "Manual de Orientações Recolhimentos Mensais e Rescisórios ao FGTS e das Contribuições Sociais", disponibilizado no site da Caixa, e divulgado por meio da Circular Caixa nº 968/2021.

Os recolhimentos do FGTS devem ser efetuados utilizando-se das seguintes guias:

a) Guia de Recolhimento do FGTS (GRF) emitida pelo Sefip;
b) Guia de Recolhimento FGTS (GRFGTS);
c) Documento de Arrecadação eSocial (DAE);
d) Guia de Recolhimento Rescisório do FGTS (GRRF);
e) Guia de Recolhimento do FGTS para Empresas Filantrópicas emitida pelo Sefip;
f) Guia de Regularização de Débitos do FGTS (GRDE);
g) Documento Específico de Recolhimento do FGTS (DERF).

Importante

As informações prestadas no sistema eSocial irão substituir as informações relativas ao FGTS prestadas na GFIP, a qual será substituída pela Declaração de Débitos e Créditos Tributários Federais Previdenciários e de outras Entidades e Fundos (DCTFWeb). Entretanto, a data a partir da qual ocorrerá esta substituição ainda depende da divulgação de ato legal por parte do órgão competente.

Multa rescisória – Dispensa sem justa causa – Depósito da multa

O empregador depositará, no caso de despedida sem justa causa, ainda que indireta na conta vinculada do trabalhador no FGTS, importância igual a 40% do montante de todos os depósitos realizados na conta vinculada durante a vigência do contrato de trabalho, atualizados monetariamente e acrescidos dos respectivos juros, não sendo permitida, para este fim, a dedução dos saques ocorridos. O percentual será de 20% na ocorrência de despedida por culpa recíproca ou força maior, reconhecidas pela Justiça do Trabalho e na rescisão por acordo entre as partes.

Multa rescisória – Hipóteses de pagamento

A multa rescisória é devida e deve ser depositada na conta vinculada do trabalhador no FGTS, nas seguintes situações:

a) despedida sem justa causa (iniciativa do empregador);
b) despedida indireta (justa causa motivada pelo empregador);
c) rescisão antecipada de contrato a termo por iniciativa do empregador;
d) despedida por culpa recíproca;
e) despedida por força maior;
f) rescisão por acordo entre as partes.

Prazo de recolhimento

O recolhimento mensal é efetuado até o dia 7 de cada mês, em relação à remuneração do mês anterior.

O prazo de vencimento para recolhimento relativo à multa rescisória, ao aviso-prévio indenizado e ao mês da rescisão é até o 10º dia corrido a contar do dia imediatamente posterior ao desligamento. Caso o 10º dia corrido seja posterior ao dia 7 do mês subsequente, o vencimento do mês da rescisão e do aviso-prévio indenizado ocorre no dia 7.

Para todos os documentos de arrecadação deve ser observada a data de validade e de vencimento expressa na guia, conforme o caso.

Conforme estabelece a Medida Provisória nº 1.107/2022, o prazo para o empregador efetuar os depósitos do FGTS será alterado para o dia 20 do mês subsequente ao da competência da remuneração, contudo, esta alteração somente surtirá efeitos a partir da data de início da arrecadação por meio da prestação dos serviços digitais de geração de guias, devendo o Ministério do Trabalho e Previdência editar as normas complementares necessárias para tanto, o que ainda não ocorreu.

Local de Recolhimento

Os recolhimentos ao FGTS mensal e rescisório, são realizados em agências da Caixa ou bancos arrecadadores do FGTS de livre escolha do

Capítulo X – Fundo de Garantia do Tempo de Serviço (FGTS)   255

empregador e no âmbito da circunscrição regional onde está sediado o estabelecimento, à exceção dos empregadores optantes pela centralização dos recolhimentos.

Centralização do Recolhimento

O empregador que possua mais de um estabelecimento, sem necessidade de autorização prévia da Caixa, define pela centralização dos depósitos do FGTS quando da geração do arquivo SEFIP, mantendo em relação àquelas unidades, o controle de pessoal, os registros contábeis, a Relação de Estabelecimentos Centralizados (REC) e a Relação de Empregados (RE), exceto quando houver recolhimento ou informações com tomador de serviço/obra de construção civil, também centralizados.

Para as situações de complemento de recolhimento ao FGTS, em que o estabelecimento centralizador não participe do movimento, a empresa elege um novo estabelecimento como centralizador dentre aqueles que possuírem recolhimento, mantendo os demais como centralizados.

O local do recolhimento complementar é aquele em que a empresa centraliza seu depósito regular do FGTS.

No caso de centralização dos recolhimentos o empregador informa à Caixa, mediante expediente específico onde é relacionado o nome, o CNPJ e o endereço da unidade centralizadora e das centralizadas, bem como apresenta formulário de Pedido de Transferência de Conta Vinculada (PTC), disponível no site da Caixa (www.caixa.gov.br) para unificação dos saldos conforme definido no "Manual de Orientações ao Empregador – Retificação de Dados, Transferência de Contas Vinculadas e Devolução de Valores Recolhidos a Maior".

A opção pela centralização condiciona o empregador à realização dos recolhimentos rescisórios no âmbito da mesma circunscrição regional onde são efetuados os recolhimentos mensais.

No preenchimento do "Termo de Rescisão do Contrato de Trabalho – TRCT", quando utilizado pelo empregador, consigna logo abaixo do título do documento, a expressão "Centralização recolhimentos – _____/_____ (Município/UF)".

Questões controvertidas sobre o fundo de garantia do tempo de serviço

Empregado aposentado e a ruptura do contrato de trabalho

Quando o empregado se aposenta é necessário efetuar a rescisão do seu contrato de trabalho?

Essa é uma questão que tirou o sono do departamento de pessoal das empresas durante muito tempo. Atualmente, a questão já está pacificada.

Não há na legislação trabalhista qualquer dispositivo que determine que a concessão da aposentadoria, em qualquer das suas espécies, acarrete a rescisão do contrato de trabalho. Entretanto, a Lei nº 9.528/1997 havia acrescentado o § 2º ao artigo 453 da CLT, o qual estabelecia que o ato de concessão de aposentadoria a empregado que não tivesse completado 35 anos de serviço, se homem, ou 30, se mulher, importava a extinção do vínculo empregatício. Portanto, a exigência da ruptura do contrato de trabalho atingia apenas a aposentadoria proporcional por tempo de contribuição, inexistindo qualquer exigência em relação às aposentadorias por idade, especial ou tempo de contribuição integral.

Além disso, o *caput* do mencionado artigo 453 da CLT aborda a questão da contagem ou não do tempo de serviço trabalhado na empresa anteriormente à readmissão do empregado e não de ruptura contratual.

Até 1991, a legislação previdenciária exigia o efetivo desligamento do emprego, para os empregados sujeitos ao regime da CLT, como condição indispensável à concessão das aposentadorias por tempo de serviço, por velhice ou especial. Portanto, o benefício somente seria concedido após a comprovação da efetiva ruptura contratual.

Caso o aposentado em gozo de qualquer uma das mencionadas aposentadorias retornasse à atividade, ficava obrigado a comunicar o fato à Previdência Social e teria suspensa a sua aposentadoria, passando a receber um abono. Ao desligar-se definitivamente da atividade, retornaria o direito e teria o restabelecimento da aposentadoria suspensa, devidamente reajustada.

Assim sendo, verifica-se que até a referida data (1991), a aposentadoria era, por força da legislação previdenciária, uma das formas de extinção do contrato de trabalho.

A partir de 1991, a legislação deixou de exigir o afastamento do trabalhador das suas atividades como condição para a concessão das aposentadorias por idade, tempo de contribuição ou especial.

Capítulo X – Fundo de Garantia do Tempo de Serviço (FGTS) 257

O Supremo Tribunal Federal (STF), ao julgar a Ação Direta de Inconstitucionalidade (ADIn) nº 1.721-3, a qual questionava a constitucionalidade do § 2º do artigo 453 da CLT, que dispunha sobre a obrigatoriedade da extinção automática do vínculo empregatício nos casos de concessão de aposentadoria proporcional aos trabalhadores em geral, conforme já mencionado, decidiu que a concessão de aposentadoria voluntária a empregado não implicava automaticamente a extinção do vínculo empregatício.

Portanto, após o julgamento da ADIn nº 1.721-3, a ocorrência ou não de rescisão contratual dos empregados que obtiverem a concessão da aposentadoria dependerá da vontade das partes, formalizada por meio de um pedido de demissão do empregado ou da comunicação, por parte do empregador, da dispensa sem justa causa, ou, ainda, de outras hipóteses de extinção contratual, com exceção da aposentadoria voluntária.

Base de cálculo da multa rescisória de empregado dispensado sem justa causa após a concessão da aposentadoria

Quando o empregado é dispensado sem justa causa após a concessão da aposentadoria, a base de cálculo da multa rescisória do FGTS são os depósitos efetuados após a aposentadoria ou os depósitos efetuados durante toda a vigência do contrato?

A base de cálculo da multa rescisória equivale a 40% do FGTS, quando ocorre a rescisão imotivada do contrato de trabalho do empregado aposentado, por iniciativa do empregador, é o total dos depósitos efetuados durante toda a vigência do contrato de trabalho e não só os valores depositados após a aposentadoria, posto que, conforme já vimos, a concessão do benefício não acarreta a rescisão do contrato de trabalho e o nascimento de outra relação empregatícia.

Considerando que, no julgamento de mérito da ADIn nº 1.721-3, o STF decidiu que a concessão da aposentadoria espontânea a empregado não implica automaticamente a extinção do vínculo empregatício e que essa decisão tem efeito vinculante e *erga omnis* (obriga a todos), não existe a hipótese de nova relação empregatícia se o empregado permanece no mesmo emprego após a aposentadoria.

Portanto, o período de vigência do contrato é uno, não podendo ser dividido em tempo anterior e posterior à concessão da aposentadoria.

CAPÍTULO XI
AVISO-PRÉVIO

FINALIDADE

A parte (empregado ou empregador) que, sem motivo justificado, quiser romper o contrato de trabalho deverá comunicar, por escrito, a sua intenção à outra parte. A finalidade deste aviso, se concedido pelo empregador, é possibilitar ao empregado a procura de novo emprego e, se concedido pelo empregado, é dar ao empregador tempo suficiente para contratar outro empregado para o cargo.

Aplicabilidade

O aviso-prévio é devido nos contratos de trabalho a prazo indeterminado e a prazo determinado, desde que, neste último, haja expressa cláusula assecuratória de direito recíproco de rescisão antecipada e esse direito seja exercido por qualquer das partes.

Equipara-se ao contrato por prazo indeterminado, para todos os efeitos legais, o contrato por prazo determinado que:

a) for prorrogado por mais de 1 vez (CLT, artigo 451);
b) suceder a outro contrato por prazo determinado dentro de 6 meses, salvo se a expiração deste dependeu da execução de serviços especializados ou da realização de certos acontecimentos (CLT, artigo 452);
c) contiver cláusula assecuratória de direito recíproco de rescisão antecipada e tal direito seja exercido por qualquer das partes (CLT, artigo 481 e Súmula TST nº 163); e
d) ultrapassar ao prazo máximo de 2 anos (CLT, artigo 445, *caput*).

Em tais situações, cabe o pagamento ou a concessão do aviso-prévio, além das demais verbas devidas, em virtude de rescisão contratual sem justa causa.

Capítulo XI – Aviso-Prévio

Prazo

A Constituição Federal determina que o aviso-prévio deve ter duração proporcional ao tempo de serviço do trabalhador, sendo, no mínimo, de 30 dias, nos termos da lei.

A Lei nº 12.506/2011 estabeleceu que os empregados que contem com até 1 ano de serviço na mesma empresa terão direito ao aviso-prévio de 30 dias. A este prazo (30 dias) serão acrescidos 3 dias para cada ano completo de trabalho prestado na mesma empresa, observado o limite de 60 dias. Portanto, dependendo do tempo de serviço que o empregado tiver na mesma empresa poderá ter direito a 90 dias de aviso-prévio.

Dessa forma, o prazo do aviso-prévio é variável (conforme o tempo de serviço na mesma empresa), sendo, no mínimo, de 30 dias.

Contagem do prazo proporcional – Controvérsias

A Lei nº 12.506/2011 é lacônica, concisa, e não esclareceu as implicações legais decorrentes de sua aplicação, ocasionando o surgimento de diversos posicionamentos sobre a contagem do prazo do aviso-prévio proporcional ao tempo de serviço.

O ponto crucial da divergência diz respeito à contagem dos 3 dias de acréscimo por ano de serviço prestado na mesma empresa.

Alguns doutrinadores sustentam ser devido o acréscimo de 3 dias a cada ano trabalhado pelo empregado, ou seja, para efeito da contagem dos 3 dias de acréscimo deve ser considerado o ano completo de atividade, uma vez que a lei não fez menção a frações de ano. Entretanto, entre estes, observa-se divergência de posicionamentos com relação à contagem:

a) alguns sustentam que o acréscimo de 3 dias a cada ano trabalhado pelo empregado será devido depois de completar 1 ano seguinte àquele que lhe garantiu os 30 dias iniciais, ou seja, com 2 anos completos de serviço ao mesmo empregador, estarão garantidos 33 dias de aviso, equivalentes aos 30 dias do 1º ano e mais 3 dias do 2º ano, e assim sucessivamente;

b) outros alegam que na aplicação da proporcionalidade o primeiro ano de trabalho deve ser considerado, pois não há previsão legal para sua exclusão. Desta forma, um empregado com 12 meses de serviço (1 ano) teria direito a 33 dias de aviso-prévio.

Os integrantes de outra linha de entendimento argumentam que a fração de ano deve ser considerada na aplicação da norma. Entre eles, há, também, divergência ainda quanto à fração de ano a ser considerada:

a) alguns defendem a posição de que a partir do primeiro dia de trabalho depois dos 12 primeiros meses já seria assegurada ao empregado a contagem de mais 3 dias de aviso-prévio. Assim, o empregado com 12 meses e 1 dia de trabalho ao ser dispensado sem justa causa fará jus ao aviso-prévio de 33 dias;

b) outros alegam que o acréscimo de 3 dias seria devido quando o empregado tiver trabalhado pelo menos 6 meses depois do ano completo, por analogia ao disposto no art. 478 da CLT o qual determina que o cálculo da indenização decenal devida na rescisão do contrato a prazo indeterminado deve ser calculada considerando o ano de serviço ou o ano e fração igual ou superior a 6 meses.

Entendimento do Ministério do Trabalho e Previdência – Nota Técnica nº 184

A Nota Técnica CGRT/SRT/MTE nº 184 (não divulgada no Diário Oficial da União e que não tem força coercitiva, pois apenas esclarece o entendimento do órgão público sobre determinado assunto), divulgada no site do Ministério do Trabalho e Previdência, esclareceu:

"2. Do lapso temporal do aviso em decorrência da aplicação da regra da proporcionalidade

O aviso-prévio proporcional terá uma variação de 30 a 90 dias, conforme o tempo de serviço na empresa. Dessa forma, todos os empregados terão no mínimo 30 dias durante o primeiro ano de trabalho, somado a cada ano mais três dias, devendo ser considerada a projeção do aviso-prévio para todos os efeitos. Assim, o acréscimo de que trata o parágrafo único da lei, somente será computado a partir do momento em que se configure uma relação contratual que **supere** um ano na mesma empresa."

Capítulo XI – Aviso-Prévio

Depois da explicação, divulgou a tabela reproduzida a seguir:

Tempo de serviço (anos completos)	Aviso-prévio proporcional ao tempo de serviço (n° de dias)
0	30
1	33
2	36
3	39
4	42
5	45
6	48
7	51
8	54
9	57
10	60
11	63
12	66
13	69
14	72
15	75
16	78
17	81
18	84
19	87
20	90

Observa-se que, conforme a explicação do MTP no item 2 da Nota Técnica em comento, o acréscimo de 3 dias só é devido na relação contratual que **supere** 1 ano. Entretanto, a tabela divulgada pelo mesmo Ministério, no mesmo ato, está em desacordo com este entendimento, pois, na coluna relativa a 1 ano completo de atividade, encontramos a informação de serem devidos 33 dias de aviso.

Nota-se ainda que, na mencionada Nota Técnica em seu item 3, o mesmo entendimento encontra-se repetido no item III (Conclusão), o qual esclarece:

"3) o acréscimo de 3 (três) dias por ano de serviço prestado ao mesmo empregador, computar-se-á a partir do momento em que a relação contratual **supere** um ano na mesma empresa."

Entendimento que, a nosso ver, também não encontra amparo na Lei nº 12.506/2011, a qual vincula a aplicação do acréscimo à unidade de tempo **ano** e não fração deste.

Observe-se que a Lei nº 12.506/2011 estabelece em seu art. 1º:

> Art. 1º O aviso-prévio, de que trata o Capítulo VI do Título IV da Consolidação das Leis do Trabalho – CLT, aprovada pelo Decreto-lei nº 5.452, de 1º de maio de 1943, será concedido na proporção de 30 (trinta) dias aos empregados que contem até 1 (um) ano de serviço na mesma empresa. (grifo nosso)
>
> Parágrafo único. Ao aviso-prévio previsto neste artigo serão acrescidos 3 (três) dias por ano de serviço prestado na mesma empresa, até o máximo de 60 (sessenta) dias, perfazendo um total de até 90 (noventa) dias.

Cotejando a determinação legal e a tabela de dias de aviso-prévio proporcional inserida na Nota Técnica nº 184/2012, constata-se que a tabela criou uma nova regra não prevista e em desacordo com a Lei, ou seja, o empregado com até 11 meses e 29 dias de trabalho terá direito a 30 dias de aviso-prévio e o empregado com 1 ano de serviço passa a ter direito a 33 dias.

Entendimento de alguns juristas acerca do assunto

Sérgio Pinto Martins – Desembargador do TRT da 2ª Região – Professor titular de Direito do Trabalho da Faculdade de Direito da USP

O art. 1º da Lei nº 12.506 é claro no sentido de que o aviso-prévio "será concedido na proporção de 30 (trinta) dias aos empregados que contem até 1 (um) ano de serviço na mesma empresa". Logo, tendo o empregado apenas um ano de empresa ou apenas 12 meses de empresa, faz jus a 30 dias de aviso-prévio.

Para cada ano de serviço haverá acréscimo de três dias no aviso-prévio de 30 dias. É preciso que o ano seja completo, pois a lei faz referência a três dias por ano de serviço prestado na mesma empresa.

Se o empregado tiver um ano e seis meses de casa, terá direito apenas a 30 dias de aviso-prévio, pois ainda não tem dois anos de empresa para se falar em 33 dias de aviso-prévio.

Jorge Cavalcanti Boucinhas Filho – Mestre e Doutorando em Direito do Trabalho pela USP, Professor de Direito do Trabalho e Processo do Trabalho em Diversos Cursos de Graduação e Pós-graduação, Membro pesquisador do Instituto Brasileiro de Direito Social Cesarino Júnior, Advogado Militante. Autor de obras e artigos jurídicos

Capítulo XI – Aviso-Prévio

No silêncio da norma, há que se concluir que os três dias a mais de aviso-prévio serão devidos a partir de cada aniversário. Quando, entretanto, o empregador dispensar os trabalhadores com salário muito alto imediatamente antes de completar mais um ano de contrato de trabalho, deverá ele incluir nos dias de trabalho ou no pagamento mais três dias de aviso-prévio.

Guilherme Guimarães Ludwig – Juiz do Trabalho no TRT da 5ª Região/BA, ex-Membro do Conselho Consultivo da Escola Judicial do Tribunal Regional do Trabalho da 5ª Região (2005-2011), Mestre em Direito Público pela Universidade Federal da Bahia, Extensão Universitária em Economia do Trabalho pelo Cesit/Unicamp

...Por outro lado, a Lei nº 12.506/2011 fixa uma constante de proporcionalidade, na razão de três dias para cada ano de serviço prestado na empresa, silenciando quanto às frações de tempo de serviço inferiores a um ano.

Nesse particular, entendemos que a nova lei regula suficiente e razoavelmente a proporcionalidade consignada no inciso XXI do art. 7º da Constituição, tendo o legislador claramente eleito a unidade temporal correspondente ao ano para a contagem da variável tempo de serviço do empregado. Não se tratou de frações, mas exclusivamente do ano completo.

Lírio Denoni – Professor das Faculdades Inesc, Advogado do Escritório Lírio Denoni Sociedade de Advogados

Segundo a nova lei, o aviso-prévio será de 30 dias para os empregados que tenham até 1 (um) ano de emprego. Daí por diante, a cada ano de emprego, o empregado terá direito a um acréscimo de 3 (três) dias no prazo do aviso-prévio, até o limite de 60 (sessenta) dias de acréscimo, perfazendo um total de, no máximo, 90 (noventa) dias.

Portanto, podemos elaborar a seguinte tabela:

Tempo de Emprego	Prazo do Aviso-prévio (dias)
Até 1 ano	30
2 anos	33
3 anos	36
4 anos	39
5 anos	42
6 anos	45
7 anos	48
8 anos	51
9 anos	54
10 anos	57
11 anos	60
12 anos	63

13 anos	66
14 anos	69
15 anos	72
16 anos	75
17 anos	78
18 anos	81
19 anos	84
20 anos	87
21 anos ou mais	90

Sonia Mascaro Nascimento – Mestre e Doutora em Direito do Trabalho

Aplicação da regra de acréscimo de 3 dias por ano de serviço

A Lei nº 12.503/2011 estipula que a proporcionalidade do aviso-prévio prevista no artigo 7º, XXI, da Constituição, passa a ser computada a partir do primeiro ano de contrato do empregado, de forma que, para contratos com prazos inferiores a esse, aplica-se o mínimo constitucional de 30 dias. Assim, depois de completar um ano no emprego, o trabalhador terá direito ao acréscimo de 3 dias ao aviso-prévio por ano de serviço prestado, com a limitação de que não ultrapassem 60 dias de acréscimo.

Por exemplo: um empregado com 2 anos completos de trabalho na empresa terá direito a 33 dias de aviso-prévio; um empregado com 3 anos de trabalho terá direito a 36 dias; e assim sucessivamente até que para 21 anos ou mais de serviço prestado o empregado terá direito a 90 dias de aviso-prévio.

Gustavo Filipe Barbosa Garcia – Doutor em Direito pela Faculdade de Direito da Universidade de São Paulo, Livre-docente pela Faculdade de Direito da Universidade de São Paulo, Professor Universitário em Cursos de Graduação e Pós-graduação em Direito, Procurador do Trabalho do Ministério Público do Trabalho da 2ª Região, ex-Juiz do Trabalho das 2ª, 8ª e 24ª Regiões, ex-Auditor Fiscal do Trabalho.

Manteve-se o prazo mínimo de 30 dias de aviso-prévio, devido aos empregados com até um ano de serviço ao empregador (nas hipóteses de dispensa sem justa causa e despedida indireta). Após esse primeiro ano, o empregado passa a ter o direito ao acréscimo de três dias de aviso-prévio, por ano de serviço prestado ao mesmo empregador.

A interpretação lógica e teleológica do preceito deve ser no sentido de que esse acréscimo decorre da maior duração do mesmo contrato individual de trabalho, firmado entre empregado e empregador, levando em conta, quanto a este, as hipóteses de sucessão trabalhista (arts. 10 e 448 da CLT).

O limite máximo de acréscimo é de 60 dias, os quais, somados aos 30 dias iniciais, resultam no aviso-prévio total de 90 dias.

Capítulo XI – Aviso-Prévio 265

Não há uma tabela expressa na lei, com o escalonamento dos prazos de aviso-prévio devidos. Embora a redação dos dispositivos não seja totalmente clara, é certo que os empregados com "até 1 (um) ano de serviço na mesma empresa" têm direito ao aviso-prévio de 30 dias (art. 1º, caput – destaquei).

Logo, os empregados com mais de 12 meses de serviço prestado na mesma empresa passam a ter direito ao acréscimo no aviso-prévio, na proporção de "3 (três) dias por ano de serviço prestado na mesma empresa" (parágrafo único).

Exemplificando, o empregado com um ano e quatro meses de serviço, justamente por ter mais de um ano de serviço na empresa (art. 1º, caput, a contrario sensu) e por ter completado um ano de serviço (parágrafo único), ao ser dispensado sem justa causa, passa a ter direito a 33 dias de aviso-prévio.

Tanto é assim que o parágrafo único do art. 1º da Lei nº 12.506/2011 não dispõe que o acréscimo de três dias decorre de cada novo ano de serviço prestado depois de se completar o primeiro, mas sim que ao aviso-prévio (de 30 dias) "serão acrescidos 3 (três) dias por ano de serviço prestado na mesma empresa".

Ou seja, o empregado com 11 meses de serviço tem direito ao aviso-prévio de 30 dias, por estar inserido na hipótese de "até 1 ano de serviço" (art. 1º, caput).

Nessa linha de entendimento, ao ultrapassar os 12 meses iniciais de serviço, o empregado passa a ter direito ao aviso-prévio de 33 dias (parágrafo único). Ou seja, a partir de (após) 12 meses de serviço, até dois anos, o aviso-prévio devido (em caso de dispensa sem justa causa ou despedida indireta) é de 33 dias.

Após dois anos de serviço, mas até três anos, o aviso-prévio total é de 36 dias e, assim sucessivamente.

Jurisprudência

No âmbito jurisprudencial verifica-se que o Tribunal Superior do Trabalho (TST) tem decidido no sentido de incluir na contagem do aviso-prévio proporcional ao tempo de serviço, o primeiro ano de trabalho na empresa, conforme se verifica nas decisões a seguir reproduzidas.

...Aviso-prévio proporcional – Cada ano de serviço na mesma empresa gera direito ao acréscimo de três dias no prazo de seu aviso-prévio, não havendo que se falar em exclusão do primeiro ano de serviço, para o cômputo do aviso-prévio proporcional, nos termos do art. 1º, da Lei nº 12.506/2011. Julgados. Recurso de revista não conhecido. (TST – RR 57-65.2014.5.06.0121 – 8ª Turma – Rel. Min. Márcio Eurico Vitral Amaro – DJe 19.05.2017)

... Aviso-prévio proporcional – Contagem – Acréscimo dos primeiros três dias – Interpretação da Lei nº 12.506/2011 – O entendimento predominante no âmbito desta Corte, acerca da interpretação da Lei nº

12.506/2011, que em seu artigo 1º, parágrafo único, previu o acréscimo de três dias por ano de serviço prestado na mesma empresa, até o máximo de sessenta dias, é de que os primeiros três dias são acrescidos a partir do término do primeiro ano, ainda que não se tenha completado o segundo ano de serviço, não havendo como excluir o primeiro ano de serviço do cômputo do aviso-prévio proporcional, por falta de previsão legal. Estando a decisão de acordo com a jurisprudência desta Corte, não se conhece da Revista, nos termos do artigo 896, § 7º, da CLT. Recurso de Revista não conhecido. (TST – ARR 689-39.2014.5.09.0661 – 4ª Turma – Relª Minª Maria de Assis Calsing – DJe 12.05.2017)

.... 2- Aviso-prévio proporcional – Rescisão do contrato na vigência da Lei 12.506/2011 – É pacífica a jurisprudência do TST no sentido de que o aviso-prévio de 30 dias incide apenas nos contratos de trabalho que não superem 1 (um) ano de vigência. Consequentemente, quando o contrato ultrapassa 1 (um) ano, já é devido o acréscimo de 3 (três) dias a ano, nos termos do artigo 1º, parágrafo único, da Lei12.506/2011. No caso dos autos, em que o contrato de trabalho perdurou por mais de 2 anos, são devidos 36 dias de aviso-prévio. Recurso de revista conhecido e provido. (TST – ARR 1566-39.2013.5.12.0011 – 7ª Turma – Rel. Min. Douglas Alencar Rodrigues – DJe 19.12.2016)

Nossa posição acerca do tema

Não obstante as considerações anteriores, considerando que a Lei nº 12.506/2011 determina que o aviso-prévio será concedido na proporção de 30 dias aos empregados que contem até 1 ano de serviço na mesma empresa e que a este aviso (de 30 dias) serão acrescidos 3 dias por ano de serviço prestado na empresa, até o máximo de 60, perfazendo um total de até 90 dias, constata-se que o limite estabelecido para a aplicação dos 30 dias é de um ano.

A lei não comporta palavras inúteis e é imperativa (obriga a todos); o limite legalmente fixado, ou seja, período de **até 1 ano** deve prevalecer. Não podendo o intérprete descartar a fixação do prazo legalmente efetuada.

Considerando, ainda, que a este aviso de 30 dias serão acrescidos mais 3 dias por ano de trabalho prestado à empresa, notamos que o legislador se referiu ao lapso de tempo anual e não fração de ano, razão pela qual, para o comentado acréscimo, no nosso entender, deve-se considerar o ano completo de atividade depois do primeiro ano, desprezando-se as frações de ano.

Capítulo XI – Aviso-Prévio

Entretanto, considerando que o TST tem decidido no sentido de incluir na contagem do aviso-prévio proporcional ao tempo de serviço, o primeiro ano de trabalho na empresa e, também, considerar a fração de ano para o acréscimo, e por se tratar de questão controvertida, a empresa poderá, antes de abraçar a posição que entender mais coerente, consultar a entidade sindical da respectiva categoria profissional, lembrando que a decisão final sobre as controvérsias competirá ao Poder Judiciário desde que intentada a competente ação.

Início da contagem do aviso-prévio

A contagem do prazo inicia-se a partir do dia seguinte ao da comunicação.

Exemplos considerando o entendimento favorável à inclusão do primeiro ano e não consideração da fração de ano na contagem

a) Empregado com 3 anos e 8 meses de trabalho na empresa, dispensado sem justa causa, tem direito ao aviso-prévio de 39 dias.

Cálculo:

Até 1 ano completo na empresa – 33 dias

$2°$ ano completo – 3 dias

$3°$ ano completo – 3 dias

Fração de 8 meses não é considerada no cálculo do prazo do aviso-prévio.

Total = 39 dias

b) Empregado com 1 ano e 10 meses de trabalho na empresa, dispensado sem justa causa, tem direito ao aviso-prévio de 33 dias.

Cálculo:

Até 1 ano completo na empresa – 33 dias

Fração de 10 meses não é considerada no cálculo do prazo do aviso-prévio.

Total = 33 dias

c) Empregado com 15 anos e 11 meses de trabalho na empresa, dispensado sem justa causa, tem direito ao aviso-prévio de 72 dias.

Cálculo:

Até 1 ano completo na empresa – 33 dias

14 anos x 3 = 42 dias.

A fração de 11 meses não é considerada no cálculo.

Total = 75 dias

d) Empregado com 21 anos e 11 meses de trabalho na empresa, dispensado sem justa causa, tem direito ao aviso-prévio de 90 dias.

Cálculo:

1 ano completo na empresa – 33 dias

20 x 3 = 60 dias.

Total 93 dias. Neste caso o aviso será de 90 dias observando o limite máximo estabelecido.

e) Empregado com 25 anos e 11 meses de trabalho na empresa, dispensado sem justa causa, tem direito ao aviso-prévio de 90 dias.

Cálculo:

Até 1 ano completo na empresa – 33 dias

24 x 3 = 72
Total = 105 dias. Neste caso o aviso será de 90 dias observando o limite máximo estabelecido.

Não obstante o anteriormente exposto, ressaltamos que há doutrinadores que defendem o entendimento de que no cálculo do acréscimo (3 dias para cada ano) deve ser levada em consideração a fração de ano.

Recusa do recebimento do aviso-prévio

O aviso-prévio deve sempre ser concedido por escrito, a fim de permitir a aposição da assinatura da parte contrária, evidenciando, assim, o respectivo ciente.

Ocorrendo a hipótese de o empregado não assinar o aviso-prévio, tendo em vista a inexistência de dispositivo legal expresso disciplinando a questão, recomenda-se que a empresa solicite a assinatura de, pelo

Capítulo XI – Aviso-Prévio

menos, duas testemunhas, com a finalidade de atestar a veracidade da comunicação feita.

Colhida a assinatura das testemunhas, a empresa deve dar andamento às formalidades exigidas para a rescisão contratual.

Na hipótese de o empregador se recusar a receber o aviso, o empregador pode enviar a comunicação pelo correio, com Aviso de Recebimento (AR), ou, ainda, por intermédio de Cartório.

Modalidades de concessão de aviso-prévio

As formas de concessão de aviso-prévio legalmente previstas são trabalhado ou indenizado.

Aviso-prévio trabalhado

É aquele em cujo período ocorre a prestação de serviços do empregado, independentemente de o aviso ser concedido por este ou pelo empregador.

Quando o aviso-prévio é superior a 30 dias em virtude do acréscimo da proporcionalidade relativa ao tempo de serviço, o entendimento do MTP, conforme a Nota Técnica MTE nº 184 é de que a proporcionalidade somente beneficia o empregado. Dessa forma, a parte do aviso-prévio a ser trabalhada não poderá superar a 30 dias, sendo que os dias restantes de aviso-prévio a que o empregado fizer jus deverá ser indenizado.

No âmbito doutrinário, a matéria também não comporta entendimento pacífico. Alguns doutos alegam que a bilateralidade do contrato se aplica apenas aos primeiros 30 dias do aviso-prévio, depois deste prazo, constitui apenas benefício ao empregado. Nesta situação, em caso de dispensa do empregado, o período excedente aos 30 dias de aviso-prévio deverá ser indenizado. Em caso de pedido de demissão o empregado estaria obrigado a conceder apenas 30 dias de aviso-prévio ao empregador.

Outros entendem que a bilateralidade deve ser considerada em todo o período do aviso, portanto, o empregador pode optar por exigir o trabalho do empregado dispensado durante todo o período do aviso-prévio proporcional. Em caso de pedido de demissão o empregado estaria também obrigado a conceder o aviso-prévio proporcional ao empregador.

No âmbito jurisprudencial, encontramos decisões nos dois sentidos.

... – 1- Proporcionalidade do aviso-prévio ao tempo de serviço – Vantagem estendida apenas aos empregados – 2- Multa do art. 477, § 8º, da CLT decorrente das diferenças de verbas rescisórias – Não cabimento – 3- Honorários advocatícios – Súmula 219, I, TST – A Lei nº. 12.506/2011 é clara em considerar a proporcionalidade uma vantagem estendida aos empregados (*caput* do art. 1º do diploma legal), sem a bilateralidade que caracteriza o instituto original, fixado em 30 dias desde 5.10.1988. A bilateralidade restringe-se ao aviso-prévio de 30 dias, que tem de ser concedido também pelo empregado a seu empregador, caso queira pedir demissão (*caput* do art. 487 da CLT), sob pena de poder sofrer o desconto correspondente ao prazo descumprido (art. 487, § 2º, CLT). Esse prazo de 30 dias também modula a forma de cumprimento físico do aviso-prévio (aviso trabalhado): redução de duas horas de trabalho ao dia, durante 30 dias (*caput* do art. 488, CLT) ou cumprimento do horário normal de trabalho durante o pré-aviso, salvo os últimos sete dias (parágrafo único do art. 488 da CLT). A escolha jurídica feita pela Lei nº 12.506/2011, mantendo os trinta dias como módulo que abrange todos os aspectos do instituto, inclusive os desfavoráveis ao empregado, ao passo que a proporcionalidade favorece apenas o trabalhador, é sensata, proporcional e razoável, caso considerados a lógica e o direcionamento jurídicos da Constituição e de todo o Direito do Trabalho. Trata-se da única maneira de se evitar que o avanço normativo da proporcionalidade se converta em uma contrafacção, como seria impor-se ao trabalhador com vários anos de serviço gravíssima restrição a seu direito de se desvincular do contrato de emprego. Essa restrição nunca existiu no Direito do Trabalho e nem na Constituição, que jamais exigiram até mesmo do trabalhador estável ou com garantia de emprego (que tem – ou tinha – vantagem enorme em seu benefício) qualquer óbice ao exercício de seu pedido de demissão. Ora, o cumprimento de um aviso de 60, 80 ou 90 dias ou o desconto salarial nessa mesma proporção fariam a ordem jurídica retornar a períodos selvagens da civilização ocidental, antes do advento do próprio Direito do Trabalho – Situação normativa incompatível com o espírito da Constituição da República e do Direito do Trabalho brasileiros. Recurso de revista conhecido e parcialmente provido. (TST – RR 1682-51.2015.5.17.0006 – 3ª Turma – Rel. Min. Mauricio Godinho Delgado – DJe 26.05.2017)

Recurso de revista interposto na vigência da Lei nº 13.015/2014 – Aviso-prévio – proporcionalidade ao tempo de serviço – Direito do empregado e do empregador – Bilateralidade – 1- O aviso-prévio é obrigação recíproca de empregado e de empregador, em caso de rescisão unilateral do contrato de trabalho, sem justa causa, como deriva do art. 487, *caput*, da CLT. A circunstância de o art. 1º da Lei nº 12.506/2011 haver regulamentado o aviso-prévio proporcional ao tempo de serviço dos empregados não significa que não se aplica a referida proporcionalidade também em favor do empregador. A própria Lei nº 12.506/2011 reporta-se expressamente ao aviso-prévio de que trata "o Capítulo VI do Título IV da Consolidação das Leis do Trabalho", cujo art. 487 alude "à parte" que, sem justo motivo, "quiser rescindir", aplicando a ambos os sujeitos do contrato de emprego a mesma duração do aviso-prévio. A nova lei somente mudou a duração do aviso-prévio, tomando em conta o maior ou menor tempo de serviço do empregado. 2- Afrontaria o princípio constitucional da isonomia reconhecer, sem justificativa plausível para tal discrímen, a duração diferenciada para o aviso-prévio conforme fosse concedido pelo empregador ou pelo empregado. Assim como é importante o aviso-prévio para o empregado, a fim de buscar recolocação no mercado de trabalho, igualmente o é para o empregador, que se vê na contingência de recrutar e capacitar um novo empregado. 3- Ademais, ainda que assim não se entendesse, o prolongamento do aviso-prévio concedido pelo empregado ao empregador, observada sempre a mesma duração proporcional ao tempo de serviço, não causa prejuízo ao empregado passível de gerar direito à indenização. Há pagamento de salário correspondente aos dias supostamente trabalhados sem exigência legal e há a própria projeção do contrato de emprego, asseguradas todas as demais obrigações contratuais e legais. 4- Recurso de revista da Reclamante de que não se conhece. (TST – RR 1964-73.2013.5.09.0009 – 4ª Turma – Rel. Min. João Oreste Dalazen – DJe 25.11.2016).

Considerando a divergência existente, recomendamos, por medida preventiva, que o empregador antes de abraçar o entendimento que entender mais coerente, consulte antecipadamente o próprio MTP, e a entidade sindical da respectiva categoria profissional, a fim de obter as orientações cabíveis. Recorda-se, por fim, que a decisão final sobre as controvérsias decorrentes da aplicação da Lei nº 12.506/2011 competirá ao Poder Judiciário desde que intentada a competente ação.

Aviso-prévio indenizado

Quando o empregador dispensa o empregado e concede o aviso--prévio na forma indenizada, o período total correspondente ao aviso será pago sob forma de indenização, posto que não haverá a prestação dos serviços.

Exemplo

Dispensa do empregado com 5 anos de empresa, sem justa causa, sem concessão de aviso-prévio, ou seja, dispensa de seu cumprimento. Neste caso, o empregador efetuará o pagamento a título de aviso-prévio indenizado em valor correspondente aos 45 dias de aviso a que o trabalhador tem direito (considerando o entendimento da integração do primeiro ano de trabalho na contagem).

Empregado que solicita demissão – Não cumprimento do aviso-prévio

O empregado ao solicitar sua demissão e não havendo interesse em cumprir o aviso-prévio, deverá indenizar o empregador da falta de cumprimento referente ao período de duração do aviso-prévio.

Importante

Com a publicação da Lei nº 12.506/2011, que regulamentou o aviso-prévio proporcional ao tempo de serviço, surgiram na doutrina duas correntes de entendimento acerca da possibilidade legal de se proceder ao desconto da parcela do aviso-prévio superior a 30 dias nas verbas rescisórias do empregado que não o cumpre.

A primeira corrente de entendimento sustenta que o aviso-prévio superior a 30 dias é direito do empregado e não obrigação. Dessa forma, a parcela que exceder a 30 dias de aviso não poderia ser deduzida das verbas rescisórias em caso de não cumprimento do aviso por parte do empregado.

A segunda corrente defende a posição de que o aviso-prévio proporcional ao tempo de serviço nada mais é do que o aviso-prévio previsto na CLT, tendo havido tão somente o elastecimento do seu prazo de duração dependendo do tempo de serviço do trabalhador. Trata-se, portanto, de

Capítulo XI – Aviso-Prévio

direito e obrigação tanto do empregado como do empregador. Portanto, da mesma forma que o empregador está obrigado a conceder o aviso superior a 30 dias ao empregado, o trabalhador também se encontra obrigado a conceder o mesmo prazo de aviso ao empregador quando do pedido de demissão.

No âmbito jurisprudencial, temos decisões nos dois sentidos.

Considerando a divergência existente, poderá o empregador, antes de abraçar a posição que entender mais coerente, consultar a entidade sindical da respectiva categoria profissional, a fim de obter as orientações cabíveis, lembrando que a decisão final sobre as controvérsias decorrentes da aplicação da Lei nº 12.506/2011 competirá ao Poder Judiciário desde que intentada a competente ação.

Aviso-prévio cumprido em casa

Não há previsão legal para esta modalidade de aviso-prévio, ou seja, aquele no qual a empresa dispensa o empregado e este fica em sua casa aguardando o decorrer do prazo (30 dias ou mais, conforme o tempo de serviço do empregado na empresa) correspondentes ao aviso para ter rescindido o seu contrato de trabalho.

Não obstante a falta de previsão legal, essa forma de aviso-prévio tornou-se prática comum e a jurisprudência trabalhista, diante dessa realidade, tem se manifestado, em sua maioria, no sentido de considerar válida a sua adoção.

Prazo – Contagem

A contagem do aviso-prévio inicia-se a partir do dia seguinte ao da comunicação, que será formalizada por escrito.

Prazo para pagamento das verbas rescisórias

O pagamento dos valores constantes do instrumento de rescisão ou recibo de quitação deverão ser efetuados até 10 dias contados a partir do término do contrato, não havendo mais a necessidade de homologação, independentemente do tempo de serviço do empregado na empresa.

A empresa deverá fazer a comunicação da rescisão por meio do envio do evento de desligamento ao eSocial no prazo de 10 dias contados da data do desligamento.

Aviso-prévio trabalhado – Redução da jornada em 2 horas ou dias

A redução da jornada de trabalho visa permitir que o empregado dispensado, durante o horário comercial, tenha tempo hábil para procurar nova colocação no mercado de trabalho, sem sofrer qualquer redução em seus vencimentos. Por outro lado, quando o empregado solicita sua demissão, não há que se falar em redução de jornada, por se entender já ter obtido nova colocação, ou seja, presume-se que já tenha conseguido novo emprego, ou por qualquer outro motivo, pois é ato de vontade.

A CLT em seu artigo 488, assegura ao empregado que for dispensado sem justa causa pelo empregador o direito de optar por deixar de comparecer à empresa, sem prejuízo do salário integral por 7 dias corridos ou em reduzir em duas horas diárias seu horário normal de trabalho.

Este prazo de 7 dias foi concedido em virtude do aviso-prévio que até então, era de 30 dias, posto que o elastecimento do prazo do aviso conforme o tempo de serviço só ocorreu em 2011.

Dessa forma, os favoráveis à reciprocidade do aviso prévio proporcional ao tempo de serviço, defendem o entendimento de que deveria haver uma adequação ao prazo de redução do aviso em dias, com o direito de cada trabalhador, mediante a aplicação da seguinte regra:

Considerando um empregado dispensado sem justa causa em cumprimento de aviso-prévio de 60 dias. Optando por faltar em número de dias em substituição à redução diária da jornada em duas horas teremos:

30	↔	7
60	↔	x

$$\frac{60\ \mu\ 7}{30} = 14$$

Portanto, nesta situação o empregado trabalharia 46 dias do aviso, faltando ao serviço sem prejuízo da remuneração, por 14 dias.

Tabela de redução proporcional considerando jornada normal de até 8 horas diárias e 44 horas semanais

Direito ao aviso-prévio (em dias)	Dias de redução proporcional	Equivalência em dias, horas e minutos
30	7	7 dias
33	7,7	7 dias + 5h08min
36	8,4	8 dias + 2h56min
39	9,1	9 dias + 0h44min
42	9,8	9 dias + 5h52min
45	10,5	10 dias + 3h40min
48	11,2	11 dias + 1h28min
51	11,9	11 dias + 6h36min
54	12,6	12 dias + 4h24min
57	13,3	13 dias + 2h12min
60	14	14 dias
63	14,7	14 dias + 5h08min
66	15,4	15 dias + 2h56min
69	16,1	16 dias + 0h44min
72	16,8	16 dias + 5h52min
75	17,5	17 dias + 3h40min
78	18,2	18 dias + 1h28min
81	18,9	18 dias + 6h36min
84	19,6	19 dias + 4h24min
87	20,3	20 dias + 2h12min
90	21	21 dias

Os doutrinadores que defendem a posição de que a proporcionalidade do aviso beneficia apenas o empregado e, que, portanto, quando dispensado sem justa causa, este deve trabalhar apenas 30 dias do aviso, sendo o restante indenizado, entendem que a Lei nº 12.506/2011 não alterou as determinações do art. 488 da CLT, e, portanto, segundo esta corrente, independentemente do prazo do aviso-prévio a que o trabalhador fizer jus, a redução em dias, substitutiva da redução em horas, fica inalterada em 7 dias.

Vejas as seguintes decisões acerca do assunto.

Aviso-prévio trabalhado proporcional ao tempo de serviço – Lei nº 12.506/2011 – O elastecimento do período do aviso-prévio, promovido pela Lei nº 12.506/2011, não alterou a finalidade do instituto, ou seja, a de assegurar um período de tempo mínimo destinado à busca de novo emprego ao trabalhador dispensado sem justa causa. Também não há, na citada lei, previsão de tratamento diverso ao período relativo à proporcionalidade do aviso-prévio que decorre do tempo de serviço. Entende-se, assim, que o empregador pode exigir que o empregado pré-avisado cumpra o período respectivo trabalhando, independentemente de o aviso ser equivalente ao período mínimo de 30 dias ou não. Todavia, para preservar a finalidade do instituto, o empregador deve também atender estritamente ao que determina o art. 488 da CLT em relação a todo o período do aviso-prévio, e não apenas em relação àquele período mínimo de 30 dias. Assim, o empregador deve facultar a opção ao empregado em reduzir a jornada em 2 horas durante todo o período do aviso ou reduzir, proporcionalmente, em dias, o período de trabalho. Havendo opção em "faltar ao serviço", o lapso de 7 dias previsto no art. 488, parágrafo único, da CLT, deve ser acrescido, obtendo-se aquele devido com uma mera regra de 3, pois se 7 dias correspondem a um aviso-prévio de 30 dias, "x" dias corresponderão ao aviso-prévio proporcional ao tempo de serviço. Entender-se que o empregador pode simplesmente exigir o trabalho em período normal em todo o lapso acrescido pela Lei 12.506/2011 seria o mesmo que tornar letra morta a vantagem por ela instituída em favor do trabalhador. Recurso da reclamada desprovido. (TRT-04ª Região – RO 0000302-12.2013.5.04.0301 – 7ª Turma – Rel. Des. Wilson Carvalho Dias – DJe 21.11.2014.)

Aviso-prévio proporcional – Concessão – Lei nº 12.506/2011 – Em que pese a Lei 12.509/2011 tenha estabelecido a proporcionalidade no aviso-prévio de acordo com o tempo trabalhado na mesma empresa (acréscimo de 3 dias a cada ano trabalhado), esta proporção não é aplicada em relação aos 7 dias de faltas ao final, ou seja, independentemente do número de dias de aviso, os dias de faltas serão sempre conforme o estabelecido pelo parágrafo único do art. 488 da CLT. Isto porque a nova legislação em nada alterou o disposto pela mencionada norma consolidada. (TRT-05ª Região – RO 0000606-70.2012.5.05.0025 – 2ª Turma – Relª Desª Graça Laranjeira – DJe 05.05.2014.)

Jornada reduzida

Ao tratar da redução horária, o legislador não fez distinção entre empregados com jornada normal e aqueles com jornada reduzida por força de lei ou de cláusula de documento coletivo de trabalho, ou, ainda, disposição contratual, aplicando-se, em qualquer hipótese, a redução integral de duas horas diárias.

Exemplo

Empregado dispensado sem justa causa, com jornada diária de 5 horas, durante o curso do aviso trabalhará apenas 3 horas por dia.

Integração ao tempo de serviço

Integra o tempo de serviço do empregado para todos os efeitos legais, o aviso-prévio concedido pelo empregador, ainda que não trabalhado (indenizado). Entretanto, se o aviso-prévio for concedido pelo empregado (pedido de demissão), somente será computado como tempo de serviço o respectivo período em que for trabalhado.

Quando o empregado pede demissão do emprego e opta por não cumprir o aviso-prévio, indenizando assim o empregador, o período correspondente não será integrado ao seu tempo de serviço.

Exemplo

Empregado admitido em 2 de janeiro é dispensado, sem justo motivo, com aviso-prévio indenizado de 30 dias em 1º de dezembro do mesmo ano. Tempo de serviço a ser considerado para efeito de cálculo de verbas rescisórias:

- Tempo efetivamente trabalhado: 02.01 a 1º.12 = 11 meses.

- Aviso-prévio indenizado (projeção) = 02 a 31.12 = 30 dias.

- Total de tempo de serviço (trabalho efetivo + aviso-prévio) = 12 meses (1 ano).

Neste caso, em virtude da integração do aviso-prévio indenizado no tempo de serviço do trabalhador, este terá direito a receber, entre as verbas rescisórias cabíveis, 12/12 tanto de férias como de 13º salário.

Reconsideração

É facultado à parte notificante propor a reconsideração do aviso-prévio, e à notificada aceitar ou não a reconsideração. Em caso positivo, ou continuando a prestação de serviços após o término de prazo do aviso, o contrato continuará a vigorar plenamente como se o aviso-prévio não tivesse sido concedido.

A reconsideração pode ocorrer por manifestação:

a) expressa da parte notificante, antes do término do prazo do aviso;

b) tácita, quando há continuidade do trabalho além do prazo do aviso.

DEPARTAMENTO DE PESSOAL MODELO

Pode se caracterizar nas seguintes situações:

a) empregador dispensa o empregado, porém, durante o prazo do aviso-prévio, encaminha a este solicitação, por escrito, para desconsiderar o pré-aviso. O empregado pode aceitar ou não o pedido de reconsideração do empregador;

b) empregado pede demissão do emprego e no curso do aviso--prévio solicita, por escrito ao empregador, a desconsideração do aviso. Neste caso, competirá ao empregador aceitar ou não o pedido de reconsideração formulado pelo empregado;

c) empregador dispensa o empregado com o término do aviso--prévio previsto para 14.05. Entretanto, este continua a trabalhar após essa data. Neste caso, se o empregador quiser fazer valer a dispensa, terá de conceder novo aviso ao empregado.

Em todas as situações mencionadas, desde que haja a reconsideração expressa (com aceitação da parte notificada) ou tácita (continuidade normal da prestação dos serviços após o prazo previsto para o término do aviso-prévio), o contrato continua a vigorar como se o aviso-prévio não tivesse sido concedido, tampouco cumprido, restabelecendo-se, automaticamente, a plena vigência do contrato laboral entre as partes.

Aviso-prévio trabalhado – Compensação de horário de trabalho

Quando o empregado que trabalha além do horário normal por força do acordo de compensação de horas, no período do aviso-prévio, deverá o empregador impedir esta compensação de horas de trabalho relativa a(os) dia(s) que recaia(m) após o término do aviso-prévio trabalhado. Desta maneira, evita-se a alegação de que houve continuidade de trabalho e a consequente desconsideração do aviso.

Exemplo

Acordo de compensação de horas firmado com os empregados com o objetivo de não executar trabalhos aos sábados. Nesta situação, se o término do aviso-prévio trabalhado recair em data anterior ao sábado, na semana, o empregador não deve deixar o empregado trabalhar compensando este sábado, pois sua inobservância acarretará a presunção do prolongamento indevido do período de aviso a que o empregado estava legalmente obrigado a cumprir e, por consequência, a sua desconsideração.

Capítulo XI – Aviso-Prévio

Aviso-prévio – Direito irrenunciável

O direito ao aviso-prévio é irrenunciável pelo empregado. Na hipótese de dispensa sem justa causa, o empregador só se desobriga do pagamento do aviso-prévio caso o empregado, comprovadamente, tiver obtido novo emprego (Súmula do TST nº 276).

Falta de aviso-prévio pelo empregador

O empregador ao dispensar o empregado obriga-se a conceder a ele o aviso-prévio proporcional ao seu tempo de serviço na empresa (30 a 90 dias, conforme o caso), sendo que na ausência de aviso-prévio pelo empregador ao empregado é garantido o salário correspondente ao prazo do aviso não concedido, inclusive a integração do período ao tempo de serviço para todos os efeitos legais.

Falta de aviso-prévio pelo empregado

O empregado ao solicitar sua demissão tem por obrigação cumprir ou indenizar o aviso-prévio ao empregador.

Caso o empregado queira garantir o salário relativo à duração do aviso-prévio, terá de trabalhar o respectivo período. Por outro lado, caso opte por não trabalhar, sofrerá o desconto do valor relativo ao precitado período.

A análise da bilateralidade do contrato, ou seja, da reciprocidade das obrigações, leva-nos preliminarmente a entender que o mesmo dever que o empregador tem de indenizar o aviso-prévio proporcional ao tempo de serviço quando demite seu empregado sem cumprimento do prazo respectivo, o empregado também tem quando quebra abruptamente o vínculo laboral, cabendo-lhe, da mesma forma, indenizar o período com os haveres (verbas rescisórias) adquiridos no curso da sua relação empregatícia.

Entretanto, em relação ao aviso-prévio proporcional ao tempo de serviço (superior a 30 dias) a matéria é controvertida. Alguns doutos entendem que a bilateralidade do aviso-prévio se aplica somente aos primeiros 30 dias. Nesta situação, em caso de pedido de demissão, o empregado estaria obrigado a conceder apenas 30 dias de aviso-prévio ao empregador.

Outros, entendem que a bilateralidade deve ser considerada em todo o período do aviso, portanto, em caso de pedido de demissão o empregado estaria também obrigado a conceder o aviso-prévio proporcional ao empregador.

No âmbito jurisprudencial, as decisões acerca do assunto ainda são escassas. Entretanto, as que encontramos, até o momento (a seguir reproduzidas), são contrárias à concessão da parte proporcional do aviso-prévio ao empregador.

> *Aviso-prévio proporcional – Ilegalidade do desconto procedido pela reclamada na rescisão – Em que pese o art. 487 da CLT estabeleça que o aviso-prévio é um direito recíproco, devido tanto pelo empregado quanto pelo empregador, o mesmo não se aplica quanto ao prazo, estabelecendo-se apenas em favor do empregado a proporcionalidade decorrente do tempo de serviço prestado à mesma empresa estabelecida pela Lei n° 12.506/2011. Assim sendo, é ilegal o desconto superior a 30 dias de salário procedido pela empregadora na rescisão do contrato de trabalho do reclamante, sendo devida a devolução dos valores descontados em excesso. Sentença mantida, no aspecto. (TRT-04ª Região – RO 0000141-46.2012.5.04.0233 – 1ª T. – Relª Desª Laís Helena Jaeger Nicotti – DJe 17.02.2014.)*

> *Devolução do desconto efetuado na rescisão contratual – Aviso-prévio proporcional – Quando a iniciativa da ruptura do pacto laboral é do trabalhador, não há falar em aviso-prévio proporcional, sendo ilícito qualquer desconto efetuado pelo empregador a esse título. (TRT-04ª Região – RO 0000005-33.2012.5.04.0303 – 6ª Turma – Relª Desª Maria Cristina Schaan Ferreira – DJe 30.04.2013.)*

> *Rescisão do contrato de trabalho – Iniciativa do empregado – Aviso-prévio proporcional – Inaplicabilidade – "Rescisão contratual por iniciativa do empregado sem justa causa. Aviso-prévio devido pelo empregado. Ausência de proporcionalidade. O aviso-prévio proporcional ao tempo de serviço é um direito do empregado (arts. 7°, XXI, da CR e 1° da Lei n° 12.506/2011). Isso significa que em caso de ruptura contratual de iniciativa do empregado, sem justa causa, o prazo de aviso-prévio devido pelo empregado é de trinta dias, conforme o art. 487 da CLT, sendo indevido o desconto superior... (TRT-10ª Região – RO 1215-44.2013.5.10.0004 – Relª Desª Cilene Ferreira Amaro Santos – DJe 25.10.2013 – pág. 132.)*

Considerando a divergência existente, recomendamos, por medida preventiva, que o empregador antes de abraçar o entendimento que entender mais coerente, consulte antecipadamente o próprio MTP, e a entidade sindical da respectiva categoria profissional, a fim de obter as orientações cabíveis. Recorda-se, por fim, que a decisão final sobre as controvérsias decorrentes da aplicação da Lei n° 12.506/2011 competirá ao Poder Judiciário desde que intentada a competente ação.

Capítulo XI – Aviso-Prévio

Pedido de demissão – Impossibilidade de cumprimento do aviso-prévio por decisão do empregador

Quando o empregado solicita sua demissão e tem interesse em cumprir o período do aviso-prévio, havendo recusa do empregador, ao empregado será devido o aviso indenizado, integrando este o tempo de serviço para todos os efeitos legais.

Rescisão sem justa causa – Liberação do cumprimento pelo empregador

O empregado entra em acordo com o empregador pelo não cumprimento do aviso-prévio oriundo da despedida sem justa causa. Neste caso, o empregador, obrigatoriamente, indeniza o respectivo período do aviso-prévio ao empregado, salvo prova inequívoca por parte deste último quanto à obtenção de novo emprego no curso do cumprimento normal do aviso-prévio trabalhado.

No tocante à parcela do aviso-prévio proporcional ao tempo de serviço, o tema comporta divergência, pois aqueles que defendem que a proporcionalidade é direito apenas do empregado podem abraçar a posição de que mesmo obtendo novo emprego durante os dias de aviso-prévio a serem trabalhados (30 primeiros), a proporcionalidade continuará a ser devida.

Indenização adicional

O artigo 9º da Lei nº 7.238/1984 dispõe que o empregado dispensado sem justa causa, no período de 30 dias que antecede a data-base terá direito ao pagamento de uma indenização adicional equivalente a um salário mensal, no valor deste à data da comunicação do despedimento.

O pagamento das verbas rescisórias com o salário já corrigido não afasta o direito à referida indenização adicional (Súmula TST nº 314).

Para fins de cálculo da indenização adicional, o salário mensal será acrescido dos adicionais salariais, correlacionados à unidade de tempo mês, habitualmente pagos ao empregado, tais como: adicionais de hora extra, noturno, insalubridade, periculosidade etc., não sendo computável, para esse fim, a gratificação natalina.

Terá também direito à indenização adicional nos casos em que computado o tempo do aviso-prévio proporcional ao tempo de serviço, ainda que indenizado, ocorre a rescisão contratual no período de 30 dias que antecede à data-base.

DEPARTAMENTO DE PESSOAL MODELO

Assim, ocorrendo a dispensa do empregado, sem justa causa, cujo término do aviso-prévio trabalhado ou indenizado (projetado no tempo) recaia no período de 30 dias que antecede à data de sua correção salarial (data-base), ele terá direito à indenização adicional equivalente a um salário mensal.

Por outro lado, caso o término do aviso-prévio ocorra no próprio mês da correção salarial, os empregados pré-avisados farão jus ao referido reajuste para fins de pagamento das verbas rescisórias, não sendo assegurado a esses a indenização correspondente ao salário mensal.

Pedido de demissão – Não cumprimento pactuado

Empregado solicita demissão e acorda com o empregador o não cumprimento do aviso-prévio a que se obrigou em virtude de seu pedido de demissão. Nesta hipótese, nada é devido ao empregado a título de aviso-prévio e tampouco lhe será descontado o período respectivo das verbas rescisórias. Por outro lado, caso o empregador não concorde com a dispensa do aviso-prévio, o trabalhador se obriga a cumpri-lo integralmente, sob pena de indenizá-lo ao empregador.

Observar os comentários anteriores em relação ao aviso-prévio proporcional ao tempo de serviço.

Remuneração

O valor a ser pago a título do aviso-prévio trabalhado ou aviso-prévio indenizado corresponde à remuneração do respectivo período.

Lembrar que nas rescisões contratuais por acordo entre as partes (Lei nº 13.467/2017) o aviso-prévio indenizado será devido por metade.

Remuneração fixa mensal

Para obter o valor do aviso-prévio, o empregador deve dividir a remuneração mensal do trabalhador pelo número de dias do mês correspondente ao aviso e multiplicar o resultado pelo número de dias de aviso a que o empregado faz jus.

Exemplos

a) Empregado com salário fixo de R$ 1.500,00, com direito a aviso-prévio de 30 dias, no período de 1º a 30.06:

Capítulo XI – Aviso-Prévio

- Aviso-prévio = R$ 1.500,00 (R$ 1.500,00 ÷ 30 × 30).

b) empregado com direito a aviso-prévio de 30 dias, com início 05.03 e término dia 03.04 e salário mensal de R$ 1.600,00 nos meses de março e abril:

- Aviso-prévio no período de 05 a 31.03 (27 dias em março) = R$ 1.393,55 (R$ 1.600,00 ÷ 31 × 27).

- Aviso-prévio no período de 1º a 03.04 (3 dias em abril) ~= R$ 154,84 (R$ 1.600,00 ÷ 31 × 3).

- Valor total do aviso-prévio a ser pago = R$ 1.548,39 (R$ 1.393,55 + R$ 154,84).

c) empregado com direito a 30 dias de aviso-prévio trabalhado com início 15.03 e término dia 13.04 e salário mensal de R$ 1.800,00 nos meses de março e abril:

- saldo de salário de 1º a 14.03 (14 dias) a R$ 812,90 (R$ 1.800,00 ÷ 31 x 14);

- aviso-prévio trabalhado de 15 a 31.03 (17 dias em março) a R$ 987,10 (R$ 1.800,00 ÷ 31 x 17);

- aviso-prévio trabalhado de 1º a 13.04 (13 dias em abril) a R$ 780,00 (R$ 1.800,00 ÷ 30 x 13);

- valor total do aviso-prévio a ser pago = R$ 1.767,10 (R$ 987,10 + R$ 780,00);

Neste caso, o empregado receberá durante o período a mesma remuneração que receberia se não estivesse cumprindo seu aviso-prévio trabalhado.

Remuneração diária

O valor/dia deve ser multiplicado pelo número de dias a que o empregado tem direito a título de aviso-prévio.

Exemplo

Empregado diarista com salário-dia de R$ 50,00, nos meses de maio e junho, e com direito a aviso-prévio trabalhado de 30 dias, com início em 07.05 e término em 05.06:

- Aviso-prévio trabalhado de 07 a 31.05 (25 dias em maio) = R$ 1.250,00 (R$ 50,00 × 25).

- Aviso-prévio trabalhado de 1º a 05.06 (5 dias em junho) = R$ 250,00 (R$ 50,00 × 5).

- Valor total do aviso-prévio a ser pago = R$ 1.500,00 (R$ 1.250,00 + R$ 250,00).

Salário pago por comissão – Aviso-prévio trabalhado

O empregado recebe o fixo atual (no caso de remuneração mista), mais as comissões correspondentes às vendas efetuadas no prazo do aviso, computada a integração das comissões na redução temporal do aviso-prévio, quando oriunda de dispensa sem justa causa. Ao resultado, soma-se o repouso semanal remunerado (RSR) a apurar, segundo as comissões percebidas no período.

Exemplo:

Obtém-se o valor das comissões relativas às horas reduzidas (2 × número de dias do aviso), mediante o seguinte cálculo:

- Apura-se a média das comissões dos 12 últimos meses ou da admissão à rescisão (na hipótese de empregado com menos de 1 ano de serviço), ou, ainda, outro critério estabelecido em documento coletivo de trabalho), divide-se o resultado obtido pela jornada mensal a fim de obter as comissões auferidas por hora de trabalho.

Assim, supondo um empregado com direito a 30 dias de aviso-prévio e que apresente uma média duodecimal (12 meses) equivalente a R$ 1.232,00, temos:

- R$ 1.232,00 ÷ 220 = R$ 5,60 (valor/hora das comissões).

- Valor das comissões relativas às 60 horas de redução = (R$ 5,60 × 60) = R$ 336,00.

Salário pago por comissão – Aviso-prévio indenizado

Para o empregado com 1 ano ou mais de serviço, apura-se a média das comissões recebidas nos últimos 12 meses de serviço, já com a integração dos RSR.

Capítulo XI – Aviso-Prévio

O cálculo do aviso-prévio para os empregados com menos de 1 ano de serviço será efetuado com base na média dos meses trabalhados até a data da rescisão.

Alguns documentos coletivos de trabalho garantem a correção dos valores das comissões, ou, ainda, determinam prazo inferior para a apuração da média destas.

Cálculo efetuado considerando a corrente que defende o entendimento de que na contagem da proporcionalidade do aviso-prévio deve ser considerado o ano completo de atividade considerando o primeiro ano.

- Admissão – 02.01.2020, com salário fixo R$ 1.500,00) mais comissões

-Dispensa – 31.05.2021.

A título de comissões (já computada mês a mês a integração dos repousos semanais remunerados – RSR, ou seja, total das comissões auferidas durante o mês, dividido pelo nº de dias úteis do mês – 2ª feira a sábado, inclusive, vezes o nº de domingos e feriados do respectivo mês), recebeu:

Mês/Ano	(R$)
06/2020	1.200,00
07/2020	1.000,00
08/2020	900,00
09/2020	950,00
10/2020	1.150,00
11/2020	1.250,00
12/2020	1.500,00
01/2021	1.700,00
02/2021	1.750,00
03/2021	1.800,00
04/2021	2.000,00
05/2021	2.200,00
Total recebido	17.400,00

Média mensal (R$ 17.400,00 ÷ 12) R$ 1.450,00
+
Salário fixo R$ 1.500,00
Base de cálculo do Aviso-prévio indenizado devido = R$ 2.950,00 (R$ 1.500,00 + R$ 1.450,00)
Valor total do Aviso-prévio = R$ 3.235,48 (R$ 2.950,00 relativos aos 30 dias de junho (R$ 2.950,00 ÷ 30 × 30) e R$ 285,48 relativo a 3 dias de julho (R$ 2.950,00 ÷ 31 × 3)

b) empregado com menos de 1 ano de serviço

O cálculo do aviso-prévio indenizado observa a média dos meses trabalhados até a data da rescisão.

- admissão – 03.01.2021, com salário fixo (R$ 1.200,00) mais comissões.

- Dispensa – 30.11.2021.

A título de comissões (já computada mês a mês a integração dos repousos semanais remunerados, recebeu:

Mês/Ano	(R$)
01/2021	1.800,00
02/2021	1.800,00
03/2021	2.000,00
04/2021	2.200,00
05/2021	2.250,00
06/2021	2.500,00
07/2021	2.700,00

08/2021	2.750,00
09/2021	2.800,00
10/2021	3.000,00
11/2021	3.200,00
Total recebido	27.000,00
Média mensal (R$ 27.000,00 ÷ 11) R$ 2.454,54 + Salário fixo R$ 1.200,00	
Aviso-prévio indenizado devido relativo ao período projetado (1º a 30.12) R$ 3.536,70 (R$ 3.654,54 ÷ 31 × 30)	

Lembrar que nas rescisões contratuais por acordo entre as partes (Lei nº 13.467/2017) o aviso-prévio indenizado será devido por metade.

Salário por tarefa – Aviso-prévio indenizado e trabalhado

Aviso-prévio indenizado – corresponde ao valor da média aritmética das tarefas produzidas nos últimos 12 meses, ou da data da admissão à rescisão contratual (já incluídas as integrações dos RSR).

Lembrar que nas rescisões contratuais por acordo entre as partes (Lei nº 13.467/2017) o aviso-prévio indenizado será devido por metade.

Aviso-prévio trabalhado – no caso de dispensa sem justa causa, corresponde ao valor das tarefas produzidas, mais o valor relativo às horas de redução da jornada. Ao resultado, soma-se o repouso semanal remunerado (RSR) a apurar, segundo o valor das tarefas produzidas no período.

Exemplo

Aviso-prévio indenizado

Empregado com 11 meses e 25 dias de serviço na empresa

Tarefas realizadas nos últimos 12 meses: 6000

Valor da tarefa na data da rescisão contratual: R$ 10,00

Temos:

Média aritmética das tarefas produzidas nos últimos 12 meses: (6000 ÷ 12) = 500

Valor por tarefa executada: R$ 10,00

Aviso-prévio indenizado de 30 dias, devido: 500 x R$ 10,00 = R$ 5.000,00

Empregado com menos de 1 ano de serviço na empresa

Admissão em 01.09 e rescisão contratual em 31.12

Tarefas realizadas no período: 3000

Valor da tarefa vigente na data da rescisão: R$ 10,00

Média aritmética das tarefas produzidas da admissão à rescisão (4 meses): 3000 ÷ 4 = 750

Valor por tarefa executada = R$ 10,00;

Aviso-prévio indenizado devido: 750 x R$ 10,00 = R$ 7.500,00

Aviso-prévio trabalhado

A empresa ao dispensar sem justa causa o empregado que recebe a sua remuneração com base nas tarefas produzidas e optando o empregado em reduzir a sua jornada diária em 2 horas, terá direito, no período do aviso, a receber o valor das tarefas produzidas na jornada diária reduzida em 2 horas, mais o valor relativo à média das 2 horas de redução, durante o prazo do aviso-prévio trabalhado, ou seja, no caso de aviso-prévio de 30 dias, 60 horas. Ao resultado, soma-se o repouso semanal remunerado (RSR) a apurar, segundo o valor das tarefas produzidas no período. O repouso semanal remunerado corresponde ao total das tarefas ou peças produzidas durante o mês, vezes o valor da tarefa vigente no mês, dividido pelo número de dias úteis (de 2ª feira a sábado, inclusive), vezes o número de domingos e feriados que ocorreram no respectivo período.

Capítulo XI – Aviso-Prévio

Aviso-prévio trabalhado – Salário por tarefa – Redução de 2 horas diárias

Exemplo

Dispensa sem justa causa

Admissão: 10.05.2020

Aviso-prévio trabalhado: 1º a 30.04. 2021

Produção nos últimos 12 meses: 6000

Tarefas realizadas nos 30 dias do aviso-prévio durante a jornada reduzida = 400

Valor da tarefa em 04/2021: R$ 4,00

Valor total das tarefas produzidas (R$ 4,00 x 400) R$ 1.600,00

Horas reduzidas

- Média dos 12 últimos meses, ou da admissão à rescisão contratual. Observando a média dos 12 últimos meses temos: 6.000 ÷ 12 = 500

- Valor das tarefas relativas às 60 horas de redução (30 dias x 2hs x R$ 4,00) = R$ 240,00

- Soma das tarefas realizadas (1.600,00 + R$ 240,00) = R$ 1.840,00

- RSR = R$ 1.600,00 ÷ 24 x 6 = R$ 400,02- Aviso-prévio devido (R$ 1.840,00 + R$ 400,02) = R$ 2.240,02

- Aviso-prévio devido (R$ 1.840,00 + R$ 400,02) = R$ 2.240,02

Aviso-prévio indenizado – Horas extras

As horas extras realizadas habitualmente pelo empregado integra o aviso-prévio indenizado. Neste caso, somam-se às horas extras realizadas nos últimos 12 meses ou da data da admissão à rescisão (na hipótese de empregado com menos de 1 ano de serviço), ou ainda, outro critério (estabelecido em documento coletivo de trabalho), e divide-se por 12, ou pelo número de meses trabalhados, se inferior, ou o previsto em documento coletivo de trabalho. O resultado (média do número de horas extras) multiplica-se pelo valor da hora extra vigente à data do pagamento do aviso-prévio indenizado.

Na hipótese de, no período de apuração, o empregado ter realizado hora extra com percentuais diversos (50%, 75%, 100% etc.), apura-se a média separadamente para cada percentual.

Exemplos

Empregado com 11 meses e 15 dias de serviço

Dispensa sem justa causa

Salário: R$ 2.200,00

Valor hora: R$ 10,00

Quantidade de horas extras realizadas nos 12 últimos meses de trabalho: 600

Média mensal do número de horas extras (600 ÷ 12) = 50

Valor da hora extra com adicional de 50% (R$ 10,00 x 1,50) = R$ 15,00

Valor da média do número de horas extras realizadas (R$ 15,00 x 50) = R$ 750,00

Aviso-prévio devido (R$ 750,00 + R$ 2.200,00) = R$ 2.950,00

Empregado com 5 meses de serviço

Dispensa sem justa causa

Salário: R$ 2.200,00

Valor hora: R$ 10,00

Meses trabalhados na empresa: 5

Quantidade de horas extras realizadas: 100

Média mensal do número de horas extras realizadas (100 ÷ 5) = 20

Valor da hora extra com adicional de 50% (R$ 10,00 x 1,50) – R$ 15,00

Valor da média do número de horas extras realizadas (R$ 15,00 x 20) = R$ 300,00

Aviso-prévio devido (R$ 2.200,00 + R$ 300,00) = R$ 2.500,00

Lembrar que nas rescisões contratuais por acordo entre as partes (Lei nº 13.467/2017) o aviso-prévio indenizado será devido por metade.

Capítulo XI – Aviso-Prévio

Supressão das horas extras

A supressão, total ou parcial, pelo empregador do serviço suplementar prestado com habitualidade, durante pelo menos um ano, assegura ao empregado o direito à indenização correspondente ao valor de um mês das horas suprimidas, total ou parcialmente, para cada ano ou fração igual ou superior a seis meses de prestação de serviço acima da jornada normal. O cálculo observará a média das horas suplementares nos últimos 12 meses anteriores à mudança, multiplicada pelo valor da hora extra do dia da supressão (Súmula nº 291 do TST).

Aviso-prévio – Gorjetas

As gorjetas, sejam elas cobradas pelo empregador na nota de serviço ou oferecidas espontaneamente pelos clientes não servem de base de cálculo para o aviso-prévio (Súmula nº 354 do TST).

Aviso-prévio – Aumentos salariais no período

O reajustamento salarial coletivo, determinado no curso do aviso-prévio, beneficia o empregado pré-avisado da despedida, mesmo que tenha recebido antecipadamente os salários correspondentes ao período do aviso, que integra o seu tempo de serviço para todos os efeitos legais.

Exemplo

Aviso-prévio indenizado de 30 dias: 1º.12 a 30.12

Data-base da categoria profissional: Dezembro

Neste período, os salários da respectiva categoria profissional são reajustados, suas verbas rescisórias devem ser recalculadas com base no salário já reajustado. Hipótese em que não é devida a indenização adicional.

Não cumprimento do aviso-prévio – Consequências

No pedido de demissão, o empregado tem a obrigação de cumprir o aviso-prévio ou de indenizar o empregador pelo não cumprimento.

Lembra-se que no tocante ao aviso-prévio proporcional ao tempo de serviço (superior a 30 dias) a matéria é controvertida. Alguns doutos entendem que a bilateralidade do aviso-prévio se aplica somente aos primeiros 30 dias. Nesta situação, em caso de pedido de demissão, o empregado estaria obrigado a conceder apenas 30 dias de aviso-prévio ao empregador.

Outros entendem que a bilateralidade deve ser considerada em todo o período do aviso, portanto, em caso de pedido de demissão o empregado estaria também obrigado a conceder o aviso-prévio proporcional ao empregador.

A legislação garante ao empregador o direito de descontar o aviso-prévio não cumprido pelo empregado demissionário das verbas rescisórias devidas. Entretanto, não indica em quais verbas os descontos poderão ser efetuados.

A questão quanto às verbas passíveis de sofrer o mencionado desconto é polêmica, comportando diferentes entendimentos.

Uma corrente abraça a tese do desconto sobre o salário devido, não sendo cabível efetuá-lo sobre outras verbas, tais como férias, 13º salário etc., visto que esses são direitos já adquiridos, não sendo lícito que sirvam de compensação pela falta de cumprimento de outra obrigação pelo empregado (aviso-prévio).

Outros entendem que, como o desconto do aviso-prévio, no caso de pedido de demissão, tem a natureza de penalidade ao empregado, cabe a ele pagar à empresa o valor correspondente ao prazo do aviso, utilizando todo o seu saldo credor, que é composto por todas as verbas a que fizer jus em virtude do rompimento do contrato.

O nosso entendimento é no sentido de que a empresa pode efetuar o desconto do valor correspondente ao aviso-prévio não cumprido pelo empregado demissionário do saldo de salário e do 13º salário (verbas de natureza salarial). Caso essas verbas não sejam suficientes para a satisfação do crédito da empresa, esta poderá efetuar a complementação utilizando as demais verbas rescisórias que estejam sendo pagas ao trabalhador.

Não obstante a posição por nós adotada, considerando que não há predominância de entendimento no âmbito doutrinário e jurisprudencial, o procedimento da empresa deve ser decidido depois de uma reflexão cuidadosa da questão, tendo por base as razões aqui expostas relativas a cada tendência da doutrina e da jurisprudência, bem como a controvérsia acerca da aplicação da bilateralidade durante os primeiros 30 dias do aviso ou durante todo o período deste.

Exemplo

Empregado pede demissão, participa ao empregador que não irá cumprir o aviso-prévio e autoriza-o, por escrito, a efetuar o desconto

Capítulo XI – Aviso-Prévio 293

correspondente ao prazo do aviso das verbas rescisórias devidas. Nesta hipótese está configurada a indenização do aviso prévio ao empregador.

Apuradas as verbas rescisórias devidas, essas deverão ser pagas até o 10° dia da comunicação, efetuando o desconto relativo ao aviso-prévio não cumprido das verbas rescisórias, observados os comentários anteriores.

Cumprimento parcial do aviso-prévio por parte do empregado demissionário

Por vezes, ocorre situação em que o empregado demissionário concede, por exemplo, 30 dias de aviso-prévio ao empregador e cumpre somente 10 dias, deixando de comparecer à empresa nos 20 dias restantes, sem qualquer comunicação.

Neste caso, a título de aviso-prévio, o empregado tem direito apenas ao valor correspondente ao período trabalhado (10 dias). Os 20 dias restantes de faltas não justificadas poderão ser abatidos do saldo de salário que o empregado teria direito a receber.

A rescisão é feita no 30° dia do aviso-prévio trabalhado.

Exemplo

Salário do empregado R$ 1.400,00

Aviso-prévio – 30 dias (lançamento a crédito) + R$ 1.400,00

Faltas no aviso-prévio 20 dias (lançamento a débito) – R$ 933,33

Total a pagar (relativo aos 10 dias trabalhados) R$ 466,67

Neste caso, a empresa efetuará o pagamento dos R$ 466,67 relativos ao saldo de salário que o empregado faz jus por ter trabalhado os 10 dias do aviso-prévio.

Lembra-se que no tocante ao aviso-prévio proporcional ao tempo de serviço (superior a 30 dias) a matéria é controvertida. Alguns doutos entendem que a bilateralidade do aviso-prévio se aplica somente aos primeiros 30 dias. Nesta situação, em caso de pedido de demissão, o empregado estaria obrigado a conceder apenas 30 dias de aviso-prévio ao empregador e, portanto, caso não haja tal concessão o desconto do aviso não cumprido se limita a 30 dias.

Outros entendem que a bilateralidade deve ser considerada em todo o período do aviso, portanto, em caso de pedido de demissão o empregado estaria também obrigado a conceder o aviso-prévio proporcional ao empregador.

Falecimento do empregado no curso do aviso-prévio

A empresa dispensa o empregado sem justa causa e, no decorrer do aviso-prévio trabalhado, este vem a falecer. Entende-se que neste caso prevalece a notificação dada pela parte antes do evento.

As verbas rescisórias a serem pagas são as decorrentes da notificação da parte (dispensa sem justa causa ou pedido de demissão), computando-se, no caso do aviso-prévio trabalhado pelo empregado, as verbas rescisórias até a data do evento morte.

Tanto na dispensa sem justa causa como no pedido de demissão, o período que eventualmente tiver faltado para o cumprimento integral do período de aviso não será computado e tampouco descontado como falta para quaisquer efeitos legais na rescisão contratual.

No caso de aviso prévio indenizado a morte do empregado no período projetado não acarreta qualquer alteração nas verbas rescisórias.

Justa causa – Falta grave cometida pelo empregado

O empregado que, durante o prazo do aviso-prévio, cometer qualquer das faltas consideradas pela lei como justas para a rescisão, perde o direito ao restante do respectivo prazo. Dispõe a Súmula nº 73 do TST que a ocorrência de justa causa, salvo a de abandono de emprego, no decurso do prazo do aviso-prévio dado pelo empregador, retira do empregado qualquer direito às verbas rescisórias de natureza indenizatória.

Justa causa – Falta grave cometida pelo empregador

O empregador que, durante o prazo do aviso-prévio dado ao empregado, praticar ato que justifique a rescisão imediata do contrato, sujeita-se ao pagamento da remuneração correspondente ao prazo do referido aviso, sem prejuízo da indenização que for devida.

Justa causa – Culpa recíproca

Havendo culpa recíproca no ato que determinou a rescisão do contrato de trabalho, a Justiça do Trabalho reduzirá a indenização à que seria devida em caso de culpa exclusiva do empregador, por metade.

Reconhecida a culpa recíproca na rescisão do contrato de trabalho (art. 484 da CLT), o empregado tem direito a 50% (cinquenta por cento)

Capítulo XI – Aviso-Prévio

do valor do aviso-prévio, do décimo terceiro salário e das férias proporcionais (Súmula nº 14 do TST.)

Lembrar que nas rescisões contratuais por acordo entre as partes (Lei nº 13.467/2017) o aviso-prévio indenizado será devido por metade.

Indenização adicional – Consequências no aviso-prévio

Uma das finalidades da indenização adicional é proteger economicamente o empregado às vésperas da correção salarial coletiva.

Assim, o empregado dispensado, sem justa causa, no período de 30 dias que antecede à data de sua correção salarial (data-base), faz jus a uma indenização adicional correspondente a um salário mensal.

Para fins de pagamento desta indenização, é contado o tempo do aviso-prévio, inclusive o indenizado (Súmula nº 182 do TST).

Considera-se data do desligamento:

a) aviso-prévio trabalhado – o último dia efetivo de trabalho;

b) aviso-prévio indenizado – a da cessação jurídica do contrato de trabalho e não do recebimento do documento de dispensa, ou seja, o último dia da projeção do aviso-prévio, visto que este integra o tempo de serviço do empregado para todos os efeitos.

Exemplos

Empregado dispensado, sem justa causa, com direito a 30 dias de aviso, no período de 30 dias que antecede a data de sua correção salarial

- correção salarial (data-base)...1º.05

- período que antecede a correção salarial (30 dias).............1º a 30.04

- dispensa sem justa causa...16.03
(aviso-prévio indenizado)

- projeção do aviso-prévio indenizado (30 dias)....................de 17.03 a 15.04

- data do término da relação jurídica a considerar...............15.04

Aviso-prévio no contrato a prazo determinado

Nos contratos por tempo determinado, não cabe aviso-prévio uma vez que o final deste já está preestabelecido desde sua celebração. Conclui-se, portanto, que o aviso-prévio é direito específico do contrato por prazo indeterminado.

Equipara-se ao contrato por prazo indeterminado, para todos os efeitos legais, o contrato por prazo determinado que:

a) for prorrogado por mais de 1 vez;
b) suceder a outro contrato por prazo determinado dentro de 6 meses, salvo se a expiração deste dependeu da execução de serviços especializados ou da realização de certos acontecimentos;
c) contiver cláusula assecuratória de direito recíproco de rescisão antecipada e tal direito seja exercido por qualquer das partes; e
d) ultrapassar ao prazo máximo de 2 anos.

Em tais situações, cabe o pagamento ou a concessão do aviso-prévio, além das demais verbas devidas, em virtude de rescisão contratual sem justa causa.

Contrato de experiência

Contrato de experiência é o acordo individual de trabalho em que as partes (empregador e empregado) estabelecem as cláusulas relativas às relações de trabalho, como salário, cargo, função, horas de trabalho etc., e fixam também a data em que ocorrerá a sua extinção, que não poderá exceder os limites fixados em lei.

É um contrato de trabalho por prazo determinado que proporciona ao empregador a oportunidade de observar, durante o período, o desempenho funcional do empregado na execução de suas atribuições e, ao empregado, as condições de trabalho oferecidas e sua adaptação e integração, além de simplificar os procedimentos por ocasião de seu término normal. Portanto, não cabe, a princípio, o aviso-prévio nesses contratos.

Aos contratos por prazo determinado, que contiverem cláusula assecuratória do direito recíproco de rescisão, antes de expirado o termo ajustado, aplicam-se, caso seja exercido tal direito por qualquer das partes, os princípios que regem a rescisão dos contratos por prazo indeterminado.

Contrato a prazo determinado com redução de encargos – Lei nº 9.601/1998

Na contratação por prazo determinado nos moldes da Lei nº 9.601/1998, o empregador não está obrigado a conceder o aviso-prévio

Capítulo XI – Aviso-Prévio 297

no caso de rescisão contratual sem justa causa.

Observa-se que as partes estabelecerão, na convenção ou acordo coletivo, a indenização para as hipóteses de rescisão antecipada de contrato por iniciativa do empregador ou do empregado e as multas pelo descumprimento de suas cláusulas. Assim, os contratos a prazo determinado, quando do seu término normal, não gera obrigatoriedade da concessão do aviso-prévio por qualquer das partes.

A inobservância dos requisitos previstos na Lei nº 9.601/1998 descaracteriza o contrato por prazo determinado, que passa a gerar os efeitos próprios dos contratos a prazo indeterminado e, consequentemente, se houver a rescisão contratual será devido o aviso-prévio.

Benefício por incapacidade temporária (antigo auxílio-doença) – Afastamento durante o aviso-prévio

O Tribunal Superior do Trabalho (TST), por meio das Súmulas nºˢ 371 e 378 adiante reproduzidas, consubstanciou o seu entendimento acerca do tema ao dispor:

"Nº 371 – Aviso-prévio indenizado. Efeitos. Superveniência de auxílio-doença no curso deste. (conversão das Orientações Jurisprudenciais nos 40 e 135 da SBDI-1) – Res. 129/2005 – DJ 20.04.2005

A projeção do contrato de trabalho para o futuro, pela concessão do aviso-prévio indenizado, tem efeitos limitados às vantagens econômicas obtidas no período de pré-aviso, ou seja, salários, reflexos e verbas rescisórias. No caso de concessão de auxílio-doença no curso do aviso-prévio, todavia, só se concretizam os efeitos da dispensa depois de expirado o benefício previdenciário. (ex-OJs nos 40 e 135 – Inseridas respectivamente em 28.11.1995 e 27.11.1998)."

"Nº 378 – Estabilidade Provisória. Acidente do Trabalho. Art. 118 da Lei nº 8.213/1991. (inserido item III) – Res. 185/2012, DEJT divulgado em 25, 26 e 27.09.2012

I – É constitucional o artigo 118 da Lei nº 8.213/1991 que assegura o direito à estabilidade provisória por período de 12 meses após a cessação do auxílio-doença ao empregado acidentado. (ex-OJ nº 105 da SBDI-1 – inserida em 01.10.1997)

II – São pressupostos para a concessão da estabilidade o afastamento superior a 15 dias e a consequente percepção do auxílio-doença acidentário, salvo se constatada, após a despedida, doença profissional que guarde relação de causalidade com a execução do contrato de emprego. (primeira parte – ex-OJ nº 230 da SBDI-1 – inserida em 20.06.2001)

III – O empregado submetido a contrato de trabalho por tempo determinado goza da garantia provisória de emprego decorrente de acidente de trabalho prevista no art. 118 da Lei nº 8.213/91."

Da análise dessas duas Súmulas, verifica-se que, segundo o entendimento do TST, ocorrendo afastamento em virtude de benefício por incapacidade temporária no curso do aviso-prévio indenizado, os efeitos da dispensa só se concretizam depois de expirado o prazo do benefício previdenciário (parte final da Súmula nº 371). Dessa forma, considerando que quem pode o mais, pode o menos (brocardo jurídico), se o benefício concedido no curso do aviso-prévio indenizado (período projetado no tempo) tem o condão de adiar os efeitos da dispensa para o término do benefício previdenciário, com muito mais razão serão observados os mesmos efeitos quando se tratar de benefício concedido no curso do aviso-prévio trabalhado.

Dessa forma, entende-se que caso o empregado pré-avisado, no curso do aviso-prévio trabalhado, venha a se afastar das atividades em virtude de doença não decorrente do trabalho, a rescisão contratual só poderá ocorrer depois da alta médica previdenciária.

A Súmula nº 378, em seu item II, ao estabelecer que o pressuposto para a concessão da estabilidade ao empregado acidentado é o afastamento superior a 15 dias e a consequente percepção do benefício previdenciário, excetua as situações em que, depois da dispensa, ocorre a constatação de doença profissional que guarde relação com o contrato de trabalho. O que vale dizer que, ainda que não tenha havido afastamento do trabalhador das suas atividades na vigência do contrato, se for constatada doença profissional depois da ruptura contratual, que tenha como causa as condições ligadas ao contrato de trabalho rompido, o empregado fará jus à estabilidade.

Assim, caso o empregado pré-avisado sofra, no curso do aviso--prévio trabalhado, acidente do trabalho ou seja, acometido de doença profissional ou do trabalho (equiparadas ao acidente,) cujo afastamento seja superior a 15 dias, estará caracterizado o direito à estabilidade provisória no emprego, razão pela qual o aviso-prévio será desconsiderado.

Férias e aviso-prévio – Concomitância

Quando o empregado estiver em gozo de férias, inexiste a possibilidade de concessão de aviso-prévio dentro deste período. Os dois institutos são distintos. As férias possibilitam ao empregado recuperar a sua

Capítulo XI – Aviso-Prévio

capacidade física para o trabalho e o aviso-prévio permite a busca de novo emprego no mercado de trabalho.

Aviso-prévio – Estagiário

Ao estagiário não é devido o aviso-prévio (Lei nº 11.788/2008).

Aviso-prévio – Professor

Como as férias escolares constituem período de efetivo trabalho, em que o professor, trabalhando ou não, se encontra à disposição do empregador e percebe, por isso, a remuneração normal, é permitida a concessão de aviso-prévio nessa época, desde que observada a garantia da remuneração.

Sobre esse aspecto dispõe a Súmula TST nº 10: "O direito aos salários do período de férias escolares assegurado aos professores (art. 322, *caput* e § 3º, da CLT) não exclui o direito ao aviso-prévio, na hipótese de dispensa sem justa causa ao término do ano letivo ou no curso das férias escolares".

Aviso-prévio – Empregados abrangidos pelo regime de trabalho a tempo parcial

Os empregados abrangidos pelo regime de trabalho a tempo parcial estão sujeitos aos mesmos critérios e condições de aplicação do instituto do aviso-prévio estabelecidos na CLT para os demais empregados contratados para jornada integral.

Trabalhadores avulsos

Aplica-se ao avulso critério idêntico dos trabalhadores urbanos e rurais.

Estabilidade provisória – Vedação quanto à dispensa

A estabilidade, qualquer que seja, representa uma das maiores conquistas dos trabalhadores ao longo do tempo e consiste no direito de permanecer no emprego, desde que haja a ocorrência das hipóteses reguladas em lei. É adquirida pelo empregado a partir do momento em que seja legalmente vedada sua dispensa sem justa causa.

Assim sendo, não é cabível a concessão de aviso-prévio por parte do empregador durante o período de estabilidade.

Modelo de aviso-prévio

Modelo de aviso-prévio do empregador (trabalhado)

Aviso-prévio TRABALHADO

São Paulo,..

Ilmo.(a) Sr.(a)

CPF Nº........ Por não mais convir a esta empresa mantê-lo(a) em nosso quadro de funcionários, vimos comunicar-lhe que seu Contrato de Trabalho será rescindido em........../........../..........

A partir de........../........../.........., haverá uma redução no seu horário de trabalho, sem prejuízo do salário integral, sendo-lhe facultada, de acordo com as disposições legais vigentes, a opção por uma das seguintes alternativas:

(1) Redução de 02 (duas) horas diárias em seu horário normal de trabalho.

(2) Redução de 07 (sete) dias corridos ou mais conforme o caso.

OBS.:

Solicitamos pôr seu ciente na cópia anexa a este e comparecer , a.... .... no dia...................................., para acerto de sua Quitação, conforme legislação vigente.

_____

Empregador

São Paulo,..

Capítulo XI – Aviso-Prévio

Aviso-prévio TRABALHADO

São Paulo,...

Ilmo.(a) Sr.(a)

CPF Nº........ Por não mais convir a esta empresa mantê-lo(a) em nosso quadro de funcionários, vimos comunicar-lhe que seu Contrato de Trabalho será rescindido em........../........../..........

A partir de........../........../.........., haverá uma redução no seu horário de trabalho, sem prejuízo do salário integral, sendo-lhe facultada, de acordo com as disposições legais vigentes, a opção por uma das seguintes alternativas:

(1) Redução de 02 (duas) horas diárias em seu horário normal de trabalho.

(2) Redução de 07 (sete) dias corridos ou mais conforme o caso.

OBS.:

Solicitamos pôr seu ciente na cópia anexa a este e comparecer , a.... .... no dia..................................., para acerto de sua Quitação, conforme legislação vigente.

Empregador

São Paulo,...

De acordo com as disposições legais vigentes declaro, para todos os fins de direito, que, nesta data, opto pela alternativa de redução de horário de trabalho nº.......... (...............................) acima descrita.

Empregado   Testemunha

Responsável (quando menor)   Testemunha

Modelo de aviso-prévio do empregador (indenizado)

Aviso-prévio INDENIZADO

São Paulo,..

Ilmo.(a) Sr.(a)

CPF Nº.............

Por não mais convir a esta empresa mantê-lo(a) em nosso quadro de funcionários, vimos comunicar-lhe que decidimos rescindir, a partir desta data, seu Contrato de Trabalho em vigor desde.........../.........../...........

Solicitamos seu comparecimento, para dar cumprimento às formalidades exigidas para a Rescisão do Contrato de Trabalho, conforme legislação em vigor.

OBS.: COMPARECER AO DEPTO./PESSOAL DIA............. ÀS..............
HORAS PARA RECEBIMENTO DAS VERBAS RESCISÓRIAS.

Empregador

Ciente do empregado e seu representante legal (quando menor)

São Paulo,............................

Empregado   Responsável (quando menor)

Testemunha   Testemunha

Capítulo XI – Aviso-Prévio

Modelo de aviso-prévio do empregado – Solicitação de dispensa do cumprimento do aviso-prévio

PEDIDO DE DEMISSÃO

São Paulo,...

_____

(Nome do empregador)

Prezado(s) Senhor(es),

Por razões particulares, venho comunicar-lhe(s) que a partir de...... (.........................) dias contados desta data deixarei por minha livre e espontânea vontade o emprego que ocupo nesta empresa desde........./........./...........

Solicito a dispensa do cumprimento do aviso-prévio.

Favor dar seu ciente na cópia deste.

_____

Nome do empregado

CPF Nº.........

Atenciosamente,

_____   _____

Empregado   Responsável (quando menor)

Ciente em........../........../..........

_____

Empregador

Modelo de pedido de demissão

PEDIDO DE DEMISSÃO

São Paulo,..

À

Prezado(s) Senhor(es),

Por razões particulares, venho apresentar-lhe(s) minha demissão do emprego que ocupo nesta empresa desde..../..../.....

Comunico que: () cumprirei o aviso-prévio () indenizarei o aviso-prévio () outros V.v.

Aguardando um pronunciamento favorável, subscrevo-me,

Nome:

CPF Nº............... Atenciosamente,

Empregado Responsável Legal (quando menor)

Ciente em........../.........../..........

Empregador Visto Chefia

Capítulo XI – Aviso-Prévio

Modelo de rescisão do contrato de experiência pelo empregador
No término

RESCISÃO DO CONTRATO DE EXPERIÊNCIA

São Paulo,...

_____

(Nome do empregador)

Prezado(a) Senhor(a),

Venho comunicar-lhe que seu contrato de experiência termina em ....../......../......., sendo que a partir de então não necessitaremos mais de seus serviços, devendo cessar sua atividade nesta data......./......./........

Favor dar seu ciente na cópia deste.

_____

 Nome do empregado

Atenciosamente,

_____

Empregado Responsável Legal (quando menor)

Ciente em........../.........../..........

_____

Empregador

Modelo de rescisão do contrato de experiência pelo empregado
No término

RESCISÃO DO CONTRATO DE EXPERIÊNCIA

São Paulo,..

_____

(Nome do empregador)

Prezado(s) Senhor(es),

Por razões particulares, venho comunicar-lhe(s) que a partir de............
............................, término do contrato de experiência, deixarei de prestar serviços a esta empresa.

Favor dar seu ciente na cópia deste.

_____

Nome do empregado

CPF Nº.........

Atenciosamente,

_____

Empregado Responsável Legal (quando menor)

Ciente em........../........../..........

_____

Empregador

Capítulo XI – Aviso-Prévio

Modelo de rescisão antecipada do contrato de experiência pelo empregador

CONTRATO DE EXPERIÊNCIA

Rescisão antecipada pelo empregador

São Paulo,..

_____

(Nome do empregador)

Prezado(a) Senhor(a),

Venho comunicar-lhe que não mais necessitaremos de seus serviços, razão pela qual seu contrato de experiência, originariamente previsto para terminar em ..../............/..........., será rescindido antecipadamente em...... ..../........./..........

Favor dar seu ciente na cópia deste.

_____

Nome do empregado

CPF N°........

Atenciosamente,

_____

Empregado Responsável Legal (quando menor)

Ciente em........../........../..........

_____

Empregador

Modelo de rescisão antecipada do contrato de experiência pelo empregado

CONTRATO DE EXPERIÊNCIA

Rescisão antecipada pelo empregado

São Paulo,..

_____

(Nome do empregador)

Prezado(s) Senhor(es),

Por razões particulares, venho comunicar-lhe(s) que a partir de......
..........................., estarei rescindindo antecipadamente o contrato de
experiência, previsto para terminar em........../.........../...........

Favor dar seu ciente na cópia deste.

_____

Nome do empregado

CPF Nº........

Atenciosamente,

_____

Empregado Responsável Legal (quando menor)

Ciente em........../.........../..........

_____

Empregador

Capítulo XI – Aviso-Prévio

Modelo de notificação de abandono de emprego

NOTIFICAÇÃO DE ABANDONO DE EMPREGO

_____, de _____ de _____.

Sr(a). _____

CPF Nº.......

Prezado(a) Senhor(a),

Solicitamos o seu comparecimento para reassumir seu cargo e apresentar justificativa das faltas. A não apresentação no prazo de...... (.....................) dias, contados desta, implicará na rescisão do seu contrato de trabalho por abandono de emprego, devido às suas faltas ao trabalho desde........../........../...........

Atenciosamente,

_____

Empregador

Recebido em.........../.........../..........

_____

Empregado

Modelo de comunicação de rescisão do contrato de trabalho (justa causa)

COMUNICAÇÃO DE RESCISÃO DO CONTRATO DE TRABALHO

(Justa causa)

_____, de _____ de _____.

Sr.(a) _____

CPF Nº.......

Prezado(a) Senhor(a),

Com fundamento no artigo 482 da CLT, decidimos rescindir de imediato seu contrato de trabalho. Solicitamos seu comparecimento ao Depto. de Pessoal, para dar cumprimento às formalidades exigidas para a rescisão.

Favor dar seu ciente na cópia desta.

Observações:

Atenciosamente,

_____

Empregador

Ciente em........../........../..........

_____

Empregado

_____

Responsável Legal (quando menor)

Capítulo XI – Aviso-Prévio

Códigos de movimentação da conta vinculada do FGTS

Relacionamos a seguir os principais códigos de movimentação da conta vinculada, os beneficiários, os motivos, os documentos de comprovação, os documentos complementares, as observações, as condições básicas e os valores de saque.

Código de saque	Beneficiários	Especificação da movimentação
01/01M - Dispensa sem justa causa	Trabalhador ou diretor não empregado	**MOTIVO** - Despedida, pelo empregador, sem justa causa, inclusive a indireta; ou - Rescisão antecipada, sem justa causa, pelo empregador, do contrato de trabalho por prazo determinado, inclusive do temporário firmado nos termos da Lei nº 6.019/1974, por obra certa, ou do contrato de experiência; ou - Rescisão antecipada, sem justa causa, pelo empregador, do contrato de trabalho firmado nos termos da Lei nº 9.601/1998, conforme o disposto em convenção ou acordo coletivo de trabalho; ou - Exoneração do diretor não empregado, sem justa causa, por deliberação da assembleia, dos sócios cotistas ou da autoridade competente. **DOCUMENTOS DE COMPROVAÇÃO** - Original e cópia da Carteira de Trabalho e Previdência Social (CTPS) física (páginas da folha de rosto/verso e do contrato de trabalho), ou impressão da CTPS Digital (dados pessoais e do contrato de trabalho), para as rescisões de contratos de trabalho formalizadas a partir 11.11.2017, desde que o empregador tenha comunicado à Caixa a data/código de movimentação pelo Conectividade Social ou na Guia de Recolhimento Rescisório; ou - Termo de Rescisão do Contrato de Trabalho (TRCT) (para rescisões de contrato de trabalho efetuadas até 31.01.2013), homologado quando legalmente exigível; ou - Termo de Homologação de Rescisão de Contrato de Trabalho (THRCT) (para as rescisões de contrato de trabalho formalizados até 10.11.2017); ou - Termo de Quitação da Rescisão de Contrato de Trabalho (TQRCT) (para as rescisões de contrato de trabalho formalizados até 10.11.2017); - Termo de Audiência da Justiça do Trabalho ou Termo de Conciliação, devidamente homologado pelo juízo do feito, reconhecendo a dispensa sem justa causa, quando esta resultar de conciliação em reclamação trabalhista; ou - Termo lavrado pela Comissão de Conciliação Prévia, (rescisões de contrato de trabalho formalizadas até 10.11.2017), contendo os requisitos exigidos pelo art. 625-E da Consolidação das Leis do Trabalho (CLT), nos casos em que os conflitos individuais de trabalho forem resolvidos no âmbito daquelas Comissões; ou - Sentença irrecorrível da Justiça do Trabalho, quando a rescisão resultar de reclamação trabalhista; ou - Atas do Conselho de Administração que deliberaram pela nomeação e pelo afastamento do diretor não empregado; cópia do contrato social e respectivas alterações registradas no Cartório de Registro de Títulos e Documentos ou na Junta Comercial, ou ato próprio da autoridade competente publicado em Diário Oficial. Os documentos devem ser apresentados em via original e cópia, para confronto e autenticação no ato do recebimento, ou por meio de cópia autenticada. **DOCUMENTOS COMPLEMENTARES** - Documento de identificação do trabalhador ou diretor não empregado; e - CPF do trabalhador.

DEPARTAMENTO DE PESSOAL MODELO

Código de saque	Beneficiários	Especificação da movimentação
01/01M - Dispensa sem justa causa	Trabalhador ou diretor não empregado	**INFORMAÇÕES COMPLEMENTARES** - A Lei nº 13.467/2017, que trata da Modernização Trabalhista, revogou a exigência de homologação para contrato de trabalho com duração superior a 01 (um) ano, com vigência a partir de 11.11.2017.
		VALOR DO SAQUE - Saldo disponível na conta vinculada correspondente ao período trabalhado na empresa, inclusive a multa rescisória recolhida quando, na data da rescisão de contrato de trabalho, a sistemática de saque vigente para o trabalhador for saque-rescisão. - Para o trabalhador que optou pela sistemática de saque aniversário e com rescisão de contrato, será liberado apenas o valor da multa rescisória recolhida para o código de saque 01M. - Para o trabalhador doméstico, considera-se multa rescisória o valor recolhido mensalmente pelo empregador doméstico a título de indenização compensatória da perda do emprego.
02/02M - Rescisão por culpa recíproca ou força maior - Reconhecida pela Justiça do Trabalho	Trabalhador ou diretor não empregado	**MOTIVO** - Rescisão do contrato de trabalho, inclusive por prazo determinado, por obra certa, ou do contrato de experiência, por motivo de culpa recíproca ou de força maior -reconhecida pela Justiça do Trabalho.
		DOCUMENTOS DE COMPROVAÇÃO - Original e cópia da CTPS física (páginas da folha de rosto/verso e do contrato de trabalho), ou impressão da CTPS Digital (dados pessoais e do contrato de trabalho), para as rescisões de contratos de trabalho formalizadas a partir 11/11/2017, desde que o empregador tenha comunicado à Caixa a data/código de movimentação pelo Conectividade Social ou na Guia de Recolhimento Rescisório; ou Atas do Conselho de Administração que deliberaram pela nomeação, e pelo afastamento do diretor não empregado; cópia do Contrato Social e respectivas alterações registradas no Cartório de Registro de Títulos e Documentos ou na Junta Comercial, ou ato próprio da autoridade competente publicado em Diário Oficial. Os documentos devem ser apresentados em via original e cópia, para confronto e autenticação no ato do recebimento, ou por meio de cópia autenticada.
		DOCUMENTOS COMPLEMENTARES - Documento de identificação do trabalhador ou diretor não empregado; e - CPF do trabalhador.
		INFORMAÇÕES COMPLEMENTARES - A Lei nº 13.467/2017, que trata da Modernização Trabalhista, revogou a exigência de homologação para contrato de trabalho com duração superior a 01 (um) ano, com vigência a partir de 11.11.2017. O enquadramento da rescisão de contrato de trabalho, pelo empregador, como culpa recíproca ou força maior deve ser precedido do reconhecimento da situação pela justiça do trabalho, nos termos do parágrafo 2º do artigo 18 da Lei 8.036/90, ficando o empregador sujeito à fiscalização da Subsecretaria de Inspeção do Trabalho do Ministério da Economia.

Capítulo XI – Aviso-Prévio

313

Código de saque	Beneficiários	Especificação da movimentação
02/02M - Rescisão por culpa recíproca ou força maior - Reconhecida pela Justiça do Trabalho	Trabalhador ou diretor não empregado	**VALOR DO SAQUE** - Saldo disponível na conta vinculada correspondente ao período trabalhado na empresa, inclusive a multa rescisória recolhida, quando na data da rescisão de contrato de trabalho a sistemática de saque vigente para o trabalhador for saque-rescisão. - Para o trabalhador que optou pela sistemática de saque aniversário e com rescisão de contrato ocorrida a partir de 01/01/2020, será liberado apenas o valor da multa rescisória recolhida para o código de saque 02M. - Para o trabalhador doméstico, considera-se multa rescisória metade do saldo recolhido mensalmente pelo empregador doméstico a título de indenização compensatória da perda do emprego.
03 - Rescisão por falência, falecimento do empregador individual, empregador doméstico ou nulidade do contrato	Trabalhador ou diretor não empregado	**MOTIVO** - Rescisão do contrato de trabalho por extinção total da empresa, fechamento de quaisquer de seus estabelecimentos, filiais ou agências, supressão de parte de suas atividades, declaração de nulidade do contrato de trabalho por infringência ao inciso II do art. 37 da Constituição Federal de 1988, quando mantido o direito ao salário; ou - Rescisão do contrato de trabalho por falecimento do empregador individual ou empregador doméstico.
		DOCUMENTOS DE COMPROVAÇÃO - Original e cópia da CTPS física (páginas da folha de rosto/verso e do contrato de trabalho), ou impressão da CTPS Digital (dados pessoais e do contrato de trabalho), para as rescisões de contratos de trabalho formalizadas a partir 11.11.2017 desde que o empregador tenha comunicado à Caixa a data/código de movimentação pelo Conectividade Social ou na Guia de Recolhimento Rescisório; ou - TRCT (para as rescisões de contrato de trabalho efetuadas até 31.01.2013) ou THRCT ou TQRCT (para as rescisões de contrato de trabalho formalizados até 10.11.2017), homologado quando legalmente exigível, e apresentação de: a) declaração escrita do empregador confirmando a rescisão do contrato em consequência de supressão de parte de suas atividades; ou b) alteração contratual registrada no Cartório de Registro de Títulos e Documentos ou na Junta Comercial, ou ato próprio da autoridade competente publicado em Diário Oficial ou registrado no Cartório de Registro de Títulos e Documentos ou na Junta Comercial, deliberando pela extinção total da empresa, fechamento de quaisquer de seus estabelecimentos, filiais ou agências. Os documentos devem ser apresentados em via original e cópia, para confronto e autenticação no ato do recebimento, ou por meio de cópia autenticada; ou c) certidão de óbito do empregador individual, ou do empregador doméstico; ou d) decisão judicial transitada em julgado e documento expedido pelo Juiz nomeando o síndico da massa falida, quando a rescisão do contrato for em consequência da falência; ou e) documento emitido judicialmente no qual reconheça a nulidade do contrato de trabalho; ou f) atas do Conselho de Administração que deliberaram pela nomeação e pelo afastamento do diretor não empregado em razão da extinção, fechamento ou supressão; cópia do contrato social e respectivas alterações registradas no Cartório de Registro de Títulos e Documentos ou na Junta Comercial, ou ato próprio da autoridade competente publicado em Diário Oficial ou registrado em Cartório ou Junta Comercial, deliberando pela extinção da empresa. Os documentos devem ser apresentados em via original e cópia, para confronto e autenticação no ato do recebimento, ou por meio de cópia autenticada

DEPARTAMENTO DE PESSOAL MODELO

Código de saque	Beneficiários	Especificação da movimentação
03 - Rescisão por falência, falecimento do empregador individual, empregador doméstico ou nulidade do contrato	Trabalhador ou diretor não empregado	**DOCUMENTOS COMPLEMENTARES** - Documento de identificação do trabalhador ou diretor não empregado; e - CPF do trabalhador.
		INFORMAÇÕES COMPLEMENTARES - A Lei nº 13.467/2017, que trata da Modernização Trabalhista, revogou a exigência de homologação para contrato de trabalho com duração superior a 01 (um) ano, com vigência a partir de 11.11.2017.
		VALOR DO SAQUE - Saldo disponível na conta vinculada correspondente ao período trabalhado na empresa, quando, na data da rescisão de contrato de trabalho, a sistemática de saque vigente para o trabalhador for saque-rescisão.
04 - Contrato por prazo determinado	Trabalhador ou diretor não empregado	**MOTIVO** - Extinção normal do contrato de trabalho por prazo determinado, inclusive do temporário firmado nos termos da Lei nº 6.019/1974, por obra certa, ou do contrato de experiência; ou - Término do mandato do diretor não empregado que não tenha sido reconduzido ao cargo.
		DOCUMENTOS DE COMPROVAÇÃO - Original e cópia da CTPS física (páginas da folha de rosto/verso e do contrato de trabalho), ou impressão da CTPS Digital (dados pessoais e do contrato de trabalho), para as rescisões de contratos de trabalho formalizadas a partir 11.11.2017 desde que o empregador tenha comunicado à Caixa a data/código de movimentação pelo Conectividade Social ou na Guia de Recolhimento Rescisório; ou - TRCT (para as rescisões de contrato de trabalho efetuadas até 31.01.2013), ou THRCT ou TQRCT, homologado quando legalmente exigível (para as rescisões de contrato de trabalho formalizados até 10.11.2017), e apresentação de: a) CTPS física, original e cópia das páginas de identificação e do contrato de trabalho com duração de até 90 dias ou 3 meses; ou b) CTPS física, original e cópia das páginas de identificação e do contrato de trabalho firmado nos termos da Lei nº 6.019/1974; ou c) CTPS física e cópia do instrumento contratual para os contratos de duração superior a 90 dias ou 3 meses; ou - Atas do Conselho de Administração que comprovem a eleição, eventuais reconduções e do término do mandato, registradas no Cartório de Registro de Títulos e Documentos ou na Junta Comercial e, ainda, dos estatutos quando as atas forem omissas quanto às datas de nomeação e/ou afastamento, ou ato próprio da autoridade competente, quando se tratar de diretor não empregado. Os documentos devem ser apresentados em via original e cópia, para confronto e autenticação no ato do recebimento, ou por meio de cópia autenticada.
		DOCUMENTOS COMPLEMENTARES - Documento de identificação do trabalhador ou diretor não empregado; e - CPF do trabalhador.
		INFORMAÇÕES COMPLEMENTATES - A Lei nº 13.467/2017, que trata da Modernização Trabalhista, revogou a exigência de homologação para contrato de trabalho com duração superior a 01 (um) ano, com vigência a partir de 11.11.2017.
		VALOR DO SAQUE - Saldo disponível na conta vinculada correspondente ao período trabalhado na empresa., quando, na data da rescisão de contrato de trabalho, a sistemática de saque vigente para o trabalhador for saque-rescisão.

Capítulo XI – Aviso-Prévio

Código de saque	Beneficiários	Especificação da movimentação
05/05A - Aposentadoria	Trabalhador ou diretor não empregado	**MOTIVO** - Aposentadoria, inclusive por invalidez; ou - Rescisão contratual do trabalhador, a pedido ou por justa causa, relativa a vínculo empregatício firmado após a aposentadoria; ou - Exoneração do diretor não empregado, a pedido ou por justa causa, relativa a mandato exercido após a aposentadoria. **DOCUMENTOS DE COMPROVAÇÃO** - Documento fornecido por instituto oficial de Previdência Social, de âmbito federal, estadual ou municipal ou órgão equivalente que comprove a aposentadoria ou portaria publicada em Diário Oficial; ou - Extrato previdenciário extraído por meio do Internet Banking Caixa; e a) TRCT (para as rescisões de contrato de trabalho efetuadas até 31.01.2013) ou THRCT ou TQRCT, homologado quando legalmente exigível, para contrato firmado após a Data de Início do Benefício (DIB) da aposentadoria (para as rescisões de contrato de trabalho formalizadas até 10.11.2017); ou b) Original e cópia da CTPS física (páginas da folha de rosto/verso e da página do contrato de trabalho) ou impressão da CTPS Digital (dados pessoais e do contrato de trabalho), para contrato firmado após a DIB - Data de Início do Benefício da aposentadoria, nas rescisões de contrato formalizadas a partir 11.11.2017; ou c) Ata do Conselho de Administração que comprove a exoneração a pedido ou por justa causa; cópia do contrato social e respectivas alterações registradas no Cartório de Registro de Títulos e Documentos ou na Junta Comercial, ou ato próprio da autoridade competente, publicado em Diário Oficial, no caso de mandato de diretor não empregado firmado após a aposentadoria. Os documentos devem ser apresentados em via original e cópia, para confronto e autenticação no ato do recebimento, ou por meio de cópia autenticada. **OBSERVAÇÃO** - No caso de trabalhador avulso, deve ser indicado o código de saque 05A. **DOCUMENTOS COMPLEMENTARES** - Documento de identificação do trabalhador ou diretor não empregado; e - CTPS física ou CTPS Digital na hipótese de saque de trabalhador; e - CPF do trabalhador. **INFORMAÇÕES COMPLEMENTARES** - A Lei nº 13.467/2017, que trata da Modernização Trabalhista, revogou a exigência de homologação para contrato de trabalho com duração superior a 01 (um) ano, com vigência a partir de 11.11.2017. **VALOR DO SAQUE** - Saldo disponível nas contas vinculadas relativas a contratos de trabalho rescindidos/extintos antes da concessão da aposentadoria; e/ou - Saldo havido na conta vinculada de contrato de trabalho não rescindido por ocasião da concessão de aposentadoria, cujo saque ocorrerá sempre que o trabalhador formalizar solicitação nesse sentido, ainda que permaneça na atividade laboral; ou - Saldo havido na conta vinculada do contrato de trabalho firmado após a concessão de aposentadoria, hipótese em que o saque ocorrerá em razão da aposentadoria, por ocasião da rescisão do contrato de trabalho, ainda que a pedido ou por justa causa (art. 35, § 1º, do Decreto nº 99.684/1990, que regulamenta o FGTS).

DEPARTAMENTO DE PESSOAL MODELO

Código de saque	Beneficiários	Especificação da movimentação
06 - Trabalhador avulso	Trabalhador avulso	**MOTIVO** - Suspensão total do trabalho avulso por período igual ou superior a 90 dias.
		DOCUMENTO DE COMPROVAÇÃO - Declaração assinada pelo sindicato representativo da categoria profissional, ou Órgão Gestor de Mão de Obra (OGMO), quando este já estiver constituído, comunicando a suspensão total do trabalho avulso, por período igual ou superior a 90 dias.
		OBSERVAÇÃO - Decorridos 90 dias contados a partir da data de suspensão total do trabalho avulso e, de posse da declaração, o trabalhador poderá solicitar o saque.
		DOCUMENTOS COMPLEMENTARES - Documento de identificação do trabalhador; e - CPF do trabalhador.
		VALOR DO SAQUE - Saldo disponível na conta vinculada correspondente ao período trabalhado na condição de avulso, quando, na data final da suspensão total do trabalho avulso, a sistemática de saque vigente para o trabalhador for saque-rescisão.
07/07M - Contrato de trabalho por acordo entre trabalhador e empregador - Rescisão de contrato de trabalho formalizada a partir de 11/11/2017	Trabalhador ou diretor não empregado	**MOTIVO:** -Rescisão do contrato de trabalho por acordo entre trabalhador e empregador.
		DOCUMENTOS DE COMPROVAÇÃO Original e cópia da CTPS física (páginas da folha de rosto/verso e do contrato de trabalho) ou impressão da CTPS Digital (dados pessoais e do contrato de trabalho), para as rescisões formalizadas a partir de 11.11.2017), desde que o empregador tenha comunicado à Caixa a data/código de movimentação pelo Conectividade Social ou na Guia de Recolhimento Rescisório.
		DOCUMENTOS COMPLEMENTARES - Documento de identificação do trabalhador ou diretor não empregado; e - CPF do trabalhador.
		VALOR DO SAQUE - 80% do saldo disponível na conta vinculada, correspondente ao período trabalhado na empresa, inclusive da multa rescisória recolhida quando, na data da rescisão de contrato de trabalho, a sistemática de saque vigente para o trabalhador for saque-rescisão. - Para o trabalhador que optou pela sistemática de saque aniversário e com rescisão de contrato, será liberado apenas o valor da multa rescisória recolhida para o código de saque 07M. - Para o trabalhador doméstico, considera-se multa rescisória metade do saldo recolhido mensalmente pelo empregador doméstico a título de indenização compensatória da perda do emprego.

Capítulo XI – Aviso-Prévio

Código de saque	Beneficiários	Especificação da movimentação
10 - Rescisão com indenização - Não optante	Empregador	**MOTIVO** - Rescisão do contrato de trabalho de trabalhador com tempo de serviço anterior a 05.10.1988, na condição de não optante, tendo havido pagamento de indenização. **DOCUMENTOS DE COMPROVAÇÃO** - Rescisão contratual ou TRCT (para as rescisões de contrato de trabalho efetuadas até 31.01.2013) com código de saque 01, homologado na forma prevista nos parágrafos do art. 477 da CLT, da qual conste, em destaque, o pagamento da parcela correspondente à indenização, referente ao tempo de serviço trabalhado na condição de não optante e, para afastamentos ocorridos a partir de 16.02.1998, inclusive, apresentação do comprovante de recolhimento dos depósitos rescisórios do FGTS correspondentes ao mês da rescisão, mês imediatamente anterior à rescisão, se não houver sido recolhido, e 40% do total dos depósitos relativos ao período trabalhado na condição de optante, acrescidos de atualização monetária e juros, se for o caso; ou - Sentença irrecorrível da Justiça do Trabalho, quando a rescisão resultar de reclamação trabalhista ou termo de conciliação da Justiça do Trabalho, devidamente homologado pelo juízo do feito. **DOCUMENTOS COMPLEMENTARES** - Identificação do empregador; e - Documento de identificação do representante legal do empregador. **VALOR DO SAQUE** - Saldo disponível na conta vinculada individualizada em nome do trabalhador, referente ao período trabalhado na condição de não optante. - O valor do saque será, obrigatoriamente, creditado em conta bancária de titularidade do empregador e por ele formalmente indicada por ocasião da solicitação do saque. A liberação do saque só será efetivada em favor dos empregadores que cumprirem os seguintes requisitos: - não possuir saldos de depósitos a discriminar no cadastro do FGTS, devedores ou credores; - estar em situação regular nos empréstimos lastreados com recursos do FGTS, em âmbito nacional. É aplicado o instituto da compensação automática, quando o empregador fizer jus ao saque de valores e possuir, ao mesmo tempo, débitos identificados junto ao FGTS. O empregador deve promover a individualização dos débitos quitados, no caso destes se referirem aos valores de Depósito/JAM, não efetivados aos trabalhadores em época própria. Excepciona-se a obrigatoriedade da regularização de depósitos a discriminar: - quando da impossibilidade da individualização dos depósitos em virtude da inexistência de dados cadastrais, devidamente formalizada por meio de publicação de edital de convocação dos empregados da época, em jornal de grande circulação local; - em caso de valores de depósitos a individualizar de até R$ 10,00 - atualizados, com base na Resolução do Conselho Curador do FGTS nº 627/2010.

DEPARTAMENTO DE PESSOAL MODELO

Código de saque	Beneficiários	Especificação da movimentação
19L - Desastre natural	Trabalhador ou diretor não empregado residente em áreas atingidas por desastre natural, cuja situação de emergência ou de estado de calamidade pública tenha sido formalmente reconhecido pelo Governo federal	**MOTIVO** - Necessidade pessoal, urgente e grave, decorrente de desastre natural que tenha atingido a área de residência do trabalhador, quando a situação de emergência ou o estado de calamidade pública tenha sido decretado por meio de decreto do governo do Distrito Federal, Município ou Estado e publicado em prazo não superior a 30 dias do primeiro dia útil seguinte ao da ocorrência do desastre natural, se este for assim reconhecido, por meio de portaria do Ministro de Estado da Integração Nacional. Para fins de saque com fundamento neste Código, considera-se desastre natural: - enchentes ou inundações graduais; - enxurradas ou inundações bruscas; - alagamentos; - inundações litorâneas provocadas pela brusca invasão do mar; - precipitações de granizos; - vendavais ou tempestades; - vendavais muito intensos ou ciclones extratropicais; - vendavais extremamente intensos, furacões, tufões ou ciclones tropicais; - tornados e trombas d'água; - desastre decorrente do rompimento ou colapso de barragens que ocasione movimento de massa, com danos a unidades residenciais. DOCUMENTOS DE COMPROVAÇÃO DA SITUAÇÃO DE EMERGÊNCIA OU ESTADO DE CALAMIDADE PÚBLICA (a ser fornecido pelo Governo Municipal ou do Distrito Federal à Caixa): - Declaração comprobatória, em consonância com a avaliação realizada pelos órgãos de defesa civil municipal ou do Distrito Federal, das áreas atingidas por desastres naturais, que deverá conter a descrição minuciosa da área afetada, evitando-se a generalização de toda a área geográfica do Município ou do Distrito Federal, observando o seguinte padrão: a) identificação da unidade residencial/nome do logradouro/bairro ou distrito/cidade/Unidade da Federação (UF), caso a área atingida se restrinja a determinada(s) unidade(s) residencial(is); ou b) nome do logradouro/bairro ou distrito/cidade/UF, caso a área atingida se restrinja às unidades residenciais existentes naquele logradouro; ou c) nome do bairro/cidade/UF, caso todas as unidades residenciais existentes no bairro tenham sido atingidas; ou d) nome do distrito/cidade/UF, caso todas as unidades residenciais existentes no distrito tenham sido atingidas. - A declaração deverá conter, ainda, a identificação do Município atingido pelo desastre natural, as informações relativas ao decreto municipal ou do Distrito Federal ou do Estado e à portaria do Ministro de Estado da Integração Nacional, que reconheceu o estado de calamidade pública ou a situação de emergência, e a informação de um dos códigos da Codificação Brasileira de Desastres (Cobrade), a seguir: - 1.1.1.2.0 - Tsunami; - 1.2.1.0.0 - Inundações; - 1.2.2.0.0 - Enxurradas; - 1.2.3.0.0 - Alagamentos; - 1.3.1.1.1 - Ventos costeiros (mobilidade de dunas); - 1.3.1.1.2 - Marés de tempestades (ressacas); - 1.3.1.2.0 - Frentes frias/Zona de convergência; - 1.3.2.1.1 - Tornados; - 1.3.2.1.2 - Tempestade de raios;

Capítulo XI – Aviso-Prévio

Código de saque	Beneficiários	Especificação da movimentação
19L - Desastre natural	Trabalhador ou diretor não empregado residente em áreas atingidas por desastre natural, cuja situação de emergência ou de estado de calamidade pública tenha sido formalmente reconhecido pelo Governo federal	- 1.3.2.1.3 - Granizo; - 1.3.2.1.4 - Chuvas intensas; - 1.3.2.1.5 - Vendaval; - 2.4.2.0.0 - Rompimento/Colapso de barragens. Deverão ser apresentados, ainda, os seguintes documentos: - decreto municipal; - formulário de informações do desastre (Fide); - relatório fotográfico, de preenchimento obrigatório para o reconhecimento federal; - mapa ou croqui da(s) área(s) afetada(s) pelo desastre; - ofício assinado pelo prefeito contendo os servidores autorizados a assinar Declaração de Endereço do Trabalhador. DOCUMENTOS DE COMPROVAÇÃO COMPLEMENTAR (a ser fornecido pelo Governo Municipal ou do Distrito Federal à Caixa): - Para efeito de viabilizar o saque, quando se tratar de Cobrade 2.4.2.0.0 - rompimento/colapso de barragens, juntamente com a declaração comprobatória, deverá ser fornecida, pelo Governo Municipal ou do Distrito Federal, manifestação do órgão de defesa civil municipal, estadual ou do Distrito Federal, que comprove ter ocorrido correspondente movimento de massa, com danos a unidades residenciais. DOCUMENTOS DE COMPROVAÇÃO (a ser fornecido pelo trabalhador): - Comprovante de residência em nome do trabalhador (conta de luz, água, telefone, gás, extratos bancários ou carnês de pagamentos), emitido nos últimos 120 dias anteriores à decretação da emergência ou calamidade havida em decorrência do desastre natural. - Na falta do comprovante de residência, o titular da conta vinculada poderá apresentar uma declaração emitida pelo Governo Municipal ou do Distrito Federal, atestando que o trabalhador é residente na área afetada. A declaração deverá ser firmada sobre papel timbrado e a autoridade emissora deverá apor nela data e assinatura. - Também deverão ser mencionados na declaração: nome completo, data de nascimento, endereço residencial e número do CPF do trabalhador. DOCUMENTOS COMPLEMENTARES - Documento de identificação do trabalhador ou diretor não empregado; - CPF; e - CTPS física ou CTPS Digital, ou outro documento que comprove o vínculo empregatício VALOR DO SAQUE - O valor do saque será o saldo disponível na conta vinculada, na data da solicitação, limitado à quantia correspondente a R$ 6.220,00 para cada evento caracterizado como desastre natural, desde que o intervalo entre um saque e outro não seja inferior a 12 meses. OBSERVAÇÃO - A solicitação ao saque fundamentada nesta hipótese de movimentação poderá ser apresentada até o 90º dia subsequente ao da publicação da portaria do Ministério da Integração Nacional reconhecendo a situação de emergência ou o estado de calamidade pública.

DEPARTAMENTO DE PESSOAL MODELO

Código de saque	Beneficiários	Especificação da movimentação
19L - Desastre natural	Trabalhador ou diretor não empregado residente em áreas atingidas por desastre natural, cuja situação de emergência ou de estado de calamidade pública tenha sido formalmente reconhecido pelo Governo federal	**- ATENDIMENTO AO TRABALHADOR** - O atendimento à solicitação de saque do trabalhador será realizado por meio do APP FGTS, ficando reservado à Caixa o estabelecimento de calendário de atendimento, critérios e forma de pagamento, podendo ser utilizados dados preexistentes no cadastro da Caixa que possibilitem a comprovação automática de residência na área afetada pelo desastre natural que ensejou a decretação de situação de emergência ou estado de calamidade pública, conforme declaração fornecida pelo Município.
23/23A - Falecimento do titular da conta	Dependente do trabalhador, do diretor não empregado ou do trabalhador avulso falecido	**MOTIVO** - Falecimento do trabalhador, diretor não empregado ou trabalhador avulso. **DOCUMENTOS DE COMPROVAÇÃO** - Declaração de dependentes firmada por instituto oficial de Previdência Social, de âmbito federal, estadual ou municipal, ou declaração de dependentes habilitados à pensão, fornecida pelo órgão pagador da pensão, custeada pelo Regime Jurídico Único; assinada pela autoridade competente, contendo, dentre outros dados, a logomarca/timbre do órgão emissor; a data do óbito e o nome completo, a inscrição no CPF e o número da CTPS ou do Registro Geral da Carteira de Identidade do trabalhador que legou o benefício e discriminando, com o nome completo, vínculo de dependência e data de nascimento os dependentes habilitados ao recebimento da pensão. **OBSERVAÇÕES** - Na hipótese de saque por dependente de trabalhador avulso, deve ser indicado o código de saque 23A. - Na falta de dependentes, farão jus ao recebimento do saldo da conta vinculada os seus sucessores previstos na lei civil, indicados em alvará judicial, expedido a requerimento do interessado, independente de inventário ou arrolamento. **DOCUMENTOS COMPLEMENTARES** - Documento de identificação do solicitante; e - TRCT (para as rescisões de contrato de trabalho efetuadas até 31.01.2013), ou THRCT ou TQRCT homologado quando legalmente exigível (para as rescisões dos contratos de trabalho formalizadas até 10.11.2017), para o contrato de trabalho extinto pelo óbito, se apresentado; e/ou - CTPS física ou CTPS Digital, ou declaração das empresas comprovando o vínculo laboral; e - CPF do titular falecido. **INFORMAÇÕES COMPLEMENTARES** - A Lei nº 13.467/2017, que trata da Modernização Trabalhista, revogou a exigência de homologação para contrato de trabalho com duração superior a 01 (um) ano, com vigência a partir de 11.11.2017. **VALOR DO SAQUE** - Saldo total disponível nas contas vinculadas em nome do titular da conta falecido (*de cujus*), rateado em partes iguais entre os dependentes habilitados.

Capítulo XI – Aviso-Prévio

Código de saque	Beneficiários	Especificação da movimentação
26 - Rescisão por tempo serviço anterior 05/10/88 sem pagamento indenização	I: Empregador doméstico II: Empregador	**MOTIVO** BENEFICIÁRIO I - Empregador doméstico - Saque do percentual recolhido mensalmente pelo empregador doméstico a título de indenização compensatória da perda do emprego, nos casos de rescisão ou extinção do contrato de trabalho de trabalhador doméstico, quando a rescisão ocorrer pela dispensa por justa causa ou a pedido, inclusive motivada por aposentadoria, por término do contrato de trabalho por prazo determinado ou por falecimento do trabalhador doméstico; - Saque de 50% do valor recolhido mensalmente pelo empregador doméstico a título de indenização compensatória da perda do emprego, nos casos de rescisão ou extinção do contrato de trabalho de trabalhador doméstico, quando a rescisão ocorrer por motivo de culpa recíproca ou por acordo. BENEFICIÁRIO II - Empregador - Rescisão ou extinção do contrato de trabalho de trabalhador com tempo de serviço anterior a 05.10.1988, na condição de não optante, não tendo havido pagamento de indenização, exclusivamente para o contrato de trabalho que vigeu por período igual ou superior a 1 ano; ou - Mediante apuração de débito onde o empregador figurar como devedor do FGTS, com crédito fundiário lançado por notificação de débitos emitida por Auditor-Fiscal constituída em qualquer esfera, parcelamento de FGTS e/ou Inscrição em Dívida Ativa, nos termos da Resolução do Conselho Curador do FGTS nº 896, de 11.09.2018. **DOCUMENTOS DE COMPROVAÇÃO** BENEFICIÁRIO I - Empregador doméstico - Termo de Quitação da Rescisão de Contrato de Trabalho (TQRCT); ou - Demonstrativo da rescisão do trabalhador doméstico desde que o empregador tenha comunicado à Caixa a data/código de movimentação pelo Conectividade Social ou na DAE Rescisório, ou - Termo de Audiência da Justiça do Trabalho ou Termo de Conciliação, devidamente homologado pelo juízo do feito, reconhecendo a dispensa sem justa causa, quando esta resultar de conciliação em reclamação trabalhista; ou - Sentença irrecorrível da Justiça do Trabalho, quando a rescisão resultar de reclamação trabalhista; ou - Certidão ou cópia de sentença irrecorrível da Justiça do Trabalho caracterizando a rescisão por culpa recíproca. BENEFICIÁRIO II - Empregador - Requerimento do empregador, que deve ser acompanhado dos documentos a que alude o art. 117 da Portaria MTP nº 667/2021, indicando o banco, agência e conta bancária, de titularidade do empregador, para crédito do valor do saque; e - Relação das contas cujo saque esteja sendo pleiteado, em caso de autorização de saque de forma coletiva, devidamente datada, assinada e carimbada em todas as folhas pela autoridade competente da DRT, contendo: a) identificação da empresa - razão social, nome de fantasia e CNPJ/CEI; b) nome dos empregados não optantes em ordem alfabética e numerados; c) número da conta vinculada do FGTS, cujo saque está sendo pleiteado; d) número e série da CTPS de cada um dos trabalhadores; e) número da inscrição no CPF de cada um dos trabalhadores; f) datas de admissão, afastamento e nascimento de cada um dos trabalhadores; e g) datas da opção ao regime do FGTS e da retroação, quando houver, de cada um dos trabalhadores.

DEPARTAMENTO DE PESSOAL MODELO

Código de saque	Beneficiários	Especificação da movimentação
26 - Rescisão por tempo serviço anterior 05/10/88 sem pagamento indenização	I: Empregador doméstico II: Empregador	**DOCUMENTOS COMPLEMENTARES** - Documento de identificação do empregador doméstico; ou - Identificação dos demais empregadores; e - Documento de identificação do representante legal do empregador.
		DA AUTORIZAÇÃO DA DRT/SDT - O empregador deve solicitar a autorização de saque à DRT/SDT, mediante a apresentação dos documentos que comprovem a rescisão/extinção do contrato e o motivo do não pagamento da indenização, observando os demais procedimentos constantes na Portaria MTP nº 667/2021, nos casos de saque de valores recolhidos para o período de trabalho na condição de não optante; - Mediante apuração de débito onde o empregador figurar como devedor do FGTS, com crédito fundiário lançado por notificação de débitos emitida por Auditor-Fiscal constituída em qualquer esfera, parcelamento de FGTS e/ou Inscrição em Dívida Ativa, nos termos da Resolução do Conselho Curador do FGTS nº 896, de 11.09.2018.
		VALOR DO SAQUE BENEFICIÁRIO I - Empregador doméstico - Saldo do valor recolhido mensalmente pelo empregador doméstico a título de indenização compensatória da perda do emprego, nos casos de rescisão ou extinção do contrato de trabalho de trabalhador doméstico, quando a rescisão ocorrer pela dispensa por justa causa ou a pedido, inclusive motivada por aposentadoria, por término do contrato de trabalho por prazo determinado ou por falecimento do trabalhador doméstico; ou - Metade do saldo do valor recolhido mensalmente pelo empregador doméstico a título de indenização compensatória da perda do emprego, nos casos de rescisão ou extinção do contrato de trabalho de trabalhador doméstico, quando a rescisão ocorrer por motivo de culpa recíproca ou acordo. BENEFICIÁRIO II - Empregador - Saldo disponível na conta vinculada, individualizada em nome de cada trabalhador, referente ao período trabalhado na condição de não optante, observadas as seguintes condições: a) Na hipótese de o empregador figurar como devedor do FGTS, com crédito fundiário lançado por notificação o de débitos emitida por Auditor-Fiscal do Trabalho constituída em qualquer esfera, parcelamento de FGTS e/ou Inscrição em Dívida Ativa, nos termos da Resolução do Conselho Curador do FGTS nº 896, de 11/09/2018, ocorre a liberação do saque e compensação automática de débitos, independente da solicitação de saque pelo empregador; b) O valor do saque será, obrigatoriamente, creditado em conta bancária de titularidade do empregador e por ele formalmente indicada por ocasião da solicitação do saque; c) O empregador deve estar regular perante o FGTS, inclusive quanto aos empréstimos lastreados com recursos do FGTS, em âmbito nacional; d) Inexistência de saldos de Depósitos a Discriminar no cadastro do FGTS, devedores ou credores, visto que cabe a o empregador promover a individualização dos recolhimentos quitados, no caso destes se referirem aos valores de Depósito/JAM, não efetivados aos trabalhadores em época própria. - Excepciona-se a obrigatoriedade da regularização de depósitos a discriminar: - quando da impossibilidade da individualização dos depósitos em virtude da inexistência de dados cadastrais, devidamente formalizada por meio de publicação de edital de convocação dos empregados da época, em jornal de grande circulação local; - em caso de valores de depósitos a individualizar de até R$ 10,00 - atualizados conforme previsto na Resolução do Conselho Curador do FGTS nº 627 de 23/03/2010.

Capítulo XI – Aviso-Prévio

Código de saque	Beneficiários	Especificação da movimentação
27 - Pagamento valor indenização conta optante empregado	Empregador	**MOTIVO** - Pagamento ao trabalhador, pelo empregador, da indenização relativa ao tempo de serviço em que permaneceu na condição de não optante, nos termos da transação homologada pela autoridade competente, durante a vigência do contrato de trabalho do trabalhador, conforme art. 6º do Regulamento Consolidado do FGTS, aprovado pelo Decreto nº 99.684/1990; ou - Recolhimento, pelo empregador, na conta optante do trabalhador, do valor correspondente à indenização referente ao tempo de serviço não optante, anterior a 05.10.1988, efetuado durante a vigência do contrato de trabalho do trabalhador, conforme art. 73 do Regulamento Consolidado do FGTS; ou - Rescisão do contrato de trabalho, por motivo de acordo, com pagamento de indenização. **DOCUMENTOS DE COMPROVAÇÃO** - Declaração de opção pelo regime do FGTS, se esta foi realizada antes de 05.10.1988, e apresentação de: a) Termo de Transação do tempo de serviço, homologado pela autoridade competente; ou b) Guia de Recolhimento (GR) e Relação de Empregados (RE) ou Guia de Recolhimento do FGTS (GRE) ou Guia de Recolhimento do FGTS e Informações à Previdência Social (GFIP), para recolhimento ocorrido a partir de fev/1999, comprovando o recolhimento em conta optante do trabalhador; ou c) Rescisão Contratual ou TRCT (para as rescisões de contrato de trabalho efetuadas até 31.01.2013) ou THRCT ou TQRCT, homologado na forma do art. 477 da CLT (para as rescisões formalizadas até 10.11.2017), em que conste, em destaque, o pagamento da parcela correspondente à indenização, referente ao tempo de serviço trabalhado na condição de não optante. **DOCUMENTOS COMPLEMENTARES** - Identificação do empregador; e - Documento de identificação do representante legal do empregador. **VALOR DO SAQUE** - Saldo disponível na conta vinculada, individualizada em nome do trabalhador, referente ao período trabalhado na condição de não optante. **OBSERVAÇÕES** - O valor do saque será, obrigatoriamente, creditado em conta bancária de titularidade do empregador e por ele formalmente indicada por ocasião da solicitação do saque. - A liberação do saque só será efetivada em favor dos empregadores que cumprirem os seguintes requisitos: - não possuir saldos de depósitos a discriminar no cadastro do FGTS, devedores ou credores; - estar em situação regular nos empréstimos lastreados com recursos do FGTS, em âmbito nacional. - É aplicado o instituto da compensação automática quando o empregador fizer jus ao saque de valores e possuir, ao mesmo tempo, débitos identificados junto ao FGTS.; - O empregador deve promover a individualização dos débitos quitados, no caso destes se referirem aos valores de Depósito/JAM, não efetivados aos trabalhadores em época própria; - Excepciona-se a obrigatoriedade da regularização de depósitos a discriminar:

DEPARTAMENTO DE PESSOAL MODELO

Código de saque	Beneficiários	Especificação da movimentação
27 - Pagamento valor indenização conta optante empregado	Empregador	- quando da impossibilidade da individualização dos depósitos em virtude da inexistência de dados cadastrais, devidamente formalizada por meio de publicação de edital de convocação dos empregados da época, em jornal de grande circulação local; - em caso de valores de depósitos a individualizar de até R$ 10,00 - atualizados, com base na Resolução do Conselho Curador do FGTS nº 627, de 23.03.2010.
60 - Saque aniversário	Trabalhador, diretor não empregado ou trabalhador avulso que optar pela sistemática do saque--aniversário,	**MOTIVO** - Movimentação anual de parte do saldo do somatório dos saldos das contas FGTS do trabalhador que optou pela sistemática de Saque Aniversário. No caso de rescisão de contrato, o trabalhador poderá sacar o valor referente à multa rescisória, quando devida. **VALOR DO SAQUE** - Saque anual de parte do saldo do FGTS do trabalhador que fez opção pela sistemática de saque-aniversário, apurado na data do débito, por meio da aplicação da alíquota correspondente e acréscimo de parcela adiciona. **DATA DO SAQUE** - Se o trabalhador realizar a opção pelo saque-aniversário até o último dia do mês do seu aniversário, terá os valores disponibilizados no mesmo ano de sua opção. Se sua manifestação for apresentada a partir do mês seguinte ao de aniversário, o primeiro saque-aniversário somente será liberado para o ano seguinte. - O trabalhador que optar pelo Saque-Aniversário terá os recursos disponibilizados no mês de seu aniversário, observado o dia eleito para recebimento: - 1º dia útil do mês: neste caso, o débito da conta vinculada ocorrerá antes do crédito de juros e atualização monetária do mês de aniversário; - no dia 10 ou próximo dia útil subsequente, quando este dia for sábado, domingo ou feriado nacional: nesse caso, o débito na conta vinculada ocorrerá após crédito de juros e atualização monetária do mês de aniversário; - caso a adesão ocorra no mês de aniversário, o trabalhador terá os valores disponibilizados em até 5 dias úteis, exceto se o 5º dia útil a partir da adesão for anterior ao dia 10. Nesse caso, o trabalhador terá os valores disponibilizados no dia 10 do mês do seu aniversário; - O trabalhador deverá receber os valores liberados pelo Saque-Aniversário a partir do primeiro dia do mês do aniversário até o último dia do 2º mês subsequente. **CANAL DE PAGAMENTO** O valor do saque aniversário será debitado automaticamente da conta vinculada e será disponibilizado no canal eleito pelo trabalhador para recebimento dos recursos: - crédito em conta bancária de titularidade do trabalhador em instituição financeira no Brasil, regida pelo Sistema ⊠Financeiro Nacional (SFN); - canais de pagamento físico Caixa: Unidades Lotéricas, Correspondentes Caixa-Aqui, Salas de autoatendimento das agências da Caixa e nos guichês de caixa das Agências Caixa. O débito automático do Saque-Aniversário ocorre, conforme o calendário de pagamento, para as contas com dados convergentes entre os sistemas FGTS X NIS X CPF e sem inconsistência cadastral. Caso não ocorra o débito automático, o trabalhador deve comparecer à agência para a regularização do cadastro.

Capítulo XI – Aviso-Prévio

Código de saque	Beneficiários	Especificação da movimentação
60 - Saque aniversário	Trabalhador, diretor não empregado ou trabalhador avulso que optar pela sistemática do saque-aniversário,	**ALIENAÇÃO/CESSÃO FIDUCIÁRIA DO SAQUE-ANIVERSÁRIO** - O trabalhador que estiver com a modalidade saque-aniversário vigente pode oferecer os direitos futuros aos saques anuais como garantia de crédito em qualquer instituição financeira, na condição de cessão/alienação fiduciária, de que trata o § 3º do artigo 20-D da Lei nº 8.036/1990; - Caso o trabalhador esteja na modalidade de saque aniversário, mas tenha solicitado a alteração para a modalidade de saque rescisão, a solicitação do retorno à modalidade saque-rescisão deverá ser cancelada pelo trabalhador previamente à contratação da operação de crédito; - O titular da conta vinculada do FGTS que tenha cedido ou alienado seu direito ao saque-aniversário futuro somente poderá solicitar a alteração da sistemática de saque para Saque-Rescisão após encerrados todos os contratos de cessão e alienação fiduciária vigentes. - O trabalhador deverá autorizar, junto ao Agente Operador do FGTS, as Instituições Financeiras com as quais pretenda alienar ou ceder fiduciariamente o seu direito a saques-aniversário futuros a consultar os valores disponíveis à cessão/alienação fiduciária e a bloquear parcela do saldo de sua conta FGTS; - A autorização pode ser concedida no APP FGTS e terá duração de 90 dias; - O trabalhador pode acompanhar a efetivação do bloqueio da parcela do saldo de sua conta FGTS em razão da operação de alienação ou cessão fiduciária contratada com a Instituição Financeira pelo App FGTS; - Ao efetuar uma alienação ou cessão fiduciária, um percentual dos saldos das contas vinculadas do titular será bloqueado para movimentações de saques, na data da contratação, em valor suficiente para que, aplicada a alíquota correspondente ao saldo da conta e acrescida da parcela adicional, seja possível efetuar os saques-aniversário em valor equivalente aos alienados ou cedidos fiduciariamente; - No primeiro dia útil do mês de aniversário do trabalhador que alienou e/ou cedeu fiduciariamente o direito sobre o saque-aniversário anual a uma ou mais IF, os valores correspondentes serão transferidos a cada credor fiduciário e o saldo correspondente da conta será desbloqueado para movimentação, observadas as hipóteses de movimentação previstas na Lei nº 8.036/1990; - Na apuração do valor do Saque-Aniversário a ser pago no ano-calendário ao trabalhador, será deduzida a quantia transferida à IF para garantia de crédito; - Caso o trabalhador realize a movimentação de sua conta vinculada por motivo de aposentador ia, idade maior que 70 anos, falecimento ou doenças previstas no art. 20 da Lei 8036/1990, será executada antecipadamente a garantia dada em forma de alienação/cessão fiduciária, mediante liberação à IF contratante dos recursos oferecidos em garantia de operação de crédito; - A Instituição Financeira deverá realizar eventuais ressarcimentos ao trabalhador caso o valor repassado seja maior que o necessário para cobrir a garantia oferecida. OBSERVAÇÕES - Nos casos em que o trabalhador, diretor não empregado ou trabalhador avulso tenha contratado operações de crédito com alienação ou cessão fiduciária do saque-aniversário anual, o código de saque a ser considerado para débito do valor devido à Instituição Financeira será o 60F. - As orientações às Instituições Financeiras estão descritas no "Manual de Orientação às Instituições Financeiras - Utilização do Saque-Aniversário FGTS como Garantia na Modalidade de Cessão ou Alienação Fiduciária em Operações de Crédito", disponível para download no sítio eletrônico www.caixa.gov.br.

DEPARTAMENTO DE PESSOAL MODELO

Código de saque	Beneficiários	Especificação da movimentação
70 - Trabalhador com 70 anos	Trabalhador, diretor não empregado ou trabalhador avulso	**MOTIVO** - Ter o titular da conta vinculada idade igual ou superior a 70 anos.
		DOCUMENTO DE COMPROVAÇÃO - Documento que comprove a idade mínima de 70 anos do trabalhador, diretor não empregado ou trabalhador avulso.
		DOCUMENTOS COMPLEMENTARES - Documento de identificação do trabalhador ou diretor não empregado; e - CTPS física ou CTPS Digital na hipótese de saque de trabalhador; ou - Ata da assembleia que deliberou pela nomeação do diretor não empregado; cópia do contrato social registrado no Cartório de Registro de Títulos e Documentos ou na Junta Comercial, ou ato próprio da autoridade competente publicado em Diário Oficial. Os documentos devem ser apresentados em via original e cópia, para confronto e autenticação no ato do recebimento, ou por meio de cópia autenticada; e - CPF do trabalhador.
		VALOR DO SAQUE - Saldo disponível em todas as contas vinculadas do titular.

Capítulo XI – Aviso-Prévio

327

Código de saque	Beneficiários	Especificação da movimentação
80T/80D/ 81T/82T- Doenças graves (Lei nº 8.036/1990, art. 20, XI, XIII e XIV) 89C/89D (Ação Civil Pública nº 0028244- 17.2016. 4.02.5001, da 5ª Vara Federal Cível do Espírito Santo)	Trabalhador ou diretor não empregado	**MOTIVO** - Estar acometido ou possuir dependente acometido pelas doenças graves: - neoplasia maligna; - portador do vírus HIV (Sida/Aids); - doente em estágio terminal de vida em razão de doença grave; - alienação mental; - cardiopatia grave; - cegueira; - contaminação por radiação, com base em conclusão da medicina especializada; - doença de Parkinson; - espondiloartrose anquilosante (espondilite anquilosante/ancilosante); - estado avançado da doença de Paget (osteíte deformante); - hanseníase; - hepatopatia grave; - nefropatia grave; - paralisia irreversível e incapacitante; - tuberculose ativa.
		DOCUMENTOS DE COMPROVAÇÃO - Formulário "Relatório Médico de Doenças Graves para Solicitação de Saque do FGTS" disponível na área de download do site da Caixa, com validade não superior a 1 (um) ano contado de sua expedição, preenchido pelo médico assistente, atestando o acometimento da enfermidade. - Anexar os exames que tenham sido informados no "Relatório Médico de Doenças Graves para Solicitação de Saque do FGTS".
		DOCUMENTOS COMPLEMENTARES - Documento de identificação do trabalhador ou diretor não empregado; e - CPF do trabalhador; - CTPS física ou CTPS Digital do trabalhador; ou - Atas do Conselho de Administração que deliberou pela nomeação do diretor não empregado; cópia do contrato social registrado no Cartório de Registro de Títulos e Documentos ou na Junta Comercial, ou ato próprio da autoridade competente publicado em Diário Oficial. - Documento hábil que comprove a relação de dependência, no caso de estar o dependente do titular da conta acometido pela doença.

DEPARTAMENTO DE PESSOAL MODELO

Código de saque	Beneficiários	Especificação da movimentação
80T/80D/ 81T/82T- Doenças graves (Lei nº 8.036/1990, art. 20, XI, XIII e XIV) 89C/89D (Ação Civil Pública nº 0028244-17.2016. 4.02.5001, da 5ª Vara Federal Cível do Espírito Santo)	Trabalhador ou diretor não empregado	OBSERVAÇÕES - Os dados pessoais coletados serão utilizados para que a Caixa, no papel de Agente Operador do FGTS, possa viabilizar o saque do FGTS em conformidade com a legislação vigente. - A solicitação de saque deverá ser apresentada preferencialmente no aplicativo FGTS disponível nas lojas de aplicativos para os equipamentos android ou IOS. - Em atenção à Lei nº 13.846/2019, o ateste da condição de saúde para fins de saque do FGTS por motivo de acometimento de doença grave passa a ser atribuição essencial e exclusiva do cargo de perito médico federal, perito médico da previdência social, e, supletivamente, de Supervisor Médico-Pericial da carreira de que trata a Lei nº 9.620/1998. - Os dados cadastrais (nome, CPF e data de nascimento) e os dados médicos (laudos e exames) fornecidos pelo trabalhador, serão encaminhados para a Perícia Médica Federal, para ateste da condição de saúde, respeitando a legislação aplicável sobre a Lei Geral de Proteção de Dados (LGPD). - A Perícia Médica Federal tem o prazo inicial de 30 (trinta) dias úteis, contados a partir do recebimento do pedido de saque na Caixa, para avaliação e emissão de parecer sobre a situação de saúde do trabalhador. - Em situações excepcionais, nos casos de limitação da capacidade operacional regular de atendimento, a Perícia Médica Federal poderá exceder o prazo de 30 dias úteis. - A Perícia Médica Federal poderá solicitar a complementação dos documentos ou o agendamento de perícia presencial, situação em que o prazo de até 30 (trinta) dias úteis para emissão do parecer final passa a contar a partir da data do atendimento das novas exigências. - A evolução do pedido poderá ser acompanhada pelo trabalhador no App FGTS/Agências da Caixa. - A cópia integral do laudo da Perícia Médica Federal poderá ser solicitada pelo titular da conta FGTS ou seu representante legal, a partir da data de sua emissão, em uma agência da Caixa. - Nos casos de indeferimento da solicitação de saque em razão de não enquadramento nas condições de saúde previstas na Lei nº 8.036/1990 ou da ACP 0028244-17.2016.4.02.5001, poderá o trabalhador interpor recurso, no prazo de até 30 dias da emissão do laudo pela Perícia Médica Federal, mediante preenchimento do Formulário "Recurso por não Enquadramento Legal das Condições de Saúde para o Saque do FGTS por Doenças Graves", disponível na área de download do site da Caixa. - A apresentação de recurso do indeferimento do pedido de saque deve ser realizada mediante abertura de novo requerimento de saque no APP FGTS por meio da inclusão do formulário "Recurso por não Enquadramento Legal das Condições de Saúde para o Saque do FGTS por Doenças Graves" no campo destinado ao "Relatório Médico de Doenças Graves para Solicitação de Saque do FGTS" ou mediante apresentação da documentação em uma agência da Caixa. - O saldo da conta FGTS será liberado ao trabalhador em até 5 (cinco) dias úteis ou outro prazo que vier a ser definido na legislação ou por determinação judicial, contados a partir do recebimento pela Caixa do ateste de atendimento às condições de saúde exigidas para movimentação da conta vinculada do FGTS, emitido pela Perícia Médica Federal. VALOR DO SAQUE - Saldo disponível em todas as contas vinculadas do titular.

Capítulo XI – Aviso-Prévio

Código de saque	Beneficiários	Especificação da movimentação
83 - Aquisição de órtese e prótese	Trabalhador ou diretor não empregado com deficiência de longo prazo de natureza física ou sensorial. Para efeito da movimentação da conta vinculada nessa hipótese, considera-se: a) trabalhador com deficiência - aquele que tem impedimento de longo prazo de natureza física ou sensorial; e b) impedimento de longo prazo - aquele que produza efeitos pelo prazo mínimo de dois anos e que, em interação com uma ou mais barreiras, possa obstruir a participação plena e efetiva do trabalhador na sociedade em igualdade de condições com as demais pessoas; e c) pessoa com deficiência de longo prazo - o estabelecido no art. 4º, incisos I, II e III do Decreto nº 3.298/1999.	MOTIVO Aquisição de órtese ou prótese para promoção de acessibilidade e de inclusão social do trabalhador com deficiência de natureza física ou sensorial de longo prazo. DOCUMENTOS DE COMPROVAÇÃO - Laudo médico que ateste a condição de pessoa com deficiência, a espécie e o grau ou o nível da deficiência, com expressa menção correspondente à Classificação Internacional de Doenças, e prescrição médica que indique a necessidade de órtese ou prótese para a promoção da acessibilidade e da inclusão social do trabalhador com deficiência, emitido por médico devidamente identificado por seu registro profissional, em conformidade com as normas dos Conselhos Federal e Regional de Medicina, com data de emissão não superior a 2 anos, emitido eletronicamente pelo médico responsável através da página www.conectividadesocial.caixa.gov.br/medicos ou preenchido no formulário disponível para download no sítio da Caixa, para situações excepcionais, quando o médico não tenha acesso à internet durante o atendimento ao trabalhador com deficiência, contendo assinatura sobre carimbo e CRM ou RMS do médico e do trabalhador que está solicitando o saque. O preenchimento manual do formulário padrão do Laudo Médico disponível no site da Caixa deve ocorrer em situações excepcionais, exclusivamente quando o médico não tenha acesso à internet durante o atendimento ao trabalhador com deficiência. DOCUMENTOS COMPLEMENTARES - Documento de identificação do trabalhador ou diretor não empregado; e - CTPS física ou CTPS Digital na hipótese de saque de trabalhador; ou
		- Atas do Conselho de Administração que deliberou pela nomeação do diretor não empregado; cópia do Contrato Social registrado no Cartório de Registro de Títulos e Documentos ou na Junta Comercial, ou ato próprio da autoridade competente publicado em Diário Oficial. Os documentos devem ser apresentados em via original e cópia, para confronto e autenticação no ato do recebimento, ou por meio de cópia autenticada; - CPF do trabalhador.

DEPARTAMENTO DE PESSOAL MODELO

Código de saque	Beneficiários	Especificação da movimentação
83 - Aquisição de órtese e prótese	Trabalhador ou diretor não empregado com deficiência de longo prazo de natureza física ou sensorial. Para efeito da movimentação da conta vinculada nessa hipótese, considera-se: a) trabalhador com deficiência - aquele que tem impedimento de longo prazo de natureza física ou sensorial; e b) impedimento de longo prazo - aquele que produza efeitos pelo prazo mínimo de dois anos e que, em interação com uma ou mais barreiras, possa obstruir a participação plena e efetiva do trabalhador na sociedade em igualdade de condições com as demais pessoas; e c) pessoa com deficiência de longo prazo - o estabelecido no art. 4º, incisos I, II e III do Decreto nº 3.298/1999.	**INFORMAÇÕES COMPLEMENTARES** - O titular da conta vinculada que solicitar o saque para aquisição de órtese e prótese deve aguardar interstício mínimo de 2 anos, a contar da data do débito, para nova utilização por este código de saque - A prescrição da Órtese/Prótese deve observar os parâmetros do SUS, transcritos na tabela SIGTAP - Sistema de Gerenciamento da Tabela de Procedimentos, Medicamentos e OPM - disponível em http://sigtap.datasus.gov.br. - Para fins de movimentação da conta vinculada FGTS, o grupo, o subgrupo de procedimento e a forma de organização que dão direito ao saque são: - Grupo: 07 - Órteses, próteses e materiais especiais; - Subgrupo: 01 - Órteses, próteses e materiais especiais não relacionados ao ato cirúrgico - Forma de Organização: - 01 OPM auxiliares de locomoção - 02 OPM ortopédicas - 03 OPM auditivas - 04 OPM oftalmológicas - Nos termos do inciso XI do § 4º do art. 18 da Lei nº 13.146/2015, o Sistema Único de Saúde (SUS) fornece gratuitamente órtese e prótese às pessoas com deficiência. Ao trabalhador com deficiência física ou sensorial de longo prazo é permitido movimentar a conta vinculada do FGTS, nos termos do Manual, para aquisição de órtese e prótese exclusivamente nos casos em que estas não tenham sido fornecidas pelo SUS, custeadas ou reembolsadas por planos de saúde, adquiridas com recursos provenientes de quaisquer outras fontes ou obtidas gratuitamente por doação, comodato, permissão de uso ou outra forma; - Liberações indevidas do FGTS decorrentes de declarações falsas do médico e/ou do trabalhador serão comunicadas às autoridades competentes e responderão os responsáveis por eventuais danos ao FGTS nas esferas penal, civil e trabalhista.
		VALOR DO SAQUE - O valor do saque será o valor da órtese ou prótese, constante na Tabela de Órtese, Prótese e Meios Auxiliares de Locomoção (OPM) do Sistema Único de Saúde, limitado ao saldo disponível na conta vinculada do trabalhador para cada saque.

Capítulo XI – Aviso-Prévio

331

Código de saque	Beneficiários	Especificação da movimentação
86 - Três anos fora do regime do FGTS	Trabalhador ou diretor não empregado	**MOTIVO** - Permanência do titular da conta, por 3 anos ininterruptos, fora do regime do FGTS, para os contratos de trabalho extintos a partir de 14.07.1990, inclusive.
		DOCUMENTOS DE COMPROVAÇÃO - CTPS física ou CTPS Digital comprovando o desligamento da empresa e a inexistência de vínculo ao regime do FGTS por, no mínimo, 3 anos ininterruptos; ou - CTPS física ou CTPS Digital onde conste o contrato de trabalho e a anotação da mudança de regime trabalhista, publicada em Diário Oficial, e a inexistência de vínculo ao regime do FGTS por, no mínimo, 3 anos ininterruptos; ou - Atas do Conselho de Administração que deliberou pela nomeação do diretor não empregado e comprovando o desligamento há, no mínimo, 3 anos, a partir de 14.07.1990, inclusive. Os documentos devem ser apresentados em via original e cópia, para confronto e autenticação no ato do recebimento, ou por meio de cópia autenticada; ou - Declaração da sociedade anônima deliberando pela suspensão definitiva do recolhimento do FGTS para os diretores não empregados, ocorrida há, no mínimo, 3 anos, a partir de 14.07.1990, inclusive; ou - Cópia do contrato social registrado no Cartório de Registro de Títulos e Documentos ou na Junta Comercial, ou ato próprio da autoridade competente publicado em Diário Oficial, comprovando o desligamento há, no mínimo, 3 anos, a partir de 14.07.1990, inclusive.
		OBSERVAÇÃO - Uma vez adquirido o direito, este poderá ser exercido mesmo que o titular venha firmar novo contrato de trabalho sob o regime do FGTS.
		DOCUMENTOS COMPLEMENTARES - Documento de identificação do trabalhador ou diretor não empregado; e - CPF do trabalhador.
		VALOR DO SAQUE - Saldo disponível nas contas vinculadas do titular de conta vinculada que tenha cumprido o interstício de 3 anos fora do regime do FGTS.
871 - Saque resíduo - Valor menor que 80 reais (com vigência a partir de 08.06.2020)	Trabalhador ou diretor não empregado	**MOTIVO** - Conta vinculada com saldo inferior a R$ 80,00 e sem a ocorrência de depósitos ou saques por, no mínimo, 1 ano.
		DOCUMENTOS DE COMPROVAÇÃO - CTPS física ou CTPS Digital onde conste o contrato de trabalho cuja conta vinculada está sendo objeto de saque.
		DOCUMENTOS COMPLEMENTARES - Documento de identificação.
		VALOR DO SAQUE - Saldo disponível na conta vinculada menor que R$ 80,00.

DEPARTAMENTO DE PESSOAL MODELO

Código de saque	Beneficiários	Especificação da movimentação
87N - Conta inativa por 3 anos ininterruptos até 13/07/90	Trabalhador ou diretor não empregado	**MOTIVO** - Permanência da conta vinculada sem crédito de depósito, por 3 anos ininterruptos, cujo afastamento do titular tenha ocorrido até 13.07.1990, inclusive.
87N - Conta inativa por 3 anos ininterruptos até 13/07/90	Trabalhador ou diretor não empregado	**DOCUMENTOS DE COMPROVAÇÃO** - CTPS física ou CTPS Digital onde conste o contrato de trabalho cuja conta vinculada está sendo objeto de saque; ou - Comprovante do afastamento do trabalhador, quando não constante da CTPS física ou CTPS Digital; ou - Atas do conselho de administração que deliberou pela nomeação do diretor não empregado e comprovando o desligamento até 13.07.1990, inclusive. Os documentos devem ser apresentados em via original e cópia, para confronto e autenticação no ato do recebimento, ou por meio de cópia autenticada; ou
		- Declaração da sociedade anônima deliberando pela suspensão definitiva do recolhimento do FGTS para os diretores não empregados, ocorrida há, no mínimo, 3 anos, até 13.07.1990, inclusive; ou - Cópia do contrato social registrado no Cartório de Registro de Títulos e Documentos ou na Junta Comercial, ou ato próprio da autoridade competente publicado em Diário Oficial, comprovando o desligamento até 13.07.1990, inclusive
		DOCUMENTOS COMPLEMENTARES - Documento de identificação do trabalhador ou diretor não empregado; e - CPF do trabalhador.
		OBSERVAÇÃO - Código de saque deve ser acrescido da letra N.
		VALOR DO SAQUE - Saldo disponível nas contas vinculadas do titular que satisfaçam os requisitos.
88 - Determinação judicial	Pessoa indicada pelo juiz	**MOTIVO** - Determinação judicial.
		DOCUMENTO DE COMPROVAÇÃO - Ordem judicial.
		DOCUMENTOS COMPLEMENTARES - Documento de identificação do solicitante; e - CPF do trabalhador.
		VALOR DO SAQUE - Valor ou percentual indicado na ordem judicial, limitado ao saldo disponível na conta vinculada.

Capítulo XI – Aviso-Prévio   333

Código de saque	Beneficiários	Especificação da movimentação
91 - Pagamento total ou parcial na aquisição de imóvel	Trabalhador, diretor não empregado ou trabalhador avulso	**MOTIVO** - Utilização do FGTS para aquisição de moradia própria, imóvel residencial concluído. **CONDIÇÕES BÁSICAS** - Contar o trabalhador com o mínimo de 3 anos, considerando todos os períodos de trabalho sob o regime do FGTS; - Não ser proprietário, cessionário, usufrutuário, comprador ou promitente comprador de outro imóvel residencial, concluído ou em construção: a) financiado pelo SFH em qualquer parte do território nacional; ou b) no município onde exerça sua ocupação principal, nos municípios limítrofes e integrantes da mesma região metropolitana; e c) no atual município de residência. - Não ser detentor de fração ideal de imóvel superior a 40%; e - Ser a operação passível de financiamento no SFH. **OBSERVAÇÃO** - As condições gerais ou específicas, devidamente enquadradas nas normas pertinentes ao SFH, são obtidas junto aos agentes financeiros.
91 - Pagamento total ou parcial na aquisição de imóvel	Trabalhador, diretor não empregado ou trabalhador avulso	**VALOR DO SAQUE** - Saldo disponível nas contas vinculadas do trabalhador, desde que o valor do FGTS, acrescido da parcela financiada, quando houver, não exceda ao menor dos seguintes valores: a) limite máximo do valor de avaliação do imóvel estabelecido para as operações no SFH; ou b) da avaliação feita pelo agente financeiro; ou c) de compra e venda.
92 - Amortização de saldo devedor de imóvel	Trabalhador, diretor não empregado ou trabalhador avulso	**MOTIVO** - Utilização do FGTS para amortização extraordinária do saldo devedor decorrente de financiamento concedido pelo SFH, obtido pelo titular na aquisição de moradia própria. **CONDIÇÕES BÁSICAS** - Contar o trabalhador com o mínimo de 3 anos, considerando todos os períodos de trabalho sob o regime do FGTS; e - Estar em dia com o pagamento das prestações do financiamento; e - Contar com o interstício mínimo de 2 anos da movimentação anterior, quando se tratar de nova utilização para amortizar/liquidar saldo devedor. **OBSERVAÇÕES** - As condições gerais ou específicas, devidamente enquadradas nas normas pertinentes ao SFH, são obtidas junto aos agentes financeiros. **VALOR DO SAQUE** - Saldo disponível nas contas vinculadas do trabalhador, limitado ao saldo devedor atualizado do financiamento.

DEPARTAMENTO DE PESSOAL MODELO

Código de saque	Beneficiários	Especificação da movimentação
93 - Pagamento de prestação de financiamento habitacional	Trabalhador, diretor não empregado ou trabalhador avulso	**MOTIVO** - Utilização do FGTS para abatimento das prestações decorrentes de financiamento concedido pelo SFH. **CONDIÇÕES BÁSICAS** - Contar o trabalhador com o mínimo de 3 anos, considerando todos os períodos de trabalho sob o regime do FGTS; e - Não pode o mutuário contar com mais de 3 prestações em atraso. **OBSERVAÇÕES** - As condições gerais ou específicas, devidamente enquadradas nas normas pertinentes ao SFH, são obtidas junto aos agentes financeiros. - A solicitação de utilização do FGTS poderá ser formalizada para utilização em 12 prestações mensais. **VALOR DO SAQUE** - Saldo disponível nas contas vinculadas do trabalhador, limitado a 80% do valor das prestações a serem abatidas.
94 - Saque Fundo Mútuo Privatização (FMP)	Trabalhador, diretor não empregado ou trabalhador avulso	**MOTIVO** - Utilização do FGTS para aplicação em Fundos Mútuos de Privatização. **CONDIÇÕES BÁSICAS** - Formalização de pedido de aplicação junto ao administrador do Fundo Mútuo de Privatização FMP-FGTS ou do Clube de Investimento CI-FGTS; e - Apresentação de extrato da conta vinculada que pretenda utilizar em FMP-FGTS, junto à administradora do FMP-FGTS ou CI-FGTS, e de documentação de identificação. **VALOR DO SAQUE** - Até 50% do saldo disponível, de todas as contas vinculadas do titular, já consideradas as eventuais utilizações anteriores em FMP.
94 - Saque Fundo Mútuo Privatização (FMP)	Trabalhador, diretor não empregado ou trabalhador avulso	Nota A Circular Caixa nº 526/2010 estabelece procedimentos operacionais para a utilização de recursos do FGTS por parte do trabalhador, de forma individual, na subscrição de ações, em aumento de capital social de sociedades controladas pela União, nas quais o Fundo Mútuo de Privatização, de que trata o inciso XII do art. 20 da Lei nº 8.036/1990, detenha participação acionária, observado o que estabelece a Lei nº 12.276/2010.

Capítulo XI – Aviso-Prévio

Código de saque	Beneficiários	Especificação da movimentação
95 - Saque moradia própria - Em fase de construção	Trabalhador, diretor não empregado ou trabalhador avulso	**MOTIVO** - Utilização do FGTS para pagamento das parcelas de recursos próprios de imóvel residencial em fase de construção vinculado a programas de financiamento ou de autofinanciamento. **CONDIÇÕES BÁSICAS** - Contar o trabalhador com o mínimo de 3 anos, considerando todos os períodos de trabalho, sob o regime do FGTS; e - Não ser proprietário, cessionário, usufrutuário, comprador ou promitente comprador de outro imóvel residencial, concluído ou em construção: a) financiado pelo SFH em qualquer parte do território nacional; e/ou b) no município onde exerça sua ocupação principal, nos municípios limítrofes e integrantes da mesma região metropolitana; e c) no atual município de residência. - Não ser detentor de fração ideal de imóvel superior a 40%; e - Ser a operação financiável pelo SFH. **OBSERVAÇÃO** - As condições gerais ou específicas, devidamente enquadradas nas normas pertinentes ao SFH, são obtidas junto aos agentes financeiros. **VALOR DO SAQUE** - Saldo disponível nas contas vinculadas do trabalhador, desde que o valor do FGTS, acrescido da parcela financiada, quando houver, não exceda ao menor dos seguintes valores: a) limite máximo do valor de avaliação do imóvel estabelecido para as operações no SFH; ou b) da avaliação feita pelo agente financeiro; ou c) de compra e venda ou custo total da obra; ou d) somatório dos valores das etapas do cronograma físico-financeiro a realizar.
96 - Liquidação de saldo devedor de imóvel	Trabalhador, diretor não empregado ou trabalhador avulso	**MOTIVO** - Utilização do FGTS para liquidação do saldo devedor decorrente de financiamento concedido pelo SFH, obtido pelo titular na aquisição de moradia própria. **CONDIÇÕES BÁSICAS** - Contar o trabalhador com o mínimo de 3 anos, considerando todos os períodos de trabalho sob o regime do FGTS; e - Contar com o interstício mínimo de 2 anos da movimentação anterior, quando se tratar de nova utilização para amortizar/liquidar saldo devedor. **OBSERVAÇÃO** - As condições gerais ou específicas, devidamente enquadradas nas normas pertinentes ao SFH, são obtidas junto aos agentes financeiros. **VALOR DO SAQUE** - Saldo disponível nas contas vinculadas do trabalhador limitado ao saldo devedor atualizado do financiamento.
210 - Lei nº 13.932/2019 - Saque PIS/Pasep	Trabalhador titular das cotas PIS/Pasep	**MOTIVO** - Conforme a Lei nº 13.932/2019, as cotas PIS/Pasep poderão ser movimentadas a qualquer tempo pelo titular da conta. **DOCUMENTO DE COMPROVAÇÃO** - Documento de identificação. **VALOR DO SAQUE** - Saldo disponível nas contas vinculadas PIS/Pasep do trabalhador.

DEPARTAMENTO DE PESSOAL MODELO

Código de saque	Beneficiários	Especificação da movimentação
223 - Falecimento do participante PIS/Pasep	Dependentes/ Beneficiários do trabalhador falecido.	**MOTIVO** Falecimento do trabalhador.
		DOCUMENTO DE COMPROVAÇÃO - Certidão de óbito e certidão ou declaração de dependentes (beneficiários) habilitados à Pensão por Morte emitida pelo INSS, na qual conste o nome completo do dependente, data de nascimento e grau de parentesco ou relação de dependência com o participante falecido; ou - Certidão de óbito e certidão ou declaração de dependentes (beneficiários) habilitados à Pensão por Morte emitida pela entidade empregadora, para os casos de servidores públicos, na qual conste o nome completo do dependente, data de nascimento e grau de parentesco ou relação de dependência com o participante falecido; ou - Alvará judicial designando os beneficiários do saque, caso o alvará não faça menção ao falecimento do participante deve ser apresentado a certidão de óbito; ou - Escritura pública de inventário, podendo ser apresentado formal de partilha dos autos de processo judicial de inventário/ arrolamento ou escritura pública de partilha extrajudicial lavrada pelo tabelião do cartório de notas; ou - Na situação de ausência de dependentes habilitados à pensão por morte do participante falecido, deverá ser apresentada autorização de saque subscrita por todos os sucessores, declarando não haver outros dependentes ou sucessores conhecidos, e certidão de inexistência de dependentes, certidão de óbito e original e cópia de documento de identificação oficial de cada um dos dependentes ou sucessores; - Documento de identificação do dependente/beneficiário.
		VALOR DO SAQUE - Saldo total disponível nas contas vinculadas em nome do titular da conta falecido, dividido em partes iguais entre os dependentes habilitados.
288 - Determinação judicial saque PIS/Pasep	Pessoa indicada pelo Juiz	**MOTIVO** Determinação judicial.
		DOCUMENTO DE COMPROVAÇÃO - Ordem judicial. - Documento de identificação do solicitante.

Questões controvertidas sobre o aviso-prévio

Aviso-prévio – Momento da redução

Durante o cumprimento do aviso-prévio concedido pelo empregador na forma trabalhada, o empregado dispensado tem direito à redução da jornada de trabalho em duas horas diárias, podendo, também, optar por substituir a redução de 2 horas diárias pelo direito de faltar 7 ou mais dias corridos durante o período do aviso, conforme o entendimento adotado, sem prejuízo do salário.

A dúvida diz respeito ao momento em que as reduções da jornada ou as faltas ao serviço devem ocorrer, ou seja, no início, no meio ou ao final da jornada ou do período do aviso?

Capítulo XI – Aviso-Prévio   337

A Consolidação das Leis do Trabalho (CLT), em seu artigo 488, *caput*, determina apenas que a duração normal da jornada de trabalho do empregado durante o aviso-prévio, quando a rescisão tiver sido promovida pelo empregador, será reduzida em 2 horas, diariamente, sem prejuízo do salário integral, sem fazer qualquer alusão quanto ao momento da redução.

O parágrafo único do mesmo artigo 488 faculta ao empregado trabalhar sem a redução de 2 horas diárias, caso em que poderá faltar ao serviço, sem prejuízo do salário integral, por dias corridos, mas também, nada dispôs acerca do momento dessas faltas.

A finalidade das reduções no curso do aviso-prévio é permitir que o empregado, durante o horário comercial, tenha tempo hábil para procurar nova colocação no mercado de trabalho.

Não há muitos doutrinadores que abordam a questão relativa ao momento das reduções, ou seja, se, a critério das partes, as reduções podem ocorrer no início, no meio ou no fim da respectiva jornada diária de trabalho ou do período do aviso-prévio, conforme o caso. Entretanto, alguns deles defendem a posição de que a redução de dias é uma substituição da redução de 2 horas, a qual somente poderia ocorrer no início ou no final, uma vez que a redução (de 2 horas) durante a jornada (no meio) oneraria o empregado, que teria de voltar à empresa.

Há também na doutrina uma posição minoritária que alega que a redução de dias corridos deve ocorrer no final do prazo do aviso.

Considerando que o legislador não determinou em qual momento da jornada diária ou do curso do aviso-prévio as reduções devem ser concedidas, entendemos que, uma vez atendidas as determinações legais, com a concessão da redução da jornada diária ou dos dias corridos de faltas (este último dependendo da opção do empregado), estará cumprida a obrigação do empregador.

A concessão das reduções temporais no início, no meio ou ao final da jornada ou do período, conforme o caso, não prejudica a finalidade do instituto do aviso-prévio, que é permitir que o trabalhador dispensado procure nova colocação.

DEPARTAMENTO DE PESSOAL MODELO

Reproduzimos algumas decisões sobre o assunto:

Agravo de instrumento – Aviso-prévio – Artigo 488 da CLT – Redução da jornada ou concessão de dias corridos para a busca de novo emprego – Trabalhador noturno – Obrigatoriedade – Não provimento – 1- O artigo 488 da CLT dispõe que, durante o aviso-prévio concedido pelo empregador, deverá a jornada de trabalho ser reduzida de 2 horas, sendo facultada a manutenção da jornada e a supressão de 7 dias corridos no período concernente ao aviso. 2 – O escopo da regra contida no referido artigo é de permitir que o empregado disponha de tempo para procurar um novo meio de sobrevivência, sendo absolutamente irrelevante o fato do labor ser desempenhado no período noturno, como no caso do autos, vez que a norma não traz nenhuma condicionante. Incólume, portanto, ao artigo 488 da CLT. 3 – Agravo de instrumento a que se nega provimento. (TST – AIRR 1436/2003-013-02-40 – Rel. Min. Guilherme Augusto Caputo Bastos – DJe 28.08.2009.)

Aviso-prévio – Redução de jornada – Ônus da prova – A prova da redução da jornada de trabalho durante o período de aviso-prévio ou da liberação dos 7 dias que antecedem ao fim do contrato laboral é do empregador, eis que o fato é condição de plena eficácia e impeditivo ao direito postulado. O documento acostado aos autos pelo mesmo não comprova ter o reclamante usufruído os sete dias ao final do aviso-prévio e, inexistindo qualquer outra prova nesse sentido, correta a sentença de primeiro grau que deferiu a verba pleiteada. (TRT 20ª Região – RO 10744-2003-005-20-00-6 – (2474/03) – Proc. 10744-2003-005-20-00-6 – Rel. Juiz João Bosco Santana de Moraes – J. 07.10.2003.)

Aviso-prévio trabalhado – Resilição contratual promovida pelo empregador – Inobservância do art. 488/CLT – Efeitos – O aviso-prévio trabalhado pode ser cumprido de duas maneiras, nos casos de dispensa promovida pelo empregador, a teor da regra contida no art. 488 da CLT. A primeira, mediante prestação laborativa pelo obreiro na jornada e horários habituais, ao longo de 30 dias, com redução diária de duas horas, sem prejuízo da integralidade do salário (caput do art. 488/CLT). A segunda consiste na supressão de qualquer trabalho nos últimos 7 dias de pré-aviso, laborando-se o período anterior sem a redução de duas horas acima mencionada (parágrafo único do art. 488/CLT). Não comprovada a observância de qualquer dessas medidas por parte da ré, sendo dela o ônus de prova (art. 333, II do CPC c/ com art. 818/CLT), reputa-se frustrado o principal objetivo do aviso-prévio, que é possibilitar à parte surpreendida com a ruptura ajustar-se à nova situação; no caso de empregado, procurar outro emprego. Em consequência, é devido ao obreiro o pagamento de novo valor pelo aviso parcialmente frustrado, pagamento que tem evidente caráter indenizatório (Enunciado 230 do TST), não traduzindo, por isso, novo aviso-prévio, com todas as suas repercussões específicas (nova projeção no contrato etc.). Não se pode tomar a indenização devida em face de um parcial prejuízo verificado como renascimento de todo o instituto, em toda a sua complexidade. (TRT 3ª Região – RO 01075.2003.016.03.00.8 – 1ª Turma – Rel. Juiz Mauricio J. Godinho Delgado – DJMG 05.03.2004.)

Aviso-prévio – Redução dos dias trabalhados – Validade – A ausência de declaração formal da empregada optando pela redução dos dias de trabalho

Capítulo XI – Aviso-Prévio 339

no curso do aviso-prévio não faz presumir que sua concessão tenha decorrido de ato impositivo da empregadora. Assim, restando incontroversa a concessão de aviso-prévio em 2/5/2004 (registre-se que o documento de fl. 92 não restou impugnado), bem como a dispensa da última semana de trabalho, conforme, aliás, confessado em seu depoimento pessoal ('que a depoente trabalhou até o dia 25.5 do corrente ano'), tenho que cumpriu o aviso-prévio a sua finalidade, não havendo qualquer irregularidade em sua concessão... Recurso conhecido e provido em parte. (TRT 10ª Região – RO 00517-2004-821-10-00-2 – 2ª Turma – Rel. Juiz Mário Macedo Fernandes Caron – J. 17. 11. 2004.)

Gravidez confirmada no curso do aviso-prévio trabalhado

Confirmada a gravidez da empregada no curso do aviso-prévio trabalhado é possível proceder à ruptura contratual ou o aviso-prévio já concedido deverá ser desconsiderado?

O artigo 10, II, "b", do Ato das Disposições Constitucionais Transitórias (ADCT/CF) veda a dispensa arbitrária ou sem justa causa da empregada gestante, desde a confirmação da gravidez até 5 meses após o parto.

O Tribunal Superior do Trabalho (TST) por meio da Súmula nº 244 entende:

> 244. Gestante. Estabilidade provisória
>
> I – O desconhecimento do estado gravídico pelo empregador não afasta o direito ao pagamento da indenização decorrente da estabilidade (art. 10, II, "b" do ADCT).
>
> II – A garantia de emprego à gestante só autoriza a reintegração se esta se der durante o período de estabilidade. Do contrário, a garantia restringe-se aos salários e demais direitos correspondentes ao período de estabilidade.
>
> III – A empregada gestante tem direito à estabilidade provisória prevista no art. 10, inciso II, alínea "b", do Ato das Disposições Constitucionais Transitórias, mesmo na hipótese de admissão mediante contrato por tempo determinado."

Considerando que durante o aviso-prévio trabalhado o contrato de trabalho continua em pleno vigor, entendemos que a gravidez da empregada ocorrida durante esse período constitui impedimento para a ruptura contratual. Desta forma, o aviso-prévio em curso deve ser cancelado e a estabilidade provisória da gestante deve ser garantida.

O trabalhador temporário e o aviso-prévio

O trabalhador temporário tem direito ao aviso-prévio da mesma forma que o empregado?

A legislação que rege o trabalho temporário (Lei n° 6.019/1974, alterada pela Lei n° 13.429/2017) não contém qualquer previsão relativa à concessão de aviso-prévio em caso de dispensa sem justa causa de trabalho temporário. Entretanto, como a Constituição Federal assegurou desde 05.10.1988, data de sua promulgação, aos trabalhadores urbanos e rurais, entre outros direitos, o aviso-prévio proporcional ao tempo de serviço, surgiu a dúvida acerca da extensão ou não desse direito à categoria dos temporários.

Os entendimentos sobre o tema são controvertidos tanto no âmbito jurisprudencial como no doutrinário.

Há duas correntes de interpretação: a primeira defende a posição de que o trabalhador temporário faz jus aos direitos assegurados na Constituição Federal, porque estão abrangidos pela expressão "trabalhadores urbanos" inserida no *caput* do artigo 7° da Carta Magna, bem como alegam que não foi feita qualquer ressalva pelo legislador constituinte da não aplicação daquelas garantias sociais àqueles trabalhadores. Consequentemente, os temporários fazem jus, dentre outros direitos sociais, ao aviso-prévio nas rescisões antecipadas.

A segunda corrente, à qual nos filiamos, entende que, como os trabalhadores temporários não foram expressamente arrolados no artigo 7°, como foi o caso dos trabalhadores rurais, domésticos e avulsos, não são titulares dos direitos ali elencados. Assim, os temporários não fazem jus, dentre outras garantias, ao aviso-prévio previsto na Constituição Federal.

Segundo o entendimento da segunda corrente, os temporários, também, não estão classificados como "trabalhadores urbanos". Para tanto, sustentam a tese de que, se os trabalhadores temporários fazem parte da expressão "trabalhadores urbanos" para fins de aquisição dos direitos assegurados naquele dispositivo constitucional, os trabalhadores autônomos, por exemplo, além de outros não especificados, também deveriam ser titulares daqueles direitos, posto que, igualmente aos temporários, os autônomos também podem ser considerados como trabalhadores urbanos.

Capítulo XI – Aviso-Prévio

Consequências da realização de horas extras no curso do aviso-prévio

É muito comum ocorrer a situação de o empregado em cumprimento de aviso-prévio trabalhado realizar horas extraordinárias seja por esquecimento da empresa ou mesmo por necessidade do serviço. Daí surgem as dúvidas. É legalmente possível a realização de horas extraordinárias no curso do aviso-prévio? A realização de horas extras, ainda que em cumprimento de acordo de prorrogação de horas previamente firmado, implicaria a descaracterização do aviso-prévio concedido?

Para a solução das questões, é necessário analisarmos a legislação. Assim vejamos:

a) a CLT em seu artigo 9º determina que os atos praticados com o objetivo de desvirtuar, impedir ou fraudar a aplicação de preceitos nela contidos são nulos de pleno direito;

b) o TST, por meio da Súmula nº 230, informa ser ilegal substituir o período de redução da jornada de trabalho no curso do aviso-prévio pelo pagamento das horas correspondentes.

Os doutrinadores têm entendimentos controvertidos sobre o assunto. Parte deles sustenta o posicionamento de que se o empregado, por força da existência de acordo de prorrogação de horas, regularmente mantido com a empresa, já estava obrigado a realizar horas extras, manterá a mesma obrigação durante o cumprimento do aviso-prévio.

Assim, se a jornada de trabalho desse empregado for, por exemplo, de 10 horas diárias, ou seja, 8 horas normais e 2 horas extras, no decorrer do cumprimento do aviso-prévio, em decorrência da redução da jornada de trabalho, trabalhará o equivalente a 8 horas diárias, compreendendo 6 horas normais de trabalho e 2 horas extraordinárias, anteriormente pactuadas com a empresa.

Outros entendem que a realização de horas extras durante o período de cumprimento do aviso-prévio, ainda que haja um acordo de prorrogação de horas precedente, descaracteriza a finalidade do aviso, desvirtuando a intenção do legislador ao instituir a obrigatoriedade de redução da jornada de trabalho. O nosso entendimento coaduna-se com a segunda corrente, visto que o aviso-prévio concedido pelo empregador tem dois objetivos básicos:

a) a comunicação de que o contrato de trabalho irá terminar;

b) a concessão de tempo para que o empregado procure novo emprego.

Desta forma, fica evidente que a execução de horas extras durante o cumprimento do aviso-prévio pode comprometer uma das principais funções do aviso-prévio trabalhado, na medida em que retira do trabalhador a possibilidade de, durante o horário comercial, ter tempo hábil para procurar uma nova colocação no mercado de trabalho. Assim, frustrado o objetivo de possibilitar ao empregado pré-avisado a procura de novo emprego, fica, no nosso entender, descaracterizado o aviso-prévio concedido.

CAPÍTULO XII
DIREITOS TRABALHISTAS NAS DIVERSAS MODALIDADES DE RESCISÃO

VERBAS DEVIDAS

Contrato a prazo indeterminado – Rescisão por iniciativa do empregador – Sem justa causa

Sem justa causa – iniciativa da empresa		
Direitos	**Antes de completar 1 ano**	**Após 1 ano**
saldo de salário	Sim	Sim
aviso prévio	Sim	Sim
férias vencidas	Não	Sim
férias proporcionais	Sim	Sim
adicional de 1/3 [1]	Sim	Sim
13º salário	Sim	Sim
FGTS – 8% (mês da rescisão)	Sim	Sim
FGTS – 8% (mês anterior)	Sim	Sim
FGTS – 40% do montante	Sim	Sim
código de saque	01	01
indenização art. 479, CLT [2]	Não	Não

Contrato a prazo indeterminado – Rescisão por iniciativa do empregador – Com justa causa – Art. 482 da CLT

Com justa causa – iniciativa da empresa (CLT, art. 482)		
Direitos	Antes de completar 1 ano	Após 1 ano
saldo de salário	Sim	Sim
aviso prévio	Não	Não
férias vencidas	Não [9]	Sim
férias proporcionais	Não [9]	Não
adicional de 1/3 [1]	Não	Sim
13º salário	Não	Não
FGTS – 8% (mês da rescisão)	Sim	Sim
FGTS – 8% (mês anterior)	Sim	Sim
FGTS – 40% do montante	Não	Não
código de saque	Não [5]	Não [5]
indenização art. 479, CLT [2]	Não	Não

Contrato a prazo indeterminado – Aposentadoria por idade requerida pela empresa (compulsória)

Aposentadoria por idade requerida pela empresa (compulsória)		
Direitos	Antes de completar 1 ano	Após 1 ano
saldo de salário	Sim	Sim
aviso prévio	Não	Não
férias vencidas	Não	Sim
férias proporcionais	Sim	Sim
adicional de 1/3 [1]	Sim	Sim
13º salário	Sim	Sim
FGTS – 8% (mês da rescisão)	Sim	Sim
FGTS – 8% (mês anterior)	Sim	Sim

Capítulo XII – Direitos Trabalhistas nas Diversas Modalidades de Rescisão   345

Aposentadoria por idade requerida pela empresa (compulsória)		
Direitos	Antes de completar 1 ano	Após 1 ano
FGTS – 40% do montante	Não	Não
código de saque	05	05
indenização art. 479, CLT [2]	Não	Não

Contrato a prazo indeterminado – Rescisão por iniciativa do empregado – Pedido de demissão

Pedido de demissão		
Direitos	Antes de completar 1 ano	Após 1 ano
saldo de salário	Sim	Sim
aviso prévio	Não [4]	Não [4]
férias vencidas	Não	Sim
férias proporcionais	Sim [6]	Sim
adicional de 1/3 [1]	Sim [8]	Sim
13º salário	Sim	Sim
FGTS – 8% (mês da rescisão)	Sim	Sim
FGTS – 8% (mês anterior)	Sim	Sim
FGTS – 40% do montante	Não	Não
código de saque	Não [5]	Não [5]
indenização art. 479, CLT [2]	Não	Não

Contrato a prazo indeterminado – Despedida indireta (justa causa motivada pelo empregador

Despedida indireta (justa causa – empregador – CLT, art. 483)		
Direitos	Antes de completar 1 ano	Após 1 ano
saldo de salário	Sim	Sim
aviso prévio	Sim	Sim
férias vencidas	Não	Sim
férias proporcionais	Sim	Sim
adicional de 1/3 [1]	Sim	Sim
13º salário	Sim	Sim
FGTS – 8% (mês da rescisão)	Sim	Sim
FGTS – 8% (mês anterior) (	Sim	Sim
FGTS – 40% do montante	Sim	Sim
código de saque	01	01
indenização art. 479, CLT [2]	Não	Não

Contrato a prazo indeterminado – Culpa recíproca por iniciativa de ambos (empregado e empregador)

Culpa recíproca (iniciativa de ambos)		
Direitos	Antes de completar 1 ano	Após 1 ano
saldo de salário	Sim	Sim
aviso prévio	Sim [7]	Sim [7]
férias vencidas	Não	Sim
férias proporcionais	Sim [7]	Não [7]
adicional de 1/3 [1]	Sim [7]	Sim
13º salário	Sim [7]	Não [7]
FGTS – 8% (mês da rescisão)	Sim	Sim
FGTS – 8% (mês anterior)	Sim	Sim
FGTS – 40% do montante	Sim (20%)	Sim (20%)
código de saque	02	02
indenização art. 479, CLT [2]	Não	Não

Contrato a prazo determinado – Extinção antecipada do contrato sem justa causa por iniciativa do empregador, sem previsão de aviso prévio

Extinção antecipada sem justa causa – Iniciativa da empresa – Sem previsão de aviso prévio		
Direitos	Contrato com duração inferior a 1 ano	Contrato de 1 a 2 anos de duração
saldo de salário	Sim	Sim
aviso prévio	Não [6]	Não [6]
férias vencidas	Não	Sim
férias proporcionais	Sim	Sim
adicional de 1/3 [1]	Sim	Sim
13º salário	Sim	Sim
FGTS – 8% (mês da rescisão)	Sim	Sim
FGTS – 8% (mês anterior)	Sim	Sim
FGTS – 40% do montante	Sim	Sim
código de saque	01	01
indenização art. 479, CLT [2]	Sim	Sim

Capítulo XII – Direitos Trabalhistas nas Diversas Modalidades de Rescisão 347

Contrato a prazo determinado – Extinção antecipada do contrato com justa causa – por iniciativa do empregador, sem previsão de aviso prévio

Extinção antecipada com justa causa – Iniciativa da empresa – Sem previsão de aviso prévio		
Direitos	Contrato com duração inferior a 1 ano	Contrato de 1 a 2 anos de duração
saldo de salário	Sim	Sim
aviso prévio	Não [6]	Não [6]
férias vencidas	Não	Sim
férias proporcionais	Não [9]	Não [9]
adicional de 1/3 [1]	Não	Sim
13º salário	Não	Não
FGTS – 8% (mês da rescisão)	Sim	Sim
FGTS – 8% (mês anterior)	Sim	Sim
FGTS – 40% do montante	Não	Não
código de saque	Não [5]	Não [5]
indenização art. 479, CLT [2]	Não	Não

Contrato a prazo determinado – Estabelecimento – Extinção sem motivo de força maior

Empresa – Estabelecimento – Extinção sem motivo de força maior		
Direitos	Contrato com duração inferior a 1 ano	Contrato de 1 a 2 anos de duração
saldo de salário	Sim	Sim
aviso prévio	Não (6)	Não (6)
férias vencidas	Não	Sim
férias proporcionais	Sim	Sim
adicional de 1/3 [1]	Sim	Sim
13º salário	Sim	Sim
FGTS – 8% (mês da rescisão)	Sim	Sim
FGTS – 8% (mês anterior)	Sim	Sim

DEPARTAMENTO DE PESSOAL MODELO

Empresa – Estabelecimento – Extinção sem motivo de força maior		
Direitos	**Contrato com duração inferior a 1 ano**	**Contrato de 1 a 2 anos de duração**
FGTS – 40% do montante	Sim	Sim
código de saque	03	03
indenização art. 479, CLT [2]	Sim	Sim

Contrato a prazo determinado – Aposentadoria por idade requerida pela empresa (compulsória)

Aposentadoria por idade requerida pela empresa (compulsória)		
Direitos	**Contrato com duração inferior a 1 ano**	**Contrato de 1 a 2 anos de duração**
saldo de salário	Sim	Sim
aviso prévio	Não [6]	Não [6]
férias vencidas	Não	Sim
férias proporcionais	Sim	Sim
adicional de 1/3 [1]	Sim	Sim
13º salário	Sim	Sim
FGTS – 8% (mês da rescisão)	Sim	Sim
FGTS – 8% (mês anterior)	Sim	Sim
FGTS – 40% do montante	Não	Não
código de saque	05	05
indenização art. 479, CLT [2]	Sim	Sim

Contrato a prazo determinado por iniciativa do empregado – Pedido de demissão

Pedido de demissão		
Direitos	**Contrato com duração inferior a 1 ano**	**Contrato de 1 a 2 anos de duração**
saldo de salário	Sim	Sim
aviso prévio	Não [6]	Não [6]
férias vencidas	Não	Sim
férias proporcionais	Sim [8]	Sim
adicional de 1/3 [1]	Não [8]	Sim
13º salário	Sim	Sim
FGTS – 8% (mês da rescisão)	Sim	Sim
FGTS – 8% (mês anterior)	Sim	Sim

Capítulo XII – Direitos Trabalhistas nas Diversas Modalidades de Rescisão 349

FGTS – 40% do montante	Não	Não
código de saque	Não 05	Não 05
indenização art. 479, CLT [2]	Não	Não

Contrato a prazo determinado – Despedida indireta (justa causa motivada pelo empregador – CLT, art. 483)

Despedida indireta (justa causa do empregador – CLT, art. 483)		
Direitos	Contrato com duração inferior a 1 ano	Contrato de 1 a 2 anos de duração
saldo de salário	Sim	Sim
aviso prévio	Não [6]	Não [6]
férias vencidas	Não	Sim
férias proporcionais	Sim	Sim
adicional de 1/3 [1]	Sim	Sim
13° salário	Sim	Sim
FGTS – 8% (mês da rescisão) [	Sim	Sim
FGTS – 8% (mês anterior)	Sim	Sim
FGTS – 40% do montante	Sim	Sim
código de saque	Sim – 01	Sim – 01
indenização art. 479, CLT [2]	Sim	Sim

Contrato a prazo determinado – Culpa recíproca por iniciativa de ambos (empregador e empregado)

Culpa recíproca – iniciativa de ambos		
Direitos	Contrato com duração inferior a 1 ano	Contrato de 1 a 2 anos de duração
saldo de salário	Sim	Sim
aviso prévio	Sim [6 e 7]	Sim [6 e 7]
férias vencidas	Não	Sim
férias proporcionais	Sim [7]	Sim [7]
adicional de 1/3 [1]	Sim [7]	Sim
13° salário	Não [7]	Sim [7]
FGTS – 8% (mês da rescisão)	Sim	Sim
FGTS – 8% (mês anterior)	Sim	Sim

DEPARTAMENTO DE PESSOAL MODELO

FGTS – 40% do montante	Sim (20%)	Sim (20%)
código de saque	02	02
indenização art. 479, CLT [2]	Sim	Sim (50%)

Contrato a prazo determinado – Extinção automática do contrato, com ou sem previsão de aviso prévio

Extinção automática de contrato a prazo determinado – Com ou sem previsão de aviso prévio		
Direitos	Contrato com duração inferior a 1 ano	Contrato de 1 a 2 anos de duração
saldo de salário	Sim	Sim
aviso prévio	Não	Não
férias vencidas	Não	Sim
férias proporcionais	Sim	Sim
adicional de 1/3 [1]	Sim	Sim
13º salário	Sim	Sim
FGTS – 8% (mês da rescisão)	Sim	Sim
FGTS – 8% (mês anterior)	Sim	Sim
FGTS – 40% do montante	Não	Não
código de saque	04	04
indenização art. 479, CLT [2]	Não	Não

Contrato a prazo indeterminado – Extinção do contrato por motivo de falecimento do empregado

Extinção do contrato por motivo de falecimento do empregado – Contrato a prazo indeterminado		
Direitos	Antes de completar 1 ano	Após 1 ano de serviço
saldo de salário	Sim	Sim
aviso prévio	Não	Não
férias vencidas	Não	Sim
férias proporcionais	Sim [8]	Sim
adicional de 1/3 [1]	Sim [8]	Sim
13º salário	Sim	Sim
FGTS – 8% (mês da rescisão)	Sim	Sim
FGTS – 8% (mês anterior)	Sim	Sim
FGTS – 40% do montante	Não	Não
código de saque	23	23
indenização art. 479, CLT [2]	Não	Não

Capítulo XII – Direitos Trabalhistas nas Diversas Modalidades de Rescisão 351

Contrato a prazo determinado – Extinção do contrato por motivo de falecimento do empregado com ou sem previsão de aviso prévio

Extinção do contrato por motivo de falecimento do empregado – contrato a prazo determinado, com ou sem previsão de aviso prévio		
Direitos	Contrato com duração inferior a 1 ano	Contrato de 1 a 2 anos de duração
saldo de salário	Sim	Sim
aviso prévio	Não [6]	Não [6]
férias vencidas	Não	Sim
férias proporcionais	Sim [8]	Sim
adicional de 1/3 [1]	Sim [8]	Sim
13º salário	Sim	Sim
FGTS – 8% (mês da rescisão)	Sim	Sim
FGTS – 8% (mês anterior)	Sim	Sim
FGTS – 40% do montante	Não	Não
código de saque	23	23
indenização art. 479, CLT [2]	Não	Não

Contrato a prazo indeterminado – Extinção do contrato em virtude de cessação total da atividade da empresa por morte do empregador

Extinção do contrato em virtude de cessação total da atividade da empresa por morte do empregador – contrato a prazo indeterminado		
Direitos	Antes de completar 1 ano	Após 1 ano de serviço
saldo de salário	Sim	Sim
aviso prévio	Sim	Sim
férias vencidas	Não	Sim
férias proporcionais	Sim	Sim
adicional de 1/3 [1]	Sim	Sim
13º salário	Sim	Sim
FGTS – 8% (mês da rescisão)	Sim	Sim
FGTS – 8% (mês anterior)	Sim	Sim
FGTS – 40% do montante	Sim	Sim
código de saque	03	03
indenização art. 479, CLT [2]	Não	Não

Contrato a prazo determinado – Extinção do contrato em virtude de cessação total da atividade da empresa por morte do empregador, com ou sem aviso prévio

Extinção do contrato em virtude de cessação total da atividade da empresa por morte do empregador – Contrato a prazo determinado, com ou sem aviso prévio		
Direitos	Contrato com duração inferior a 1 ano	Contrato de 1 a 2 anos de duração
saldo de salário	Sim	Sim
aviso prévio	Não [6]	Não [6]
férias vencidas	Não	Sim
férias proporcionais	Sim	Sim
adicional de 1/3 [1]	Sim	Sim
13º salário	Sim	Sim
FGTS – 8% (mês da rescisão)	Sim	Sim
FGTS – 8% (mês anterior)	Sim	Sim
FGTS – 40% do montante	Sim	Sim
código de saque	03	03
indenização art. 479, CLT [2]	Sim	Sim

Contrato a prazo indeterminado – Extinção de contrato em virtude de morte do empregador constituído em empresa individual – Continuação de atividade empresarial por parte dos herdeiros/sucessores/administradores – Rescisão – Faculdade do empregado – Exercício do direito

Extinção de contrato em virtude de morte do empregador constituído em empresa individual – Continuação de atividade empresarial por parte dos herdeiros/sucessores/administradores – Rescisão – Faculdade do empregado – Exercício de direito contrato a prazo indeterminado		
Direitos	Antes de completar 1 ano	Após 1 ano de serviço
saldo de salário	Sim	Sim
aviso prévio	Não	Não
férias vencidas	Não	Sim
férias proporcionais	Sim [8]	Sim
adicional de 1/3 [1]	Sim [8]	Sim
13º salário	Sim	Sim
FGTS – 8% (mês da rescisão)	Sim	Sim
FGTS – 8% (mês anterior)	Sim	Sim
FGTS – 40% do montante	Não	Não
código de saque	03	03
indenização art. 479, CLT [2]	Não	Não

Capítulo XII – Direitos Trabalhistas nas Diversas Modalidades de Rescisão

Contrato a prazo determinado – Extinção de contrato em virtude de morte do empregador constituído em empresa individual – Continuação de atividade empresarial por parte dos herdeiros/sucessores/administradores – Rescisão – Faculdade do empregado – Exercício do direito, com ou sem aviso prévio

Extinção de contrato em virtude de morte do empregador constituído em empresa individual – Continuação de atividade empresarial por parte dos herdeiros/sucessores/administradores – Rescisão – Faculdade do empregado – Exercício de direito contrato a prazo determinado, com ou sem aviso prévio		
Direitos	Contrato com duração inferior a 1 ano	Contrato de 1 a 2 anos de duração
saldo de salário	Sim	Sim
aviso prévio	Não	Não
férias vencidas	Não	Sim
férias proporcionais	Sim [8]	Sim
adicional de 1/3 [1]	Sim [8]	Sim
13° salário	Sim	Sim
FGTS – 8% (mês da rescisão)	Sim	Sim
FGTS – 8% (mês anterior)	Sim	Sim
FGTS – 40% do montante	Não	Não
código de saque	03	03
indenização art. 479, CLT [2]	Não	Não

Contrato a prazo indeterminado – Extinção da empresa ou de um dos estabelecimentos em que trabalhe o empregado, por motivo de força maior – Rescisão do contrato de trabalho pelo empregador

Extinção da empresa ou de um dos estabelecimentos em que trabalhe o empregado, por motivo de força maior – Rescisão do contrato de trabalho pelo empregador contrato a prazo indeterminado		
Direitos	Antes de completar 1 ano	Após 1 ano de serviço
saldo de salário	Sim	Sim
aviso prévio	Não	Não
férias vencidas	Não	Sim
férias proporcionais	Sim	Sim
adicional de 1/3 [1]	Sim	Sim
13° salário	Sim	Sim
FGTS – 8% (mês da rescisão)	Sim	Sim
FGTS – 8% (mês anterior)	Sim	Sim
FGTS – 40% do montante	Sim (20%)	Sim (20%)
código de saque	02	02

Contrato a prazo determinado – Extinção da empresa ou de um dos estabelecimentos em que trabalhe o empregado, por motivo de força maior, com ou sem previsão de aviso prévio

Extinção da empresa ou de um dos estabelecimentos em que trabalhe o empregado, por motivo de força maior – Rescisão do contrato de trabalho pelo empregador contrato a prazo determinado, com ou sem previsão de aviso prévio		
Direitos	Contrato com duração inferior a 1 ano	Contrato de 1 a 2 anos de duração
saldo de salário	Sim	Sim
aviso prévio	Não	Não
férias vencidas	Não	Sim
férias proporcionais	Sim	Sim
adicional de 1/3 [1]	Sim	Sim
13° salário	Sim	Sim
FGTS – 8% (mês da rescisão)	Sim	Sim
FGTS – 8% (mês anterior) [3]	Sim	Sim
FGTS – 40% do montante	Sim (20%)	Sim (20%)
código de saque	02	02
indenização Art. 479 CLT [2]	Sim (50%)	Sim (50%)

Contrato a prazo indeterminado – Extinção do contrato por paralisação temporária ou definitiva do trabalho motivada por ato de pessoa jurídica de direito público interno (*factum principis*)

Extinção do contrato por paralisação temporária ou definitiva do trabalho motivada por ato de pessoa jurídica de direito público interno (*factum principis*) contrato a prazo indeterminado		
Direitos	Antes de completar 1 ano	Após 1 ano de serviço
saldo de salário	Sim	Sim
aviso prévio	Não	Não
férias vencidas	Não	Sim
férias proporcionais	Sim	Sim
adicional de 1/3 [1]	Sim	Sim
13° salário	Sim	Sim
FGTS – 8% (mês da rescisão)	Sim	Sim
FGTS – 8% (mês anterior)	Sim	Sim
FGTS – 40% do montante	Sim	Sim
código de saque	01	01
indenização art. 479, CLT [2]	Não	Não

Capítulo XII – Direitos Trabalhistas nas Diversas Modalidades de Rescisão

Contrato a prazo determinado – Extinção do contrato por paralisação temporária ou definitiva do trabalho motivada por ato de pessoa jurídica de direito público interno (*factum principis*), com ou sem previsão de aviso prévio

Extinção do contrato por paralisação temporária ou definitiva do trabalho motivada por ato de pessoa jurídica de direito público interno (*factum principis*) contrato a prazo determinado, com ou sem previsão de aviso prévio		
Direitos	Contrato com duração inferior a 1 ano	Contrato de 1 a 2 anos de duração
saldo de salário	Sim	Sim
aviso prévio	Não	Não
férias vencidas	Não	Sim
férias proporcionais	Sim	Sim
adicional de 1/3 [1]	Sim	Sim
13º salário	Sim	Sim
FGTS – 8% (mês da rescisão)	Sim	Sim
FGTS – 8% (mês anterior)	Sim	Sim
FGTS – 40% do montante	Sim	Sim
código de saque	01	01
indenização art. 479, CLT [2]	Sim	Sim

Contrato a prazo indeterminado – Extinção do contrato por iniciativa da empregada grávida e pelo responsável legal do empregado menor de idade

Extinção do contrato por iniciativa da empregada grávida e pelo responsável legal do empregado menor de idade – contrato a prazo indeterminado		
Direitos	Antes de completar 1 ano	Após 1 ano de serviço
saldo de salário	Sim	Sim
aviso prévio	Não	Não
férias vencidas	Não	Sim
férias proporcionais	Sim [8]	Sim
adicional de 1/3 [1]	Sim [8]	Sim
13º salário	Sim	Sim
FGTS – 8% (mês da rescisão)	Sim	Sim
FGTS – 8% (mês anterior)	Não	Não
FGTS – 40% do montante	Sim	Sim
código de saque	Não [5]	Não [5]
indenização art. 479, CLT [2]	Não	Não

Contrato a prazo determinado – Extinção do contrato por iniciativa da empregada grávida e pelo responsável legal do empregado menor de idade, com ou sem previsão de aviso prévio

Extinção do contrato por iniciativa da empregada grávida e pelo responsável legal do empregado menor de idade – Contrato a prazo determinado, com ou sem previsão de aviso prévio		
Direitos	Contrato com duração inferior a 1 ano	contrato de 1 a 2 anos de duração
saldo de salário	Sim	Sim
aviso prévio	Sim [6]	Sim [6]
férias vencidas	Não	Sim
férias proporcionais	Sim [8]	Sim
adicional de 1/3 [1]	Sim [8]	Sim
13º salário	Sim	Sim
FGTS – 8% (mês da rescisão)	Sim	Sim
FGTS – 8% (mês anterior)	Sim	Sim
FGTS – 40% do montante	Não	Não
código de saque	Não [5]	Não [5]
indenização art. 479, CLT [2]	Não	Não

Contrato a prazo indeterminado – Rescisão por acordo entre as partes

Direitos	Antes de completar 1 ano	Após 1 ano
saldo de salário	Sim	Sim
aviso prévio	Sim (se indenizado, devido pela metade)	Sim (se indenizado, devido pela metade)
férias vencidas	Não	Sim
férias proporcionais	Sim	Sim
adicional de 1/3 [1]	Sim	Sim
13º salário	Sim	Sim
FGTS – 8% (mês da rescisão)	Sim	Sim
FGTS – 8% (mês anterior)	Sim	Sim
FGTS – 20% do montante	Sim	Sim
código de saque	07 (limitado a 80% dos depósitos)	07 (Limitado a 80% dos depósitos)
indenização art. 479, CLT [2]	Não	Não

Capítulo XII – Direitos Trabalhistas nas Diversas Modalidades de Rescisão 357

Contrato a prazo determinado – Rescisão por acordo entre as partes

Direitos	Contrato com duração inferior a 1 ano	Contrato de 1 a 2 anos de duração
saldo de salário	Sim	Sim
aviso prévio	Sim (se indenizado, devido pela metade)	Sim (se indenizado, devido pela metade)
férias vencidas	Não	Sim
férias proporcionais	Sim	Sim
adicional de 1/3 [1]	Sim	Sim
13º salário	Sim	Sim
FGTS – 8% (mês da rescisão)	Sim	Sim
FGTS – 8% (mês anterior)	Sim	Sim
FGTS – 20% do montante	Sim	Sim
código de saque	07 (limitado a 80% dos depósitos)	07 (limitado a 80% dos depósitos)
indenização art. 479, CLT [2]	Não	Não

Notas

(1) Terço constitucional (Constituição Federal, artigo 7º, inciso XVII).

(2) Refere-se à indenização por metade da remuneração a que teria direito o empregado na rescisão antecipada do contrato de trabalho a prazo determinado.

(4) No pedido de demissão, é devido o aviso prévio pelo empregado sob pena de desconto do valor correspondente, pelo empregador, das verbas rescisórias.

(5) Veja hipóteses de levantamento ou utilização do FGTS, além dos motivos de despedida sem justa causa, inclusive a indireta, de culpa recíproca ou força maior, no art. 20 da Lei nº 8.036/1990.

(6) Quando houver cláusula assecuratória do direito recíproco de rescisão, na sua utilização, aplicar os princípios da rescisão dos contratos a prazo indeterminado, inclusive com direito ao aviso prévio (CLT, artigo 481).

(7) A Súmula TST nº 14 estabelece: "Reconhecida a culpa recíproca na rescisão do contrato de trabalho (artigo 484 da CLT), o empregado tem direito a 50% (cinquenta por cento) do valor do aviso prévio, do décimo terceiro salário e das férias proporcionais."

(8) A Súmula TST nº 261 dispõe: "O empregado que se demite antes de completar 12 (doze) meses de serviço tem direito a férias proporcionais."

(9) A Súmula TST nº 171 preceitua: "Salvo na hipótese de dispensa do empregado por justa causa, a extinção do contrato de trabalho sujeita o empregador ao pagamento da remuneração das férias proporcionais, ainda que incompleto o período aquisitivo de 12 (doze) meses (artigo 147 da CLT). Ex-Prejulgado nº 51."

CAPÍTULO XIII
PROGRAMA DO SEGURO-DESEMPREGO

FINALIDADE

O Programa do Seguro-desemprego tem por finalidade:

a) prover assistência financeira temporária ao trabalhador;

a.1) desempregado em virtude de dispensa sem justa causa, inclusive a indireta;

a.2) comprovadamente resgatado de regime de trabalho forçado ou da condição análoga à de escravo; e

b) auxiliar os trabalhadores na busca de emprego, promovendo, para tanto, ações integradas de orientação, recolocação e qualificação profissional.

DIREITO

É de direito do trabalhador o Seguro-desemprego (SD) quando este for dispensado sem justa causa, ou na despedida indireta desde que comprove:

a) ter recebido salários de pessoa jurídica ou pessoa física a ela equiparada, relativos a:

– pelo menos 12 meses nos últimos 18 meses imediatamente anteriores à data da dispensa, quando da 1ª solicitação;

– pelo menos 9 meses nos últimos 12 meses imediatamente anteriores à data da dispensa, quando da 2ª solicitação; e

– cada um dos 6 meses imediatamente anteriores à data da dispensa, quando das demais solicitações;

b) não estar em gozo de qualquer benefício previdenciário de prestação continuada, previsto no Regulamento da Previdência Social, excetuando o auxílio-acidente;

c) não estar em gozo de auxílio-desemprego; e

d) não possuir renda própria de qualquer natureza suficiente à sua manutenção e de sua família;

Capítulo XIII – Programa do Seguro-Desemprego 359

e) matrícula e frequência, quando aplicável, nos termos do regulamento, em curso de formação inicial e continuada ou de qualificação profissional habilitado pelo Ministério da Educação, nos termos da Lei nº 12.513/2011, art. 18, ofertado por meio da Bolsa-Formação Trabalhador concedida no âmbito do Programa Nacional de Acesso ao Ensino Técnico e Emprego (Pronatec), instituído pela Lei nº 12.513/2011, ou de vagas gratuitas na rede de educação profissional e tecnológica.

Considera-se como mês de atividade a fração igual ou superior a 15 dias de trabalho.

> Na extinção automática do contrato, o trabalhador temporário não terá direito ao seguro-desemprego.

Obtenção do benefício – Comprovação dos requisitos necessários

A Resolução Codefat nº 467/2005, determina que a comprovação dos requisitos deverá ser feita:

a) mediante as anotações da Carteira de Trabalho e Previdência Social (CTPS);
b) pela apresentação do Termo de Rescisão do Contrato de Trabalho (TRCT);
c) mediante documento utilizado para levantamento dos depósitos do FGTS ou extrato comprobatório dos depósitos;
d) pela apresentação da sentença judicial transitada em julgado, acórdão ou certidão judicial, onde constem os dados do trabalhador, da empresa e se o motivo da dispensa for sem justa causa; e
e) mediante verificação a cargo da fiscalização trabalhista e previdenciária, quando for o caso.

Lembramos, porém, que a Lei nº 13.467/2017, acrescentou o § 10 ao art. 477 da CLT, para dispor que a anotação da extinção do contrato na CTPS é documento hábil para requerer o benefício do seguro-desemprego, desde que a comunicação da dispensa do empregado aos órgãos competentes tenha sido realizada.

Quantidade de parcelas devidas

O benefício do seguro-desemprego será concedido ao trabalhador desempregado, por um período máximo de 3 a 5 meses, de forma contínua ou alternada, a cada período aquisitivo, contados da data de dispensa que deu origem à última habilitação, cuja duração será definida pelo Conselho Deliberativo do Fundo de Amparo ao Trabalhador (Codefat).

A determinação do período máximo observará a seguinte relação entre o número de parcelas mensais do benefício do seguro-desemprego e o tempo de serviço do trabalhador nos 36 meses que antecederem a data de dispensa que originou o requerimento do seguro-desemprego, vedado o cômputo de vínculos empregatícios utilizados em períodos aquisitivos anteriores:

I – para a 1ª solicitação:

a) 4 parcelas, se o trabalhador comprovar vínculo empregatício com pessoa jurídica ou pessoa física a ela equiparada, de no mínimo 12 e no máximo 23 meses, no período de referência; ou

b) 5 parcelas, se o trabalhador comprovar vínculo empregatício com pessoa jurídica ou pessoa física a ela equiparada, de no mínimo 24 meses, no período de referência;

II – para a 2ª solicitação:

a) 3 parcelas, se o trabalhador comprovar vínculo empregatício com pessoa jurídica ou pessoa física a ela equiparada de, no mínimo, 9 meses e, no máximo, 11 meses, no período de referência;

b) 4 parcelas, se o trabalhador comprovar vínculo empregatício com pessoa jurídica ou pessoa física a ela equiparada de, no mínimo, 12 meses e, no máximo, 23 meses, no período de referência; ou

c) 5 parcelas, se o trabalhador comprovar vínculo empregatício com pessoa jurídica ou pessoa física a ela equiparada de, no mínimo, 24 meses, no período de referência; e

III – a partir da 3ª solicitação:

a) 3 parcelas, se o trabalhador comprovar vínculo empregatício com pessoa jurídica ou pessoa física a ela equiparada de, no mínimo, 6 meses e, no máximo, 11 meses, no período de referência;

Capítulo XIII – Programa do Seguro-Desemprego 361

b) 4 parcelas, se o trabalhador comprovar vínculo empregatício com pessoa jurídica ou pessoa física a ela equiparada de, no mínimo, 12 meses e, no máximo, 23 meses, no período de referência; ou

c) 5 parcelas, se o trabalhador comprovar vínculo empregatício com pessoa jurídica ou pessoa física a ela equiparada, de no mínimo 24 meses, no período de referência.

Adesão a Planos de Demissão Voluntária ou similar

A adesão a Planos de Demissão Voluntária ou similar não dará direito ao benefício, por não caracterizar demissão involuntária.

Da mesma forma, entende-se que o benefício também não será concedido nos casos de rescisão contratual por acordo entre as partes.

Valor do benefício do seguro-desemprego

O valor do benefício será fixado em moeda corrente na data de sua concessão e corrigido anualmente por índice oficial, não podendo ser inferior ao valor do salário mínimo mensal, e será calculado com base no artigo 5º da Lei nº 7.998/1990 e reajustado de acordo com a legislação em vigor.

Para fins de apuração do benefício, será considerada a média aritmética dos salários dos últimos 3 meses de trabalho, observando-se o seguinte:

a) o salário será calculado com base no mês completo de trabalho, mesmo que o trabalhador não tenha trabalhado integralmente em qualquer dos 3 últimos meses;

b) no caso de o trabalhador perceber salário fixo com parte variável, a composição do salário para o cálculo do Seguro-Desemprego tomará por base, ambas as parcelas;

c) quando o trabalhador perceber salário por quinzena, por semana, ou por hora, o valor do Seguro-Desemprego será calculado com base no que seria equivalente ao seu salário mensal, tomando-se por parâmetro, para essa equivalência, o mês de 30 dias ou 220 horas, exceto para quem tem horário especial, inferior a 220 horas mensais, que será calculado com base no salário mensal;

d) para o trabalhador em gozo de auxílio-doença ou convocado para prestação do serviço militar, bem assim na hipótese de não ter percebido do mesmo empregador os 3 últimos salários, o valor do benefício basear-se-á na média dos 2 últimos ou, ainda, no valor do último salário.

Para cálculo do valor do benefício do seguro-desemprego, desde 11.01.2022, segundo as faixas salariais serão aplicados os seguintes critérios:

Faixas de salário médio (média dos 3 últimos salários anteriores à dispensa)	Valor da parcela
Até R$ 1.858,18	Multiplica-se o salário médio por 0,8 (80%).
De R$ 1.858,18 até R$ 3.097,26	O que exceder a R$ 1.858,18 multiplica-se por 0,5 (50%) e soma-se a R$ 1.486,53.
Acima de R$ 3.097,26	O valor da parcela será de R$ 2.106,08 invariavelmente.

O pagamento da 1ª parcela corresponderá aos primeiros 30 dias de desemprego, a contar da data da dispensa.

Exemplo de cálculo:

Um empregado dispensado sem justo motivo, que atenda aos requisitos legais para a concessão do benefício do seguro-desemprego, e que nos últimos 3 meses anteriores à dispensa recebeu salário mensal de R$ 2.500,00 terá direito ao seguro-desemprego com parcelas no valor de R$ 1.756,03, conforme o cálculo a seguir.

Salário mensal = R$ 2.500,00

R$ 2.500,00 x 3 = R$ 7.500,00

R$ 7.500,00 ÷ 3 = R$ 2.500,00

Valor-base

Capítulo XIII – Programa do Seguro-Desemprego

R$ 1.858,18 x 80% = R$ 1.486,54

R$ 2.500,00 – R$ 1.858,18= R$ 641,82

Valor Excedente

R$ 641,82 x 50% = R$ 320,91

R$ 1.486,54+ R$ 320,91= R$ 1.806,73

Valor da parcela de seguro-desemprego: R$ 1.806,73

Empregado nas mesmas condições do trabalhador do exemplo anterior, mas com salário mensal de R$ 3.500,00, terá direito ao seguro--desemprego com parcelas no valor de R$ 1.911,84, conforme o cálculo a seguir:

Salário mensal = R$ 3.500,00

R$ 3.500,00 x 3 = R$ 10.500,00

R$ 10.500,00 ÷ 3 = R$ 3.500,00

Quando a média aritmética dos salários dos últimos 3 meses de trabalho for superior a R$ 3.097,26, o valor da parcela será de R$ 2.106,08, invariavelmente.

Valor da parcela de seguro-desemprego: R$ 2.106,08

Recebimento por sucessor, curador, representante legal ou procurador – Hipóteses

O benefício seguro-desemprego é direito pessoal e intransferível, e será pago diretamente ao beneficiário, salvo em caso de morte do segurado, ausência, grave moléstia, moléstia contagiosa e beneficiário preso, observadas as seguintes condições:

a) morte do segurado, quando serão pagas parcelas vencidas até a data do óbito, aos sucessores, mediante apresentação de alvará judicial;

b) grave moléstia do segurado, comprovada pela perícia médica do Instituto Nacional do Seguro Social (INSS), quando serão pagas parcelas vencidas ao seu curador legalmente designado ou representante legal, mediante apresentação de mandato outorgado por instrumento público, com finalidade específica para o benefício a ser recebido;

c) moléstia contagiosa ou impossibilidade de locomoção, devidamente comprovada mediante perícia médica do INSS, quando serão pagas parcelas vencidas a procurador designado em instrumento público, com poderes específicos para receber o benefício;

d) ausência civil, quando serão pagas parcelas vencidas ao curador designado pelo Juiz, mediante certidão judicial de nomeação do curador habilitado à prática do ato;

e) beneficiário preso, impossibilitado de comparecer pessoalmente à instituição financeira responsável pelo pagamento, quando as parcelas vencidas serão pagas por meio de instrumento público com poderes específicos para o ato.

O Requerimento do Seguro-desemprego somente poderá ser firmado pelo trabalhador, admitindo-se, excepcionalmente, sua apresentação pelos representantes mencionados nas letras "a" a "e", desde que instruído com os respectivos documentos.

Em qualquer caso, o mandato deverá ser individual e outorgado por instrumento público, especificando a modalidade de benefício seguro-desemprego à qual o requerimento faz referência e à dispensa que lhe deu causa, cujo direito foi adquirido pelo trabalhador em função de demissão sem justa causa, ou no caso do pescador artesanal relativo ao defeso a ser requerido, vedada sua utilização posterior para outros benefícios da mesma espécie.

Documentos a serem fornecidos pelo empregador – Requerimento

A anotação da extinção do contrato na CTPS é documento hábil para requerer o benefício do seguro-desemprego, desde que a comunicação da dispensa do empregado aos órgãos competentes tenha sido realizada.

O Conselho Deliberativo do Fundo de Amparo ao Trabalhador (Codefat), por meio da Resolução Codefat n° 736/2014, determinou ser obrigatório o uso do aplicativo Empregador Web no portal Mais Emprego (HTTP://maisemprego.mte.gov.br) para o preenchimento de Requerimento de Seguro-desemprego/Comunicação de Dispensa de trabalhadores dispensados involuntariamente de pessoa jurídica ou pessoa física a ela equiparada. Para tanto, é necessário o cadastro da empresa e o certificado digital – padrão ICP-Brasil.

O aplicativo Empregador Web possui funcionalidade que permite ao empregador a realização de cadastro e nomeação de procurador para representá-lo no preenchimento do Requerimento de Seguro-desemprego/Comunicação de Dispensa.

Capítulo XIII – Programa do Seguro-Desemprego										365

O empregador deverá entregar ao trabalhador dispensado sem justa causa, o Requerimento do Seguro-desemprego (RSD) e a Comunicação de Dispensa (CD), exclusivamente impresso pelo Empregador Web no Portal Mais Emprego.

Prazo para requerimento do seguro-desemprego

O requerimento do benefício deverá ser feito a partir do 7º e até o 120º dias subsequentes à data da dispensa ao Ministério do Trabalho e Previdência (MTP) por intermédio dos postos credenciados das suas unidades descentralizadas, do Sistema Nacional de Emprego (Sine) ou Entidades Parceiras.

Nas localidades onde não existam os Órgãos mencionados, o requerimento poderá ser encaminhado por outra entidade autorizada pelo MTP.

Indeferimento do pedido do seguro-desemprego

Do indeferimento do pedido do Seguro-Desemprego, caberá recurso ao MTP, no prazo de 2 anos, contados a partir da data de dispensa que deu origem ao benefício, bem como para os casos de notificações, remissões e reembolsos.

Pagamento – Crédito

O pagamento do benefício será efetuado mediante crédito em conta bancária do beneficiário, sem qualquer ônus para o trabalhador. Admite-se o pagamento nos canais acessíveis da Caixa, quando o trabalhar não informar conta bancária de sua titularidade.

O pagamento poderá ser efetuado também mediante crédito em conta simplificada ou conta poupança do beneficiário correntista da Caixa ou em espécie, mediante apresentação do cartão cidadão ou outro documento de identificação.

Primeira parcela

O pagamento da primeira parcela corresponderá aos 30 dias de desemprego, a contar da data da dispensa.

A primeira parcela será liberada trinta dias após a data do requerimento e as demais a cada intervalo de 30 (trinta) dias, contados da emissão da parcela anterior.

Suspensão do seguro-desemprego

O pagamento do seguro-desemprego será suspenso nas seguintes situações:

a) admissão do trabalhador em novo emprego; e
b) início de percepção de benefício de prestação continuada da Previdência Social, exceto o auxílio-acidente e a pensão por morte;
c) início de percepção de auxílio-desemprego;
d) recusa injustificada por parte do trabalhador desempregado em participar de ações de recolocação de emprego, conforme regulamentação do Codefat.

Assegura-se o direito ao recebimento do benefício e/ou retomada do saldo de parcelas quando ocorrer a suspensão motivada por reemprego em contrato temporário, experiência, tempo determinado, desde que o motivo da dispensa não seja a pedido ou por justa causa, observando que o término do contrato ocorra dentro do mesmo período aquisitivo e tenha pelo menos 1 dia de desemprego de um contrato para outro.

Cancelamento do seguro-desemprego

O seguro-desemprego será cancelado:

a) pela recusa, por parte do trabalhador desempregado de outro emprego condizente com sua qualificação e remuneração anterior;
b) por comprovação da falsidade na prestação de informações necessárias à habilitação;
c) por comprovação de fraude visando à percepção indevida do benefício do seguro-desemprego; e
d) por morte do segurado.

Para efeito do seguro-desemprego, considerar-se-á emprego condizente com a vaga ofertada, aquele que apresente tarefas semelhantes ao perfil profissional do trabalhador, declarado/comprovado no ato do seu cadastramento.

Para definição do salário compatível, deverá ser tomado como base o último salário recebido pelo trabalhador.

Caso o trabalhador seja convocado para um novo posto de trabalho e não atender à convocação por 3 vezes consecutivas, o benefício será suspenso.

Capítulo XIII – Programa do Seguro-Desemprego

Após o cancelamento do benefício em decorrência de recusa pelo trabalhador de novo emprego, o trabalhador poderá recorrer mediante Processo Administrativo, no prazo de 2 anos, contados a partir da data de dispensa que deu origem ao benefício.

Encaminhamento do trabalhador ao mercado de trabalho

O encaminhamento do trabalhador ao mercado de trabalho, no ato do requerimento, não representará impedimento para a concessão do benefício nem afetará a sua tramitação, salvo por comprovação de reemprego e quando não houver resposta do encaminhamento para a vaga ofertada, no prazo de 30 dias, a contar da data do requerimento.

CAPÍTULO XIV
Documentos Trabalhistas e Previdenciários – Prazo de Guarda

DOCUMENTOS TRABALHISTAS

Em geral, os documentos trabalhistas devem ser guardados pelo prazo mínimo de 5 anos contados da data do pagamento ao empregado ou 2 anos da rescisão contratual, em face do prazo prescricional para os trabalhadores urbanos e rurais.

MENORES

O artigo 440 da CLT determina que contra menores de 18 anos não corre nenhum prazo de prescrição.

No tocante à legislação previdenciária, o art. 591 da Instrução Normativa INSS nº 128/2022 determina que não corre prescrição contra os menores de 16 anos de idade. A data do início da prescrição será o dia seguinte àquele em que tenha completado esta idade. Desta forma, recomenda-se cautela em relação à guarda de documentos desses empregados.

DOCUMENTOS PREVIDENCIÁRIOS

A extinção do direito de a Receita Federal do Brasil (RFB) apurar e constituir os créditos tributários, bem como o prazo de prescrição da ação para cobrança desses créditos obedecerão ao disposto no Código Tributário Nacional (CTN), o qual estabelece:

"Art. 174 – A ação para a cobrança do crédito tributário prescreve em cinco anos, contados da data da sua constituição definitiva.

(...)."

Assim, no que concerne ao prazo de guarda dos documentos sujeitos à fiscalização da Receita Federal do Brasil (RFB)/Instituto Nacional do Seguro Social (INSS) que envolvam contribuições previdenciárias, a empresa deverá levar em conta o prazo prescricional de 5 anos.

Capítulo XIV – Documentos Trabalhistas e Previdenciários – Prazo de Guarda 369

BENEFÍCIOS PREVIDENCIÁRIOS

No que concerne aos benefícios previdenciários:

a) é de 10 anos o prazo de decadência de todo e qualquer direito ou ação do segurado ou beneficiário para a revisão do ato de concessão de benefício, a contar do dia primeiro do mês seguinte ao do recebimento da primeira prestação ou, quando for o caso, do dia em que tomar conhecimento da decisão indeferitória definitiva no âmbito administrativo;

b) prescreve em 5 anos, a contar da data em que deveriam ter sido pagas, toda e qualquer ação para haver prestações vencidas ou quaisquer restituições ou diferenças devidas seja pelo INSS ou pelo beneficiário.

Portanto quanto aos documentos da empresa que envolvam pagamento, reembolso ou outras situações atinentes a benefícios previdenciários, recomenda-se observar o maior prazo de 10 anos, para efeito de guarda.

Veja no quadro a seguir os principais documentos trabalhistas e previdenciários e os respectivos prazos mínimos para a sua guarda:

Documentos	Prazo de guarda	Fundamento legal
Termo de Rescisão do Contrato de Trabalho Aviso Prévio Pedido de Demissão	2 anos	CF/1988, art. 7º, inciso XXIX
Cadastro Geral de Empregados e Desempregados (Caged) – a contar da data do envio	5 anos	Portaria MTP nº 671/2021, art. 157, § 2º

Documentos	Prazo de guarda	Fundamento legal
Acordo de compensação Acordo de prorrogação de horas Atestado médico Autorização para descontos não previstos em lei Cartões, fichas ou livros de ponto Comprovante de entrega da Comunicação de Dispensa (CD) Documentos relativos a créditos tributários (IR etc.) Documentos relativos às eleições da CIPA Mapa Anual de acidentes do trabalho Recibo de 13° salário Recibo de abono de férias Recibo de adiantamento do 13° salário Recibo de entrega do Requerimento Seguro-Desemprego (SD) Recibo de gozo de férias Recibos de adiantamento Recibos de pagamento Solicitação da 1ª parcela do 13° salário Solicitação de abono de férias Vale-transporte FGTS – documentos relativos	5 anos	CF/1988, art. 7°, inciso XXIX Portaria ME n° 3.214/1978, NR 5, item 5.4.8 e 5.63 na redação da Portaria MTP 422/2021 Portaria ME n° 3.214/1978, NR 4, item 4.12, letra "i", na redação da Portaria SSMT n° 33/1983
Documentos sujeitos à fiscalização do INSS/RFB (folha de pagamento, recibo e ficha de salário-família, atestados médicos relativos a afastamento por incapacidade ou salário-maternidade, Documentos de recolhimento etc.)	5 ou 10 anos, conforme o caso	Lei n° 8.213/1991, arts. 103, 103-A e 104
PIS/Pasep – a contar da data prevista para seu recolhimento Salário-educação	10 anos	Decreto-lei n° 2.052/1983; art. 10 Decreto n° 6.003/2006, art. 1°
Perfil Profissiográfico Previdenciário (PPP) Comprovação de entrega do PPP ao trabalhador	20 anos	Instrução Normativa INSS n° 128/2022, art. 284, § 9

Capítulo XIV – Documentos Trabalhistas e Previdenciários – Prazo de Guarda 371

Documentos	Prazo de guarda	Fundamento legal
Dados obtidos nos exames médicos (admissional, periódico, de retorno ao trabalho, mudança de função e demissional), incluindo avaliação clínica e exames complementares, as conclusões e as medidas aplicadas (contados após o desligamento do trabalhador)	Em geral, 20 anos, excetos as situações especiais, com prazo maior, previstas nos anexos da NR 7	Portaria SEPRT nº 6.734/2020
Livros de Atas da CIPA Livros de Inspeção do Trabalho Contrato de Trabalho Livros ou Fichas de Registro de empregados RAIS – Por ser a Rais um documento de suma importância, que demonstra toda a vida profissional do empregado durante o contrato de trabalho com a empresa, estando, inclusive, vinculada diretamente ao PIS/Pasep, recomenda-se que seja guardada por prazo indeterminado.	Indeterminado	

CAPÍTULO XV
LEI GERAL DE PROTEÇÃO DE DADOS (LGPD)

LEI GERAL DE PROTEÇÃO DE DADOS – LGPD

Atualmente é muito comum sermos abordados em nossos lares e também nos ambientes de trabalho por colaboradores de empresas de telemarketing, de vendas, de telefonia, de cobrança etc. No contato efetuado constatamos que estas pessoas já possuem uma gama enorme de nossos dados pessoais, sem que tenhamos a menor noção da forma como tais dados foram obtidos. Essa disseminação, sem o menor controle, de dados pessoais tem facilitado em muito a prática dos denominados cibercrimes.

Ademais, a propagação de dados pessoais, mesmo quando não utilizados para a prática de crimes, fere o direito à privacidade, à imagem e à intimidade das pessoas. É bom lembrar que a Constituição Federal assegura ao cidadão a inviolabilidade da sua intimidade, da honra, da imagem e da vida e, ainda, determina o direito à indenização pelo dano material ou moral que o cidadão vier a sofrer em decorrência da violação dessas garantias.

Para coibir esta prática danosa e desenfreada de disseminação de dados pessoais vem surgindo na legislação várias normas no sentido de dar uma maior proteção aos mencionados dados. Assim foi com a Lei nº 12.965/2014 (Lei do Marco Civil da Internet). Esta lei estabeleceu as garantias, princípios, direitos e deveres para o uso da internet e, embora tenha determinado que o acesso à internet é essencial ao exercício da cidadania, aos usuários foram assegurados vários direitos, dentre os quais se verificam:

a) inviolabilidade da intimidade e da vida privada, sua proteção e indenização pelo dano material ou moral decorrente de sua violação;

b) inviolabilidade e sigilo do fluxo de suas comunicações pela internet, salvo por ordem judicial, na forma da lei;

c) inviolabilidade e sigilo de suas comunicações privadas armazenadas, salvo por ordem judicial;

d) não fornecimento a terceiros de seus dados pessoais, salvo mediante consentimento livre, expresso e informado ou nas hipóteses previstas em lei;

Capítulo XV – Lei Geral de Proteção de Dados (LGPD)

e) informações claras e completas sobre a coleta, o uso, o armazenamento, o tratamento a proteção de seus dados pessoais, que somente poderão ser utilizados para finalidades previstas na lei.

Agora, mais recentemente (setembro/2020), entrou em vigor a Lei nº 13.709/2018 (Lei Geral de Proteção de Dados – LGPD), que disciplina a forma como as pessoas (física ou jurídicas) que efetuarem o tratamento de dados pessoais de pessoas físicas deverão proceder para proteger os direitos fundamentais (liberdade, privacidade, intimidade, imagem, honra etc.) assegurados aos cidadãos.

Para efeitos desta lei, tratamento é toda operação realizada com dados pessoais, como as que se referem a coleta, a produção, a recepção, a classificação, a utilização, o acesso, a reprodução, a transmissão, a distribuição, o processamento, o arquivamento, o armazenamento, a eliminação, a avaliação ou o controle da informação, a modificação, a comunicação, a transferência, a difusão ou a extração.

Fundamentos

A LGPD tem como fundamentos, entre outros:

a) o respeito à privacidade;

b) a liberdade de expressão, de informação, de comunicação e de opinião;

c) a inviolabilidade da intimidade, da honra e da imagem;

d) os direitos humanos, o livre desenvolvimento da personalidade, a dignidade e o exercício da cidadania pelas pessoas naturais.

Abrangência

Todos aqueles que lidam com dados pessoais de pessoas físicas estão submetidos à LGPD. A Lei não excepcionou ninguém, o que vale dizer que todos os empregadores, todas as empresas, independentemente do porte econômico ou da atividade exercida, até mesmo o microempreendedor individual que contar com 1 empregado, estão submetidos às determinações da LGPD. Portanto, a lei é aplicada a todas as pessoas físicas ou jurídicas, de direito público ou privado que realizarem tratamento de dados pessoais de pessoas físicas, independentemente do meio, inclusive no meio digital, como é o caso do eSocial.

Dados protegidos

A LGPD trata da proteção de dados pessoais de pessoas físicas, o que vale dizer que, dados de pessoas jurídicas não são abarcados pela norma. Os tipos de dados pessoais são divididos em 3 espécies:

a) dado pessoal geral – são as informações relativas à pessoa natural que permitem a sua identificação de forma direta ou indireta (identificada ou identificável), tais como: nome, Registro Geral (RG), Cadastro de Pessoa Física (CPF) etc.;

b) dado pessoal sensível – são aqueles que, se divulgados, podem ocasionar algum tipo de discriminação, colocando a pessoa em situação mais vulnerável. Por exemplo: os dados relativos à raça ou étnica, à religião, a filiação a partido político ou a sindicato profissional, os relativos à saúde da pessoa (por exemplo: ser portador de HIV, lepra, doença infectocontagiosa), dados relativo à preferência sexual etc.

A LGPD cuida, portanto, da proteção destes dados (pessoal e pessoal sensível).

Entretanto, temos ainda os dados anonimizados que são aqueles dados que não permitem a identificação da pessoa. Mesmo se divulgados, estes dados não tem o poder de permitir saber a quem eles pertencem, ou seja, quem é o seu titular. Por exemplo: relatório de produtos mais vendidos em um estabelecimento comercial sem que conste do documento dados que permitam saber quais foram os clientes que adquiriram o produto, ou quais foram os vendedores. Esses dados anonimizados não são protegidos pela LGPD desde que a anonimização dos dados seja definitiva e irreversível, pois havendo a possibilidade de reversão do processo de anonimização o dado passará a ser considerado como pseudonimizado, situação que o coloca sob a proteção da LGPD, uma vez que permitirá a possibilidade de identificação do seu titular.

O titular do dado é a pessoa física a quem o dado se refere. Assim, todos nós (empregados, clientes, parceiros, prestadores de serviços, fornecedores, visitantes, acionistas etc.), somos titulares de dados.

Profissionais que farão o tratamento dos dados

Os profissionais que irão lidar com os dados pessoais são:

a) controlador – a pessoa física ou jurídica, de direito público ou privado, a quem é dada a competência para a tomada de decisões referentes ao tratamento de dados pessoais. Portanto, cabe a ele decidir sobre o tratamento dos dados, escolher o operador e direcionar as suas ações;

b) operador – pessoa física ou jurídica, de direito público ou privado, que realiza o tratamento de dados pessoais em nome do controlador. Nas suas atividades o operador irá observar as normas legais e seguir as ordens do controlador;

c) encarregado – é a pessoa indicada pelo controlador e operador para atuar como canal de comunicação entre o controlador, os titulares

Capítulo XV – Lei Geral de Proteção de Dados (LGPD) 375

dos dados e a Autoridade Nacional de Proteção de Dados (ANPD). Este encarregado pode ser um colaborador da própria empresa devidamente treinado para o exercício da função, como também um externo, pessoa física ou jurídica, contratada especificamente para o desempenho desta atividade. Entre as funções do encarregado verificam-se: aceitar reclamações e comunicações dos titulares de dados, prestar esclarecimentos e adotar providências, receber notificações da ANPD e adotar as providências necessárias, orientar os colaboradores e contratados da empresa sobre as ações a serem tomadas em relação à proteção de dados pessoais e executar as demais atribuições determinadas pelo controlador ou estabelecidas nas normas legais.

O controlador e o operador são considerados agentes de tratamento.

Os agentes de tratamento de pequeno porte (microempresas, empresas de pequeno porte, microempreendedor individual, *startups* e outros) tem tratamento simplificado. Entre as simplificações encontra-se a dispensa de indicar o encarregado de tratamento de dados. Entretanto, se não indicar deverá criar canal de comunicação com os titulares para receber reclamações, prestar esclarecimentos, adotar providências etc.

Requisitos a serem observados no tratamento dos dados pessoais

Para o tratamento de dados pessoais é necessária a existência de propósitos legítimos, específicos, explícitos e informados ao titular. Deve haver também a compatibilidade do tratamento com as finalidades informadas e, ainda, o tratamento deve se limitar ao mínimo necessário para a realização das finalidades.

Em geral, o tratamento deverá ser realizado mediante o fornecimento de consentimento pelo titular, o qual pode ser dado por escrito ou por outro meio que demonstre a livre manifestação de vontade, sem qualquer vício. Se escrito, o consentimento deverá constar de cláusula contratual destacada das demais cláusulas, podendo também ocorrer mediante utilização de termo apartado das cláusulas do contrato. Em qualquer das formas, deverá conter autorização expressa para que o controlador trate os dados pessoais para a finalidade determinada e que tenha relação com o contrato, bem como autorização para que se proceda o compartilhamento dos dados nas situações que exigem este compartilhamento.

Entretanto, a LGPD relaciona algumas hipóteses em que a obtenção do consentimento do titular é dispensada. Dentre elas destacamos:

a) para o cumprimento de obrigação legal ou regulatória pelo controlador, ou seja, se a própria norma legal determina o tratamento do dado pessoal, este ocorrerá independentemente do consentimento do titular. Por exemplo: dados que devem ser coletados e repassados a órgãos públicos (eSocial, notas fiscais etc.);

b) dados necessários para a execução de contrato ou de procedimentos preliminares relacionados a contrato do qual seja parte o titular e a pedido do titular dos dados;

c) para o exercício regular de direitos em processo judicial, administrativo ou arbitral;

d) para a proteção da vida ou da incolumidade física do titular ou de terceiro;

e) tutela da saúde, exclusivamente, em procedimento realizado por profissionais de saúde, serviços de saúde ou autoridade sanitária;

f) quando necessário para atender aos legítimos interesses do controlador. Esta hipótese de dispensa de consentimento irá gerar muita discussão jurídica uma vez que a norma não esclarece o que deva ser entendido como legítimo interesse. O conceito é aberto. O que pode ser de legítimo interesse para um pode não ser para outro. Há aí uma subjetividade. Cada caso concreto deverá ser analisado isoladamente.

Setores das empresas que serão impactados pela LGPD

A observância da LGPD é uma obrigação de todos os setores da empresa que lidam com dados pessoais. Portanto, serão impactados entre outros, os departamentos: de Recursos Humanos e de Pessoal, de compras, financeiro, jurídico, comercial, segurança e saúde. Dentre todos estes setores, os mais impactados serão os departamento de RH e de pessoal, uma vez que estes lidam com a maior gama de dados pessoais.

Toda esta base de dados pessoais precisa ser tratada com a observância das determinações da LGPD visando a proteção dos dados, evitando vazamentos, perdas, extravios, destruições, alterações, acessos não autorizados etc.

Regras de boas práticas e governança

A LGPD determina que os controladores e operadores, no âmbito de suas competências, poderão formular regras de boas práticas e de governança que estabeleçam as condições de organização, o regime de funcionamento, os procedimentos, as normas de segurança, os padrões técnicos, as obrigações específicas para os diversos envolvidos no tratamento, as ações educativas, os mecanismos internos de supervisão e de mitigação de riscos e outros aspectos relacionados ao tratamento de dados pessoais.

Capítulo XV – Lei Geral de Proteção de Dados (LGPD)

Todas estas medidas a serem adotadas, tanto as técnicas como as administrativas, devem ser capazes de proteger os dados pessoais, inclusive não permitindo o acesso a eles de pessoas não autorizadas, evitar situações acidentais que ocasionem destruição, perda, alteração ou tratamento inadequado dos dados. Todas as pessoas que atue em uma das fases do tratamento estão obrigadas a garantir a segurança dos dados.

Para cumprir com assertividade as determinações da LGPD, as empresas precisarão desenvolver e implantar processos, eliminar coleta de dados desnecessários ou que não tenham relação com os contratos, cuidar das medidas de proteção já implantadas ou implantar as que se fizerem necessárias e, principalmente, submeter seus colaboradores envolvidos no tratamento de dados a treinamentos para que estes possam observar corretamente as determinações legais, evitando autuações e imposição de pesadas multas às empresas.

Para tanto, se faz necessário o envolvimento dos gestores, uma vez que caberá a eles tomar uma série de medidas necessárias, tais como: integrar sistemas, gerenciar documentos, fazer o diagnóstico da situação atual da empresa identificando os problemas, solucionar as inconsistências encontradas, mudar a cultura dos colaboradores no sentido de eliminar vícios já adquiridos na rotina administrativa, evitar descuidos já incorporados no dia a dia, identificar a necessidade e garantir o treinamento de colaboradores.

Para um bom gerenciamento do acervo de dados pessoais da empresa, deve ser feito um levantamento da situação, no qual devem ser verificados, entre outros, os seguintes aspectos: devem ser identificados quais departamentos lidam com dados pessoais; a forma como estes dados são captados; se de fato os dados são necessários; se há norma legal que exija a captação; onde eles são armazenados ou arquivados; quem tem acesso e quem, de fato, deve ter acesso a eles; quais medidas de controle já são tomadas e quais as que precisam ser implantadas; se há riscos, fazer a análise dos riscos constatados; se os recursos humanos e tecnológicos que a empresa já possui são suficientes ou se há a necessidade de ampliação; se há procedimentos de emergência a serem observados na hipótese de um vazamento de dados; analisar por quanto tempo o dado deve ser legalmente mantidos; se há forma segura de descarte dos dados que não são mais necessários; se há auditoria, fiscalização e monitoramento do desempenho.

Responsabilidades dos agentes de tratamento

A LGPD determina que tanto o controlador como o operador (agentes de tratamento) responde pelos danos que causar em decorrência da não observância das determinações da LGPD.

O operador responde solidariamente pelos danos causados pelo tratamento quando descumprir as obrigações da legislação de proteção de dados ou quando não tiver seguido as instruções lícitas do controlador. Nesta hipótese o operador se equipara ao controlador.

A responsabilização somente não ocorrerá, quando os agentes de tratamento provarem que:

a) não realizaram o tratamento de dados pessoais que lhes é atribuído;

b) embora tenham realizado o tratamento de dados pessoais que lhes é atribuído, não houve violação à legislação de proteção de dados; ou

c) que o dano é decorrente de culpa exclusiva do titular dos dados ou de terceiro.

Em princípio, o encarregado não é responsabilizado pelo dano ocorrido, uma vez que a sua função é a de orientar os agentes de tratamento quanto à observância das normas legais. Ele não toma decisões diretas e não procede ao tratamento dos dados pessoais. O encarregado tem uma função consultiva. Entretanto, esta não responsabilização não é absoluta, pois ele poderá vir a ser responsabilizado se, no exercício das suas atividades, por imprudência, imperícia ou negligência, devidamente comprovada, levar os agentes de tratamento a tomar alguma atitude contrária às determinações da LGPD.

Direitos dos titulares dos dados

A LGPD determina que o titular dos dados pessoais tem direito a obter do controlador, em relação aos seus dados, a qualquer momento:

a) confirmação da existência de tratamento de seus dados na empresa;

b) acesso aos dados, de forma simplificada e gratuita;

c) correção de dados incompletos, inexatos ou desatualizados;

d) anonimização, bloqueio ou eliminação de dados desnecessários, excessivos ou tratados em desconformidade com a LGPD;

e) portabilidade (compartilhamento) dos dados a outro fornecedor de serviço ou produto, mediante requisição expressa, observados os segredos comercial e industrial;

f) eliminação dos dados pessoais tratados com o consentimento do titular, exceto os dados coletados e mantidos por determinação legal;

g) informação das entidades públicas e privadas com as quais o controlador realizou uso compartilhado de dados;

Capítulo XV – Lei Geral de Proteção de Dados (LGPD) 379

h) informação sobre a possibilidade de não fornecer consentimento e sobre as consequências da negativa;

i) revogação do consentimento, nos termos da LGPD.

Para o exercício destes direitos é necessário o requerimento expresso do titular, sendo que, em caso de impedimento de adoção imediata da providência, o controlador deverá comunicar ao titular que não é o agente de tratamento do dado, indicando sempre que possível o agente ou, então, informar as razões que o impedem de adotar a providência (por exemplo, que o dado deve ser mantido por determinação legal).

Penalidades

As infrações cometidas pelos agentes de tratamento (controlador e operador), em relação às determinações da LGPD, determinam a aplicação de várias sanções. São elas:

a) advertência, com indicação de prazo para adoção de medidas corretivas;

b) multa simples, de até 2% do faturamento da pessoa jurídica no seu último exercício, limitada, no total, a R$ 50.000.000,00 por infração;

c) multa diária, observado o limite total acima mencionado;

d) publicação da infração após devidamente apurada e confirmada a sua ocorrência;

e) bloqueio dos dados pessoais a que se refere a infração até a sua regularização;

f) eliminação dos dados pessoais a que se refere a infração;

g) suspensão parcial do funcionamento do banco de dados a que se refere a infração pelo período máximo de 6 meses, prorrogável por igual período, até a regularização da atividade de tratamento pelo controlador;

h) suspensão do exercício da atividade de tratamento dos dados pessoais a que se refere a infração pelo período máximo de 6 meses, prorrogável por igual período;

i) proibição parcial ou total do exercício de atividades relacionadas a tratamento de dados.

As sanções serão aplicadas após procedimento administrativo que possibilite a oportunidade da ampla defesa e considerados os parâmetros e critérios estabelecidos pela LGPD.

PARTE II
PREVIDÊNCIA SOCIAL

CAPÍTULO XVI
PREVIDÊNCIA SOCIAL

CONCEITO

EMPRESA

A legislação previdenciária considera empresa o empresário ou a sociedade que assume o risco da atividade econômica, com fins lucrativos ou não, bem como os órgãos e as entidades da administração pública direta, indireta e fundacional.

São equiparados à empresa:

a) o contribuinte individual, em relação aos segurados que lhe prestam serviço;

b) a cooperativa;

c) a associação ou a entidade de qualquer natureza ou finalidade;

d) a missão diplomática e a repartição consular de carreiras estrangeiras;

e) o operador portuário e o órgão gestor de mão de obra;

f) o proprietário do imóvel, o incorporador ou o dono de obra de construção civil, quando pessoa física, em relação ao segurado que lhe presta serviço;

g) o condomínio.

Grupo econômico

A Lei nº 13.467/2017 alterou a redação do art. 2º da CLT para determinar que quando duas ou mais empresas se encontram sob a direção, o controle ou a administração de uma delas, ainda que cada uma delas tenha personalidade jurídica própria, ou ainda, quando, mesmo guardando cada uma sua autonomia, integrem grupo econômico, serão responsáveis solidariamente pelas obrigações decorrentes da relação de emprego.

Estabeleceu ainda que não caracteriza grupo econômico a mera identidade de sócios, sendo necessárias, para a configuração do grupo, a demonstração do interesse integrado, a efetiva comunhão de interesses e a atuação conjunta das empresas dele integrantes.

Consórcio

Consórcio é a associação de empresas, formado com o objetivo de executar determinado empreendimento, as quais podem estar submetidas a um mesmo controle ou não. Não tem personalidade jurídica própria e o contrato de constituição e respectivas alterações devem ser registrados em Junta Comercial.

CADASTRAMENTO

Todas as empresas e equiparados a elas, independentemente do ramo de atividade que exerçam, inclusive as obras de construção civil, estão obrigadas a efetuar o respectivo cadastramento no INSS.

Desta forma, ficam sujeitos ao cadastramento:

a) o contribuinte individual, em relação ao segurado que lhe presta serviço;

b) profissional liberal responsável por mais de um estabelecimento deverá cadastrar uma matrícula para cada estabelecimento em que tenha segurados empregados a seu serviço;

c) a cooperativa, associação ou entidade de qualquer natureza ou finalidade;

d) a missão diplomática e a repartição consular de carreira estrangeiras;

e) o segurado especial;

f) o executor de obra de construção civil, pessoa física;

g) o condomínio;

h) o produtor rural, pessoa física.

Para as empresas, a matrícula será o número de inscrição no Cadastro Nacional de Pessoa Jurídica (CNPJ). As pessoas físicas que exer-

Capítulo XVI – Previdência Social

cem atividade econômica e são dispensadas de CNPJ, efetuarão a matrícula no Cadastro de Atividade Econômica da Pessoa Física (CAEPF). As obras de construção civil serão matriculadas no Cadastro Nacional de Obras (CNO).

Cada propriedade rural de produtor rural pessoa física deverá ter o seu próprio cadastro. Portanto, se o mesmo produtor possuir mais de uma propriedade, ainda que situadas no mesmo município, cada uma delas deverá ser cadastrada distintamente, não sendo admitido um só cadastro para mais de uma propriedade. Entretanto, caso tenha escritório administrativo para prestação de serviços somente à propriedade rural de empregador pessoa física deverá utilizar uma só matrícula.

No caso de os produtores rurais explorarem em conjunto uma única propriedade rural, com auxílio de empregados, dividindo os riscos e os produtos havidos, será emitida uma só matrícula em nome do produtor indicado na inscrição estadual, seguida da expressão "e outros".

Ocorrendo a venda da propriedade rural, deverá ser emitida outra matrícula para o adquirente. O antigo proprietário deverá providenciar o encerramento da matrícula sob sua responsabilidade, relativa à propriedade vendida, mediante solicitação de alteração cadastral.

O cadastro da empresa ou equiparados será feito, simultaneamente, com a inscrição no Cadastro Nacional da Pessoa Jurídica (CNPJ). Assim, ao proceder à inscrição no CNPJ, a empresa estará automaticamente cadastrada no INSS e será identificada pelo CNPJ.

As empresas e equiparados que não estejam sujeitos à inscrição no CNPJ, os proprietários ou donos de obras de construção civil, a pessoa física ou pessoa jurídica construtora, produtores rurais pessoas físicas, segurado especial, profissional liberal com empregados etc. deverão proceder ao seu cadastro no INSS, no prazo de 30 dias contados da data do início das suas atividades, do início da obra, da comercialização da produção rural ou da contratação de trabalhador, conforme o caso.

Por ocasião do cadastramento, em geral, não é exigida qualquer documentação. O cadastro, via deregra, é formalizado com base nas informações necessárias, prestadas pelo sujeito passivo.

As informações prestadas têm caráter declaratório e são de inteira responsabilidade do declarante. O INSS ou a RFB podem, conforme o caso, a qualquer tempo, exigir a comprovação dos dados declarados.

A comprovação das informações, quando exigida, poderá ser efetuada mediante a apresentação dos seguintes documentos:

a) instrumento de constituição da empresa e respectivas alterações ou atas de eleição da diretoria, registrados no órgão competente;

b) comprovante de inscrição no CNPJ;

c) contrato de empreitada total celebrado com proprietário, dono da obra ou incorporador, no caso de empresa construtora responsável pela matrícula;

d) projeto aprovado da obra a ser executada ou Anotações de Responsabilidade Técnica (ART), no Crea, ou Registro de Responsabilidade Técnica (RRT) no CAU, ou sempre que exigível pelos órgãos competentes, alvará de concessão de licença para a construção;

e) contrato com a administração pública e edital para obras vinculadas a procedimentos licitatórios;

f) carteira de identidade (RG), CPF e comprovante de residência do responsável pessoa física.

Matrícula de ofício

Caso o contribuinte não proceda ao seu cadastramento no INSS, regularizando a sua situação, a matrícula poderá ser efetuada de ofício.

As Juntas Comerciais, bem como os Cartórios de Registro Civil de Pessoas Jurídicas estão obrigados a prestar à RFB todas as informações referentes aos atos constitutivos e alterações posteriores relativos a empresas neles registradas.

COMPROVAÇÃO DE INEXISTÊNCIA DE DÉBITOS PREVIDENCIÁRIOS

A comprovação da inexistência de débitos previdenciários é exigida, entre outros, no registro ou arquivamento, em órgão próprio, de atos relativos à baixa ou redução de capital de empresário individual, redução de capital social, cisão total ou parcial, transformação ou extinção de entidade ou sociedade comercial ou civil e transferência de controle de cotas de sociedades de responsabilidade limitada.

Capítulo XVI – Previdência Social

O contribuinte, portanto, para proceder a alterações ou extinção da empresa, deverá apresentar aos órgãos competentes a Certidão Negativa de Débitos (CND).

Pedido de Certidão Negativa de Débito (CND)

A prova de regularidade fiscal perante a Fazenda Nacional será efetuada mediante apresentação de certidão expedida conjuntamente pela Secretaria da Receita Federal do Brasil (RFB) e pela Procuradoria-Geral da Fazenda Nacional (PGFN), referente a todos os créditos tributários federais e à Dívida Ativa da União (DAU) por elas administrados.

A certidão será solicitada e emitida pela Internet, nos endereços <http://www.gov.br/receitafederal/pt/br> ou <http://www.regularize.pgfn.gov.br>.

Quando as informações constantes das bases de dados da RFB ou da PGFN forem insuficientes para a emissão da certidão, o sujeito passivo poderá consultar sua situação fiscal no Centro Virtual de Atendimento (e-Cac), mediante utilização de código de acesso ou certificado digital.

Regularizadas as pendências que impedem a emissão da certidão, esta poderá ser emitida pela Internet.

CAPÍTULO XVII
OBRIGAÇÕES PREVIDENCIÁRIAS

FOLHA DE PAGAMENTO

A empresa é obrigada a elaborar folha de pagamento da remuneração paga, devida ou creditada a todos os segurados a seu serviço, por estabelecimento, obra de construção civil ou tomador de serviços. A folha de pagamento, elaborada mensalmente, deverá discriminar:

a) nomes dos segurados;

b) agrupados, por categoria, os segurados empregado, trabalhador avulso e contribuinte individual;

c) cargo, função ou serviço prestado pelo segurado;

d) parcelas integrantes da remuneração;

e) destacar o nome das seguradas em gozo de salário-maternidade;

f) indicar o número de cotas de salário-família atribuídas a cada segurado empregado ou trabalhador avulso;

g) parcelas não integrantes da remuneração; e

h) descontos efetuados.

A Instrução Normativa RFB nº 971/2009, artigo 47 determina que a obrigação da elaboração da folha de pagamento será cumprida na forma anteriormente mencionada e mediante o envio com sucesso dos eventos S-1200 a S-1210 do eSocial.

eSocial

Considerando que a Constituição Federal determina que as administrações tributárias da União, dos Estados, do Distrito Federal e dos Municípios atuarão de forma integrada, inclusive com o compartilhamento de cadastros e de informações fiscais, na forma da lei ou convê-

Capítulo XVII – Obrigações Previdenciárias

nio e que o Código Tributário Nacional (CTN) estabelece que a Fazenda Pública da União e as dos Estados, do Distrito Federal e dos Municípios prestarão mutuamente assistência para a fiscalização dos tributos respectivos e permuta de informações, na forma estabelecida, em caráter geral ou específico, por lei ou convênio, foi criado o Sistema Público de Escrituração Digital (Sped), mecanismo que unifica as atividades de recepção, validação, armazenamento e autenticação de livros e documentos que integram a escrituração contábil e fiscal dos empresários e das pessoas jurídicas.

O Sped permite um maior controle e agilidade na fiscalização das informações contábeis e fiscais das empresas por meio de compartilhamento de arquivos eletrônicos e, ainda, permite a uniformidade e racionalização no cumprimento das diversas obrigações acessórias por parte das empresas.

O Sped é composto pela Escrituração Contábil Digital (Sped-Contábil), Escrituração Fiscal Digital (Sped Fiscal), a Nota Fiscal Eletrônica NF-e – Ambiente Nacional e a EFD-Contribuições.

Com a publicação do Decreto nº 8.373/2014 e das Resoluções e Portarias dos órgãos competentes foi regulamentado o eSocial (Sped trabalhista e previdenciário) que constitui a maior e a mais complexa parte do Sped.

O sistema tem por objetivo simplificar o cumprimento das diversas obrigações principais e acessórias dos empregadores.

Tudo o que acontecer na vida laboral do trabalhador desde o momento da contratação até a rescisão contratual será informado no eSocial. Portanto, constituem informações a serem enviadas, entre outras: o registro de empregados, concessão de férias, 13º salário, pagamento de remunerações e demais verbas não integrantes desta, afastamentos do trabalho, acidentes sofridos, recolhimento de contribuições previdenciárias, depósitos fundiários, exames médicos etc.

As empresas têm uma simplificação nos seus processos de cumprimento de obrigações, mas isto exige não só a organização das informações como também a sua centralização nos departamentos responsáveis pela inserção dos dados no sistema. Para que os dados sejam captados de forma correta e em tempo hábil, é imprescindível que a comunicação entre os vários departamentos envolvidos (recursos humanos, departamento de pessoal, jurídico, contábil etc.) seja transparente e efetiva.

Os profissionais responsáveis pela inserção dos dados devem ser treinados de forma a proceder corretamente tais inserções, evitando não conformidades e até mesmo a impossibilidade do envio dos dados no tempo exigido.

O Sistema eSocial vai substituir gradativamente vários documentos trabalhistas e previdenciários, porém, o prazo a partir do qual esta substituição ocorrerá ainda será divulgado pelos órgãos competentes.

Até agora o eSocial já substituiu:

a) Cadastro Geral de Empregados e Desempregados (Caged);

b) Relação Anual de Informações Sociais (RAIS), para as empresas que já enviaram os eventos de folha de pagamento relativos ao ano-base inteiro;

c) Registro de Empregados para os empregadores que optaram pelo registro eletrônico;

d) Guia da Previdência Social – GPS, para as empresas obrigadas à entrega da DCTFWeb;

e) Comunicação de Acidente de Trabalho (CAT) para os empregadores, empresas tomadoras de serviço, ou, na sua falta, o sindicato da categoria ou OGMO, em relação aos avulsos;

f) GFIP substituída apenas para fins previdenciários, para as empresas dos grupos 1, 2 e 3. Para os pertencentes ao grupo 4, a substituição ainda não tem data definida.

Deverão ser substituídos brevemente, entre outros, os seguintes documentos:

a) a Guia de Recolhimento do Fundo de Garantia do Tempo de Serviço e Informações à Previdência Social (GFIP/Sefip) para fins de FGTS;

b) a comunicação de férias coletivas ao Ministério do Trabalho e Previdência;

c) folha de pagamento;

d) Manual Normativo de Arquivos Digitais (Manad);

e) Perfil Profissiográfico Previdenciário (PPP);

f) Comunicação do seguro-desemprego;

g) contrato de trabalho.

Capítulo XVII – Obrigações Previdenciárias 391

O sistema traz vantagens tanto para as empresas como para os trabalhadores e também para o fisco. As empresas tiveram a simplificação do cumprimento das obrigações acessórias, eliminando o preenchimento e envio de vários documentos, a redução de custos, de uso de papel e de utilização de espaço físico, a racionalização do trabalho e maior controle dos serviços, o acesso fácil e rápido às informações.

Para o Fisco, o sistema permitiu o aumento da arrecadação de tributos, a redução significativa da sonegação, a facilidade e rapidez nas fiscalizações, a melhoria na qualidade das informações prestadas pela empresa e a efetividade no cruzamento de dados.

Os trabalhadores já têm acesso às informações relativas aos respectivos contratos de trabalho por meio da Carteira de Trabalho Digital, cujas anotações são feitas com base no eSocial. Poderá ainda, futuramente, ser liberado o acesso ao eSocial para fins de ciência do recolhimento das suas contribuições previdenciárias e dos depósitos relativos ao Fundo de Garantia do Tempo de Serviço.

O registro das informações nos respectivos eventos do eSocial não dispensa os empregadores de manter, sob sua guarda e responsabilidade, os documentos trabalhistas, previdenciários e fundiários, na forma e prazos previstos na legislação aplicável.

O eSocial é composto por:

a) escrituração digital contendo os livros digitais com informações fiscais, previdenciárias e trabalhistas;

b) sistemas para preenchimento, geração, transmissão, recepção, validação e distribuição da escrituração; e

c) repositório nacional contendo o armazenamento da escrituração.

As informações prestadas pelos empregadores serão armazenadas no ambiente nacional.

As informações fiscais, previdenciárias e trabalhistas serão agrupadas em eventos que contêm:

a) dados cadastrais dos empregadores, da empresa e a eles equiparados em legislação específica e dos segurados especiais;

b) dados cadastrais e contratuais de trabalhadores, incluídos os relacionados ao registro de empregados;

c) dados cadastrais, funcionais e remuneratórios dos servidores titulares de cargos efetivos amparados em regime próprio de previdência social, de todos os poderes, órgãos e entidades do respectivo ente federativo, suas autarquias e fundações, dos magistrados, dos membros do Tribunal de Contas, dos membros do Ministério Público e dos militares;

d) dados cadastrais dos dependentes dos empregados, dos trabalhadores avulsos e dos segurados dos regimes geral e próprios de previdência social;

e) dados relacionados às comunicações de acidente de trabalho, às condições ambientais do trabalho e do monitoramento da saúde do trabalhador e dos segurados servidores públicos;

f) dados relacionados à folha de pagamento e outros fatos geradores, bases de cálculo e valores devidos de contribuições previdenciárias contribuições sindicais, FGTS e Imposto sobre a Renda Retido na Fonte;

g) outras informações de interesse dos órgãos e entidades integrantes do Comitê Gestor do eSocial, no âmbito de suas competências.

Eventos – Transmissão

Os eventos são transmitidos observando-se uma sequência lógica. Os eventos inicialmente enviados são utilizados para o processamento das informações dos eventos enviados posteriormente.

Nessa lógica, os primeiros eventos se referem à identificação e aos demais dados do empregador/contribuinte/órgão público, a seguir os eventos de tabelas, que são necessários para validação dos demais eventos.

Em seguida devem ser enviadas, caso existam, as informações previstas nos eventos não periódicos e, por último, as informações previstas nos eventos periódicos. As informações que devem conter cada evento encontram-se especificadas nos leiautes relativos a cada um deles.

Os eventos iniciais, identificação do empregador/contribuinte/ órgão público – são os que contêm os dados relativos à identificação

Capítulo XVII – Obrigações Previdenciárias

do empregador/contribuinte/órgão público, dados de sua classificação fiscal e de sua estrutura administrativa, informações que deverão ser enviadas previamente à transmissão de outras informações.

As tabelas do empregador que representam um conjunto de regras específicas necessárias para validação dos eventos do eSocial, como as rubricas da folha de pagamento, informações de processos administrativos e judiciais, lotações tributárias e tabela de estabelecimentos necessárias para verificação da integridade dos eventos periódicos e não periódicos deverão ser enviadas previamente à transmissão de qualquer evento que requeira essas informações.

Os eventos não periódicos respeita regras que asseguram os direitos dos trabalhadores, caso da admissão e do acidente de trabalho, ou possibilitam recolhimentos de encargos que tenham prazos diferenciados, caso do desligamento. Como estes fatos/eventos passam a ter prazo específico para sua transmissão ao eSocial, vinculados a sua efetiva ocorrência, o manual de orientação do eSocial apresenta em cada descrição dos eventos não periódicos seu respectivo prazo de envio.

Em geral, os eventos periódicos devem ser transmitidos até o dia 15 do mês seguinte, antecipando-se o vencimento para o dia útil imediatamente anterior, em caso de não haver expediente bancário.

Certificação digital

O Manual de Orientação do eSocial esclarece que os eventos que compõem o eSocial devem ser transmitidos mediante certificado digital válido no âmbito da Infraestrutura de Chaves Públicas Brasileiras (ICP--Brasil).

Os empregadores/contribuintes não obrigados à utilização do certificado digital podem gerar Código de Acesso ao Portal eSocial.

A obtenção do Código de Acesso para pessoa física exige o registro do número do CPF, data de nascimento e o número dos recibos de entrega do Imposto de Renda Pessoa Física (DIRPF) dos dois últimos exercícios. Não possuindo as DIRPF, em seu lugar deverá ser registrado o número do Título de Eleitor.

Caso o empregador não possua as DIRPF e tampouco o título de eleitor, só poderá acessar o Portal do eSocial por meio de Certificação Digital.

Podem utilizar o código de acesso, como alternativa ao certificado digital:

a) o Microempreendedor Individual (MEI) com até 1 empregado, o segurado especial e o empregador doméstico;

b) a Microempresa e empresa de pequeno porte optante pelo Simples Nacional que possua até 1 empregado, não incluídos os empregados afastados em razão de benefício por incapacidade permanente (antiga aposentadoria por invalidez).

A utilização do código de acesso é exclusiva para os módulos web. ParaWS-Webservice será exigido certificado digital.

Cronograma de Implantação do eSocial – Faseamento

A Portaria Conjunta SEPRT/RFB nº 71/2021 estabelece a implementação progressiva (faseamento) do eSocial, dividindo as empresas em 4 grupos, a saber:

GRUPO 1

Empresas com faturamento anual em 2016 superior a 78 milhões de reais

Fase 1: Janeiro/2018: Informações relativas às empresas, ou seja, cadastros do empregador e tabelas passaram a ser enviadas a partir das 8 horas de 08.01.2018 e atualizadas desde então.

Fase 2: Março/2018: Envio das informações relativas aos trabalhadores e seus vínculos com as empresas (eventos não periódicos), como admissões, afastamentos e desligamentos a partir das 8 horas de 1º.03.2018, exceto os eventos de segurança e saúde no trabalho.

Fase 3: Maio/2018: Envio dos eventos de folhas de pagamento a partir das 8 horas de 1º.05.2018, referentes aos fatos ocorridos a partir dessa data.

Fase 4: Outubro/2021: envio dos eventos de Segurança e Saúde do Trabalhador, a partir de 13.10.2021, referentes aos fatos ocorridos a partir desta data.

GRUPO 2

Empresas com faturamento até R$ 78.000.000,00 em 2016 (exceto os optantes pelo Simples Nacional que constam nessa situação no CNPJ em 1º.07.2018)

Capítulo XVII – Obrigações Previdenciárias

Fase 1: Julho/2018: Informações relativas às empresas, ou seja, cadastros do empregador e tabelas passaram a ser enviadas a partir das 8 horas de 16.07.2018 e atualizadas desde então.

Fase 2: Outubro/2018: Envio das informações relativas aos trabalhadores e seus vínculos com as empresas (eventos não periódicos), como admissões, afastamentos e desligamentos a partir das 8 horas de 10.10.2018).

Fase 3: Janeiro/2019: Envio dos eventos de folhas de pagamento a partir das 8 horas de 10.01.2019, referentes aos fatos ocorridos a partir de 1º.01.2019.

Fase 4: 10.01.2022: envio dos eventos de Segurança e Saúde do Trabalhador, referentes aos fatos ocorridos a partir desta data.

GRUPO 3

Empregador pessoa física (exceto doméstico), optantes pelo Simples Nacional, produtor rural pessoa física e entidade sem fins lucrativos

Fase 1: Janeiro/2019: Informações relativas às empresas, ou seja, cadastros do empregador e tabelas deverão ser enviadas a partir das 8 horas de 10.01.2019 e atualizadas desde então.

Fase 2: Abril/2019: Envio das informações relativas aos trabalhadores e seus vínculos com as empresas (eventos não periódicos), como admissões, afastamentos e desligamentos a partir das 8 horas de 10.04.2019.

Fase 3: 10.05.2021: Para pessoas jurídicas – Envio dos eventos de folhas de pagamento a partir das 8 horas de 10.05.2021, referentes aos fatos ocorridos a partir de 1º.05.2021.

19.07.2021: Para pessoas físicas – envio dos eventos da folha de pagamento, para fatos geradores a partir de 1º.07.2021.

Fase 4: 10.01.2022: Envio dos eventos de Segurança e Saúde do Trabalhador, referentes aos fatos geradores a partir desta data.

GRUPO 4

Entes Públicos e Organizações Internacionais

Fase 1: 21.07.2021: Informações relativas aos órgãos, ou seja, cadastros dos empregadores e tabelas, exceto S-1010, que deverá ser enviado até 21.08.2022.

Fase 2: 22.11.2021: Nesta fase, os entes e as organizações internacionais passarão a ser obrigadas a enviar informações relativas aos servidores e seus vínculos com os órgãos (eventos não periódicos). Ex.: admissões, afastamentos e desligamentos.

Fase 3: 22.08.2022: Torna-se obrigatório o envio das folhas de pagamento, referentes aos fatos ocorridos a partir de 1º.08.2022.

Fase 4: 1º.01.2023: Deverão ser enviados os eventos de Segurança e Saúde do Trabalhador, referentes aos fatos ocorridos a partir desta data

ESCRITURAÇÃO FISCAL DIGITAL DE RETENÇÕES E OUTRAS INFORMAÇÕES FISCAIS (EFD-REINF)

A EFD-Reinf foi o último módulo do Sped divulgado e constitui um complemento do eSocial, abarcando os tributos não decorrentes da mão de obra onerosa. É parte do sistema de escrituração digital que exige que os contribuintes a seguir relacionados, enviem ao Fisco, de forma unificada, ou seja, em um único documento digital, todas as informações relativas às retenções de contribuições que não tenham relação com a folha de pagamento, ou seja, sem relação com o trabalho de pessoas físicas que prestam serviços à empresa. Além disto, contem, também, dados relacionados à receita bruta, base de cálculo para a apuração de contribuições previdenciárias substituídas.

As pessoas jurídicas a seguir relacionadas estão obrigadas a adotar a EFD-Reinf:

a) que prestam e que contratam serviços realizados mediante cessão de mão de obra;

b) optantes pela desoneração da folha de pagamento (Contribuição Previdenciária sobre a Receita Bruta (CPRB);

c) produtor rural pessoa jurídica e agroindústria quando sujeitos à contribuição previdenciária substitutiva sobre a receita bruta proveniente da comercialização da produção rural;

d) adquirentes de produtos rurais;

e) associações desportivas mantenedoras de equipe de futebol profissional que tenham recebido valores a título de patrocínio, licenciamento de uso de marcas e símbolos, publicidade, propaganda e transmissão de espetáculos desportivos;

f) empresa ou entidade patrocinadora que tenha destinado recursos à associação desportiva mantenedora de equipe de futebol profissio-

Capítulo XVII – Obrigações Previdenciárias 397

nal a título de patrocínio, licenciamento de uso de marcas e símbolos, publicidade, propaganda e transmissão de espetáculos desportivos;

g) entidades promotoras de eventos desportivos realizados em território nacional, em qualquer modalidade desportiva, dos quais participe ao menos uma associação desportiva que mantenha equipe de futebol profissional.

A Reinf será mensalmente transmitida ao Sped até o dia 15 do mês subsequente ao que se refira a escrituração, exceto para as entidades promotoras de espetáculos desportivos cuja transmissão deverá ocorrer em até 2 dias úteis após a realização.

Os eventos serão transmitidos observando-se uma sequência lógica, conforme figura constante do Manual de Orientações divulgado pelo Comitê Gestor, adiante reproduzida. Os eventos inicialmente enviados serão utilizados para o processamento das informações dos eventos enviados posteriormente. O Manual de Orientação da EFD-Reinf determina que:

a) os eventos Tabelas incluem o evento R-1000 – Informações do Contribuinte e R-1070 – Tabela de Processos Administrativos/Judiciais. O evento R-1000 é o primeiro evento a ser transmitido e tem por objetivo identificar o contribuinte, contendo os dados básicos de sua classificação fiscal. O evento R-1070, será enviado após o R-1000, quando houver processo administrativo/judicial que tenha influência na apuração do tributo.

b) Eventos periódicos são:

- R-2010 – Retenção de Contribuição Previdenciária – Serviços Tomados;

- R-2020 – Retenção de Contribuição Previdenciária – Serviços Prestados;

- R-2030 – Recursos Recebidos por Associação Desportiva

- R-2040 – Recursos Repassados para Associação Desportiva

-R-2050 – Comercialização da Produção por Produtor Rural PJ/ Agroindústria

- R-2055 – Aquisição de Produção Rural

- R-2060 – Contribuição Previdenciária sobre a Receita Bruta – CPRB

- R-3010 – Receita de Espetáculos Desportivos
- R-2098 – Reabertura de Eventos Periódicos
- R-2099 – Fechamento dos Eventos Periódicos

Temos ainda os eventos:

- R-5001 – Informações de Bases e tributos por evento
- R-5011 – Informações de Bases e Tributos consolidadas por período de apuração
- R-9000 – Exclusão de eventos.

Cronograma de implantação

A entrega da EFD-Reinf observará o seguinte cronograma:

a) a partir de 1º.05.2018, para o 1º grupo, que compreende as entidades com faturamento no ano de 2016 acima de R$ 78.000.000,00;

b) a partir de 10.01.2019, referentes aos fatos geradores ocorridos a partir de 1º.01.2019 para o 2º grupo, que compreende as entidades integrantes do "Grupo 2 – Entidades Empresariais" do Anexo V da Instrução Normativa RFB nº 1.863/2018, com faturamento de até R$ 78.000.000,00 no ano de 2016 (exceto as optantes pelo Simples Nacional, desde que a condição de optante conste do CNPJ em 1º.07.2018 ou que fizeram esta opção quando da sua constituição se posterior à data informada);

c) 3º grupo:

- a partir de 10.05.2021, referentes aos fatos geradores ocorridos a partir de 1º.05.2021 – para pessoas jurídicas que compreende os obrigados não pertencentes aos grupos 1º, 2º e 4º;

- a partir de 21.07.2021, referente aos fatos geradores a contar de 1º.07.2021 para empregadores pessoas físicas (exceto doméstico) e contribuintes pessoas físicas;

d) a partir de 22.04.2022(*), em relação aos fatos geradores ocorridos a partir de 1º.04.2022 – para o 4º grupo, que compreende os entes públicos, integrantes do "Grupo 1 – Administração Pública" e as organizações internacionais, integrantes do "Grupo 5 – Organizações Internacionais e Outras Instituições Extraterritoriais", ambas do Anexo V da Instrução Normativa RFB nº 1.863/2018.

Capítulo XVII – Obrigações Previdenciárias

(*) Esta data poderá vir a ser alterada em virtude da prorrogação da fase 3 do eSocial para o 4º grupo, posto que, historicamente o início da EFD-Reinf acompanha o início da fase 3 do eSocial, a qual foi prorrogada para 22.08.2022.

Declaração de Débitos e Créditos Tributários Federais Previdenciários e de Outras Entidades e Fundos (DCTFWeb)

Conceito

A Receita Federal do Brasil (RFB), desenvolveu o Manual de Orientação da DCTFWeb, visando facilitar o cumprimento dessa obrigação por parte dos contribuintes.

A DCTFWeb é uma nova forma de declaração de débitos e créditos tributários. Conforme esclarece o seu Manual de Orientação, a mesma é gerada, pelo próprio sistema, a partir das informações prestadas no eSocial e na EFD-Reinf, exceto a DCTFWeb aferição de obras que será elaborada com base nas informações da obra mediante o Serviço Eletrônico para Aferição de Obras (Sero).

Portanto, as informações constantes dos dois sistemas (eSocial e EFD-Reinf) é que alimentam a DCTFWeb.

Por meio da DCTFWeb o contribuinte também confessa seus débitos relativos às contribuições previdenciárias e as devidas a terceiros (entidades e fundos).

Para a apresentação da DCTFWeb é obrigatório o uso de assinatura digital com utilização de certificado digital válido.

A assinatura digital não será exigida do microempreendedor individual (MEI), das microempresa (ME) e empresas de pequeno porte (EPP) optantes pelo Simples Nacional que tenham até 1 empregado no perído relativo à declaração. Esses deverão utilizar o código de acesso.

Contribuintes obrigados

Estão obrigados à apresentação da DCTFWeb os seguintes contribuintes:

 a) pessoas jurídicas de direito privado em geral e as equiparadas a empresa;

DEPARTAMENTO DE PESSOAL MODELO

b) unidades gestoras de orçamento dos órgãos públicos, das autarquias e das fundações de quaisquer dos poderes da União, dos Estados, do Distrito Federal e dos municípios;

c) consórcios de que tratam os arts. 278 e 279 da Lei nº 6.404/1976, quando realizarem, em nome próprio:

   - a contratação de trabalhador segurado do RGPS;
   - a aquisição de produção rural de produtor rural pessoa física;
   - o patrocínio de equipe de futebol profissional; ou
   - a contratação de empresa para prestação de serviço sujeito à retenção previdenciária;

d) Sociedades em conta de participação (SCP);

e) entidades de fiscalização do exercício profissional (conselhos federais e regionais), inclusive a Ordem dos Advogados do Brasil (OAB);

f) organismos oficiais internacionais ou estrangeiros em funcionamento no Brasil, quando contratarem trabalhador segurado do RGPS;

g) Microempreendedor Individual (MEI), quando:

   - contratar trabalhador segurado do RGPS;
   - adquirir produção rural de produtor rural pessoa física;
   - patrocinar equipe de futebol profissional; ou
   - contratar empresa para prestação de serviço sujeito à retenção previdenciária;

h) produtor rural pessoa física, quando:

   - contratar trabalhador segurado do RGPS; ou
   - comercializar a sua produção com adquirente domiciliado no exterior, a consumidor pessoa física, no varejo, a outro produtor rural pessoa física ou a segurado especial;

i) pessoa física que adquirir produção de produtor rural pessoa física ou de segurado especial para venda, no varejo, a consumidor pessoa física; e

j) as demais pessoas jurídicas que estejam obrigadas pela legislação ao recolhimento das contribuições previdenciárias.

A DCTFWeb das pessoas jurídicas deverá ser apresentada de forma centralizada pelo respectivo estabelecimento matriz e identificada com

Capítulo XVII – Obrigações Previdenciárias 401

o número do CNPJ, ressalvadas as unidades gestoras dos órgãos públicos da administração direta de quaisquer dos poderes da União, quando inscritas no CNPJ como filiais.

O contribuinte individual, a pessoa física na condição de proprietário ou dono de obra de construção civil, os produtores rurais pessoas físicas, a pessoa física que adquirir produção de produtor rural pessoa física ou de segurado especial para venda, no varejo, a consumidor pessoa física, deverão apresentar a DCTFWeb identificada com o número de inscrição no CPF do titular ou responsável.

Contribuintes desobrigados

Estão dispensados da apresentação da DCTFWeb:

a) os contribuintes individuais que não têm trabalhador segurado do RGPS que lhes preste serviços;

b) os segurados especiais;

c) os produtores rurais pessoas físicas que não contratarem trabalhador segurado do RGPS ou comercializarem a sua produção com adquirente domiciliado no exterior, a consumidor pessoa física, no varejo, a outro produtor rural pessoa física ou a segurado especial;

d) os órgãos públicos em relação aos servidores públicos estatutários, filiados a regimes previdenciários próprios;

e) os segurados facultativos;

f) consórcios de que tratam os arts. 278 e 279 da Lei nº 6.404/1976, quando não se enquadrarem nas situações que os obrigam à DCTFWeb mencionada anteriormente;

g) Microempreendedor Individual (MEI), quando não se enquadrarem nas situações que os obrigam à DCTFWeb;

h) os fundos especiais de natureza contábil ou financeira, não dotados de personalidade jurídica, criados no âmbito de qualquer dos poderes da União, dos estados, do Distrito Federal e dos municípios;

i) as comissões sem personalidade jurídica criadas por ato internacional celebrado pelo Brasil e um ou mais países, para fins diversos;

j) as comissões de conciliação prévia;

k) os fundos de investimento imobiliário ou os clubes de investimento registrados em Bolsa de Valores, segundo as normas fixadas pela Comissão de Valores Mobiliários (CVM) ou pelo Banco Central do Brasil (Bacen), cujas informações, quando existirem, serão prestadas pela instituição financeira responsável pela administração do fundo; e

l) os organismos oficiais internacionais ou estrangeiros em funcionamento no Brasil que não tenham trabalhador segurado do RGPS que lhes preste serviços.

Processamento das informações

O Manual de Orientação da EFD-Reinf esclarece que a declaração poderá ser editada e transmitida por meio do sistema da declaração, constante no Atendimento Virtual (e-CAC) da Receita Federal: www.gov.br/receitafederal/pt-br/canais atendimento/atendimento-virtual, e que após enviar os eventos de fechamento do eSocial e do EFD-Reinf (eventos S-1299 – Fechamento dos eventos periódicos e R-2099 – Fechamento dos Eventos periódicos, respectivamente), o contribuinte deverá acionar o sistema DCTFWeb.

Portanto, após a transmissão das apurações, o próprio sistema recepciona, de forma automática, tanto os débitos (contribuições previdenciárias, contribuições para terceiros, imposto de renda retido na fonte) como os créditos (salário família, salário maternidade, retenções previdenciárias sobre serviços prestados mediante cessão de mão de obra ou empreitada). Efetuadas as compensações entre débitos e créditos, calcula o valor efetivamente devido. Não havendo necessidade de proceder ajustes, o contribuinte confirma a transmissão da DCTFWeb e, a partir de então, poder emitir o Darf para recolhimento.

Ao acessar o sistema, será apresentado ao contribuinte a relação de declarações, mostrando as que estão em "em andamento", as quais podem ser editadas por ainda não terem sido transmitidas, bem como as declarações ativas com saldo a pagar transmitidas no dia.

As declarações "em andamento" podem ser transmitidas pelo contribuinte ou podem ser editadas. A edição permite ao contribuinte visualizar os débitos apurados e os créditos vinculados e também proceder ajustes na forma como foram vinculadas as deduções aos débitos e ainda, incluir outros créditos não vinculados automaticamente (parcelamento, suspensão etc.)

Capítulo XVII – Obrigações Previdenciárias   403

As declarações ativas podem ser retificadas.

Apresentação – Prazo

A DCTFWeb mensal deverá ser apresentada até o dia 15 do mês seguinte ao da ocorrência dos fatos geradores. Se o dia 15 não for dia útil, a entrega será antecipada para o dia útil imediatamente anterior.

A DCTFWeb anual, para a prestação de informações relativas aos valores pagos aos trabalhadores a título de 13º salário deverá ser transmitida até o dia 20 de dezembro de cada ano. Se o dia 20 recair em dia não útil, o prazo será antecipado para o dia útil imediatamente anterior.

A DCTFWeb diária, para a prestação de informações relativas à receita de espetáculos desportivos realizados por associação desportiva que mantém clube de futebol profissional, deverá ser transmitida até o 2º dia útil após a realização do evento desportivo.

A DCTFWeb Aferição de Obras deverá ser transmitida até o último dia do mês em que realizar a aferição da obra por meio do Sero.

Penalidades

O sujeito passivo que deixar de apresentar a DCTFWeb no prazo fixado ou a apresentar com incorreções ou omissões será intimado a apresentar declaração original, no caso de não apresentação, ou a prestar esclarecimentos, nos demais casos, no prazo estipulado pela RFB, e ficará sujeito às multas de:

a) de 2% ao mês calendário ou fração, incidentes sobre o montante das contribuições informadas na DCTFWeb, ainda que integralmente pagas, no caso de falta de entrega dessa declaração ou entrega após o prazo, limitada a 20%; e

b) de R$ 20,00 para cada grupo de 10 informações incorretas ou omitidas.

A multa mínima a ser aplicada será de:

a) R$ 200,00, no caso de omissão de declaração sem ocorrência de fatos geradores; ou

b) R$ 500,00, nos demais casos.

Observados esses valores mínimos, em geral, as multas serão reduzidas:

a) em 50%, quando a declaração for apresentada após o prazo, mas antes de qualquer procedimento de ofício; ou

b) em 25%, se houver a apresentação da declaração no prazo fixado na intimação.

Implantação da DCTFWeb – Cronograma

A entrega da DCTFWeb é/será obrigatória em relação aos tributos cujos fatos geradores ocorrerem:

a) desde o mês de agosto de 2018, para as entidades integrantes do "Grupo 2 – Entidades Empresariais", do Anexo V da Instrução Normativa RFB nº 1.863/2018, com faturamento no ano-calendário de 2016 acima de R$ 78.000.000,00;

b) desde o mês de abril/2019 para as demais entidades integrantes do "Grupo 2 – Entidades Empresariais", do Anexo V da Instrução Normativa RFB nº 1.863/2018 (entidades empresariais com faturamento no ano de 2017 acima de R$ 4.800.000,00;

c) desde o mês de outubro de 2021 para as entidades não integrantes dos grupo 1, 2 e 4;

d) a partir do mês de junho de 2022 (*) para os entes públicos, organizações internacionais e Outras Instituições Extraterritoriais.

(*) Esta data poderá vir a ser alterada em virtude da prorrogação para 22.08.2022 da fase 3 do eSocial para o 4º grupo.

Contribuições previdenciárias

As empresas deverão recolher as contribuições previdenciárias, bem como os valores retidos sobre o pagamento dos serviços prestados mediante cessão de mão de obra e empreitada, sujeitos à retenção, por meio do documento de arrecadação, até o dia 20 do mês seguinte àquele a que se referirem as remunerações, emissão da nota fiscal ou fatura conforme o caso, antecipando o vencimento para o dia útil imediatamente anterior, quando não houver expediente bancário no dia 20.

Capítulo XVII – Obrigações Previdenciárias

Contribuição previdenciária patronal

Contribuição básica

As empresas em geral devem recolher, além de outras contribuições de sua competência, a contribuição previdenciária patronal básica equivalente a 20% sobre o total das remunerações ou retribuições pagas, devidas ou creditadas a qualquer título no decorrer do mês ao segurado contribuinte individual, segurado empregado e trabalhador avulso que lhe preste serviço.

No caso de banco comercial, banco de investimento, banco de desenvolvimento, caixas econômicas, sociedades de crédito, de financiamento ou de investimento, sociedades de crédito imobiliário, sociedades corretoras, distribuidoras de títulos ou de valores mobiliários, inclusive bolsas de mercadorias e de valores, empresas de arrendamento mercantil, empresas de seguros privados ou de capitalização, agentes autônomos de seguros privados ou de crédito e entidades de previdência privada, abertas ou fechadas, é devida a contribuição adicional de 2,5% sobre a base de cálculo acima definida, totalizando uma contribuição de 22,5%.

Desoneração da folha de pagamento

Com o fim de fortalecer a economia brasileira, melhorando a competitividade das nossas empresas tanto no mercado interno como no mercado internacional, o Governo Federal tomou várias medidas buscando desonerar investimentos e exportações, aumentar recursos, ampliar financiamentos, estimular pequenos negócios, desenvolver tecnologia nos setores produtivos, ampliar a defesa comercial e aumentar a qualificação profissional dos trabalhadores.

No âmbito previdenciário, a medida tomada consistiu na desoneração da folha de pagamento, que, como é sabido, representa um significativo custo para as empresas, especialmente as que precisam de um volume maior de mão de obra.

A desoneração da folha de pagamento das empresas beneficiadas consiste, exclusivamente, na substituição da base de cálculo da contribuição previdenciária patronal básica de 20% sobre o total da folha de pagamento de empregados, trabalhadores avulsos e contribuintes individuais, pela contribuição sobre a receita bruta, ou seja, a base de cálculo da contribuição previdenciária patronal básica passa a ser a receita bruta e não a folha de pagamento.

A adoção do sistema de desoneração da folha de pagamento é opcional e temporária (podendo ocorrer até 31.12.2023). Portanto, antes de adotar o sistema da desoneração da folha de pagamento, a empresa poderá verificar se a mudança lhe será ou não favorável, ou seja, irá comparar se a contribuição previdenciária patronal básica (20%) sobre a folha de pagamento dos empregados, trabalhadores avulsos e contribuintes individuais lhe acarretará aumento ou diminuição do encargo previdenciário se comparado com a contribuição calculada sobre a sua receita bruta. As demais contribuições previdenciárias a cargo da empresa, tais como: contribuição para o financiamento do benefício de aposentadoria especial e aqueles concedidos em razão do grau de incidência de incapacidade laborativa decorrente dos riscos ambientais do trabalho (GIIL-RAT) e as contribuições devidas a outras entidades e fundos (terceiros), permanecem inalteradas.

Empresas abrangidas pela desoneração da folha de pagamento

A contribuição previdenciária patronal básica de 20%, calculada sobre o total da folha de pagamento de empregados, trabalhadores avulsos e contribuintes individuais das empresas a seguir relacionadas, pode ser substituída (mediante opção) pela aplicação de alíquotas variáveis de 1% a 4,5%, conforme o caso, sobre o valor da receita bruta, excluídas as vendas canceladas e os descontos incondicionais concedidos.

Para tanto, considera-se empresa a sociedade empresária, a sociedade simples, a cooperativa, a Empresa Individual de Responsabilidade Limitada e o empresário a que se refere o art. 966 da Lei nº 10.406/2002 (Código Civil), devidamente registrados no Registro de Empresas Mercantis ou no Registro Civil de Pessoas Jurídicas, conforme o caso.

Opção

A opção pela tributação substitutiva será manifestada mediante o pagamento da contribuição incidente sobre a receita bruta relativa a janeiro de cada ano, ou à primeira competência subsequente para a qual haja receita bruta apurada, e será irretratável para todo o ano-calendário.

Capítulo XVII – Obrigações Previdenciárias

Assim, feita a opção no mês de janeiro, durante todo o ano, o cálculo da contribuição previdenciária patronal básica será efetuado sobre o valor da receita bruta, somente podendo haver alteração no ano seguinte.

Na hipótese de empresas que contribuam simultaneamente com base no exercício de atividade desonerada e fabricação de produtos desonerados, a opção valerá para ambas as contribuições, sendo vedada a opção por apenas uma delas.

Caso a empresa abrangida pela desoneração não faça a opção ficará sujeita à contribuição previdenciária patronal básica sobre a folha de pagamento durante todo o ano-calendário.

Para as empresas do setor da construção civil, enquadradas nos grupos 412 (construção de edifícios), 432 (instalações elétricas, hidráulicas e outras instalações em construções) 433 (obras de acabamento) e 439 (outros serviços especializados para construção) da CNAE 2.0, a opção será efetuada por obra de construção civil e será manifestada mediante o pagamento da contribuição incidente sobre a receita bruta relativa à competência de cadastro no CNO ou à primeira competência subsequente para a qual haja receita bruta apurada para a obra, e será irretratável até o seu encerramento.

Alíquotas

A contribuição previdenciária patronal básica sobre a receita bruta observa a aplicação de 6 diferentes alíquotas (4,5%, 3%, 2,5%, 2%, 1,5% ou 1%), conforme a atividade da empresa.

Alíquota de 4,5%

Até 31.12.2023, podem contribuir com alíquota de 4,5% as empresas:

　　a) que prestam os serviços de Tecnologia da Informação (TI) e Tecnologia da Informação e Comunicação (TIC);

DEPARTAMENTO DE PESSOAL MODELO

> **Nota**
>
> São considerados serviços de TI e TIC:
>
> a) análise e desenvolvimento de sistemas;
>
> b) programação;
>
> c) processamento de dados e congêneres;
>
> d) elaboração de programas de computadores, inclusive de jogos eletrônicos;
>
> e) licenciamento ou cessão de direito de uso de programas de computação;
>
> f) assessoria e consultoria em informática;
>
> g) suporte técnico em informática, inclusive instalação, configuração e manutenção de programas de computação e bancos de dados, bem como serviços de suporte técnico em equipamentos de informática em geral;
>
> h) planejamento, confecção, manutenção e atualização de páginas eletrônicas;
>
> i) a atividade de execução continuada de procedimentos de preparação ou processamento de dados de gestão empresarial, pública ou privada, e gerenciamento de processos de clientes, com o uso combinado de mão de obra e sistemas computacionais.

b) que exercem atividades de concepção, desenvolvimento ou projeto de circuitos integrados;

c) do setor da construção civil enquadradas nos grupos 412, 432, 433 e 439 da Classificação Nacional de Atividades Econômicas (CNAE) 2.0;

d) de construção de obras de infraestrutura, enquadradas nos grupos 421, 422, 429 e 431 da CNAE 2.0.

Construção civil – Regras especiais

As empresas de construção civil, enquadradas nos grupos 412, 432, 433 e 439 da CNAE 2.0, responsáveis pela matrícula da obra, observam para as obras matriculadas no CEI/CNO:

Capítulo XVII – Obrigações Previdenciárias

a) até 31.03.2013, o recolhimento da contribuição previdenciária patronal básica sobre a folha de pagamento, até o seu término;

b) no período compreendido entre 1º.04 e 31.05.2013, a contribuição previdenciária patronal básica incidirá sobre a receita bruta, até o seu término;

c) no período compreendido entre 1º.06 a 31.10.2013, a contribuição previdenciária patronal básica poderá incidir mediante opção, sobre a receita bruta ou sobre a folha de pagamento; e

d) no período compreendido entre 1º.11.2013 e 30.11.2015, a contribuição previdenciária patronal básica incidirá sobre a receita bruta, até o seu término;

e) a partir de 1º.12.2015, a contribuição previdenciária patronal básica poderá incidir sobre a receita bruta ou sobre a folha de pagamento, de acordo com a opção.

Alíquota de 3%

Até 31.12.2023, podem contribuir com a alíquota de 3% sobre a receita bruta as empresas que prestam serviços de *call center*.

Alíquota de 2,5%

Até 31.12.2023, podem contribuir com a alíquota de 2,5% as empresas que fabricam os produtos classificados na TIPI nos códigos relacionados com tal alíquota, no Anexo V da Instrução Normativa RFB nº 2.053/2021, reproduzido adiante.

> **Nota**
>
> A substituição aplica-se apenas em relação aos produtos industrializados pela empresa. Para tanto, devem ser considerados os conceitos de industrialização e de industrialização por encomenda previstos na legislação do Imposto sobre Produtos Industrializados (IPI).
>
> A desoneração aplica-se às empresas que produzam no território nacional os itens mencionados no Anexo V, inclusive em relação aos itens produzidos por um estabelecimento e comercializados por outro da mesma pessoa jurídica.
>
> Caso a produção seja efetuada por encomenda, a desoneração será aplicada:
>
> a) somente à empresa executora, caso esta execute todo o processo de produção; ou
>
> b) tanto à empresa executora, quanto à encomendante, na hipótese de produção parcial por encomenda, desde que resulte das respectivas operações, tomadas separadamente, item referido no Anexo V reproduzido adiante.

Alíquota de 2%

Até 31.12.2023, podem contribuir com alíquota de 2% as empresas:

a) de transporte rodoviário coletivo de passageiros, com itinerário fixo, municipal, intermunicipal em região metropolitana, intermunicipal, interestadual e internacional enquadradas nas classes 4921-3 e 4922-1 da CNAE 2.0;

b) de transporte ferroviário de passageiros, enquadradas nas subclasses 4912-4/01 e 4912-4/02 da CNAE 2.0;

c) de transporte metroferroviário de passageiros, enquadradas na subclasse 4912-4/03 da CNAE 2.2.

Alíquota de 1,5%

Até 31.12.2023, podem contribuir com alíquota de 1,5% empresas que fabricam os produtos classificados na TIPI nos códigos relacionados com tal alíquota, no Anexo V da Instrução Normativa RFB nº 2.053/2021, reproduzido adiante, bem como as seguintes empresas:

Capítulo XVII – Obrigações Previdenciárias

a) jornalísticas e de radiodifusão sonora e de sons e imagens de que trata a Lei nº 10.610/2002, enquadradas nas classes 1811-3, 5811-5, 5812-3, 5813-1, 5822-1, 5823-9, 6010-1, 6021-7 e 6319-4 da CNAE 2.0;

b) de transporte rodoviário de cargas, enquadradas na classe 4930-2 da CNAE 2.0.

Nota

As empresas que têm como atividade econômica principal a edição de livros classificada na classe 5811-5/00 da CNAE 2.0, por não serem empresas jornalísticas e de radiodifusão, não estão sujeitas à contribuição previdenciária substitutiva devendo recolher as contribuições previdenciárias sobre a folha de pagamento.

As empresas que têm como atividade econômica principal, nos termos da legislação, a edição de revistas e periódicos classificada na classe 5813-1/00 da CNAE 2.0, por serem empresas jornalísticas, estão sujeitas à contribuição previdenciária substitutiva.

Alíquota de 1%

Até 31.12.2023, podem contribuir com alíquota de 1% as empresas que fabricam os produtos classificados na TIPI nos códigos relacionados com tal alíquota, no Anexo V da Instrução Normativa RFB nº 2.053/2021, reproduzido adiante.

Atividades com alíquotas diferenciadas

As empresas que se dedicam a atividades ou fabriquem produtos sujeitos a diferentes alíquotas sobre a receita bruta irão calcular a contribuição mediante a aplicação da respectiva alíquota sobre a receita bruta correspondente a cada atividade ou produto.

Simples Nacional – Desoneração

A desoneração da folha de pagamento é aplicada à empresa optante pelo Simples Nacional, desde que sua atividade principal, assim considerada aquela de maior receita auferida ou esperada esteja:

DEPARTAMENTO DE PESSOAL MODELO

a) entre as atividades de prestação de serviços de: construção de imóveis e obras de engenharia em geral, inclusive sob a forma de subempreitada, execução de projetos e serviços de paisagismo; e

b) enquadrada nos grupos 412 (construção de edifícios), 421 (construção de rodovias, ferrovias, obras urbanas e obras-de--arte especiais), 422 (obras de infraestrutura para energia elétrica, telecomunicações, água, esgoto e transporte por dutos), 429 (construção de outras obras de infraestrutura), 431 (demolição e preparação do terreno), 432 (instalações elétricas, hidráulicas e outras instalações em construções), 433 (obras de acabamento) ou 439 (outros serviços especializados para construção) da CNAE 2.0.

As microempresas (ME) e as empresas de pequeno porte (EPP) que estiverem de acordo com as condições acima descritas e exercerem, concomitantemente, atividade tributada na forma estabelecida no Anexo IV da Lei Complementar nº 123/2006 (alíquotas e partilha do Simples Nacional – receitas decorrentes da prestação de serviços relacionados na letra "a" supracitada), e outra atividade enquadrada em um dos demais anexos dessa lei complementar contribuirão na forma:

a) de CPRB, com relação à parcela da receita bruta auferida nas atividades tributadas de acordo com o mencionado Anexo IV ; e

b) da citada lei complementar, com relação às demais parcelas da receita bruta.

Deverá ainda ser observado que:

a) para efeito de receita bruta, será considerada a receita recebida no mês, no caso de empresas optantes pelo Simples Nacional que tenham optado, na forma regulamentada pelo Comitê Gestor do Simples Nacional (CGSN), pelo regime de caixa de apuração de receitas;

b) CPRB relativa ao período de apuração (PA) compreendido entre janeiro/2014 e novembro/2015, deverá ser informada, por meio do Programa Gerador do Documento de Arrecadação do Simples Nacional – Declaratório (PGDAS-D), disponível no Portal do Simples Nacional na internet;

c) o recolhimento da CPRB deverá ser realizado mediante Darf.

Capítulo XVII – Obrigações Previdenciárias   413

Cooperativas de produção – Desoneração

As cooperativas de produção que fabricam os produtos classificados na TIPI, nos códigos constantes do art. 8º da Lei nº 12.546/2011, reproduzidos adiante, são abrangidas pela desoneração da folha de pagamento, situação em que a contribuição previdenciária patronal de 20%, calculada sobre o total da folha de pagamento de empregados, trabalhadores avulsos e contribuintes individuais pode ser substituída pela aplicação da alíquota, em geral, de 2,5% sobre o valor da receita bruta, excluídas as vendas canceladas e os descontos incondicionais concedidos.

Receita bruta – Apuração

A receita bruta deve ser considerada sem o ajuste de que trata o inciso VIII do art. 183 da Lei nº 6.404/1976 (Lei de sociedade por ações).

Nota

A CPRB pode ser apurada utilizando-se os mesmos critérios adotados na legislação da contribuição para o PIS/Pasep e da Cofins para o reconhecimento no tempo de receitas e para o diferimento do pagamento dessas contribuições.

Na determinação da base de cálculo da contribuição previdenciária sobre a receita bruta (CPRB) serão excluídos:

a) a receita bruta decorrente de exportações;

b) a receita bruta decorrente de transporte internacional de carga;

c) as vendas canceladas e os descontos incondicionais concedidos;

d) o IPI, se incluído na receita bruta;

e) o ICMS, quando cobrado pelo vendedor dos bens ou prestador dos serviços na condição de substituto tributário;

f) a receita bruta reconhecida pela construção, recuperação, reforma, ampliação ou melhoramento da infraestrutura, cuja contrapartida seja ativo intangível representativo de direito de exploração, no caso de contratos de concessão de serviços públicos;

g) o valor do aporte de recursos realizado nos termos do § 2º do art. 6º da Lei nº 11.079/2004 (que institui normas gerais para licitação e contratação de parceria público-privada no âmbito da administração pública).

Consórcio

No caso de consórcio constituído nos termos dos arts. 278 e 279 da Lei nº 6.404/1976, no cálculo da contribuição incidente sobre a receita, a consorciada deve deduzir de sua base de cálculo a parcela da receita auferida pelo consórcio proporcional a sua participação no empreendimento.

Nos casos em que a empresa líder assumir, no contrato de que trata o mencionado art. 279 da Lei nº 6.404/1976, a responsabilidade pela contratação e pagamento, em nome do consórcio, de pessoas físicas ou jurídicas, com ou sem vínculo empregatício, a contribuição para a Previdência Social relativa às pessoas físicas vinculadas ao consórcio seguirá a mesma sistemática a que estiver submetida a empresa líder.

Nos casos em que as empresas integrantes do consórcio, mediante a utilização de CNPJ próprio de cada pessoa jurídica, forem responsáveis pelo pagamento à pessoa física, com ou sem vínculo empregatício, independentemente de a contratação ter sido efetuada pelo consórcio, a contribuição para a Previdência Social seguirá a mesma sistemática a que estiver submetida a empresa beneficiária da contratação.

Requisitos a serem observados

A contribuição previdenciária sobre a receita bruta (CPRB) deverá ser:

a) apurada e paga de forma centralizada, pelo estabelecimento matriz da pessoa jurídica;

b) informada na Declaração de Débitos e Créditos Tributários Federais Previdenciários e de Outras Entidades e Fundos (DCTFWEB); e

Capítulo XVII – Obrigações Previdenciárias																415

c) recolhida em Documento de Arrecadação de Receitas Federais (Darf) até o dia 20 do mês subsequente ao da competência em que se tornar devida. Se não houver expediente na data mencionada, o recolhimento deverá ser efetuado até o dia útil imediatamente anterior.

A DCTFWeb das empresas sujeitas à CPRB será apresentada na forma estabelecida pela Secretaria da Receita Federal do Brasil (RFB) em ato específico.

Atividades desoneradas e não desoneradas exercidas concomitantemente

No caso de empresas que se dedicam a outras atividades, além das abrangidas pela desoneração, o cálculo da CPRB obedecerá:

a) à aplicação da alíquota correspondente à desoneração, conforme o caso, quanto à parcela da receita bruta correspondente às atividades abrangidas pela substituição da base de cálculo; e

b) quanto à parcela da receita bruta relativa a atividades não sujeitas à CPRB, a 20%, sobre a remuneração de empregados, trabalhadores avulsos e contribuintes individuais, reduzindo-se o valor da contribuição a recolher ao percentual resultante da razão entre a receita bruta de atividades não relacionadas aos serviços ou à fabricação dos produtos abrangidos pela substituição e a receita bruta total.

A regra de proporcionalização aplica-se somente às empresas que se dediquem às atividades desoneradas, se a receita bruta decorrente dessas atividades for inferior a 95% da receita bruta total. Caso seja ultrapassado esse limite, a CPRB será calculada sobre a receita bruta total auferida no mês.

> **Nota**
>
> A proporcionalização não se aplica às empresas para as quais a substituição da contribuição previdenciária sobre a folha de pagamento pela contribuição sobre a receita bruta estiver vinculada ao seu enquadramento no CNAE.

Nos meses em que não auferirem receita relativa às atividades desoneradas, ou seja, auferirem apenas receitas relativas as atividades não desoneradas, as empresas deverão recolher as contribuições de 20% sobre a totalidade da folha de pagamentos.

Nos meses em que não auferirem receita relativa a atividades não abrangidas pela desoneração, ou seja, auferirem apenas receitas relativas às atividades desoneradas, as empresas deverão recolher a contribuição sobre a receita bruta total, não sendo aplicada a proporcionalidade.

> **Nota**
>
> As empresas que se dedicam exclusivamente às atividades desoneradas, nos meses em que não auferirem receita, não recolherão as contribuições relativas a 20% sobre a folha de pagamento.

Elaboramos dois exemplos relativos à apuração do valor da contribuição previdenciária básica de empresas que exercem atividade de TI/TIC, conforme a seguir.

a) empresas que exploram somente a atividade de TI e TIC:

Considerando que a empresa contasse com:

Folha de pagamento = R$ 40.000,00

Receita bruta com as exclusões permitidas = R$ 100.000,00

Contribuição substitutiva sobre a receita – alíquota = 4,5%
Assim, temos:

4,5% de R$ 100.000,00 = R$ 4.500,00

Nesta hipótese, não há a contribuição de 20% sobre a folha de pagamento, posto que a empresa exerce tão somente atividades de TI/TIC.

Antes da desoneração, esta empresa observava a contribuição previdenciária básica sobre folha de pagamento equivalente a:

Capítulo XVII – Obrigações Previdenciárias

20% de R$ 40.000,00 = R$ 8.000,00

Neste caso, a desoneração foi positiva, pois acarretou significativa diminuição da carga tributária.

b) empresas que exploram a atividade de TI/TIC e outras atividades não relacionadas à TI/TIC:

Considerando que a empresa contasse com:

Folha de pagamento = R$ 40.000,00

Receita bruta total = R$ 180.000,00

Receita bruta de atividades de TI/TIC = R$ 110.000,00

Receita bruta de atividades não relacionadas TI/TIC = R$ 70.000,00

Cálculo:

Contribuição sobre a receita bruta TI/TIC

4,5% de R$ 110.000,00 = R$ 4.950,00

Apuração da contribuição sobre a folha:

Receita bruta de atividades não relacionadas à TI/TIC ÷ Receita bruta total x 100

R$ 70.000,00 ÷ R$ 180.000,00 x 100

0,3889 x 100 = 38,89%

Contribuição previdenciária normal sobre a folha de pagamento

20% de R$ 40.000,00 = R$ 8.000,00

Contribuição devida

38,89% de R$ 8.000,00 = R$ 3.111,20

Contribuição previdenciária total:

418 DEPARTAMENTO DE PESSOAL MODELO

a) sobre a receita bruta = R$ 4.950,00;

b) contribuição sobre a folha de pagamento = R$ 3.111,20.

Antes da desoneração, esta empresa teria sobre a folha de pagamento a contribuição previdenciária básica de R$ 8.000,00 (20% de R$ 40.000,00).

Depois da desoneração, a contribuição previdenciária básica da empresa, considerando a incidente sobre a folha de pagamento e a incidente sobre a receita, é de R$ 8.061,20 (R$ 4.950,00 + R$ 3.111,20). Portanto, neste caso, a desoneração acarretou acréscimo da carga tributária.

Lembre-se de que as demais contribuições previdenciárias sobre a folha de pagamento (GIIL-RAT, terceiros etc.) continuam inalteradas. A substituição atinge tão somente a contribuição previdenciária básica de 20%.

Não aplicação da substituição da base de cálculo

A substituição da base de cálculo da contribuição previdenciária não será aplicada:

a) as empresas de TI e TIC que exerçam as atividades de representação, distribuição ou revenda de programas de computador, cuja receita bruta decorrente dessas atividades seja igual ou superior a 95% da receita bruta total;

b) a empresas do setor industrial que produzam itens diversos dos listados no Anexo V, reproduzido adiante, cuja receita bruta decorrente da produção desses itens seja igual ou superior a 95% da receita bruta total.

A data de recolhimento das contribuições previdenciárias em comento é até o dia 20 do mês subsequente ao da competência.

As empresas em gozo da desoneração continuam sujeitas ao cumprimento das demais obrigações previstas na legislação previdenciária.

13º salário

Tratando-se de empresas que se dedicam a outras atividades, além das desoneradas, o cálculo da contribuição para o 13º salário será realizado com observância dos seguintes critérios:

Capítulo XVII – Obrigações Previdenciárias   419

a) para fins de cálculo da razão entre a receita bruta de atividades não relacionadas à desoneração e a receita bruta total
aplicada ao 13º salário, será considerada a receita bruta acu-
mulada nos 12 meses anteriores ao mês de dezembro de cada
ano-calendário, portanto, no período de novembro do ano
em curso a dezembro do ano anterior;

b) no caso de empresa em início de atividades ou que ingressar
no regime de tributação CPRB, no decurso do ano, a apuração mencionada na letra "a" será realizada de forma proporcional à data do início de atividades ou da entrada da empresa no regime de substituição.

O cálculo da contribuição previdenciária referente ao 13º salário
pago na rescisão será realizado utilizando-se a mesma sistemática aplicada às contribuições relativas às demais parcelas do salário-de-contribuição pagas no mês.

Exemplo

Considerando que, no ano de 2021, a empresa contou com:

Receita bruta total = R$ 1.000.000,00 – (período de dezembro/2020 a
novembro/2021)

Receita bruta de atividades abrangidas pela desoneração =
R$ 750.000,00 – (período de dezembro/2020 a novembro/2021)

Receita bruta de atividades não abrangidas pela desoneração =
R$ 250.000,00 – (período de dezembro/2020 a novembro/2021)

Folha de 13º salário = R$ 10.500,00

Cálculo:

Valor da contribuição previdenciária básica: R$ 2.100,00 (20% de
R$ 10.500,00)

Apurado o valor da contribuição, aplica-se sobre ele o percentual
resultante da razão da receita bruta anual das atividades não relacionadas com a desoneração e a receita bruta total (R$ 250.000,00 ÷

R$ 1.000.000,00 = 0,25).

Assim, temos:

R$ 2.100,00 x 0,25 = R$ 525,00

R$ 525,00 – valor da contribuição previdenciária sobre a folha de 13º salário.

Relação de atividades sujeitas à incidência da CPRB, desde 1º.09.2018

Anexo IV da Instrução Normativa RFB nº 2.053/2021

ANEXO IV

Relação de Atividades Sujeitas à Contribuição Previdenciária sobre a Receita Bruta (CPRB) a partir de 1º de setembro de 2018

SETOR	ALÍQUOTA
1. Serviços de Tecnologia da Informação (TI) e de Tecnologia da Informação e Comunicação (TIC).	
Análise e desenvolvimento de sistemas.	
Programação.	
Processamento de dados e congêneres.	
Elaboração de programas de computadores, inclusive de jogos eletrônicos.	
Licenciamento ou cessão de direito de uso de programas de computação.	
Assessoria e consultoria em informática.	
Suporte técnico em informática, inclusive instalação, configuração e manutenção de programas de computação e bancos de dados.	
Planejamento, confecção, manutenção e atualização de páginas eletrônicas.	4,5%
Atividades de concepção, desenvolvimento ou projeto de circuitos integrados.	
Suporte técnico em informática, inclusive instalação, configuração e manutenção de programas de computação e bancos de dados, bem como serviços de suporte técnico em equipamentos de informática em geral.	
Execução continuada de procedimentos de preparação ou processamento de dados de gestão empresarial, pública ou privada, e gerenciamento de processos de clientes, com o uso combinado de mão de obra e sistemas computacionais (BPO).	
2. Teleatendimento.	
Call center.	3%
3. Setor de Transportes e Serviços Relacionados.	
Transporte rodoviário coletivo de passageiros, com itinerário fixo, municipal, intermunicipal em região metropolitana, intermunicipal, interestadual e internacional enquadradas nas classes 4921-3 e 4922-1 da CNAE 2.0.	2%
Transporte ferroviário de passageiros, enquadradas nas subclasses 4912-4/01 e 4912-4/02 da CNAE 2.0.	

Capítulo XVII – Obrigações Previdenciárias

Transporte metroferroviário de passageiros, enquadradas na subclasse 4912-4/03 da CNAE 2.0.	
Transporte rodoviário de cargas, enquadradas na classe 4930-2 da CNAE 2.0.	1,5%
4. Construção Civil.	
Empresas do setor de construção civil, enquadradas nos grupos 412, 432, 433 e 439 da CNAE 2.01.	
Empresas de construção civil de obras de infraestrutura, enquadradas nos grupos 421, 422, 429 e 431 da CNAE 2.0.	4,5%
5. Jornalismo.	
Empresas jornalísticas e de radiodifusão sonora e de sons e imagens de que trata a Lei nº 10.610, de 20 de dezembro de 2002, enquadradas nas classes 1811-3, 5811-5, 5812-3, 5813-1, 5822-1, 5823-9, 6010-1, 6021-7 e 6319-4 da CNAE 2.0.	1,5%
6. Setor Industrial (Enquadradas na Tabela de Incidência do Imposto sobre Produtos Industrializados (TIPI), aprovada pelo Decreto nº 7.660, de 23 de dezembro de 2011).	
Empresas que produzem os itens classificados na TIPI nos códigos referidos no Anexo V.	Ver Anexo V

Produtos cuja fabricação faculta a CPRB desde de 1º.09.2018 – Relação

(Anexo V da Instrução Normativa RFB nº 2.053/2021)

NCM	ALÍQUOTA
02.03	1%
0206.30.00	1%
0206.4	1%
02.07	1%
02.09	1%
0210.1	1%
0210.99.00	1%
03.02 (exceto 03.02.90.00)	2,5%
03.03	1%
03.04	1%
1601.00.00	1%
1602.3	1%
1602.4	1%
3926.20.00	2,5%

NCM	ALÍQUOTA
40.15	2,5%
4016.93.00	2,5%
41.04	2,5%
41.05	2,5%
41.06	2,5%
41.07	2,5%
41.14	2,5%
42.03	2,5%
43.03	2,5%
4818.50.00	2,5%
5004.00.00	2,5%
5005.00.00	2,5%
5006.00.00	2,5%
50.07	2,5%
5104.00.00	2,5%
51.05	2,5%
51.06	2,5%
51.07	2,5%
51.08	2,5%
51.09	2,5%
5110.00.00	2,5%
51.11	2,5%
51.12	2,5%
5113.00	2,5%
5203.00.00	2,5%
52.04	2,5%
52.05	2,5%
52.06	2,5%
52.07	2,5%
52.08	2,5%
52.09	2,5%
52.10	2,5%
52.11	2,5%
52.12	2,5%
53.06	2,5%
53.07	2,5%
53.08	2,5%

Capítulo XVII – Obrigações Previdenciárias   423

NCM	ALÍQUOTA
53.09	2,5%
53.10	2,5%
5311.00.00	2,5%
Capítulo 54 (exceto 5402.46.00; 5402.47.00; e 5402.33.10)	2,5%
Capítulo 55	2,5%
Capítulo 56	2,5%
Capítulo 57	2,5%
Capítulo 58	2,5%
Capítulo 59	2,5%
Capítulo 60	2,5%
Capítulo 61	2,5%
Capítulo 62	2,5%
Capítulo 63	2,5% (exceto 6309.00, que contribui com 1,5%)
64.01	1,5%
64.02	1,5%
64.03	1,5%
64.04	1,5%
64.05	1,5%
64.06	1,5%
6505.00	2,5%
6812.91.00	2,5%
7303.00.00	2,5%
7304.11.00	2,5%
7304.19.00	2,5%
7304.22.00	2,5%
7304.23.10	2,5%
7304.23.90	2,5%
7304.24.00	2,5%
7304.29.10	2,5%
7304.29.31	2,5%
7304.29.39	2,5%
7304.29.90	2,5%
7305.11.00	2,5%
7305.12.00	2,5%
7305.19.00	2,5%

NCM	ALÍQUOTA
7305.20.00	2,5%
7306.11.00	2,5%
7306.19.00	2,5%
7306.21.00	2,5%
7306.29.00	2,5%
7308.20.00	2,5%
7308.40.00	2,5%
7309.00.10	2,5%
7309.00.90	2,5%
7311.00.00	2,5%
7315.11.00	2,5%
7315.12.10	2,5%
7315.12.90	2,5%
7315.19.00	2,5%
7315.20.00	2,5%
7315.81.00	2,5%
7315.82.00	2,5%
7315.89.00	2,5%
7315.90.00	2,5%
8307.10.10	2,5%
8308.10.00	2,5%
8308.20.00	2,5%
8401	2,5%
8402	2,5%
8403	2,5%
8404	2,5%
8405	2,5%
8406	2,5%
8407	2,5%
8408	2,5%
8410	2,5%
8412 (exceto 8412.2, 8412.30.00, 8412.40 e 8412.50)	2,5%
8413	2,5%
8414	2,5%
8415	2,5%
8416	2,5%
8417	2,5%

Capítulo XVII – Obrigações Previdenciárias

NCM	ALÍQUOTA
8418 (exceto 8418.69.30, 8418.69.40)	2,5%
8419	2,5%
8420	2,5%
8421	2,5%
8422 (exceto 8422.11.90 e 8422.19.00)	2,5%
8423	2,5%
8424	2,5%
8425	2,5%
8426	2,5%
8427	2,5%
8428	2,5%
8429	2,5%
8430	2,5%
8431	2,5%
8432	2,5%
8433	2,5%
8434	2,5%
8435	2,5%
8436	2,5%
8437	2,5%
8438	2,5%
8439	2,5%
8440	2,5%
8441	2,5%
8442	2,5%
8443	2,5%
8444	2,5%
8445	2,5%
8446	2,5%
8447	2,5%
8448	2,5%
8449	2,5%
8452	2,5%
8453	2,5%
8454	2,5%
8455	2,5%
8456	2,5%
8457	2,5%

NCM	ALÍQUOTA
8458	2,5%
8459	2,5%
8460	2,5%
8461	2,5%
8462	2,5%
8463	2,5%
8464	2,5%
8465	2,5%
8466	2,5%
8467	2,5%
8468	2,5%
8470.50.90	2,5%
8470.90.10	2,5%
8470.90.90	2,5%
8472	2,5%
8474	2,5%
8475	2,5%
8476	2,5%
8477	2,5%
8478	2,5%
8479	2,5%
8480	2,5%
8481	2,5%
8482	2,5%
8483	2,5%
8484	2,5%
8485	2,5%
8486	2,5%
8487	2,5%
8501	2,5%
8502	2,5%
8503	2,5%
8505	2,5%
8514	2,5%
8515	2,5%
8543	2,5%
8701.10.00	2,5%

Capítulo XVII – Obrigações Previdenciárias

NCM	ALÍQUOTA
8701.30.00	2,5%
8701.94.10	2,5%
8701.95.10	2,5%
87.02 (exceto 8702.90.10)	1,5%
8704.10.10	2,5%
8704.10.90	2,5%
8705.10.10	2,5%
8705.10.90	2,5%
8705.20.00	2,5%
8705.30.00	2,5%
8705.40.00	2,5%
8705.90.10	2,5%
8705.90.90	2,5%
8706.00.20	2,5%
87.07	2,5%
8707.90.10	2,5%
8708.29.11	2,5%
8708.29.12	2,5%
8708.29.13	2,5%
8708.29.14	2,5%
8708.29.19	2,5%
8708.30.11	2,5%
8708.40.11	2,5%
8708.40.19	2,5%
8708.50.11	2,5%
8708.50.12	2,5%
8708.50.19	2,5%
8708.50.91	2,5%
8708.70.10	2,5%
8708.94.11	2,5%
8708.94.12	2,5%
8708.94.13	2,5%
8709.11.00	2,5%
8709.19.00	2,5%
8709.90.00	2,5%
8716.20.00	2,5%
8716.31.00	2,5%

NCM	ALÍQUOTA
8716.39.00	2,5%
8804.00.00	2,5%
9015	2,5%
9016	2,5%
9017	2,5%
9022	2,5%
9024	2,5%
9025	2,5%
9026	2,5%
9027	2,5%
9028	2,5%
9029	2,5%
9031	2,5%
9032	2,5%
9506.91.00	2,5%
96.06	2,5%
96.07	2,5%
9620.00.00	2,5%

Financiamento dos benefícios por incapacidade laborativa e aposentadoria especial

A contribuição da empresa destinada ao financiamento dos benefícios concedidos em razão do grau de incidência de incapacidade laborativa decorrente dos riscos ambientais do trabalho (GIILRAT), e para financiamento da aposentadoria especial em cuja atividade preponderante o risco de acidente do trabalho seja considerado leve, médio ou grave, é de 1%, 2% ou 3%, respectivamente e incidente sobre o total da remuneração paga, devida ou creditada, a qualquer título durante o mês, aos segurados empregados e trabalhadores avulsos.

A Lei nº 8.212/1991, art. 22, determina que considera-se preponderante a atividade econômica que ocupa, na empresa, o maior número de segurados empregados e trabalhadores avulsos.

Entretanto, o Regulamento da Previdência Social (RPS), aprovado pelo Decreto nº 3.048/1999, determina que é considerada preponderante a atividade que ocupa, em cada estabelecimento da empresa, o maior número de segurados empregados e trabalhadores avulsos.

Capítulo XVII – Obrigações Previdenciárias 429

A Receita Federal do Brasil (RFB) por meio da Instrução Normativa RFB nº 971/2009, art. 72, § 1º, II, também determina ser preponderante a atividade que ocupa no estabelecimento o maior número de empregados e trabalhadores avulsos, observado que, na ocorrência de mesmo número de empregados e avulsos em atividades distintas, será considerado preponderante aquela que corresponder ao maior grau de risco.

O enquadramento nos correspondentes graus de risco é de responsabilidade da empresa e deve ser feito mensalmente, de acordo com a sua atividade econômica preponderante, conforme a Relação de Atividades Preponderantes e Correspondentes Graus de Risco elaborada com base na Classificação Nacional de Atividades Econômicas (CNAE), prevista no Anexo V do Regulamento da Previdência Social, aprovado pelo Decreto nº 3.048/1999, na redação do Decreto nº 10.410/2020 e, segundo a Receita Federal do Brasil, deve obedecer às seguintes disposições:

a) empresa com um estabelecimento e uma única atividade econômica será enquadrada na respectiva atividade;

b) a empresa com estabelecimento único e mais de uma atividade econômica, simulará o enquadramento em cada atividade e prevalecerá, como preponderante, aquela que tem o maior número de segurados empregados e trabalhadores avulsos;

c) a empresa com mais de um estabelecimento e com mais de uma atividade econômica deverá apurar a atividade preponderante em cada estabelecimento, simulando o enquadramento em cada atividade, prevalecendo como preponderante aquela que ocupar o maior número de segurados empregados e trabalhadores avulsos, exceto com relação à obra de construção civil.

Nota

A Súmula STJ nº 351 dispõe:

"A alíquota de contribuição para o Seguro de Acidente do Trabalho (SAT) é aferida pelo grau de risco desenvolvido em cada empresa, individualizada pelo seu CNPJ, ou pelo grau de risco da atividade preponderante quando houver apenas um registro."

d) os órgãos da Administração Pública Direta, tais como Prefeituras, Câmaras, Assembleias Legislativas, Secretarias e Tribunais, identificados com inscrição no Cadastro Nacional da Pessoa Jurídica (CNPJ) serão enquadrados na respectiva atividade;

e) a empresa de trabalho temporário será enquadrada na atividade com a descrição "7820-5/00 Locação de Mão de Obra Temporária", que consta da Relação de Atividades Preponderantes e Correspondentes Graus de Risco.

Obra de construção civil

A obra de construção civil edificada por empresa cujo objeto social não se constitua na construção ou na prestação de serviços à construção civil será enquadrada no Código CNAE e grau de risco próprios da construção civil e não na atividade econômica desenvolvida pela empresa.

Os empregados que trabalham na obra não serão considerados para o enquadramento da empresa no grau de risco.

Erro no autoenquadramento

Verificado erro no autoenquadramento, a Receita Federal do Brasil (RFB) adotará as medidas necessárias à sua correção, e, se for o caso, constituirá o crédito tributário decorrente.

Redução ou majoração

Estes percentuais (1%, 2% ou 3%) poderão ser reduzidos em até 50% ou aumentados em até 100%, em razão do desempenho da empresa em relação à respectiva atividade econômica, mediante aplicação do Fator Acidentário de Prevenção (FAP).

O FAP consiste num multiplicador variável num intervalo contínuo de cinco décimos (0,5000) a dois inteiros (2,0000), considerado o critério de truncamento na quarta casa decimal, a ser aplicado à respectiva alíquota.

O Regulamento da Previdência Social (RPS) determina que para fins da redução ou majoração em comento, proceder-se-á à discriminação do desempenho da empresa, dentro da respectiva atividade econô-

Capítulo XVII – Obrigações Previdenciárias

mica, a partir da criação de um índice composto pelos índices de gravidade, de frequência e de custo que pondera os respectivos percentis.

Entretanto, a Resolução CNPS nº 1.327/2015 determina que o FAP da empresa com mais de um estabelecimento será calculado para cada estabelecimento, identificado pelo seu CNPJ completo.

A matriz para os cálculos da frequência, gravidade e custo, e para o cálculo do FAP, será composta pelos registros de Comunicação de Acidentes de Trabalho (CAT) de óbito e de benefícios de natureza acidentária, excetuados os decorrentes de trajeto, assim identificados por meio da CAT ou por meio de outro instrumento que vier a substituí-la. Os benefícios de natureza acidentária serão contabilizados no CNPJ completo (14 dígitos) ao qual ficou vinculado quando da sua concessão.

O índice de frequência indica o quantitativo de benefícios e mortes por acidente de trabalho no estabelecimento. Para tanto são computados os registros de benefícios das espécies B91 – Auxílio-doença por acidente de trabalho, B92 – Aposentadoria por invalidez por acidente de trabalho, B93 – Pensão por morte por acidente de trabalho e B94 – Auxílio-acidente por acidente de trabalho, assim como as CAT de óbito para as quais não houve a concessão de B93 – Pensão por morte por acidente de trabalho.

Fórmula do índice de frequência

Índice de frequência = [(número de benefícios acidentários (B91, B92, B93 e B94) + acrescido do número de CATs de óbito para as quais não houve a concessão de B93 – Pensão por morte por acidente de trabalho, por estabelecimento, excetuados os decorrentes de trajeto, assim identificados por meio da CAT ou por meio de outro instrumento que vier a substituí-la) ÷ número médio de vínculos] x 1000

O índice de gravidade indica a gravidade das ocorrências acidentárias em cada estabelecimento. Para tanto são computados todos os casos de B91 – Auxílio-doença por acidente de trabalho, B92 – Aposentadoria por invalidez por acidente de trabalho, B93 – Pensão por morte por acidente de trabalho e B94 – Auxílio-acidente por acidente de trabalho, assim como as CATs de óbito para as quais não houve a concessão de B93 – Pensão por morte por acidente de trabalho, excetuados os decorrentes de trajeto, assim identificados por meio da CAT ou por meio de outro instrumento que vier a substituí-la. É atribuído peso diferente para cada tipo de afastamento em função da gravidade.

Fórmula do índice de gravidade

Índice de gravidade = ((número de auxílios-doença por acidente de trabalho (B91) x 0,10 + número de aposentadorias por invalidez (B92) x 0,30 + número de pensões por morte por acidente de trabalho (B93) + CATs de óbito para as quais não houve a concessão de B93 – Pensão por morte por acidente de trabalho x 0,50 + o número de auxílios-acidente por acidente de trabalho (B94) x 0,10, excetuados os decorrentes de trajeto, assim identificados por meio da CAT ou por meio de outro instrumento que vier a substituí-la) ÷ número médio de vínculos) x 1.000).

O índice de custo representa as despesas da Previdência Social com pagamento de benefícios de natureza acidentária e sua relação com as contribuições das empresas. Para tanto são computados os valores pagos pela Previdência Social em rendas mensais de benefícios, excetuados os decorrentes de trajeto.

No caso do auxílio-doença por acidente de trabalho (B91), o custo é calculado pelo tempo de afastamento, em meses e fração de mês, do segurado dentro do Período-Base de cálculo do FAP. Nos casos da aposentadoria por invalidez por acidente de trabalho (B92) e do auxílio-acidente por acidente de trabalho (B94), os custos são calculados fazendo uma projeção da expectativa de sobrevida do beneficiário a partir da tábua completa de mortalidade construída pela Fundação Instituto Brasileiro de Geografia e Estatística – IBGE, para toda a população brasileira, considerando-se a média nacional única para ambos os sexos. No caso da pensão por morte por acidente de trabalho (B93) os custos serão calculados considerando as regras vigentes para duração do benefício.

Capítulo XVII – Obrigações Previdenciárias

> **Fórmula do índice de custo**
>
> Índice de custo = ((valor total pago pela Previdência Social pelos benefícios de auxílio-doença por acidente de trabalho (B91), aposentadoria por invalidez por acidente de trabalho (B92), pensão por morte por acidente de trabalho (B93) e auxílio-acidente por acidente de trabalho (B94), excetuados os decorrentes de trajeto, assim identificados por meio da CAT ou por meio de outro instrumento que vier a substituí-la) ÷ valor total de remuneração paga pelo estabelecimento aos segurados) x 1.000).

Com a reforma da Previdência Social, instituída pela Emenda Constitucional nº 103, o benefício de auxílio doença passou a ser denominado "auxílio por incapacidade temporária" e a aposentadoria por invalidez, passou a ser denominada "benefício por incapacidade permanente"

O Ministério do Trabalho e Previdência em conjunto com o Ministério da Economia publicam anualmente, sempre no mês de setembro, no Diário Oficial da União (DOU), os róis dos percentis de frequência, gravidade e custo por Subclasse da CNAE e divulga na internet o FAP de cada empresa, com as respectivas ordens de frequência, gravidade, custo e demais elementos que possibilitem a esta verificar o respectivo desempenho dentro da sua CNAE-Subclasse.

Aplicação do FAP no ano de 2022

O FAP produz efeitos tributários a partir do 1º dia do 4º mês subsequente ao de sua divulgação. O FAP calculado em 2021 e vigente para o ano de 2022, juntamente com as respectivas ordens de frequência, gravidade e custo e demais elementos que possibilitem ao estabelecimento verificar o respectivo desempenho dentro da sua subclasse da CNAE, foram disponibilizados pelo Ministério do Trabalho e Previdência em conjunto com o Ministério da Economia no dia 30.09.2021.

O FAP atribuído aos estabelecimentos poderá ser contestado junto ao Conselho de Recursos da Previdência Social, da Secretaria da Previdência, no prazo fixado, exclusivamente por meio eletrônico. A contestação deverá versar, exclusivamente, sobre razões relativas a divergências quanto aos elementos previdenciários que compõem o cálculo do FAP.

Complementação

Para a complementação das prestações por acidente do trabalho e aposentadoria especial, as empresas cujos empregados estejam sujeitos à exposição aos agentes nocivos químicos, físicos, biológicos ou associação de agentes que ensejam a concessão de aposentadoria especial, deverão efetuar uma contribuição adicional, de 12%, 9% ou 6%, respectivamente, se a atividade exercida pelo segurado a serviço da empresa der direito à concessão de aposentadoria especial após 15, 20 ou 25 anos de contribuição, incidente exclusivamente sobre a remuneração desses segurados sujeitos às condições especiais que prejudiquem a saúde ou a integridade física, devendo tais contribuições ser recolhidas obrigatoriamente no mesmo documento de arrecadação das demais contribuições devidas pela empresa.

Relação de atividades preponderantes e correspondentes graus de riscos conforme a Classificação Nacional de Atividades Econômicas (CNAE)

A tabela da Classificação Nacional de Atividade Econômica (CNAE) e correspondente grau de risco consta do Anexo V do Regulamento da Previdência Social (RPS), aprovado pelo Decreto nº 3.048/1999, na redação do Decreto nº 10.410/2020.

Contribuições para terceiros (Entidades e fundos)

Terceiros são as entidades privadas de serviço social e de formação profissional vinculadas ao sistema sindical, criadas por lei e mantidas por meio de contribuições compulsoriamente cobradas dos empregadores sobre a folha de pagamento. São eles:

a) Serviço Nacional de Aprendizagem do Comércio (Senac);

b) Serviço Social do Comércio (Sesc);

c) Serviço Nacional de Aprendizagem Industrial (Senai);

d) Serviço Social da Indústria (Sesi);

e) Serviço Nacional de Aprendizagem do Transporte (Senat);

f) Serviço Social de Transporte (Sest);

g) Serviço Nacional de Aprendizagem Rural (Senar);

h) Serviço Nacional de Aprendizagem do Cooperativismo (Sescoop);

Capítulo XVII – Obrigações Previdenciárias 435

i) Serviço Brasileiro de Apoio às Micro e Pequenas Empresas (Sebrae);

j) Diretoria de Portos e Costas (DPC);

k) Fundo Aeroviário;

l) Instituto Nacional de Colonização e Reforma Agrária (Incra);

m) Fundo Nacional de Desenvolvimento da Educação (FNDE).

A Secretaria da Receita Federal do Brasil (RFB) é que tem a competência para exercer as atividades relativas à tributação, fiscalização, arrecadação e cobrança da contribuição devida por lei a terceiros, ressalvada a hipótese de recolhimento direto da contribuição à entidade correspondente mediante convênio celebrado entre esta e a empresa.

A contribuição a terceiros está sujeita aos mesmos prazos, condições, sanções e privilégios das contribuições sociais destinadas ao financiamento da seguridade social, inclusive no que diz respeito à cobrança judicial.

Entretanto, tais regras são aplicadas, exclusivamente, à contribuição cuja base de cálculo seja a mesma das que incidem sobre a remuneração paga, devida ou creditada a segurados do Regime Geral da Previdência Social (RGPS) ou instituídas sobre outras bases a título de substituição.

Base de cálculo

A contribuição devida a terceiros é calculada sobre o total da remuneração paga, devida ou creditada a empregados e trabalhadores avulsos.

Entidades não sujeitas à contribuição para terceiros

Não estão sujeitos à contribuição para terceiros:

a) os órgãos e as entidades do Poder Público, inclusive as agências reguladoras de atividade econômica (Agência Nacional de Petróleo – ANP, Agência Nacional de Vigilância Sanitária – Anvisa, Agência Nacional de Saúde – ANS etc.);

b) os organismos internacionais, as missões diplomáticas, as repartições consulares e as entidades congêneres;

c) o Conselho Federal da Ordem dos Advogados do Brasil e as Seccionais da OAB;

d) os conselhos de profissões regulamentadas;

e) as instituições públicas de ensino de qualquer grau;

f) as serventias notariais e de registro, exceto quanto à contribuição social do salário-educação;

g) as entidades privadas de serviço social e de formação profissional (Senac, Sesc, Senai, Sesi, Senat, Sest, Senar, Sescoop e Sebrae – Sistema S), constituídas sob a forma de serviço social autônomo, exceto quanto à contribuição social do salário-educação e à contribuição devida ao Incra;

h) entidades beneficentes de assistência social certificadas na forma da Lei Complementar nº 187/2021 e que cumpram os requisitos legais.

Empresa brasileira de navegação

Sobre a remuneração paga por empresa brasileira de navegação a tripulantes de embarcação inscrita no Registro Especial Brasileiro (REB) não incide a contribuição destinada ao Fundo de Desenvolvimento do Ensino Profissional Marítimo, conforme determina a Lei nº 9.432/1997.

Brasileiro contratado no Brasil para prestar serviços no exterior

A contribuição para terceiros não incide sobre a remuneração paga, devida ou creditada ao brasileiro contratado no Brasil para prestar serviços no exterior, ou para lá transferido, nos termos do artigo 11 da Lei nº 7.064/1982.

A não incidência terá vigência apenas no período em que o trabalhador permanecer no exterior a serviço da empresa que o contratou no Brasil.

Empresas sujeitas à contribuição

Para fins de recolhimento da contribuição devida a terceiros, a pessoa jurídica deverá classificar a atividade por ela desenvolvida e atribuir-lhe o código FPAS correspondente.

Capítulo XVII – Obrigações Previdenciárias 437

A classificação terá por base a principal atividade desenvolvida pela empresa, assim considerada a que constitui seu objeto social, conforme declarado nos atos constitutivos e no Cadastro Nacional da Pessoa Jurídica (CNPJ), observadas as regras a seguir, na ordem em que apresentadas:

a) a classificação será feita de acordo com o Quadro de Atividades e Profissões a que se refere o artigo 577 da CLT, ressalvadas as atividades industriais e comerciais adiante tratadas e aquelas em relação às quais a lei estabeleça forma diversa de contribuição;

b) a atividade declarada como principal no CNPJ deverá corresponder à classificação feita na forma da letra "a", prevalecendo esta em caso de divergência;

c) na hipótese de a pessoa jurídica desenvolver mais de uma atividade, prevalecerá, para fins de classificação, a atividade preponderante, assim considerada a que representa o objeto social da empresa, ou a unidade de produto, para a qual convergem as demais em regime de conexão funcional;

d) se nenhuma das atividades desenvolvidas pela pessoa jurídica se caracterizar como preponderante, aplica-se a cada atividade o respectivo código FPAS.

Considera-se regime de conexão funcional, para fins de definição da atividade preponderante, a finalidade comum em função da qual duas ou mais atividades se interagem, sem descaracterizar sua natureza individual, a fim de realizar o objeto social da pessoa jurídica.

Classificada a atividade, ser-lhe-á atribuído o código FPAS e as alíquotas de contribuição correspondentes, de acordo com as tabelas (Quadros 1 a 6), considerado o grupo econômico como indicativo das diversas atividades em que se decompõe.

QUADRO 1
CONFEDERAÇÃO NACIONAL DA INDÚSTRIA

Grupo de atividade	Código FPAS	Alíquota total – terceiros
1º Alimentação;	507	5,8%
2º Vestuário;	507	5,8%
3º Construção e mobiliário;	507	5,8%
4º Urbanas (saneamento, coleta e tratamento de resíduos, energia, gás, água e esgoto);	507	5,8%
5º Extrativas;	507	5,8
6º Fiação e tecelagem;	507	5,8%
7º Artefatos de couro;	507	5,8%
8º Artefatos de borracha;	507	5,8%
9º Joalheiras, lapidação de pedras preciosas;	507	5,8%
10º Químicas e farmacêuticas;	507	5,8%
11º Papel, papelão, cortiça;	507	5,8%
12º Gráficas;	507	5,8%
13º Vidros, cristais, espelhos, cerâmicas, louças, porcelanas;	507	5,8%
15º Instrumentos musicais, brinquedos;	507	5,8%
16º Cinematográficas;	507	5,8%
17º Beneficiamentos;	507	5,8%
18º Artesanatos (pessoa jurídica);	507	5,8%
19º Metalúrgicas, mecânicas, materiais elétricos.	507	5,8%

QUADRO 2
CONFEDERAÇÃO NACIONAL DO COMÉRCIO

Grupo de atividade	Código FPAS	Alíquota total – terceiros
1º Comércio atacadista;	515	5,8%
2º Comércio varejista;	515	5,8%
3º Agentes autônomos do comércio;	515	5,8%
4º Comércio armazenador;	515	5,8%
5º Turismo e hospitalidade;	515	5,8%
6º Serviços de saúde.	515	5,8%

Capítulo XVII – Obrigações Previdenciárias

QUADRO 3
CONFEDERAÇÃO NACIONAL DOS TRANSPORTES MARÍTIMOS, FLUVIAIS E AÉREOS

Grupo de atividade	Código FPAS	Alíquota total – terceiros
1º Empresas de navegação marítima e fluvial;	540	5,2%
2º Empresas aeroviárias;	558	5,2%
3º Empresários e administradores de portos;	540	5,2%
4º Empresas prestadoras de serviços portuários;	540	5,2%
5º Empresas de pesca.	540	5,2%
6º Empresas de dragagem.	540	5,2%

QUADRO 4
CONFEDERAÇÃO NACIONAL DOS TRANSPORTES TERRESTRES

Grupo de atividade	Código FPAS	Alíquota total – terceiros
1º Empresas ferroviárias;	507	5,8%
2º Empresas de transportes rodoviários;	612	5,8%
3º Empresas de carris urbanos (inclusive cabos aéreos);	507	5,8%
4º Empresas metroviárias.	507	5,8%
5º Empresas de transporte de valores.	612	5,8%
6º Empresas de locação de veículos.	612	5,8%
7º Empresas de distribuição de petróleo.	612	5,8%

QUADRO 5
CONFEDERAÇÃO NACIONAL DE COMUNICAÇÕES E PUBLICIDADES

Grupo de atividade	Código FPAS	Alíquota total – terceiros
1º Empresas de comunicações (telegráficas, empresa de correios, inclusive franqueadas e telefônicas);	507	5,8%
2º Empresas de publicidade;	566	4,5%
3º Empresas jornalísticas.	566	4,5%

QUADRO 6
CONFEDERAÇÃO NACIONAL DE EDUCAÇÃO E CULTURA

Grupo de atividade	Código FPAS	Alíquota total – terceiros
1º Estabelecimentos de ensino;	574	4,5%
2º Empresas de difusão cultural e artística;	566	4,5%
3º Estabelecimentos de cultura física;	566	4,5%
4º Estabelecimentos hípicos.	566	4,5%

Nota

As empresas, inclusive as constituídas na forma de cooperativa, que desenvolvam as atividades referidas no § 5º do art. 72 da Instrução Normativa RFB nº 971/2009, enquadram-se no código FPAS 736 e contribuirão com as alíquotas previstas para este código no Anexo II da Instrução Normativa RFB nº 971/2009, observando, que as cooperativas de crédito, enquadram-se no código FPAS 787, observado o disposto no § 12 do art. 72.

As Entidades Beneficentes de Assistência Social (Ebas) certificadas e em gozo da isenção enquadram-se no código FPAS 639 e os organismos internacionais com acordo recíproco de isenção enquadram-se no código FPAS 876, observando-se que ambos contribuirão com as alíquotas previstas para os respectivos códigos no Anexo II da Instrução Normativa RFB nº 971/2009.

Atividades industriais

São industriais, não exclusivamente, as atividades a seguir enumeradas, desenvolvidas em conjunto ou isoladamente, sobre as quais se aplicam as alíquotas previstas no Anexo II da Instrução Normativa nº 971/2009, de acordo com o código FPAS 507:

I) fabricação, manutenção e reparação de veículos automotores e embarcações de qualquer espécie, inclusive de peças e componentes necessários ao seu funcionamento;

II) fabricação, instalação, manutenção e reparação de máquinas e equipamentos industriais de grande porte;

III) fabricação de equipamento bélico pesado, armas e munições;

IV) fabricação de elevadores, escadas e esteiras rolantes;

Capítulo XVII – Obrigações Previdenciárias 441

V) fabricação de bicicletas e outros veículos não motorizados, eletrodomésticos, acessórios e equipamentos;

VI) instalação, manutenção, assistência técnica e reparação de máquinas e equipamentos de qualquer porte, bicicletas e eletrodomésticos, quando prestados pelo próprio fabricante, em dependência deste ou em estabelecimento da mesma pessoa jurídica;

VII) construção, ampliação e manutenção de vias públicas;

VIII) construção, ampliação e manutenção de estações e redes de distribuição de energia elétrica e telecomunicações;

IX) construção, ampliação e manutenção de estações e redes de abastecimento de água, coleta de esgoto, transportes por dutos e construções correlatas;

X) construção, ampliação e manutenção de rodovias e ferrovias;

XI) reciclagem de resíduos, inclusive de obras de construção civil;

XII) geração, transmissão, transformação e distribuição de energia elétrica, independentemente da forma de organização societária, inclusive holding mista, em que há participação desta na exploração conjunta da atividade econômica;

XIII) lojas de fábrica, assim consideradas as atividades de comercialização de produtos oriundos da unidade de fabricação, realizadas por estabelecimentos ou dependências desta, vinculados à mesma pessoa jurídica, independentemente de sua localização;

XIV) cozinha industrial, assim considerada a pessoa jurídica cuja atividade consista na fabricação e acondicionamento de alimentos congelados, fornecimento de pratos prontos ou preparação, em qualquer local, de refeições para empresas ou instituições de internação ou atendimento coletivo;

XV) extração de minério de ferro, refino de petróleo e fabricação de produtos e subprodutos, inclusive atividades de apoio e as relacionadas a pesquisas e testes experimentais;

XVI) engenharia consultiva, assim considerada a pessoa jurídica cuja atividade se destine a viabilizar a realização de obras de construção civil, de construção de usinas e de implantação e instalação de linhas de transmissão e plataformas de qualquer espécie;

XVII) fabricação, instalação, manutenção e locação de containers, betoneiras, andaimes, cavaletes e outros equipamentos para obras de construção civil;

XVIII) instalação e manutenção industrial de elevadores, ar condicionado, redes hidráulica, elétrica e de telecomunicação e de outros equipamentos integrantes de obra de construção civil;

XIX) centros de distribuição, depósitos e escritórios administrativos de empresa industrial, independentemente do local onde estiverem instalados;

XX) obras de construção civil e de restauração de prédios e monumentos;

XXI) correios, inclusive agências franqueadas ou permissionárias;

XXII) telecomunicações, incluídas telefonia fixa, móvel e por satélite;

XXIII) provedores de acesso às redes de comunicação e de voz sobre protocolo Internet (VOIP);

XXIV) desenvolvimento e licenciamento, em série ou larga escala, de programas de computador;

XXV) panificação, quando constituir atividade econômica autônoma, assim considerada a que não constitua parte de atividade econômica mais abrangente, ainda que sejam comercializados outros produtos no mesmo estabelecimento;

XXVI) administração, conservação e manutenção de rodovias, pontes e túneis sob regime de concessão ou parceria com o poder público, inclusive serviços relacionados; e

XXVII) tinturarias, quando constituir atividade acessória de atividade industrial ou fase de industrialização do produto;

XXVIII) reciclagem, tratamento ou industrialização de resíduos, com ou sem coleta.

Na hipótese de a pessoa jurídica desenvolver mais de uma atividade, prevalecerá, para fins de classificação, a atividade preponderante, assim considerada a que representa o objeto social da empresa, ou a unidade de produto, para a qual convergem as demais em regime de conexão funcional).

Se nenhuma das atividades desenvolvidas pela pessoa jurídica se caracterizar como preponderante, aplicar-se-á a cada atividade o respectivo código FPAS.

Capítulo XVII – Obrigações Previdenciárias

Atividades comerciais

São comerciais ou de serviços, não exclusivamente, as atividades a seguir relacionadas, desenvolvidas em conjunto ou individualmente, sobre as quais se aplicam as alíquotas previstas no Anexo II da Instrução Normativa RFB nº 971/2009, de acordo com os códigos FPAS 515, 566, 574 ou 647:

a) empresas de call center (FPAS 515);

b) panificação, quando realizada em hipermercado, supermercado, minimercado, mercearia ou armazém, com a finalidade de ampliar a oferta de produtos (FPAS 515);

c) televisão aberta e por assinatura (FPAS 566);

d) limpeza e conservação de prédios (FPAS 515);

e) comércio (revendedor) de programas de computador (FPAS 515);

f) serviços de tecnologia da informação, inclusive desenvolvimento de programas de computador sob encomenda (ou customizáveis) e seu licenciamento, instalação, manutenção e atualização, à distância ou nas dependências do cliente (FPAS 515);

g) serviços de instalação, manutenção, assistência técnica e reparação de máquinas e equipamentos, inclusive de informática, móveis, eletrodomésticos e bicicletas, exceto se prestados pelo próprio fabricante (FPAS 515);

h) serviços de restaurante e bufete, inclusive os prestados a instituições hospitalares e de atendimento coletivo (FPAS 515);

i) instituições de ensino, exceto as de direito público (FPAS 574);

j) associações desportivas que mantenham equipes de futebol profissional (FPAS 647);

k) tinturarias, quando constituir atividade acessória de serviços pessoais ou fase de atividade comercial (FPAS 515);

l) serviços de engenharia consultiva não enquadrados no inciso XVI das atividades industriais (FPAS 515, se pessoa jurídica, e 566, se pessoa física);

444 DEPARTAMENTO DE PESSOAL MODELO

m) coleta de resíduos, sem atividade de tratamento, reciclagem ou industrialização (FPAS 515);

n) sociedades corretoras de seguro (FPAS 515).

Cooperativas

As atividades, se desenvolvidas por pessoa jurídica constituída sob a forma de cooperativa, sujeitam-se à contribuição devida ao Serviço Nacional de Aprendizagem do Cooperativismo (Sescoop), calculada mediante aplicação das alíquotas previstas no mencionado Anexo II da Instrução Normativa RFB nº 971/2009, de acordo com o código FPAS da atividade e o código de terceiros 4163.

A contribuição devida ao Sescoop não se acumula com as devidas ao Serviço Social da Indústria (Sesi) e ao Serviço Nacional de Aprendizagem Industrial (Senai), ou ao Serviço Social do Comércio (Sesc) e ao Serviço Nacional de Aprendizagem Comercial (Senac), conforme a atividade.

A cooperativa de crédito sujeita-se à contribuição devida ao Sescoop, calculada mediante aplicação das alíquotas previstas no Anexo II, mencionado, de acordo com o código FPAS 787 e o código de terceiros 4099, observado o disposto no § 12 do artigo 72 da Instrução Normativa RFB nº 971/2009.

Empresas com mais de um estabelecimento

O código FPAS e as alíquotas correspondentes atribuídos à atividade serão aplicados a todos os estabelecimentos da mesma pessoa jurídica, assim considerados os cadastrados sob a mesma raiz de CNPJ, independentemente de sua localização.

Atividade rural

A contribuição devida ao Incra, identificada pelo código FPAS 531 e código de terceiros 0003, incide sobre a folha de salários das empresas que atuam nas seguintes atividades:

a) indústria de cana-de-açúcar;

b) indústria de laticínios;

c) indústria de beneficiamento de cereais, café, chá e mate;

Capítulo XVII – Obrigações Previdenciárias   445

d) indústria da uva;

e) indústria de extração e beneficiamento de fibras vegetais e de descaroçamento de algodão;

f) indústria de extração de madeira para serraria, de resina, lenha e carvão vegetal; e

g) matadouros ou abatedouros de animais de quaisquer espécies, inclusive atividades de preparo de charques.

Incra – Contribuição adicional

A contribuição adicional devida ao Serviço Social Rural – Incra, é calculada mediante aplicação da alíquota de 0,2% sobre a folha de salários das empresas em geral e equiparados, vinculados ao RGPS, assim considerados o empresário individual, a sociedade empresária, a sociedade de economia mista e a empresa pública, inclusive das empresas de atividade rural anteriormente mencionadas, ressalvadas as entidades não sujeitas à contribuição para terceiros.

Salário-educação

São contribuintes do salário-educação as empresas em geral e equiparados, vinculados ao RGPS, assim considerados o empresário individual, a sociedade empresária, a sociedade de economia mista e a empresa pública, ressalvadas as entidades não sujeitas à contribuição para terceiros.

Arrecadação

A arrecadação da contribuição destinada a terceiros compete à RFB e é efetuada juntamente com as devidas à Previdência Social.

Entretanto, o recolhimento pode ser feito diretamente à entidade ou fundo, se houver previsão legal, mediante convênio celebrado entre um ou outro e a empresa contribuinte.

Empresa prestadora de serviços mediante cessão de mão de obra

Cabe à empresa prestadora de serviços mediante cessão de mão de obra calcular e recolher a contribuição devida a terceiros, de acordo com o código FPAS correspondente à atividade, mediante aplicação das alíquotas correspondentes.

Trabalhador avulso não portuário

Cabe ao tomador de serviço ou ao sindicato que intermediar a contratação de trabalhador avulso não portuário elaborar folha de pagamento por contratante e ao tomador de serviços, prestar as informações exigidas relativas ao contrato.

O cálculo da contribuição devida a terceiros será feito mediante aplicação das alíquotas previstas no Anexo II da Instrução Normativa RFB nº 971/2009, de acordo com o código FPAS do contratante.

Atividades vinculadas à Confederação Nacional de Transportes Marítimos, Fluviais e Aéreos

As pessoas jurídicas cujas atividades sejam vinculadas à Confederação Nacional dos Transportes Marítimos, Fluviais e Aéreos, conforme Quadro 3, observarão as seguintes regras:

a) relativamente às atividades compreendidas no 1º, 3º, 4º ou 5º Grupo, contribuirão para o Fundo de Desenvolvimento do Ensino Profissional Marítimo, de acordo com o código FPAS 540, mediante aplicação das alíquotas previstas no Anexo II da Instrução Normativa RFB nº 971/2009;

b) para efeito da contribuição ao Fundo Aeroviário, de acordo com o código FPAS 558, estão compreendidas no grupo empresas aeroviárias as empresas privadas, públicas, de economia mista e autárquicas, quer federais, estaduais ou municipais, de transporte aéreo regular, não regular, de táxi-aéreo e de serviços aéreos especializados, de telecomunicações aeronáuticas, de implantação, administração, operação e exploração da infraestrutura aeroportuária, e de serviços auxiliares, de fabricação, reparos e manutenção, ou de representação, de aeronaves, suas peças e acessórios, e de equipamentos aeronáuticos, conforme o art. 1º do Decreto-Lei nº 1.305/1974.

Capítulo XVII – Obrigações Previdenciárias

Atividades vinculadas à Confederação Nacional de Transportes Terrestres

As pessoas jurídicas cujas atividades sejam vinculadas à Confederação Nacional dos Transportes Terrestres, conforme Quadro 4, observarão as seguintes regras:

a) relativamente às atividades compreendidas no 1º, 3º ou 4º Grupo (empresas ferroviárias, de carris urbanos e metroviárias), contribuirão para o Sesi e para o Senai de acordo com o código FPAS 507, mediante aplicação das alíquotas previstas no Anexo II, da Instrução Normativa RFB nº 971/2009, reproduzido adiante;

b) relativamente às atividades compreendidas no 2º Grupo (empresas de transporte rodoviário de cargas ou passageiros), contribuirão para o Serviço Social do Transporte (Sest) e para o Serviço Nacional de Aprendizagem do Transporte (Senat), de acordo com o código FPAS 612, mediante aplicação das alíquotas previstas no mencionado Anexo II.

Atividades vinculadas à Confederação Nacional de Comunicações e Publicações

As pessoas jurídicas cujas atividades sejam vinculadas à Confederação Nacional de Comunicações e Publicidades, conforme Quadro 5, observarão as seguintes regras:

a) relativamente às atividades compreendidas no 1º Grupo (empresas telegráficas, correios, mensageiras e telefônicas), contribuirão para o Sesi e para o Senai, de acordo com o código FPAS 507, mediante aplicação das alíquotas previstas no Anexo II da Instrução Normativa RFB nº 971/2009;

b) relativamente às atividades compreendidas no 2º ou 3º Grupo (empresas de publicidade e jornalísticas, agências de propaganda, de radiodifusão, televisão aberta e por assinatura, agências noticiosas, jornais e revistas), contribuirão para o Serviço Social do Comércio (Sesc), de acordo com o código FPAS 566, mediante aplicação das alíquotas previstas no mencionado Anexo II.

Agroindústria de piscicultura, carcinicultura, suinocultura ou avicultura

Base de cálculo da contribuição	Código FPAS	Código de terceiros	Total terceiros (%)
Valor da mão de obra empregada no setor de criação	787	0515	5,20
Valor da mão de obra empregada no abate e industrialização	507	0079	5,80

Agroindústria de florestamento e reflorestamento

A agroindústria de florestamento e reflorestamento não sujeita à contribuição substitutiva, nos termos do inciso II, do § 5º, do art. 175 da Instrução Normativa RFB nº 971/2009.

Base de cálculo da contribuição por setor	Código FPAS	Código de terceiros	Total terceiros (%)
Rural	787	0515	5,2
Industrial	507	0079	5,8

Agroindústrias sujeitas à contribuição substitutiva

As contribuições devidas a terceiros pela agroindústria sujeita à contribuição substitutiva instituída pela Lei nº 10.256/2001 incidem sobre a receita bruta da comercialização da produção e sobre as folhas de salários dos setores rural e industrial de acordo com o seguinte quadro:

Base de cálculo da contribuição	Código FPAS	Código de terceiros	Total Terceiros
Receita bruta da comercialização da produção	744	-	0,25%
Folha de salários do setor rural	604	0003	2,7%
Folha de salários do setor industrial	833	0079	5,8%

Aplica-se a substituição mencionada ainda que a agroindústria explore, também, outra atividade econômica autônoma, no mesmo ou em estabelecimento distinto, hipótese em que a contribuição incidirá sobre o valor da receita bruta decorrente da comercialização em todas

Capítulo XVII – Obrigações Previdenciárias   449

as atividades, ressalvado o disposto no inciso I do art. 180 e observado o disposto nos arts. 170 e 171, todos da Instrução Normativa RFB nº 971/2009.

Na hipótese de recolhimento efetuado diretamente à entidade ou fundo, mediante convênio, aplica-se o código de terceiros compatível com o convênio celebrado.

Agroindústrias sujeitas à contribuição substitutiva

Tratando-se de agroindústria sujeita à contribuição substitutiva estabelecida pelo art. 22-A da Lei nº 8.212/1991, com redação dada pela Lei nº 10.256/2001, que desenvolva atividade enumerada no art. 110 da Instrução Normativa RFB nº 971/2009, exercida nas condições estabelecidas no mencionado art. 110, as contribuições serão calculadas de acordo com o seguinte quadro:

Base de cálculo da contribuição	Código FPAS	Código de terceiros	Total Terceiros
Receita bruta da comercialização da produção	744	-	0,25%
Folha de salários (rural e industrial)	825	0003	5,2%

Produtor rural pessoa jurídica

A contribuição devida a terceiros pela pessoa jurídica que tenha como fim apenas a atividade de produção rural incide sobre a receita bruta da comercialização da produção rural, em substituição às instituídas pelos incisos I e II do artigo 22, da Lei nº 8.212/1991, e é calculada de acordo com a seguinte tabela:

Base de cálculo da contribuição	Código FPAS	Código de terceiros	Total (%)
Receita bruta da comercialização da produção	744	-	0,25
Valor total da folha de salários	604	0003	2,70

> **Nota**
>
> Desde 1º.01.2019, o empregador rural pessoa física ou o empregador pessoa jurídica que se dedique à produção rural, poderá optar por contribuir sobre o valor da comercialização da produção rural ou na forma dos incisos I e II do caput do art. 22 da Lei no 8.212/1991 (20% sobre a folha bruta de salários dos empregados e trabalhadores avulsos e contribuição sobre a folha bruta de salários, para o financiamento do seguro de acidentes do trabalho à alíquota de 1% ou 2% ou 3%, conforme o grau de risco de acidente seja leve, médio ou grave, respectivamente).

Produtor rural pessoa jurídica que explora simultaneamente outra atividade

Não se aplica a substituição se a pessoa jurídica, exceto a agroindústria, explorar, além da atividade de produção rural, outra atividade econômica autônoma comercial, industrial ou de serviços, no mesmo ou em estabelecimento distinto, independentemente de qual seja a atividade preponderante, ou se fizer a opção de que trata o atigo 175, § 2º, V da Instrução Normativa RFB nº 971/2009, hipótese em que a empresa fica obrigada às contribuições a seguir, em relação a todas as atividades:

a) 20% sobre o total da remuneração paga, devida ou creditada a empregados e trabalhadores avulsos a seu serviço;

b) 20% sobre a remuneração de contribuintes individuais a seu serviço;

c) contribuição destinada ao financiamento da aposentadoria especial e dos benefícios concedidos em razão do grau de incidência de incapacidade laborativa decorrente dos riscos ambientais do trabalho, incidente sobre a remuneração de empregados e trabalhadores avulsos.

A substituição também não será aplicada às operações relativas à prestação de serviços a terceiros, sobre as quais incidem as mencionadas contribuições.

Capítulo XVII – Obrigações Previdenciárias

> **Nota**
>
> Desde 1º.01.2019, o empregador rural pessoa física ou o empregador pessoa jurídica que se dedique à produção rural, poderá optar por contribuir sobre o valor da comercialização da produção rural ou na forma dos incisos I e II do caput do art. 22 da Lei no 8.212/1991 (20% sobre a folha bruta de salários dos empregados e trabalhadores avulsos e contribuição sobre a folha bruta de salários, para o financiamento do seguro de acidentes do trabalho à alíquota de 1% ou 2% ou 3%, conforme o grau de risco de acidente seja leve, médio ou grave, respectivamente).

Cooperativa de produção

Para fins de recolhimento das contribuições devidas à Previdência Social e a terceiros, a cooperativa de produção, que atua nas atividades de piscicultura, carcinicultura, suinocultura ou avicultura, florestamento e reflorestamento, produção rural e produção rural que explora simultaneamente outra atividade, informará o código de terceiros 4099 e a que atua nas demais atividades informará o código de terceiros 4163.

Sobre a remuneração de trabalhadores contratados exclusivamente para a colheita da produção dos cooperados, a cooperativa fica obrigada ao pagamento da contribuição devida ao FNDE e ao Incra, calculada mediante aplicação das alíquotas previstas no mencionado Anexo II de acordo com o código FPAS 604 e o código à terceiros 0003, bem assim à retenção e ao recolhimento das contribuições devidas pelo segurado.

Transportador autônomo

A empresa tomadora de serviços de transportador autônomo, de condutor autônomo de veículo (taxista) ou de auxiliar de condutor autônomo, deverá reter e recolher a contribuição devida ao Sest e ao Senat, observadas as seguintes regras:

a) a base de cálculo da contribuição corresponde a 20% do valor bruto do frete, carreto ou transporte, vedada qualquer dedução, ainda que figure discriminadamente na nota fiscal, fatura ou recibo;

b) o cálculo da contribuição é feito mediante aplicação das alíquotas previstas no Anexo II da Instrução Normativa RFB nº 971/2009, de acordo com o código FPAS 620 e o código de terceiros 3072;

c) não se aplica à base de cálculo o limite máximo do salário de contribuição;

d) na hipótese de serviço prestado por cooperado filiado à cooperativa de transportadores autônomos, a contribuição deste será descontada e recolhida pela cooperativa;

e) na hipótese de serviço prestado à pessoa física, ainda que equiparada à empresa, a contribuição será recolhida pelo próprio transportador autônomo, diretamente ao Sest e ao Senat, observado o disposto na letra "b".

Cooperativa de transportadores autônomos

Sobre o total da remuneração paga, devida ou creditada a empregados e trabalhadores avulsos, a cooperativa de transportadores autônomos contribui para a Previdência Social e terceiros, mediante aplicação das alíquotas previstas no Anexo II da Instrução Normativa RFB nº 971/2009 de acordo com o código FPAS 612 e o código de terceiros 4163.

Associação desportiva e sociedade empresária que mantêm equipe de futebol profissional

Para a associação desportiva e a sociedade empresária que mantêm equipe de futebol profissional, a contribuição incide sobre o total da remuneração paga, devida ou creditada a empregados (atletas e não atletas) e trabalhadores avulsos. O cálculo da contribuição é feito mediante aplicação das alíquotas previstas no Anexo II da Instrução Normativa RFB nº 971/2009, de acordo com o código FPAS 647 e o código de terceiros 0099.

Capítulo XVII – Obrigações Previdenciárias 453

Empresa de trabalho temporário

A contribuição da empresa de trabalho temporário incide sobre a remuneração dos trabalhadores temporários, e observa a aplicação das alíquotas previstas no Anexo II da Instrução Normativa RFB nº 971/2009, de acordo com o código FPAS 655 e o código de terceiros 0001. Sobre a remuneração dos trabalhadores permanentes, contribuirá mediante aplicação das alíquotas previstas no mencionado Anexo II, de acordo com o código FPAS 515 e o código de terceiros 0115.

Órgão Gestor de Mão de Obra (OGMO) e o operador portuário

Para fins de recolhimento das contribuições devidas à Previdência Social e a terceiros, o Órgão Gestor de Mão de Obra (OGMO) e o operador portuário observarão as seguintes regras:

a) o OGMO desenvolve atividade de organização associativa profissional (código CNAE 9412-0/00) e se equipara à empresa, na forma do artigo 15 da Lei nº 8.212/1991;

b) o OGMO contribuirá sobre a remuneração de seus empregados permanentes e trabalhadores autônomos (contribuintes individuais), mediante aplicação das alíquotas previstas no Anexo II, da Instrução Normativa RFB nº 971/2009, de acordo com o código FPAS 523 e o código de terceiros 0003;

c) cabe ao OGMO recolher as contribuições destinadas à Previdência Social e a terceiros, incidentes sobre a remuneração (inclusive férias e décimo terceiro salário) do trabalhador avulso portuário, devidas por este e pelo operador portuário;

d) o operador portuário repassará ao OGMO o valor da remuneração dos trabalhadores avulsos portuários a seu serviço e das contribuições sociais correspondentes, devidas à Previdência Social e a terceiros;

e) as contribuições devidas pelo operador portuário (inclusive as destinadas a terceiros), incidentes sobre a remuneração dos trabalhadores avulsos portuários, serão calculadas mediante aplicação das alíquotas previstas no Anexo II, da Instrução Normativa RFB nº 971/2009, de acordo com o código FPAS 680 e o código de terceiros 0131;

f)   a contribuição do trabalhador avulso portuário será descontada de sua remuneração, pelo OGMO, observados os limites mínimo e máximo do salário de contribuição;

g)   a alíquota de contribuição para GIIL-RAT é a do operador portuário ou do titular de instalação de uso privativo;

h)   o OGMO informará, no documento de arrecadação das contribuições devidas pelo operador portuário e pelo trabalhador avulso portuário, o próprio CNPJ.

Aplica-se à empresa tomadora de serviços de trabalhador avulso portuário, e ao OGMO que o contratar diretamente, o disposto nas letras de "c" a "h", exceto quanto ao código FPAS, que para o OGMO é o 540.

TABELA DE ALÍQUOTAS POR CÓDIGOS FPAS

(veja anotação "Importante" após a tabela)

A tabela adiante foi reproduzida conforme o Anexo II da Instrução Normativa RFB nº 971/2009, na redação da Instrução Normativa RFB nº 1.867/2019, a qual dispõe sobre normas gerais de tributação previdenciária e de arrecadação das contribuições sociais destinadas à Previdência Social e as destinadas a outras entidades ou fundos, administradas pela Secretaria da Receita Federal do Brasil (RFB). Antes da utilização da citada tabela, é recomendável confirmar a exatidão do enquadramento, conforme cada caso específico, junto ao órgão competente.

Capítulo XVII – Obrigações Previdenciárias

CÓDIGO DO FPAS	PREV. SOCIAL	GILRAT	ALÍQUOTAS (%)													TOTAL OUTRAS ENT. OU FUNDOS
			SALÁRIO-EDUCAÇÃO	INCRA	SENAI	SESI	SENAC	SESC	SEBRAE	DPC	FUNDO AEROVIÁRIO	SENAR	SEST	SENAT	SESCOOP	
---	---	---	0001	0002	0004	0008	0016	0032	0064	0128	0256	0512	1024	2048	4096	
507	20	VARIÁVEL	2,5	0,2	1,0	1,5	--	--	0,6	--	--	--	--	--	--	5,8
507 COOPERATIVA	20	VARIÁVEL	2,5	0,2	--	--	--	--	0,6	--	--	--	--	--	2,5	5,8
515	20	VARIÁVEL	2,5	0,2	--	--	1,0	1,5	0,6	--	--	--	--	--	--	5,8
515 COOPERATIVA	20	VARIÁVEL	2,5	0,2	--	--	--	--	0,6	--	--	--	--	--	2,5	5,8
523	20	VARIÁVEL	2,5	0,2	--	--	--	--	--	--	--	--	--	--	--	2,7
531	20	VARIÁVEL	2,5	2,7	--	--	--	--	--	--	--	--	--	--	--	5,2
540	20	VARIÁVEL	2,5	0,2	--	--	--	--	--	--	2,5	--	--	--	--	5,2
558	20	VARIÁVEL	2,5	0,2	--	--	--	--	--	2,5	--	--	--	--	--	5,2
566	20	VARIÁVEL	2,5	0,2	--	--	--	1,5	0,3	--	--	--	--	--	--	4,5
566 COOPERATIVA	20	VARIÁVEL	2,5	0,2	--	--	--	--	0,3	--	--	--	--	--	2,5	5,5
574	20	VARIÁVEL	2,5	0,2	--	--	--	1,5	0,3	--	--	--	--	--	--	4,5
574 COOPERATIVA	20	VARIÁVEL	2,5	0,2	--	--	--	--	0,3	--	--	--	--	--	2,5	5,5
582	20	VARIÁVEL	--	--	--	--	--	--	--	--	--	--	--	--	--	--

CÓDIGO DO FPAS	ALÍQUOTAS (%)																TOTAL OUTRAS ENT. OU FUNDOS
	PREV. SOCIAL	GILRAT	SALÁRIO-EDUCAÇÃO	INCRA	SENAI	SESI	SENAC	SESC	SEBRAE	DPC	FUNDO AEROVIÁRIO	SENAR	SEST	SENAT	SESCOOP		
	---	---	0001	0002	0004	0008	0016	0032	0064	0128	0256	0512	1024	2048	4096		
590	20	VARIÁVEL	2,5	---	---	---	---	---	---	---	---	---	---	---	---		2,5
604	---	---	2,5	0,2	---	---	---	---	---	---	---	---	---	---	---		2,7
612	20	VARIÁVEL	2,5	0,2	---	---	---	---	0,6	---	---	---	1,5	1,0	---		5,8
612 COOPERATIVA	20	VARIÁVEL	2,5	0,2	---	---	---	---	0,6	---	---	---	---	---	2,5		5,8
620	20	---	---	---	---	---	---	---	---	---	---	---	1,5	1,0	---		2,5
639	---	---	---	---	---	---	---	---	---	---	---	---	---	---	---		---
647	---	---	2,5	0,2	---	---	---	1,5	0,3	---	---	---	---	---	---		4,5
655	20	VARIÁVEL	2,5	---	---	---	---	---	---	---	---	---	---	---	---		2,5
680	20	VARIÁVEL	2,5	0,2	---	---	---	---	---	2,5	---	---	---	---	---		5,2
680 OPERADOR PORTUÁRIO SUJEITO À CPRB	---	VARIÁVEL	2,5	0,2	---	---	---	---	---	2,5	---	---	---	---	---		5,2
736	22,5	VARIÁVEL	2,5	0,2	---	---	---	---	---	---	---	---	---	---	---		2,7
736 COOPERATIVA(1)	22,5	VARIÁVEL	2,5	0,2	---	---	---	---	---	---	---	---	---	---	---		2,7
744 SEG. ESPECIAL(2)	1,2	0,1	---	---	---	---	---	---	---	---	---	0,2	---	---	---		0,2

ALÍQUOTAS (%)

CÓDIGO DO FPAS	PREV. SOCIAL	GILRAT	SALÁRIO-EDUCAÇÃO 0001	INCRA 0002	SENAI 0004	SESI 0008	SENAC 0016	SESC 0032	SEBRAE 0064	DPC 0128	FUNDO AEROVIÁRIO 0256	SENAR 0512	SEST 1024	SENAT 2048	SESCOOP 4096	TOTAL OUTRAS ENT. OU FUNDOS
744 PESSOA FÍSICA(2)	1,2	0,1	---	---	---	---	---	---	---	---	---	0,2	---	---	---	0,2
744 PES. JURÍDICA(3)	1,7	0,1	---	---	---	---	---	---	---	---	---	0,25	---	---	---	0,25
744 AGROINDÚSTRIA	2,5	0,1	---	---	---	---	---	---	---	---	---	0,25	---	---	---	0,25
779	5,0	---	---	---	---	---	---	---	---	---	---	---	---	---	---	---
787	20	VARIÁVEL	2,5	0,2	---	---	---	---	---	---	---	2,5	---	---	---	5,2
787 COOPERATIVA(1)	20	VARIÁVEL	2,5	0,2	---	---	---	---	---	---	---	---	---	---	2,5	5,2
795 COOPERATIVA	20	VARIÁVEL	2,5	2,7	---	---	---	---	---	---	---	---	---	---	2,5	7,7
825	---	---	2,5	2,7	1,0	1,5	---	---	---	---	---	---	---	---	---	5,2
833	---	---	2,5	0,2	---	---	---	---	0,6	---	---	---	---	---	---	5,8
876	20	VARIÁVEL	---	---	---	---	---	---	---	---	---	---	---	---	---	---

Nota (1): Até 24.09.2007 as cooperativas de crédito enquadravam-se no código FPAS 736. (§ 11 do art. 72 da Instrução Normativa RFB nº 971 de 13 de novembro de 2009) e, a partir de 01.01.2008, por força do disposto no art. 10 da Lei nº 11.524, de 24 de setembro de 2007, e do princípio da anualidade, passaram a contribuir para o SESCOOP, em substituição à contribuição patronal adicional de 2,5%, com enquadramento no código FPAS 787 (§ 12 do art. 72 e § 2º do art. 109-F da Instrução Normativa RFB nº 971, de 2009). As demais cooperativas que desenvolvam atividades do código FPAS 736, sujeitam-se à contribuição patronal adicional devida à Seguridade Social de 2,5%, sem contribuição para o SESCOOP, por não estarem abrangidas pelo inciso I do *caput* e pelo § 2º do art. 10 da Medida Provisória nº 2.168-40, de 24 de agosto de 2001.

Nota (2): Até 31 de dezembro de 2017, a alíquota da contribuição previdenciária do produtor rural pessoa física e do segurado especial incidente sobre a receita bruta do produtor rural pessoa física e do segurado especial é de 2%.

Nota (3): Até 17 de abril de 2018, a alíquota da contribuição previdenciária do produtor rural pessoa jurídica incidente sobre a receita bruta é de 2,5%.

Desde 1º 01.2019, o empregador rural pessoa física ou o empregador pessoa jurídica que se dedique à produção rural, poderá optar por contribuir sobre o valor da comercialização da produção rural ou na forma dos incisos I e II do *caput* do art. 22 da Lei no 8.212/1991 (20% sobre a folha bruta de salários dos empregados e trabalhadores avulsos e contribuição sobre a folha bruta de salários, para o financiamento do seguro de acidentes do trabalho à alíquota de 1% ou 2% ou 3%, conforme o grau de risco de acidente seja leve, médio ou grave, respectivamente).

A opção será manifestada mediante o pagamento da contribuição incidente sobre a folha de salários relativa a janeiro de cada ano, ou à primeira competência subsequente ao início da atividade rural.

Feita a opção, esta será irretratável para todo o ano-calendário.

Não integra a base de cálculo da contribuição do empregador rural, pessoa física e jurídica e do segurado especial, a produção rural desti-

Capítulo XVII – Obrigações Previdenciárias　　　　459

nada ao plantio ou reflorestamento, nem o produto animal destinado à reprodução ou criação pecuária ou granjeira e à utilização como cobaia para fins de pesquisas científicas, quando vendido pelo próprio produtor e por quem a utilize diretamente com essas finalidades e, no caso do produto vegetal, por pessoa ou entidade registrada no Ministério da Agricultura, Pecuária e Abastecimento que se dedique ao comércio de sementes e mudas no País.

CONTRIBUIÇÃO SOBRE A PRODUÇÃO RURAL A PARTIR DE 1º.11.1991

O Anexo adiante foi reproduzido conforme o Anexo III da Instrução Normativa RFB nº 971/2009, na redação da Instrução Normativa RFB nº 1.867/2019, a qual dispõe sobre normas gerais de tributação previdenciária e de arrecadação das contribuições sociais destinadas à Previdência Social e as destinadas a outras entidades ou fundos, administradas pela Secretaria da Receita Federal do Brasil (RFB).

Antes da utilização da citada tabela, é recomendável confirmar a exatidão do enquadramento, conforme cada caso específico, junto ao órgão competente.

CONTRI-BUINTE	FUNDAMEN-TAÇÃO	PERÍODO	ALÍQUO-TAS	FPAS			
			PREVI-DÊNCIA	GIL-RAT	SENAR	TOTAL	
Produtor Rural Pessoa Jurídica (5)	Art. 25 da Lei nº 8.870, de 1994 (1) (2)	01.08.1994 a 31.12.2001	2,5%	0,1%	0,1%	2,7%	744
	Art. 25 Lei nº 8.870, de 1994 com a redação dada pela Lei nº 10.256, de 2001	01.01.2002 a 17.04.2018	2,5%	0,1%	0,25%	2,85%	744
	Art. 25 Lei nº 8.870, de 1994 com a redação dada pela Lei nº 13.606, de 2018 (8)	18.04.2018 a	1,7%	0,1%	0,25%	2,05%	744

DEPARTAMENTO DE PESSOAL MODELO

CONTRI-BUINTE	FUNDAMEN-TAÇÃO	PERÍODO	ALÍQUO-TAS	FPAS				
			PREVI-DÊNCIA	GIL-RAT	SENAR	TOTAL	
Produtor Rural Pessoa Física - Equi-parado a Trabalhador Autônomo (contribuinte individual a partir de 29.11.1999)	Art. 1º da Lei nº 8.540, de 1992 (3)	01.04.1993 a 11.01.1997	2,0%	0,1%	0,1%	2,2%	744
	Art. 25 da Lei nº 8.212, de 1991 e MP nº 1.523, de 1996 (4)	12.01.1997 a 10.12.1997	2,5%	0,1%	0,1%	2,7%	744
	Art. 25 da Lei nº 8.212, de 1991 e Lei nº 9.528, de 1997	11.12.1997 a 31.12.2001	2,0%	0,1%	0,1%	2,2%	744
	Art. 25 da Lei nº 8.212, de 1991,Art. 6º da Lei nº 9.528, de 1997 com a redação dada pela Lei nº 10.256/01	01.01.2002 a 31.12.2017	2,0%	0,1%	0,2%	2,3%	744
	Art. 25 da Lei nº 8.212, de 1991, com a redação dada pela Lei nº 13.606, de 2018;Art. 6º da Lei nº 9.528, de 1997 com a redação dada pela Lei nº 10.256/2001 (9)	01.01.2018 a	1,2%	0,1%	0,2%	1,5%	744

Capítulo XVII – Obrigações Previdenciárias

461

CONTRI-BUINTE	FUNDAMEN-TAÇÃO	PERÍODO	ALÍQUO-TAS	FPAS			
			PREVI-DÊNCIA	GIL-RAT	SENAR	TOTAL	
Produtor Rural Pessoa Física - Segurado Especial	Art. 25 da Lei nº 8.212, de 1991	01.11.1991 a 31.03.1993	3,0%			3,0%	744
	Art. 1º da Lei nº 8.540, de 1992	01.04.1993 a 30.06.1994	2,0%	0,1%		2,1%	744
	Art. 2º da Lei nº 8.861, de 1994	01.07.1994 a 11.01.1997	2,2%	0,1%		2,3%	744
	Art. 25 da Lei nº 8.212, de 1991 e MP nº 1.523, de 1996 (4)	12.01.1997 a 10.12.1997	2,5%	0,1%	0,1%	2,7%	744
	Art. 25 da Lei nº 8.212, de 1991 e Lei nº 9.528, de 1997	11.12.1997 a 31.12.2001	2,0%	0,1%	0,1%	2,2%	744
	Art. 25 da Lei nº 8.212, de 1991,Art. 6º da Lei nº 9.528, de 1997 com a redação dada pela Lei nº 10.256, de 2001	01.01.2002 a 31.12.2017	2,0%	0,1%	0,2%	2,3%	744
	Art. 25 da Lei nº 8.212, de 1991, com a redação dada pela Lei nº 13.606, de 2018;Art. 6º da Lei nº 9.528, de 1997 com a redação dada pela Lei nº 10.256/2001 (9)	01.01.2018 a	1,2%	0,1%	0,2%	1,5%	744

DEPARTAMENTO DE PESSOAL MODELO

CONTRI-BUINTE	FUNDAMEN-TAÇÃO	PERÍODO	ALÍQUO-TAS	FPAS			
			PREVI-DÊNCIA	GIL-RAT	SENAR	TOTAL	
Agroindústria (5)	Art. 22 A da Lei nº 8.212, de 1991 acrescentado pela Lei nº 10.256, de 2001 (6)	01.11.2001 a 31.12.2001	2,5%	0,1%	-	2,6%	744
		01.01.2002 a 31.08.2003	2,5%	0,1%	0,25%	2,85%	744
	Art. 22 A da Lei nº 8.212, de 1991 acrescentado pela Lei nº 10.256, de 2001, alterado pela Lei nº 10.684, de 2003 (7)	01.09.2003 a	2,5%	0,1%	0,25%	2,85%	744

Notas:

(1) Excluídas as agroindústrias (Decisão do STF na ADIN 1.103-1/6000).

(2) De 01.11.1991 a 31.07.1994, a contribuição do produtor rural pessoa jurídica era apenas sobre a folha de pagamento.

(3) De 01.11.1991 a 31.03.1993, a contribuição do produtor rural pessoa física - equiparado a autônomo era apenas sobre a folha de pagamento.

(4) Art. 25 da Lei nº 8.212, de 1991 com a redação dada pelo art. 1º da Medida Provisória nº 1.523, de 1996, publicada no DOU de 14.10.1996, c/c art. 4º da Medida Provisória nº 1.596-14, de 10 de novembro de 1997, convertida na Lei nº 9.528, de 1997, com alteração para 2,0% (dois por cento) da alíquota do produtor rural pessoa física e do segurado especial.

(5) A prestação de serviços a terceiros pelas agroindústrias e pelos produtores rurais pessoas jurídicas está sujeita às contribuições sociais calculadas sobre a remuneração dos segurados, sendo que a receita bruta correspondente aos serviços prestados a terceiros é excluída da base de cálculo da contribuição sobre a comercialização da produção. Fica excluído da substituição, devendo contribuir sobre a remuneração dos segurados, o produtor rural pessoa jurídica que tem outra atividade econômica.

Capítulo XVII – Obrigações Previdenciárias

(6) O fato gerador das contribuições ocorre na comercialização da produção própria e da adquirida de terceiros, industrializada ou não, pela agroindústria, a partir de 1º de novembro de 2001; a contribuição para o Senar, todavia, em face do princípio da anualidade, é devida a partir de 1º de janeiro de 2002. Excluídas as agroindústrias, inclusive sob a forma de cooperativa, de piscicultura, carcinicultura, suinocultura e avicultura, que permanecem com a obrigação do recolhimento sobre a folha de pagamento, setor agrário e industrial (§ 4º, do art. 22-A, da Lei nº 8.212, de 1991, acrescentado pela Lei nº 10.256, de 2001).

(7) A Lei nº 10.684, de 2003, alterou o art. 22-A da Lei nº 8.212, de 1991, na redação da Lei nº 10.256, de 2001, para excluir, a partir de 1º de setembro de 2003, as pessoas jurídicas que se dediquem apenas ao florestamento e reflorestamento como fonte de matéria-prima para industrialização própria mediante a utilização de processo industrial que modifique a natureza química da madeira ou a transforme em pasta celulósica, ainda que comercialize resíduos vegetais ou sobras ou partes da produção rural (exceto se a receita bruta decorrente desta comercialização represente 1% (um por cento) ou mais de sua receita bruta proveniente da comercialização da produção).

(8) A Lei nº 13.606, de 2018, reduziu a alíquota da contribuição do produtor rural pessoa jurídica, prevista no art. 25 da Lei nº 8.870, de 1994, de 2,5% (dois inteiros e cinco décimos por cento) para 1,7% (um inteiro e sete décimos por cento), no entanto, essa alteração decorreu da rejeição do veto pelo Congresso Nacional ao inciso I do art. 25 da Lei nº 8.870, de 1994, de forma que o dispositivo originalmente vetado foi promulgado, juntamente com as demais partes vetadas, em 17 de abril de 2018 e publicado no DOU, em 18 de abril de 2018, data a partir da qual os dispositivos passaram a viger.

(9) A Lei nº 13.606, de 2018, reduziu a alíquota da contribuição do produtor rural pessoa física e do segurado especial, prevista no art. 25 da Lei nº 8.212, de 1991, de 2,0% (dois por cento) para 1,2% (um inteiro e dois décimos por cento), com vigência a partir de 1º de janeiro de 2018.

DEPARTAMENTO DE PESSOAL MODELO

ALERTAS

Desde 1º.01.2019, o empregador rural pessoa física ou o empregador pessoa jurídica que se dedique à produção rural, poderá optar por contribuir sobre o valor da comercialização da produção rural ou na forma dos incisos I e II do caput do art. 22 da Lei no 8.212/1991 (20% sobre a folha bruta de salários dos empregados e trabalhadores avulsos e contribuição sobre a folha bruta de salários, para o financiamento do seguro de acidentes do trabalho à alíquota de 1% ou 2% ou 3%, conforme o grau de risco de acidente seja leve, médio ou grave, respectivamente).

A opção será manifestada mediante o pagamento da contribuição incidente sobre a folha de salários relativa a janeiro de cada ano, ou à primeira competência subsequente ao início da atividade rural.

Feita a opção, esta será irretratável para todo o ano-calendário.

Não integra a base de cálculo da contribuição do empregador rural, pessoa física e jurídica e do segurado especial, a produção rural destinada ao plantio ou reflorestamento, nem o produto animal destinado à reprodução ou criação pecuária ou granjeira e à utilização como cobaia para fins de pesquisas científicas, quando vendido pelo próprio produtor e por quem a utilize diretamente com essas finalidades e, no caso do produto vegetal, por pessoa ou entidade registrada no Ministério da Agricultura, Pecuária e Abastecimento que se dedique ao comércio de sementes e mudas no País.

CONTRIBUIÇÕES DEVIDAS PELA AGROINDÚSTRIA, PRODUTORES RURAIS (PESSOA JURÍDICA E FÍSICA), CONSÓRCIO DE PRODUTORES, GARIMPEIROS, EMPRESAS DE CAPTURA DE PESCADO

O Anexo adiante foi reproduzido conforme o Anexo IV da Instrução Normativa RFB nº 971/2009, na redação da Instrução Normativa RFB nº 1.867/2019, a qual dispõe sobre normas gerais de tributação previdenciária e de arrecadação das contribuições sociais destinadas à Previdência Social e as destinadas a outras entidades ou fundos, administradas pela Secretaria da Receita Federal do Brasil (RFB).

Antes da utilização da citada tabela, é recomendável confirmar a exatidão do enquadramento, conforme cada caso específico, junto ao órgão competente.

Dispositivo IN 971	Contribuinte	Base	FPAS	Previdência Social			Terceiros									
				segurado	empresa	GIL-RAT	Fnde	Incra	Senai	Sesi	Sebrae	DPC	Senar	Sescoop	Total terceiros
							0001	0002	0004	0008	0064	0128	0512	4096	
174	Agroindústria de piscicultura, carcinicultura, suinocultura ou avicultura.	Mão de obra setor criação	787	8% a 11%	20%	1% a 3%	2,5%	0,2%	-	-	-	-	2,5%	-	5,2%
		Mão de obra setor abate e industrialização	507	8% a 11%	20%	1% a 3%	2,5%	0,2%	1,0%	1,5%	0,6%	-	-	-	5,8%
175, § 5º, II	Agroindústria de florestamento e reflorestamento não sujeita à contribuição substitutiva.	Mão de obra setor rural	787	8% a 11%	20%	1% a 3%	2,5%	0,2%	-	-	-	-	2,5%	-	5,2%
		Mão de obra setor industrial	507	8% a 11%	20%	1% a 3%	2,5%	0,2%	1,0%	1,5%	0,6%	-	-	-	5,8%
111-F, III	Agroindústria sujeita à contribuição substitutiva instituída pela Lei no 10.256, de 2001, exceto a referida no inciso IV do art. 111-F.	Receita bruta da produção	744	-	2,5%	0,1%	-	-	-	-	-	-	0,25%	-	0,25%
		Folha de salários do setor rural	604	8% a 11%	-	-	2,5%	0,2%	-	-	-	-	-	-	2,7%
		Folha de salários do setor industrial	833	8% a 11%	-	-	2,5%	0,2%	1,0%	1,5%	0,6%	-	-	-	5,8%

Dispositivo	Contribuinte	Base de cálculo	Código											
111-F, IV	Agroindústria sujeita à contribuição substitutiva instituída pela Lei nº 10.256, de 2001, que desenvolva atividade enumerada no art. 2º do Decreto-lei no 1.146, de 1970, nas condições do art. 111-F, § 1º, da Instrução Normativa RFB no 971, e desde que não caracterizada a hipótese dos §§ 4º e 5º do mesmo artigo.	Receita bruta da produção	744	-	2,5%	0,1%	-	-	-	-	-	-	0,25%	0,25%
		Folha de salários (rural e industrial)	825	8% a 11%	-	-	2,5%	2,7%	-	-	-	-	-	5,2%
111-G, § 1º	Pessoa jurídica que desenvolva, além da atividade rural, outra atividade econômica autônoma.	Total de remuneração de segurados (em todas as atividades)	787	8% a 11%	20%	1% a 3%	2,5%	0,2%	-	-	-	2,5%	2,5%	5,2%
111-G, §§ 2º e 3º	Pessoa jurídica, inclusive agroindústria, que além da atividade rural, presta serviços a terceiros (atividade não autônoma).	Remuneração de segurados (somente em relação a serviços prestados a terceiros)	787	8% a 11%	20%	1% a 3%	2,5%	0,2%	-	-	-	2,5%	2,5%	5,2%

Dispositivo	Sujeito passivo	Base de cálculo	Código												
110-A e 111-G	Pessoa jurídica que se dedique apenas a atividade de produção rural.	Receita bruta da produção	744	-	2,5%	0,1%	2,5%	-	-	-	-	-	0,25%	-	0,25%
110-A e 111-G	Pessoa jurídica que se dedique apenas a atividade de produção rural.	Remuneração de segurados	604	8% a 11%	-	-	2,5%	0,2%	-	-	-	-	-	-	2,7%
110-A, § 1º, e 111-G	Pessoa jurídica que desenvolva atividade prevista no art. 2º do Decreto-lei nº 1.146/1970, não exclusiva, com preponderância rural, não sujeita a substituição.	Remuneração de segurados	531	8% a 11%	20%	1% a 3%	2,5%	2,7%	-	-	-	-	-	-	5,2%
110-A, § 4º, e 111-G, § 4º	Pessoa jurídica que desenvolva atividade prevista no art. 2o do Decreto-lei nº 1.146/1970, não exclusiva, com preponderância da industrialização, não sujeita à substituição.	Remuneração de segurados	507	8% a 11%	20%	1% a 3%	2,5%	0,2%	1,0%	1,5%	0,6%	-	-	-	5,8%
165, I, a	Produtor rural pessoa física equiparado a autônomo (cont. individual), empregador.	Remuneração de segurados	604	8% a 11%	-	-	2,5%	0,2%	-	-	-	-	-	-	2,7%

165, I, a	Produtor rural pessoa física equiparado a autônomo (cont. individual), empregador que optar por contribuir sobre a folha de pagamento.	Total de remuneração de segurados	787	8% a 11%	20 %	1% a 3%	2,5 %	0,2 %	-	-	-	-	-	-	2,7%
6°, XXX, e 10	Produtor rural pessoa física e segurado especial.	Receita bruta da comercialização da produção rural	744	-	2,0%	0,1%	-	-	-	-	-	-	0,2%	-	0,2%
165, XIX	Consórcio simplificado de produtores rurais.	Remuneração de segurados	604	8% a 11%	-	-	2,5%	0,2%	-	-	-	-	-	-	2,7%
186	Garimpeiro – empregador.	Remuneração de segurados	507	8% a 11%	20%	3%	2,5%	0,2%	1,0%	1,5%	0,6%	-	-	-	5,8%
9°	Empresa de captura de pescado.	Remuneração de segurados	540	8% a 11%	20%	3%	2,5%	0,2%	-	-	-	2,5%	-	-	5,2%

Capítulo XVII – Obrigações Previdenciárias

Notas

1. AGROINDÚSTRIAS. As agroindústrias, exceto as de que tratam os incisos I e II do art. 111-F desta Instrução Normativa, sujeitam-se à contribuição substitutiva instituída pela Lei nº 10.256, de 9 de julho de 2001.

1.1 Ressalvada a hipótese contida no item 1.2, a contribuição da agroindústria sujeita à contribuição substitutiva instituída pela Lei nº 10.256, de 2001, para a Previdência Social, Gilrat e Senar incide sobre a receita bruta proveniente da comercialização da produção (FPAS 744) e, para as demais entidades e fundos incide sobre as folhas de salários dos setores rural (FPAS 604) e industrial (FPAS 833), que devem ser declaradas separadamente.

1.2 Tratando-se de agroindústria sujeita à contribuição substitutiva instituída pela Lei nº 10.256, de 2001, que desenvolva atividade enumerada no art. 2º do Decreto-Lei nº 1.146, de 31 de dezembro de 1970, conforme IV do art. 111 F, da Instrução Normativa RFB nº 971, de 13 de novembro de 2003, as contribuições serão calculadas de acordo com os códigos FPAS 744 e 825.

2. COOPERATIVAS

2.1 Para fins de recolhimento das contribuições devidas à Previdência Social e a terceiros, a cooperativa de produção que atua nas atividades de que tratam os incisos I e II do art. 111-F e o art. 111-G informará o código de terceiros 4099, e a que atua nas demais atividades informará o código de terceiros 4163.

2.2 Sobre a remuneração de trabalhadores contratados exclusivamente para a colheita da produção dos cooperados, a cooperativa fica obrigada ao pagamento das contribuições devidas ao FNDE e ao Incra, calculadas mediante aplicação das alíquotas previstas no Anexo II a esta Instrução Normativa, de acordo com o código FPAS 604 e código terceiros 0003, bem como à retenção e ao recolhimento das contribuições devidas pelo segurado.

3. PRODUTOR RURAL PESSOA JURÍDICA

3.1 As contribuições devidas pela pessoa jurídica que tenha como fim apenas a atividade de produção rural incidem sobre a receita bruta da comercialização da produção rural, em substituição às instituídas pelos incisos I e II do art. 22 da Lei nº 8.212, de 24 de julho de 1991, e são calculadas de acordo com o código FPAS 744 (1,7% para Previdência Social; 0,1% para GILRAT e 0,25% para o Senar).

3.2 A substituição não se aplica às contribuições devidas ao FNDE e ao Incra, que continuam a incidir sobre a folha, de acordo com o código FPAS 604 e código de terceiros 0003 (2,5% salário-educação e 0,2% Incra).

3.3 Se a pessoa jurídica, exceto a agroindústria, explorar, além da atividade de produção rural, outra atividade econômica autônoma comercial, industrial ou de serviços, no mesmo estabelecimento ou em estabelecimento distinto, ou optar por contribuir sobre a folha de pagamento, fica obrigada às seguintes contribuições, em relação a todas as atividades:

I - 20% (vinte por cento) sobre o total da remuneração paga, devida ou creditada a empregados e trabalhadores avulsos a seu serviço;

II - 20% (vinte por cento) sobre a remuneração de contribuintes individuais (trabalhadores autônomos) a seu serviço;

III - contribuição destinada ao financiamento da aposentadoria especial e dos benefícios concedidos em razão do grau de incidência de incapacidade laborativa decorrente dos riscos ambientais do trabalho, incidente sobre a remuneração de empregados e trabalhadores avulsos (Decreto nº 3.048, de 1999, art. 202);

3.4 Aplica-se a substituição prevista no item 3.1 ainda que a pessoa jurídica tenha como atividade complementar a prestação de serviços a terceiros, sem constituir atividade econômica autônoma. Sobre essa atividade (serviços a terceiros) contribuirá para a Previdência Social e terceiros de acordo com o código FPAS 787 e o código de terceiros 0515.

3.5 A agroindústria de que tratam os incisos III e IV do art. 111-F estará sujeita à contribuição substitutiva instituída pela Lei nº 10.256, de 2001 ainda que explorar, além da atividade agroindustrial, outra atividade econômica, independentemente de ser autônoma ou não. Nessa hipótese a contribuição incidirá sobre a receita total (parágrafo único do art. 173).

470   *DEPARTAMENTO DE PESSOAL MODELO*

3.6 Na hipótese de a agroindústria de que tratam os incisos I a IV do art. 111-F prestar serviços a terceiros, sobre essa atividade deverá contribuir na forma do art. 22 da Lei nº 8.212, de 1991, de acordo com o código FPAS 787 e código de terceiros 0515.

3.7 O código FPAS 787 não deve ser utilizado se houver preponderância da outra atividade econômica autônoma, na forma do inciso III do art. 109-C.

4. PRODUTOR RURAL PESSOA FÍSICA. Aplica-se ao produtor rural pessoa física as seguintes regras:

a) se qualificado como segurado especial (inciso VII do art. 12 da Lei nº 8.212, de 1991), contribuirá sobre a comercialização da produção rural (1,2% para Previdência; 0,1% para GILRAT e 0,2% para Senar); não contribui sobre a remuneração dos trabalhadores que contratar (empregado ou contribuinte individual), mas é responsável pela retenção e recolhimento da contribuição previdenciária do empregado.

b) se contribuinte individual, empregador rural (inciso V do art. 12 da Lei nº 8.212, de 1991), contribuirá sobre a comercialização da produção (1,2% para Previdência; 0,1% para GILRAT e 0,2% para Senar) em relação a empregados e trabalhadores avulsos; sobre a remuneração de outros contribuintes individuais ou cooperados (por intermédio de cooperativa de trabalho) que contratar, conforme os incisos III e IV do art. 22 da Lei nº 8.212, de 1991, e ainda sobre seu salário-de-contribuição (20%).

c) se contribuinte individual, empregador rural pessoa física (inciso V do art. 12 da Lei nº 8.212, de 1991), que optar por contribuir sobre a folha de pagamento, fica obrigado às seguintes contribuições:

I - 20% (vinte por cento) sobre o total da remuneração paga, devida ou creditada a empregados e trabalhadores avulsos a seu serviço;

II - 20% (vinte por cento) sobre a remuneração de contribuintes individuais (trabalhadores autônomos) a seu serviço;

III - contribuição destinada ao financiamento da aposentadoria especial e dos benefícios concedidos em razão do grau de incidência de incapacidade laborativa decorrente dos riscos ambientais do trabalho, incidente sobre a remuneração de empregados e trabalhadores avulsos (Decreto nº 3.048, de 1999, art. 202);

IV - 2,5% (dois inteiros e cinco décimos por cento) para o FNDE sobre o total da remuneração paga, devida ou creditada a empregados e trabalhadores avulsos a seu serviço;

V - 0,2% (dois décimos por cento) para o Incra sobre o total da remuneração paga, devida ou creditada a empregados e trabalhadores avulsos a seu serviço;

VI - 0,2% (dois décimos por cento) para o Senar sobre a comercialização da produção rural.

Importante

Não integra a base de cálculo da contribuição do empregador rural, pessoa física e jurídica e do segurado especial, a produção rural destinada ao plantio ou reflorestamento, nem o produto animal destinado à reprodução ou criação pecuária ou granjeira e à utilização como cobaia para fins de pesquisas científicas, quando vendido pelo próprio produtor e por quem a utilize diretamente com essas finalidades e, no caso do produto vegetal, por pessoa ou entidade registrada no Ministério da Agricultura.

Desde 1º.01.2019, o empregador rural pessoa física ou o empregador pessoa jurídica que se dedique à produção rural, poderá optar por contribuir sobre o valor da comercialização da produção rural ou na forma dos incisos I e II do caput do art. 22 da Lei no 8.212/1991 (20% sobre a folha bruta de salários dos empregados e trabalhadores avulsos e contribuição sobre a folha bruta de salários, para o financiamento do seguro de acidentes do trabalho à alíquota de 1% ou 2% ou 3%, conforme o grau de risco de acidente seja leve, médio ou grave, respectivamente).

A opção será manifestada mediante o pagamento da contribuição incidente sobre a folha de salários relativa a janeiro de cada ano, ou à primeira competência subsequente ao início da atividade rural.

Feita a opção, esta será irretratável para todo o ano-calendário.

Capítulo XVII – Obrigações Previdenciárias 471

Retenção previdenciária

As empresas tomadoras de serviço de outras pessoas jurídicas, deverão recolher o valor relativo à retenção previdenciária, em geral de 11% sobre o valor de serviço quando houver cessão de mão de obra ou empreitada sujeitas à retenção. Observe-se que o valor referente à retenção corresponde a uma antecipação compensável descontada pela empresa contratante, do valor bruto dos serviços realizados e constantes da nota fiscal, fatura ou recibo.

Desde 1º.04.2003, o percentual de 11% foi acrescido de 4%, 3% ou 2% relativamente aos serviços prestados pelo segurado empregado, cuja atividade na empresa contratante permita a concessão de aposentadoria especial após 15, 20 ou 25 anos de contribuição, respectivamente.

Observe que os percentuais adicionais incidem apenas sobre o valor da mão de obra dos trabalhadores expostos a agentes nocivos prejudiciais à saúde ou integridade física que permitam a concessão da aposentadoria especial.

No caso de contratação de empresas abrangidas e optantes pela desoneração da folha de pagamento, para a execução dos serviços sujeitos à retenção previdenciária, mediante cessão de mão de obra, na forma definida pelo art. 31 da Lei nº 8.212/1991, a empresa contratante deverá reter 3,5% do valor bruto da nota fiscal ou fatura de prestação de serviços.

A empresa contratada, prestadora de serviços, deverá comprovar a opção pela tributação substitutiva, fornecendo à empresa contratante declaração de que recolhe a contribuição previdenciária sobre a receita bruta.

Relação dos Principais Códigos de Receita para utilização no preenchimento do Darf

Principais códigos de receita para serem utilizados no preenchimento de Documento de Arrecadação de Receitas Federais (Darf).

DEPARTAMENTO DE PESSOAL MODELO

Código de Receita	Especificação
1872	Complemento de Contribuição Previdenciária - Recolhimento mensal
2096	Contribuição Segurados - Lançamento de Ofício
2141	Contribuição Empresa/Empregador - Lançamento de Ofício
2158	Contribuição Riscos Ambientais/Aposentadoria Especial - Lançamento de Ofício
2193	Contribuição sujeita a retenção previdenciária - Lançamento de Ofício
2164	Contribuição devida a outras entidades e fundos - Salário Educação - Lançamento de Ofício
2187	Contribuição devida a outras entidades e fundos - Serviço Nacional de Aprendizagem Rural (Senar) - Lançamento de Ofício
2249	Contribuição devida a outras entidades e fundos - Instituto Nacional de Colonização e Reforma Agrária (Incra) - Lançamento de Ofício
2255	Contribuição devida a outras entidades e fundos - Fundo Aeroviário - Lançamento de Ofício
2261	Contribuição devida a outras entidades e fundos - Fundo de Desenvolvimento do Ensino Profissional Marítimo (FDEPM) - Lançamento de Ofício
2278	Contribuição devida a outras entidades e fundos - Serviço Nacional de Aprendizagem do Transporte (Senat) - Lançamento de Ofício
2290	Contribuição devida a outras entidades e fundos - Serviço Social de Transporte (Sest) - Lançamento de Ofício
2317	Contribuição devida a outras entidades e fundos - Serviço Nacional de Aprendizagem Industrial (Senai) - Lançamento de Ofício
2323	Contribuição devida a outras entidades e fundos - Serviço Social da Indústria (Sesi) - Lançamento de Ofício
2346	Contribuição devida a outras entidades e fundos - Serviço Nacional de Aprendizagem Comercial (Senac) - Lançamento de Ofício
2352	Contribuição devida a outras entidades e fundos - Serviço Social do Comércio (Sesc) - Lançamento de Ofício
2381	Contribuição devida a outras entidades e fundos - Serviço Nacional de Aprendizagem do Cooperativismo (Sescoop) - Lançamento de Ofício
2398	Multa isolada compensação previdenciária indevida
2408	Multa regulamentar descumprimento de obrigação acessória previdenciária - Lançamento de Ofício
2414	Glosa de compensação previdenciária - Lançamento de Ofício
2985	Contribuição previdenciária sobre a receita bruta - Art. 7º da Lei nº 12.546/2011.
2991	Contribuição previdenciária sobre a receita bruta - Art. 8º da Lei nº 12.546/2011.
3192	R D Ativa - Contribuição previdenciária patronal - Lançado de Ofício - Simples Nacional
3202	R D Ativa - Contribuição previdenciária sobre a receita bruta
3290	R D Ativa - Multa destinada ao Fundo de Amparo ao Trabalhador (FAT)
3504	Devolução de restituição indevida - Contribuição previdenciária - Não tributário.

Capítulo XVII – Obrigações Previdenciárias 473

Código de Receita	Especificação
3601	Contribuição previdenciária sobre a receita bruta - Lançamento de Ofício
3618	Compensação previdenciária indevida em GFIP
3647	Encargos por recolhimento fora do prazo - Documento de Arrecadação do Empregador Doméstico (DAE)
3653	Encargos por repasse fora do prazo - Instituição financeira centralizadora - Documento de Arrecadação do Empregador Doméstico (DAE)
3780	Reabertura Lei nº 11.941/2009 - PGFN - Débitos previdenciários - Parcelamento de dívidas não parceladas anteriormente - Art. 1ª
3796	Reabertura Lei nº 11.941/2009 - PGFN - Débitos previdenciários - Parcelamento de saldo remanescente dos programas Refis, Paes, Paex e parcelamentos ordinários - Art. 3ª
3812	Reabertura Lei nº 11.941/2009 - PGFN - Débitos previdenciários - Pagamento à vista com utilização de prejuízo fiscal e base de cálculo negativa da CSLL para liquidar multa e juros
3829	Reabertura Lei nº 11.941/2009 - PGFN - Demais débitos - Pagamento à vista com utilização de prejuízo fiscal e base de cálculo negativa da CSLL para liquidar multa e juros
3835	Reabertura Lei nº 11.941/2009 - PGFN - Demais débitos - Parcelamento de dívidas não parceladas anteriormente - Art. 1ª
3841	Reabertura Lei nº 11.941/2009 - PGFN - Demais débitos - Parcelamento de saldo remanescente dos programas Refis, Paes, Paex e parcelamentos ordinários - Art. 3ª
3870	Reabertura Lei nº 11.941/2009 - RFB - Débitos previdenciários - Parcelamento de Dívidas Não Parceladas Anteriormente - Art. 1ª
3887	Reabertura Lei nº 11.941/2009 - RFB - Débitos previdenciários - Parcelamento de saldo remanescente dos programas Refis, Paes, Paex e parcelamentos ordinários - Art. 3ª
3903	Reabertura Lei nº 11.941/2009 - RFB - Débitos previdenciários - Pagamento à vista com utilização de prejuízo fiscal e base de cálculo negativa da CSLL para liquidar multa e juros
3910	Reabertura Lei nº 11.941/2009 - RFB - Demais débitos - Pagamento à vista com utilização de prejuízo fiscal e base de cálculo negativa da CSLL para liquidar multa e juros
3926	Reabertura Lei nº 11.941/2009 - RFB - Demais débitos - Parcelamento de dívidas não parceladas anteriormente - Art. 1ª
3932	Reabertura Lei nº 11.941/2009 - RFB - Demais débitos - Parcelamento de saldo remanescente dos programas Refis, Paes, Paex e parcelamentos ordinários - Art. 3ª
4133	R D Ativa - Contribuição previdenciária Segurados
4156	R D Ativa - Contribuição Empresa/Empregador
4162	R D Ativa - Contribuição Risco Ambiental/Aposentadoria Especial
4185	R D Ativa - Contribuição sujeita a retenção previdenciária
4201	R D Ativa - Contribuição devida a outras entidades e fundos - Salário Educação
4218	R D Ativa - Contribuição devida a outras entidades e fundos - Serviço Nacional de Aprendizagem Rural - Senar

DEPARTAMENTO DE PESSOAL MODELO

Código de Receita	Especificação
4224	R D Ativa - Contribuição devida a outras entidades e fundos - Instituto Nacional de Colonização e Reforma Agrária (Incra)
4230	R D Ativa - Contribuição devida a outras entidades e fundos - Fundo Aeroviário
4253	R D Ativa - Contribuição devida a outras entidades e fundos - Fundo de Desenvolvimento do Ensino Profissional Marítimo (FDEPM)
4260	R D Ativa - Contribuição devida a outras entidades e fundos - Serviço Nacional de Aprendizagem do Transporte (Senat)
4276	R D Ativa - Contribuição devida a outras entidades e fundos - Serviço Social de Transporte - Sest
4282	R D Ativa - Contribuição Devida a Outras Entidades e Fundos - Serviço Nacional de Aprendizagem Industrial (Senai)
4299	R D Ativa - Contribuição devida a outras entidades e fundos - Serviço Social da Indústria (Sesi)
4309	R D Ativa - Contribuição devida a outras entidades e fundos - Serviço Nacional de Aprendizagem Comercial (Senac)
4321	R D Ativa - Contribuição devida a outras entidades e fundos - Serviço Social do Comércio (Sesc)
4344	R D Ativa - Contribuição devida a outras entidades e fundos - Serviço Nacional de Aprendizagem do Cooperativismo (Sescoop)
4350	R D Ativa - Multa isolada compensação previdenciária indevida
4373	R D Ativa - Multa regulamentar descumprimento de obrigação acessória previdenciária
4380	R D Ativa - Glosa de compensação previdenciária
4720	Lei nº 12.996/2014 - PGFN - Débitos previdenciários - Parcelamento
4737	Lei nº 12.996/2014 - PGFN - Demais débitos - Parcelamento
4743	Lei nº 12.996/2014 - RFB - Débitos previdenciários - Parcelamento
4750	Lei nº 12.996/2014 - RFB - Demais débitos - Parcelamento
4766	Lei nº 12.996/2014 - PGFN - Débitos previdenciários - Pagamento à vista com utilização de prejuízo fiscal e base de cálculo negativa da CSLL
4772	Lei nº 12.996/2014 - PGFN - Demais débitos - Pagamento à vista com utilização de prejuízo fiscal e base de cálculo negativa da CSLL
4789	Lei nº 12.996/2014 - RFB - Débitos previdenciários - Pagamento à vista com utilização de prejuízo fiscal e base de cálculo negativa da CSLL
4795	Lei nº 12.996/2014 - RFB - Demais débitos - Pagamento à vista com utilização de prejuízo fiscal e base de cálculo negativa da CSLL
4857	Contribuição previdenciária sobre a receita bruta de associações desportivas que mantêm equipe de futebol profissional em substituição à contribuição patronal - Lançamento de Ofício
4863	Contribuição previdenciária sobre a comercialização da produção rural - Lançamento de Ofício
5041	Contribuição previdenciária sobre a folha de pagamento de benefícios do Regime Geral de Previdência Social
5064	Parcelamento Profut - Demais débitos - RFB

Capítulo XVII – Obrigações Previdenciárias 475

Código de Receita	Especificação
5087	Parcelamento Profut - Demais débitos - PGFN
5161	Programa de Regularização Tributária Rural (PRR)
5184	Programa de Regularização Tributária (PRT) - Demais débitos
5190	Programa Especial de Regularização Tributária (Pert) - Demais débitos
5161	Programa de Regularização Tributária Rural (PRR)
5440	Multa por Atraso na Entrega da DCTFWeb
5525	Programa de Regularização de Débitos previdenciários dos Estados e dos Municípios (PREM) - MP 778/2017
5554	Parcelamento PGFN - Ajustes – Previdenciário
5577	Parcelamento PGFN - Ajustes - Demais
5804	Multa por omissão/incorreção/falta/atraso na entrega da Escrituração Fiscal Digital de Retenções e Outras Informações Fiscais (EFD-Reinf)
5827	Contribuição facultativa em período de benefício emergencial com suspensão temporária de contrato ou redução de jornada de trabalho/salário (Lei nº 14.020/2020, art. 20)
5833	Contribuição facultativa em período de afastamento/inatividade sem remuneração e atividade vinculada ao RGPS/RPPS (RPS - Decreto nº 3.048/1999, art. 11, § 5º e art. 216, § 35)
5930	Devolução do auxílio emergencial (Lei nº 13.982/2020, art. 2º)
5976	Parcelamento (arts. 10-A e 10-B da Lei nº 10.522/2002) - Recuperação judicial - Tributos retidos/descontados recolhíveis originalmente em Darf (IOF, IRRF, contribuição previdenciária) - Até 24 parcelas
5982	Parcelamento (arts. 10-A e 10-B da Lei nº 10.522/2002) - Recuperação judicial - Débitos patronais recolhíveis originalmente em Darf (previdenciário e contribuição devida por lei a terceiros) - Até 60 parcelas;
6005	Parcelamento (arts. 10-A e 10-B da Lei nº 10.522/2002) - Recuperação judicial - Débitos patronais recolhíveis originalmente em GPS (previdenciário e contribuição devida por lei a terceiros) - Até 60 parcelas;
6011	Parcelamento (arts. 10-A e 10-B da Lei nº 10.522/2002) - Recuperação judicial - Débitos retidos/descontados recolhíveis originalmente em GPS (contribuição previdenciária) - Até 24 parcelas.
6034	Reabertura da transação por adesão no contencioso tributário de pequeno valor - Demais débitos (recolhimentos decorrentes dos acordos de transação celebrados com base na Lei nº 13.988/2020, na Portaria ME nº 247/2020, e no Edital de Transação por Adesão nº 1/2021.

Contribuição dos empregados

Remuneração

Considera-se remuneração as importâncias recebidas em uma ou mais empresas, assim entendida a totalidade dos rendimentos pagos, devidos ou creditados a qualquer título, durante o mês, destinados a retribuir o trabalho, qualquer que seja a sua forma, inclusive os ganhos habituais sob a forma de utilidades e os adiantamentos decorrentes de reajuste salarial, quer pelos serviços efetivamente prestados, quer pelo tempo à disposição do empregador ou do tomador de serviços, nos termos da lei ou do contrato ou, ainda, de convenção ou de acordo coletivo de trabalho ou de sentença normativa, em relação aos segurados empregados e trabalhadores avulsos.

A contribuição previdenciária dos empregados, trabalhadores avulsos e empregado doméstico é calculada mediante a aplicação das correspondentes alíquotas (7,5%, 9%, 12% ou 14%), de forma progressiva, sobre as faixas salarias, observado o teto máximo do salário de contribuição mensal.

Para o ano de 2022 a tabela de desconto de contribuição previdenciária é a seguinte:

Salário de contribuição (R$)	Alíquota progressiva para fins de recolhimento ao INSS
Até 1.212,00	7,5%
De 1.212,01 até 2.427,35	9%
De 2.427,36 até 3.641,03	12%
De 3.641,04 até 7.087,22	14%

A mencionada tabela será aplicada de forma progressiva sobre o salário de contribuição, incidindo cada alíquota sobre as faixas de valores compreendidas nos respectivos limites.

São segurados obrigatórios da Previdência Social na qualidade de segurado empregado, entre outros:

1. aquele que presta serviço de natureza urbana ou rural à empresa, em caráter não eventual, sob sua subordinação e mediante remuneração, inclusive como diretor empregado;

Capítulo XVII – Obrigações Previdenciárias   477

2. aquele que, contratado por empresa de trabalho temporário, presta serviço para atender à necessidade transitória de substituição de pessoal regular e permanente ou a demanda complementar de serviços de outras empresas, na forma da legislação própria;

3. o brasileiro ou o estrangeiro domiciliado e contratado no Brasil para trabalhar como empregado no exterior, em sucursal ou agência de empresa constituída sob as leis brasileiras e que tenha sede e administração no País;

4. o brasileiro ou o estrangeiro domiciliado e contratado no Brasil para trabalhar como empregado em empresa domiciliada no exterior, com maioria do capital votante pertencente à empresa constituída sob as leis brasileiras, que tenha sede e administração no País e cujo controle efetivo esteja em caráter permanente sob a titularidade direta ou indireta de pessoas físicas, domiciliadas e residentes no País ou de entidade de direito público interno;

5. aquele que presta serviço no Brasil à missão diplomática ou à repartição consular de carreira estrangeira e a órgãos a elas subordinados, ou a membros dessas missões e repartições, excluídos o não brasileiro sem residência permanente no Brasil e o brasileiro amparado pela legislação previdenciária do país da respectiva missão diplomática ou repartição consular;

6. o brasileiro civil que trabalha para a União no exterior, em organismos oficiais internacionais dos quais o Brasil seja membro efetivo, ainda que lá domiciliado e contratado, salvo se amparado por regime próprio de previdência social;

7. o brasileiro civil que presta serviços à União no exterior, em repartições governamentais brasileiras, lá domiciliado e contratado, inclusive o auxiliar local de que tratam os artigos 56 e 57 da Lei 11.440/2006, este desde que, em razão de proibição legal, não possa filiar-se ao sistema previdenciário local;

8. o bolsista e o estagiário que prestam serviços à empresa, em desacordo com a Lei nº 11.788/2008;

9. o servidor da União, do Estado, do Distrito Federal ou do Município, incluídas suas autarquias e fundações, ocupante,

exclusivamente, de cargo em comissão declarado em lei de livre nomeação e exoneração;

10. o servidor do Estado, do Distrito Federal ou do Município, bem como o das respectivas autarquias e fundações, ocupante de cargo efetivo, desde que, nesta qualidade, não esteja amparado por regime próprio de previdência social;

11. o servidor contratado pela União, Estado, Distrito Federal ou Município, bem como pelas respectivas autarquias e fundações, por tempo determinado, para atender à necessidade temporária de excepcional interesse público, nos termos do inciso IX do artigo 37 da Constituição Federal;

12. o servidor da União, do Estado, do Distrito Federal ou do Município, incluídas suas autarquias e fundações, ocupante de emprego público;

13. o escrevente e o auxiliar contratados por titular de serviços notariais e de registro a partir de 21 de novembro de 1994, bem como aquele que optou pelo Regime Geral de Previdência Social, em conformidade com a Lei nº 8.935, de 18 de novembro de 1994;

14. o exercente de mandato eletivo federal, estadual ou municipal, desde que não vinculado a regime próprio de previdência social;

15. o empregado de organismo oficial internacional ou estrangeiro em funcionamento no Brasil, salvo quando coberto por regime próprio de previdência social;

16. o trabalhador rural contratado por produtor rural pessoa física, na forma do artigo 14-A da Lei nº 5.889/1973, para o exercício de atividades de natureza temporária por prazo não superior a 2 meses dentro do período de 1 ano.

17. o trabalhador contratado mediante contrato de trabalho intermitente.

Capítulo XVII – Obrigações Previdenciárias 479

Contribuição do contribuinte individual

O segurado contribuinte individual que não presta serviços à empresa e o facultativo estão obrigados a recolher sua contribuição, por iniciativa própria, até o dia quinze do mês seguinte àquele a que as contribuições se referirem, prorrogando-se o vencimento para o dia útil subsequente quando não houver expediente bancário no dia quinze.

A contribuição previdenciária do contribuinte individual, inscrito no Regime Geral de Previdência Social é de 20% sobre o respectivo salário de contribuição que corresponde à remuneração auferida em uma ou mais empresas ou pelo exercício de sua atividade por conta própria, durante o mês, observado o limite mínimo e máximo do salário de contribuição.

O contribuinte individual, independentemente da data de sua filiação ao Regime Geral de Previdência Social, que prestar serviço a uma ou mais empresas, inclusive empregador rural pessoa jurídica e pessoa física, a associação desportiva que mantém equipe de futebol profissional e a microempresa e empresa de pequeno porte, optantes pelo Simples Nacional, têm a faculdade de deduzir, da sua contribuição mensal, quarenta e cinco por cento da contribuição da empresa, efetivamente recolhida ou declarada, incidente sobre a remuneração paga ou creditada, no respectivo mês, limitada a nove por cento do respectivo salário de contribuição.

Desde a competência abril de 2003, a empresa que contratar os serviços de contribuinte individual assume a obrigação de arrecadar a contribuição previdenciária individual deste segurado, mediante desconto a ser efetuado na remuneração paga, devida ou creditada ao mesmo. O produto arrecadado deverá ser recolhido juntamente com as contribuições previdenciárias a cargo da empresa contratante, até o dia vinte do mês seguinte ao da competência, antecipando-se o vencimento para o dia útil imediatamente anterior quando não houver expediente bancário no dia vinte.

Considerando que o contribuinte individual que presta serviço a uma ou mais empresas, conforme já mencionado, pode deduzir da sua contribuição mensal quarenta e cinco por cento da contribuição da empresa, referente à remuneração, limitada essa dedução a nove por cento do seu salário de contribuição, foi fixada em onze por cento a alíquota a ser aplicada pela empresa contratante sobre o valor dos serviços prestados para efeito de desconto da contribuição previdenciária do contribuinte individual, ou seja, vinte por cento menos nove por cento (20% – 9%).

Se em determinado mês o total da remuneração recebida pelo contribuinte em decorrência dos serviços prestados a uma ou mais empresas não atingir o limite mínimo do salário de contribuição o contribuinte ficará obrigado a recolher diretamente a complementação da contribuição incidente sobre a diferença entre o limite mínimo do salário de contribuição e a remuneração total auferida. Sobre a parcela complementar, será aplicada a alíquota de vinte por cento.

Exemplo	
Valor do serviço prestados à empresa durante o mês de janeiro/2022:	R$ 800,00
Limite mínimo do salário-de-contribuição no mês de janeiro/2022:	R$ 1.212,00
Diferença entre o limite mínimo e a remuneração auferida:	R$ 412,00
Valor da complementação da contribuição (20% de R$ 412,00):	R$ 82,40

O desconto da contribuição em comento (11%) não se aplica quando houver contratação de contribuinte individual por:

a) outro contribuinte individual equiparado à empresa;

b) produtor rural pessoa física;

c) missão diplomática e repartição consular de carreira estrangeiras;

d) pela União, para prestar serviços no exterior em organismo oficial internacional do qual o Brasil seja membro efetivo.

Nestas situações, o próprio contribuinte individual é responsável pelo recolhimento da sua contribuição.

Capítulo XVII – Obrigações Previdenciárias 481

A empresa é obrigada a fornecer ao contribuinte individual comprovante de pagamento pelos serviços prestados, consignando além dos valores da remuneração e do desconto efetuado a título de contribuição previdenciária, a sua identificação completa, inclusive com o número do CNPJ, o nome e o número da inscrição do contribuinte individual no RGPS e o compromisso de que a contribuição correspondente será recolhida.

Quando o contribuinte individual prestar serviços a mais de uma empresa ou, concomitantemente, exercer atividade como segurado empregado, empregado doméstico ou trabalhador avulso e o total das remunerações auferidas no mês for superior ao limite máximo do salário de contribuição, deverá, para efeito de controle do limite máximo de contribuição, informar o fato à empresa em que isto ocorrer da seguinte forma:

a) apresentação dos comprovantes de pagamento das remunerações como segurado empregado, inclusive o doméstico, com a informação do desconto previdenciário efetuado ou declaração conforme modelo a seguir; ou

b) comprovante de pagamento das remunerações como contribuinte individual.

Se a soma das remunerações recebidas como contribuinte individual não ultrapassar, no mês, o limite máximo do salário de contribuição, cada empresa que contratar o contribuinte individual aplicará isoladamente a alíquota devida (11% ou 20% conforme o caso) sobre a respectiva remuneração.

Na hipótese de o contribuinte individual já ter sofrido, no mês, o desconto da contribuição previdenciária sobre o limite máximo do salário de contribuição em uma ou mais empresas, deverá comprovar o fato às demais empresas para as quais prestar serviços, mediante apresentação de um dos documentos mencionados.

Quando a prestação de serviços ocorrer de forma regular a pelo menos uma empresa, da qual o segurado como contribuinte individual, empregado ou trabalhador avulso receba, mês a mês, remuneração igual ou superior ao limite máximo do salário-de-contribuição, poderá fornecer a declaração conforme modelo a seguir, a qual poderá abranger um período dentro do exercício, desde que identificadas todas as competências a que se referir, e, quando for o caso, daquela ou daquelas empresas que efetuarão o desconto até o limite máximo do salário-de--contribuição, devendo a referida declaração ser renovada ao término do período nela indicado ou ao término do exercício em curso, o que ocorrer primeiro.

O segurado contribuinte individual é responsável pela declaração e, na hipótese de, por qualquer razão, deixar de receber a remuneração declarada ou receber remuneração inferior à informada na declaração, deverá recolher a contribuição incidente sobre a soma das remunerações recebidas das outras empresas sobre as quais não houve o desconto em face da declaração por ele prestada, observados os limites mínimo e máximo do salário-de-contribuição e as alíquotas definidas.

A empresa deverá manter arquivadas, pelo prazo prescricional (cinco anos), cópias dos comprovantes de pagamento ou a declaração apresentada pelos segurados, para fins de apresentação ao INSS ou à RFB quando solicitado.

Cada fonte pagadora de segurado empregado, trabalhador avulso, contribuinte individual e empregado doméstico, quando for o caso, deverá informar no eSocial a existência de múltiplos vínculos ou múltiplas fontes pagadoras, adotando os procedimentos previstos no Manual de Orientação do eSocial.

A remuneração recebida na atividade de contribuinte individual não será somada à remuneração recebida como empregado, empregado doméstico ou trabalhador avulso, para fins de enquadramento na tabela de faixas salariais para apuração das alíquotas aplicadas ao empregado, doméstico ou avulso; entretanto, será somada para fins de observância do limite máximo do salário de contribuição.

Exemplos

1) Trabalhador autônomo prestou serviço no mês de janeiro/2022 no valor de:

Empresa "A" = R$ 7.200,00

Empresa "B" = R$ 2.500,00

Empresa "C" = R$ 3.900,00

A empresa "A" foi eleita para efetuar em 1º lugar o desconto e o recolhimento de: 779,59 (11% do valor dos serviços prestados, observado o teto máximo de contribuição)

Capítulo XVII – Obrigações Previdenciárias

Teto máximo do salário de contribuição em janeiro de 2022 = R$ 7.087,22.

Dará um recibo de pagamento a este trabalhador.

As empresas "B" e "C" não efetuarão qualquer desconto a título de contribuição

previdenciária, uma vez que a empresa "A" já efetuou pelo teto

máximo do salário de contribuição.

2) Trabalhador autônomo prestou serviço no mês de janeiro/2022 no valor de:

Empresa "A" = R$ 2.000,00

Empresa "B" = R$ 1.000,00

Empresa "C" = R$ 1.600,00

Empresa "D" = R$ 3.500,00

A empresa "A" efetuará o desconto e o recolhimento de:

R$ 2.000,00 x 0,11 = R$ 220,00 e fornecerá recibo de pagamento ao trabalhador.

A empresa "B" efetuará o desconto e o recolhimento de:

R$ 1.000,00 x 0,11 = R$ 110,00 e dará o recibo de pagamento ao trabalhador.

A empresa "C" efetuará o desconto e o recolhimento de R$ 1.600,00 x 0,11 = R$ 176,00 e dará o recibo de pagamento ao trabalhador.

A empresa "D" considerando os descontos já efetuados nas empresas anteriores

e que o teto do salário de contribuição em janeiro de 2022 é de R$ 7.087,22, efetuará o desconto e o recolhimento de R$ 273,59 (11% de R$ 2.487,22 e dará o recibo de pagamento a este trabalhador.

O contribuinte individual quando prestar serviços à empresa optante pelo Simples Nacional também sofrerá o desconto da contribuição acima (onze por cento).

Quando da prestação de serviços a entidades beneficentes de assistência social isentas da cota patronal, portanto, aquelas que estão dispensadas de recolher a sua contribuição previdenciária, o contribuinte individual não poderá efetuar a dedução de nove por cento anteriormente mencionada; portanto, sofrerá o desconto de vinte por cento sobre o valor da remuneração; desconto este que será efetuado pela entidade beneficente de assistência social.

As empresas são obrigadas a efetuar a inscrição no Regime Geral de Previdência Social (RGPS) dos contribuintes individuais, caso estes não comprovem sua inscrição na data da contratação pela empresa. Esta obrigação pode ser cumprida mediante o envio com sucesso dos eventos S-2200 e S-2300 do eSocial.

Caso o contribuinte seja inscrito no PIS/Pasep, a inscrição no INSS não deverá ser feita, o recolhimento dar-se-á mediante a informação do número do PIS/Pasep.

Quando o contribuinte individual, independentemente da data da sua filiação ao Regime Geral de Previdência Social, prestar serviço a outro contribuinte individual equiparado à empresa ou a produtor rural pessoa física, ou à missão diplomática e repartição consular de carreira estrangeira, ou ainda, à União relativo à prestação de serviço no exterior em organismo oficial internacional do qual o Brasil seja membro efetivo, poderá deduzir, da sua contribuição mensal, quarenta e cinco por cento da contribuição patronal do contratante, efetivamente recolhida ou declarada, incidente sobre a remuneração que lhe tenha sido paga ou creditada, no respectivo mês, limitada a nove por cento do respectivo salário de contribuição.

Observe-se que o contribuinte individual que não comprovar a regularidade da dedução terá glosado o valor indevidamente deduzido, devendo complementar as contribuições com os devidos acréscimos legais, se houver.

Para efeito desta dedução, considera-se contribuição declarada a informação prestada no recibo de pagamento fornecido pela empresa onde constem além de sua identificação completa, inclusive com o número no CNPJ, o número de inscrição do contribuinte individual no RGPS, o valor da remuneração paga e o compromisso de que será efetuado o recolhimento da correspondente contribuição.

A dedução também pode ser efetuada quando o contribuinte individual presta serviço a uma ou mais empresas, inclusive empregador rural pessoa jurídica, a associação desportiva que mantém equipe de futebol profissional e a microempresa e empresa de pequeno porte, optantes pelo Simples Nacional, conforme já mencionado. Contudo, a dedução é procedida pela empresa contratante, posto que esta passou a ser responsável pelo desconto e recolhimento da contribuição individual do contribuinte.

Capítulo XVII – Obrigações Previdenciárias

No tocante à cooperativa de produção, a dedução também poderá ser efetuada. Assim, é de 11% a alíquota a ser aplicada pela cooperativa sobre o valor da cota distribuída para efeito de desconto da contribuição previdenciária do contribuinte individual.

No que se refere à cooperativa de serviços, não é possível efetuar a dedução, pois, por meio da Instrução Normativa RFB nº 1.867/2019, a qual alterou o art. 65 da Instrução Normativa RFB nº 971/2009, foi determinado que o contribuinte individual que presta serviço à empresa por intermédio de cooperativa de trabalho deve recolher a contribuição previdenciária de 20% sobre o montante da remuneração recebida ou creditada em decorrência do serviço, observados os limites mínimo e máximo do salário de contribuição.

Prestação de serviços a pessoas físicas

O segurado contribuinte individual, quando exercer atividade econômica por conta própria ou prestar serviço à pessoa física, ficará obrigado a recolher a sua contribuição previdenciária individual, por iniciativa própria, correspondente à aplicação da alíquota de vinte por cento sobre o total da remuneração auferida, observado o limite máximo do salário de contribuição.

O recolhimento deve ser efetuado no dia quinze do mês seguinte àquele a que as contribuições se referirem, prorrogando o vencimento para o dia útil subsequente quando não houver expediente bancário no dia quinze.

Não obstante o anteriormente exposto, por meio da Lei Complementar nº 123/2006 foi renumerado o parágrafo único, o qual passou a ser § 1º, e acrescidos os §§ 2º e 3º ao artigo 21 da Lei nº 8.212/1991, para possibilitar que o segurado contribuinte individual que trabalhe por conta própria, sem relação de trabalho com empresa ou equiparado, o segurado facultativo e o Microempreendedor Individual (este último, por força do Decreto nº 6.042/2007) optem pela exclusão do direito ao benefício de aposentadoria por tempo de contribuição, situação em que ficarão sujeitos à contribuição previdenciária sobre o valor correspondente ao limite mínimo mensal do salário de contribuição.

Nesta hipótese, a alíquota de contribuição incidente sobre o limite mínimo mensal do salário de contribuição será de:

a) 11% no caso do segurado contribuinte individual que trabalhe por conta própria, sem relação de trabalho com empresa ou equiparado e do segurado facultativo;

b) 5%:

- no caso do microempreendedor individual; e

- no caso segurado facultativo sem renda própria que se dedique exclusivamente ao trabalho doméstico no âmbito de sua residência, desde que pertencente a família de baixa renda.

O segurado que tenha contribuído na forma das letras "a" e "b" e pretenda contar o tempo de contribuição correspondente para fins de obtenção da aposentadoria por tempo de contribuição ou da contagem recíproca do tempo de contribuição, deverá complementar a contribuição mensal mediante recolhimento, sobre o valor correspondente ao limite mínimo mensal do salário-de-contribuição em vigor na competência a ser complementada, da diferença entre o percentual pago e o de 20%, acrescido dos juros moratórios. A mencionada contribuição complementar será exigida a qualquer tempo, sob pena de indeferimento ou cancelamento do benefício.

Contribuinte individual

São segurados obrigatórios da Previdência Social como contribuinte individual, entre outros:

1. a pessoa física, proprietária ou não, que explora atividade agropecuária, a qualquer título, em caráter permanente ou temporário, em área, contínua ou descontínua, superior a quatro módulos fiscais; ou, quando em área igual ou inferior a quatro módulos fiscais ou atividade pesqueira ou extrativista, com auxílio de empregados ou por intermédio de prepostos;

2. a pessoa física, proprietária ou não, que explora atividade de extração mineral – garimpo –, em caráter permanente ou temporário, diretamente ou por intermédio de prepostos, com ou sem o auxílio de empregados, utilizados a qualquer título, ainda que de forma não contínua;

3. o ministro de confissão religiosa e o membro de instituto de vida consagrada, de congregação ou de ordem religiosa;

4. o brasileiro civil que trabalha no exterior para organismo oficial internacional do qual o Brasil é membro efetivo, ainda que lá domiciliado e contratado, salvo quando coberto por regime próprio de previdência social;

Capítulo XVII – Obrigações Previdenciárias

5. o empresário individual;

6. o diretor não empregado e o membro de conselho de administração na sociedade anônima;

7. todos os sócios, nas sociedades em nome coletivo;

8. o sócio-gerente e o sócio-cotista que recebam remuneração decorrente de seu trabalho e o administrador não empregado na sociedade por cotas de responsabilidade limitada, urbana ou rural;

9. o associado eleito para cargo de direção em cooperativa, associação ou entidade de qualquer natureza ou finalidade, bem como o síndico ou administrador eleito para exercer atividade de direção condominial, desde que recebam remuneração;

10. quem presta serviço de natureza urbana ou rural, em caráter eventual, a uma ou mais empresas, sem relação de emprego;

11. a pessoa física que exerce, por conta própria, atividade econômica de natureza urbana, com fins lucrativos ou não;

12. o aposentado de qualquer regime previdenciário nomeado magistrado classista temporário da Justiça do Trabalho, na forma dos incisos II do § 1º do artigo 111 ou III do artigo 115 ou do parágrafo único do artigo 116 da Constituição Federal, ou nomeado magistrado da Justiça Eleitoral, na forma dos incisos II do artigo 119 ou III do § 1º do artigo 120 da Constituição Federal;

13. o cooperado de cooperativa de produção que, nesta condição, presta serviço à sociedade cooperativa mediante remuneração ajustada ao trabalho executado;

14. o Microempreendedor Individual (MEI) de que tratam os artigos 18-A e 18-C da Lei Complementar nº 123, de 14 de dezembro de 2006;

15 o médico participante do Programa Mais Médicos, exceto o médico intercambista selecionado por meio de instrumentos de cooperação com organismos internacionais que prevejam cobertura securitária específica ou filiado a regime de seguridade social de país que mantenha acordo internacional de seguridade social com o Brasil, nos termos do art. 20 da Lei nº 12.871/ 2013;

DEPARTAMENTO DE PESSOAL MODELO

16 o operador de trator, máquina de terraplenagem, colheitadeira e assemelhados, sem vínculo empregatício; e

17 os condutores de veículos de transporte privado individual de passageiros que disponibilizam o serviço por meio de aplicativos ou outras plataformas de comunicação.

Parcelas que não integram o salário de contribuição

Excluem-se da remuneração de acordo com a legislação previdenciária, entre outros:

I	Abono do Programa de Integração Social (PIS) e do Programa de Assistência ao Servidor Público (PASEP);
II	Abonos de férias – pecuniário correspondente a conversão de 1/3 das férias (CLT, art. 143) e aquele concedido em virtude de contrato de trabalho, regulamento da empresa, convenção ou acordo coletivo de trabalho cujo valor não exceda a 20 dias (CLT, art. 144);
III	Ajuda de custo e o adicional mensal recebidos pelo aeronauta nos termos da Lei nº 5.929/1973;
IV	Ajuda de custo;
V	Alimentação, habitação e transporte fornecidos pela empresa ao empregado contratado para trabalhar em localidade distante da de sua residência, em canteiro de obras ou local que, por força da atividade, exija deslocamento e estada, observadas as normas de proteção estabelecidas pelo Ministério da Economia;
VI	Auxílio-alimentação (vedado o pagamento em dinheiro)
VII	Assistência ao trabalhador da agroindústria canavieira, de que trata a Lei nº 4.870/1965, art. 36;
VIII	Benefícios da Previdência Social, nos termos e limites legais, salvo o salário-maternidade (*);
IX	Bolsa de complementação educacional de estagiário, quando paga nos termos da Lei nº 11.788/2008;
X	Bolsa de ensino, pesquisa e extensão e de incentivo a inovação pagas pelas instituições federais de ensino superior, de pesquisa científica e tecnológica e pelas fundações de apoio, em conformidade com a Lei nº 10.973/2004, desde que as concessões não sejam feitas em contraprestação de serviços;
XI	Complementação ao valor do auxílio-doença, desde que este direito seja extensivo à totalidade dos empregados da empresa;
XII	Diárias para viagens;
XIII	Direitos autorais – valores recebidos em decorrência da sua cessão;

Capítulo XVII – Obrigações Previdenciárias

XIV	Férias indenizadas e respectivo adicional constitucional, inclusive o valor correspondente à dobra da remuneração de férias de que trata a CLT, art. 137;
XV	Ganhos eventuais expressamente desvinculados do salário por força de lei;
XVI	Indenização a que se refere a Lei n° 7.238/1984, art. 9° – dispensa sem justa causa até trinta dias antes da data base;
XVII	Indenização compensatória de 40% do montante depositado no FGTS, como proteção à relação de emprego contra a despedida arbitrária ou sem justa causa, previstas no Ato das Disposições Constitucionais Transitórias, art. 10, I;
XVIII	Indenização do tempo de serviço do safrista, quando da expiração normal do contrato – Lei n° 5.889/1973, art. 14;
XIX	Indenização por despedida sem justa causa do empregado nos contratos por prazo determinado – CLT, art. 479;
XX	Indenização por tempo de serviço, anterior a 5 de outubro de 1988, do empregado não optante pelo FGTS;
XXI	Indenização recebida a título de incentivo à demissão;
XXII	Indenizações previstas na CLT, arts. 496 e 497;
XXIII	Licença prêmio indenizada;
XXIV	Multa paga ao empregado em decorrência da mora no pagamento das parcelas constantes do instrumento de rescisão do contrato de trabalho, conforme previsto na CLT, art. 477, § 8°;
XXV	Auxílio alimentação, vedado seu pagamento em dinheiro;
XXVI	Participação nos lucros ou resultados da empresa, quando paga ou creditada de acordo com lei específica;
XXVII	Plano educacional que vise à educação básica, nos termos da Lei n° 9.394/1996, art. 21, e a cursos de capacitação e qualificação profissionais vinculados às atividades desenvolvidas pela empresa, desde que este não seja utilizado em substituição de parcela salarial e que todos os empregados e dirigentes tenham acesso ao mesmo; **Nota** Por meio do art. 15 da Lei n° 12.513/2011, a alínea "t" do § 9° do art. 28 da Lei n° 8.212/1991 foi alterada para dispor que não integra o salário-de-contribuição o valor relativo a plano educacional, ou bolsa de estudo, que vise à educação básica de empregados e seus dependentes e desde que vinculada às atividades desenvolvidas pela empresa, à educação profissional e tecnológica de empregados, nos termos da Lei n° 9.394/1996, contanto que: a) não seja utilizado em substituição de parcela salarial; b) o valor mensal do plano educacional ou bolsa de estudo, considerado individualmente, não ultrapasse 5% da remuneração do segurado a que se destina ou o valor correspondente a uma vez e meia o valor do limite mínimo mensal do salário-de-contribuição, o que for maior.
XXVIII	Previdência complementar, aberta ou fechada – valor da contribuição efetivamente paga pela pessoa jurídica, desde que disponível à totalidade de seus empregados e dirigentes, observados, no que couber, a CLT, arts. 9° e 468;

XXIX	Reembolso babá, limitado ao menor salário-de-contribuição mensal e condicionado à comprovação do registro na carteira de trabalho e previdência social da empregada, do pagamento da remuneração e do recolhimento da contribuição previdenciária, pago em conformidade com a legislação trabalhista, observado o limite máximo de seis anos de idade da criança;
XXX	Reembolso creche pago em conformidade com a legislação trabalhista, observado o limite máximo de seis anos de idade, quando devidamente comprovadas as despesas realizadas;
XXXI	Ressarcimento de despesas pelo uso de veículo do empregado, quando devidamente comprovadas;
XXXII	Serviço médico ou odontológico, próprio da empresa ou por ela conveniado, inclusive o reembolso de despesas com medicamentos, óculos, aparelhos ortopédicos, despesas médico-hospitalares e outras similares;
XXXIII	Vale transporte;
XXXIV	Vestuários, equipamentos e outros acessórios fornecidos ao empregado e utilizados no local do trabalho para prestação dos respectivos serviços;
XXXV	Valor das contribuições efetivamente pago pela pessoa jurídica relativo à prêmio de seguro de vida em grupo, desde que previsto em acordo ou convenção coletiva de trabalho e disponível a totalidade de seus empregados e dirigentes, observados, no que couber, os arts. 9° e 468 da CLT;
XXXVI	Valor despendido por entidade religiosa ou instituição de ensino vocacional com ministro de confissão religiosa, membro de instituto de vida consagrada, de congregação ou de ordem religiosa em face do seu mister religioso ou para sua subsistência, desde que fornecido em condições que independam da natureza e da quantidade do trabalho executado;
XXXVII	Prêmios;

(*) Contribuição previdenciária sobre o salário maternidade

O Supremo Tribunal Federal (STF) em recurso extraordinário procedeu a seguinte decisão:

"Decisão: O Tribunal, por maioria, apreciando o Tema 72 da repercussão geral, deu provimento ao recurso extraordinário para declarar, incidentalmente, a inconstitucionalidade da incidência de contribuição previdenciária sobre o salário maternidade, prevista no art. Art. 28, § 2°, e da parte final da alínea a, do § 9°, da Lei n° 8.212/91, nos termos do voto do Relator, vencidos os Ministros Alexandre de Moraes, Ricardo Lewandowski, Gilmar Mendes e Dias Toffoli, que conheciam do recurso e negavam-lhe provimento. Foi fixada a seguinte tese: "É inconstitucional a incidência de contribuição previdenciária a cargo do

Capítulo XVII – Obrigações Previdenciárias 491

empregador sobre o salário maternidade". Plenário, Sessão Virtual de 26.6.2020 a 4.8.2020."

Considerando que a decisão tem repercussão geral, este entendimento deve ser seguido pelas instâncias inferiores.

O art. 28 da Lei nº 8.212/1991, define o salário de contribuição para empregados, avulsos, domésticos, facultativos e contribuintes individuais e, o seu § 2º determina que o salário maternidade é considerado salário de contribuição. A letra "a" do § 9º do mesmo artigo dispõe que os benefícios do RGPS não integram o salário de contribuição, exceto o salário maternidade.

Com relação à aplicação imediata da decisão, para todos os contribuintes, temos que ressaltar que, conforme determina o art. 52, inciso X, da Constituição Federal, compete privativamente ao Senado Federal, por meio de Resolução, suspender a execução, no todo ou em parte, de lei declarada inconstitucional por decisão definitiva do Supremo Tribunal Federal.

Assim, até que o Senado Federal publique Resolução suspendendo a aplicação parcial da lei, ou até que a própria RFB publique algum ato normativo (e não parecer) determinando a não incidência de contribuição previdenciária sobre o salário maternidade, caso a empresa deixe de recolher a contribuição previdenciária patronal sobre o salário maternidade e, vier a ser autuada pela fiscalização da RFB, deverá recorrer judicialmente contra a cobrança efetuada.

A Receita Federal do Brasil (RFB) divulgou em agosto/2020, a seguinte Nota:

"Nota sobre a decisão do STF a respeito da não incidência de Contribuição Previdenciária sobre o salário-maternidade

A Receita Federal do Brasil informa que a decisão plenária do STF no julgamento do RE 576967 será submetida à sistemática de que trata o art. 19 da Lei nº 10.522/2002. Assim, até que haja a manifestação da Procuradoria-Geral da Fazenda Nacional(PGFN), a decisão do RE 576967 possui efeito apenas entre as partes."

A PGFN divulgou o parecer (PARECER SEI N° 18361/2020/ME), sobre o tema, porém, neste parecer não é analisada expressamente a questão da aplicação da decisão do STF para outras empresas.

Em síntese, o parecer da procuradoria é no sentido de que:

a) a decisão do STF se aplica apenas à contribuição previdenciária patronal, inclusive terceiros, sobre o salário maternidade;

b) a contribuição previdenciária da empregada sobre o salário maternidade não foi atingida pela decisão e, portanto, continua sendo devida;

c) orienta os procuradores a não apresentarem contestação ou recurso nas ações contra a cobrança da contribuição previdenciária patronal sobre o salário maternidade e, por outro lado, a defenderem com muita ênfase a cobrança da contribuição previdenciária da empregada sobre o salário maternidade, nas ações sobre o tema.

Agora, verifica-se que, por meio da Nota Técnica n° 20 de 1°.12.2020, o Comitê Gestor do eSocial procedeu alguns ajustes no evento S-5001 (evento de retorno do eSocial para os eventos de remuneração – S-1200 ou S-2299), adequando-o à decisão do STF, para que o sistema eSocial apure em relação ao salário maternidade, apenas a contribuição previdenciária da empregada.

Lembramos, porém, que a legislação previdenciária ainda não foi alterada quanto à questão. Assim sendo, caso a empresa decida não efetuar o recolhimento de contribuição previdenciária sobre a verba em questão e, venha a sofrer a cobrança do recolhimento não feito, deverá recorrer judicialmente, situação em que caberá ao Poder Judiciário decidir a controvérsia.

PARTE III
INSS, FGTS E IR/FONTE
Tabela Prática de Incidências

INSS, FGTS E IR/FONTE – TABELA PRÁTICA DE INCIDÊNCIAS

A tabela a seguir, com as principais verbas trabalhistas, foi elaborada com fundamento na legislação vigente e também, na jurisprudência sobre a matéria. Alertamos sobre a necessidade de observar as alterações legais acerca do assunto.

Rubricas	INSS	FGTS	IRRF
1 – Abono pecuniário de férias **Nota** O abono pecuniário de férias previsto no art. 143 da CLT, bem como o concedido em virtude de cláusula do contrato de trabalho, do regulamento da empresa, de convenção ou acordo coletivo, desde que não excedente de 20 dias do salário, não integrarão a remuneração do empregado para os efeitos da legislação do trabalho, nem o salário-de-contribuição (CLT, arts. 143 e 144 e Lei no 8.212/1991, art. 28, § 9º, letra "e", item 6).	não	não	não
2 – Adicionais (insalubridade, periculosidade, noturno, transferência e de função)	sim	sim	sim
3 – Ajuda de custo **Notas** (1) A Lei nº 13.467/2017 alterou o § 2º do art. 457 da CLT para determinar que as importâncias pagas a título de ajuda de custo, ainda que habituais, não integram a remuneração do empregado, não se incorporam ao contrato de trabalho e não constituem base de incidência de qualquer encargo trabalhista e previdenciário.			

DEPARTAMENTO DE PESSOAL MODELO

Rubricas	INSS	FGTS	IRRF
Observar que, nos termos da Instrução Normativa MTP nº 2/2021, art. 222, incisos, XIII, XIV e XV, não integram a remuneração para efeito de FGTS: a) ajuda de custo, em parcela única, recebida exclusivamente em decorrência de mudança de localidade de trabalho do empregado, na forma do art. 470 da CLT; b) ajuda de custo, quando paga mensalmente, recebida como verba indenizatória para ressarcir despesa relacionada à prestação de serviço ou à transferência do empregado nos termos do art. 470 da CLT; e c) ajuda de custo, em caso de transferência permanente, e o adicional mensal, em caso de transferência provisória, recebidos pelo aeronauta nos termos da Lei nº 5.929/1973. (2) A isenção do IR beneficia apenas a ajuda de custo destinada a atender às despesas com transporte, frete e locomoção do beneficiado e seus familiares, em caso de remoção de um município para outro, sujeita à comprovação posterior pelo contribuinte (Perguntas e Respostas IRPF/2020, questão no 275).	não (ver Nota 1)	não (ver Nota 1)	não (ver Nota 2)
4 – Benefício por incapacidade temporária (antigo auxílio-doença): a) 15 primeiros dias (*) Veja importante (2) ao final da tabela	não	sim	sim
b) complementação salarial (desde que o direito seja extensivo à totalidade dos empregados da empresa)	não	não	sim
Nota São isentos de IR apenas os rendimentos pagos pela previdência oficial da União, dos Estados, do Distrito Federal e dos Municípios, ainda que pagos pelo empregador por força de convênios com órgãos previdenciários, e pelas entidades de previdência complementar, decorrentes de seguro-desemprego, auxílio-natalidade, auxílio--doença, auxílio-funeral e auxílio-acidente (Perguntas e Respostas IRPF/2020, questão nº 233).			
5 – Aviso-prévio trabalhado	sim	sim	sim
6 – Aviso-prévio indenizado (*) Ver observação "Importante (1)" no final desta tabela.	não	sim (*)	não

PARTE III – INSS, FGTS E IR/FONTE – Tabela Prática de Incidências 497

Rubricas	INSS	FGTS	IRRF
7 – 13° salário	não	sim	não
a) 1ª parcela até 30 de novembro			
b) 2ª parcela até 20 de dezembro	sim	sim	sim
c) proporcional (na rescisão contratual)	sim	sim	sim
Notas			
(1) Ver observação "Importante (1)" no final desta tabela sobre a incidência ou não do encargo previdenciário sobre a parcela do 13° salário proporcional relativo ao período projetado do aviso prévio indenizado.			
(2) O valor integral do 13° salário submete-se ao IR no ato da sua quitação (no mês de dezembro ou por ocasião da rescisão do contrato de trabalho), separadamente dos demais rendimentos pagos ao beneficiário no mês, podendo ser feitas no rendimento bruto todas as deduções permitidas para fins de determinação da base de cálculo do imposto (RIR/2018, art. 700).			
8 – Comissões	sim	sim	sim
9 – Diárias para viagem	não	não	não
Notas			
(1) A Lei n° 13.467/2017 alterou o § 2° do art. 457 da CLT e a letra "h" do § 9° do art. 28 da Lei n° 8.212/1991, para determinar que as importâncias pagas a título de diárias para viagem, ainda que habituais, não integram a remuneração do empregado, não se incorporam ao contrato de trabalho e não constituem base de incidência de qualquer encargo trabalhista e previdenciário. Observar que, nos termos da Instrução Normativa MTP n° 2/2021, art. 221, inciso X, consideram-se de natureza salarial para fins do FGTS as diárias para viagem, pelo seu valor global, quando não houver comprovação da viagem ou em caso de fraude. Ademais, o art. 222, XVI da mesma Instrução Normativa MTP n° 2/2021, reza que não integra a remuneração as diárias para viagem desde que comprovada sua natureza indenizatória.			
(2) A isenção do IR beneficia, exclusivamente, as diárias, destinadas ao pagamento de despesas de alimentação e pousada, por serviço eventual realizado em município diferente do da sede de trabalho (RIR/2018, art. 35, I, letra "f"; e Parecer Normativo CST n° 10/1992; Perguntas e Respostas IRPF/2020, questão n° 275).			
10 – Estagiários (admitidos na forma da Lei n° 11.788/2008)	não	não	sim

DEPARTAMENTO DE PESSOAL MODELO

Rubricas	INSS	FGTS	IRRF
11 – Férias normais gozadas na vigência do contrato de trabalho (inclusive o terço constitucional) **Nota** O cálculo do IR efetua-se em separado do salário, computando-se o valor das férias, acrescido dos abonos previstos na Constituição Federal/1988, art. 7º, XVII, e na CLT, art. 143 (RIR/2018, art. 682).	sim	sim	sim
12 – Férias em dobro na vigência do contrato de trabalho (art. 137 da CLT) **Notas** (1) A contribuição previdenciária incide sobre o valor simples das férias e respectivo terço constitucional. Não incide sobre o valor correspondente à dobra da remuneração de férias e respectivo terço constitucional (Lei nº 8.212/1991, art. 28, § 9º, "d"). (2) O FGTS incide sobre o valor simples das férias e respectivo terço constitucional. Não incide sobre o valor correspondente à dobra da remuneração de férias e respectivo terço constitucional (Instrução Normativa MTP nº 2/2021, art. 222, IV). (3) Na base de cálculo do IRRF computa-se o total pago, efetuando-se as deduções cabíveis (dependentes, contribuição ao INSS e pensão alimentícia).	sim (ver Nota 1)	sim (ver Nota 2)	sim (ver Nota 3)

PARTE III – INSS, FGTS E IR/FONTE – Tabela Prática de Incidências

Rubricas	INSS	FGTS	IRRF
13 – Férias indenizadas pagas na rescisão contratual (simples, em dobro e proporcionais) **Notas** 1ª)O terço constitucional não integra o salário de contribuição quando pago em rescisão contratual, conforme o art. 28, § 9º, "d", da Lei nº 8.212/1991. Relativamente ao FGTS, o art. 15, § 6º, da Lei nº 8.036/1990, prevê que não se incluem na remuneração, para os fins da Lei nº 8.036/1990, as parcelas elencadas no art. 28, § 9º, da Lei nº 8.212/1991. Nesse aspecto, tendo em vista que as férias e o adicional de 1/3 de férias pago em rescisão contratual não sofre a incidência previdenciária, também não sofrerá a incidência do encargo de FGTS. (Instrução Normativa MTP nº 2/2021, art. 222, V) 2ª)Em decorrência do disposto no art. 19 da Lei nº 10.522/2002, com alterações da Lei nº 11.033/2004, não são tributados os pagamentos efetuados sob as rubricas de férias não gozadas – integrais, proporcionais ou em dobro – convertidas em pecúnia, e de adicional de 1/3 constitucional quando agregado a pagamento de férias, por ocasião da rescisão do contrato de trabalho, aposentadoria, ou exoneração, observados os termos dos atos declaratórios editados pelo Procurador-Geral da Fazenda Nacional em relação a matérias (Perguntas e Respostas IRPF/2020, questão nº 162). 3ª) Pela mesma razão, não são tributados pelo IR os pagamentos efetuados sob as rubricas de abono pecuniário relativo à conversão de 1/3 do período de férias, de que trata o art. 143 do Decreto-Lei nº 5.452/1943 – Consolidação das Leis do Trabalho (CLT), com a redação dada pelo Decreto-Lei nº 1.535/1977. A pessoa física que recebeu tais rendimentos com desconto do Imposto sobre a Renda na fonte e que incluiu tais rendimentos na Declaração de Ajuste Anual como tributáveis, para pleitear a restituição da retenção indevida, deve apresentar declaração retificadora do respectivo exercício da retenção, excluindo o valor recebido a título de abono pecuniário de férias do campo "rendimentos tributáveis" e informando-o no campo "outros" da ficha "rendimentos isentos e não tributáveis", com especificação da natureza do rendimento (Perguntas e Respostas IRPF/2020, questão nº 162).	não	não	(ver 2ª "Nota")

DEPARTAMENTO DE PESSOAL MODELO

Rubricas	INSS	FGTS	IRRF
13 – Férias indenizadas pagas na rescisão contratual (simples, em dobro e proporcionais)	não	não	(ver
Notas			Nota 2)
(1) O terço constitucional não integra o salário-de-contribuição quando pago em rescisão contratual, conforme Lei nº 8.212/1991, art. 28, § 9º, "d". Relativamente ao FGTS, a Lei nº 8.036/1990, art. 15, § 6º, prevê que não se incluem na remuneração, para os fins da Lei nº 8.036/1990, as parcelas elencadas na Lei nº 8.212/1991, art. 28, § 9º. Nesse aspecto, tendo em vista que as férias e o adicional de 1/3 de férias pago em rescisão contratual não sofre a incidência previdenciária, também não sofrerá a incidência do encargo de FGTS (Instrução Normativa MTP nº 2/2021, art. 222, V).			
(2) Em decorrência do disposto no art. 19 da Lei nº 10.522/2002, com alterações da Lei nº 11.033/2004, não são tributados os pagamentos efetuados sob as rubricas de férias não gozadas (integrais, proporcionais ou em dobro) convertidas em pecúnia, e de adicional de 1/3 constitucional quando agregado a pagamento de férias, por ocasião da rescisão do contrato de trabalho, aposentadoria, ou exoneração, observados os termos dos atos declaratórios editados pelo Procurador-Geral da Fazenda Nacional em relação a essas matérias (Perguntas e Respostas IRPF/2020, questão nº 162).			
(3) Pela mesma razão, não são tributados pelo IR os pagamentos efetuados sob as rubricas de abono pecuniário relativo à conversão de 1/3 do período de férias, de que trata o art. 143 do Decreto-lei nº 5.452/1943 – Consolidação das Leis do Trabalho (CLT), com a redação dada pelo Decreto-lei nº 1.535/1977. A pessoa física que recebeu tais rendimentos com desconto do Imposto sobre a Renda na fonte e que incluiu tais rendimentos na Declaração de Ajuste Anual como tributáveis, para pleitear a restituição da retenção indevida, deve apresentar declaração retificadora do respectivo exercício da retenção, excluindo o valor recebido a título de abono pecuniário de férias do campo "rendimentos tributáveis" e informando-o no campo "outros" da ficha "rendimentos isentos e não tributáveis", com especificação da natureza do rendimento (Perguntas e Respostas IRPF/2020, questão nº 162).			

PARTE III – INSS, FGTS E IR/FONTE – Tabela Prática de Incidências 501

Rubricas	INSS	FGTS	IRRF
14 – Fretes, carretos ou transporte de passageiros pagos a pessoa jurídica **Nota** Rezava o inciso IV do art. 22 da Lei nº 8.212/1991 que as empresas, ao contratarem os serviços de cooperados por intermédio de cooperativas de serviço, ficavam obrigadas ao recolhimento da contribuição previdenciária patronal correspondente à aplicação da alíquota de 15% sobre o valor bruto da nota fiscal/fatura ou recibo de prestação de serviços. Entretanto, em decisão prolatada com a repercussão geral reconhecida, nos autos do Recurso Extraordinário (RE) no 595.838, o Supremo Tribunal Federal (STF) declarou a inconstitucionalidade do mencionado inciso IV do art. 22 da Lei nº 8.212/1991. Por meio das Soluções de Consulta Cosit nºs 152/2015 e 99.012/2015, publicadas nos DOU de 23.06.2015 e 11.11.2015, respectivamente, a RFB esclareceu que, diante da declaração de inconstitucionalidade do inciso IV do art. 22 da Lei nº 8.212/1991, deixa de ser devida pela empresa tomadora de serviços a contribuição de 15% sobre o valor da nota fiscal ou fatura de prestação de serviços por intermédio de cooperativa de trabalho. Por meio da Resolução SF nº 10/2016, o Senado Federal suspendeu, nos termos do art. 52, inciso X, da Constituição Federal, a execução do inciso IV do art. 22 da Lei nº 8.212/1991, declarado inconstitucional por decisão definitiva proferida pelo STF nos autos do RE no 595.838.	não (ver Nota)	não	não
15 – Fretes, carretos ou transporte de passageiros pagos a pessoa física autônoma **Notas** (1) O rendimento tributável pelo IR corresponderá a 10% (desde 1º.01.2013) do rendimento bruto pago, quando decorrente do transporte de cargas, e a 60% do rendimento bruto pago, quando decorrente do transporte de passageiros (RIR/2018, art. 39). (2) A remuneração paga ou creditada a condutor autônomo de veículo rodoviário, ou ao auxiliar de condutor autônomo de veículo rodoviário, em automóvel cedido em regime de colaboração, nos termos da Lei nº 6.094/1974, por frete, carreto ou transporte de passageiros, realizado por conta própria, corresponde a 20% do rendimento bruto.	sim	não	sim

DEPARTAMENTO DE PESSOAL MODELO

Rubricas	INSS	FGTS	IRRF
16 – Gorjeta a) espontânea b) compulsória **Nota** Conforme o art. 457, *caput* e § 3°, da CLT (este parágrafo com a redação dada pela Lei n° 13.419/2017), compreendem-se na remuneração do empregado, para todos os efeitos legais, além do salário devido e pago diretamente pelo empregador, como contraprestação do serviço, as gorjetas que receber. Considera-se gorjeta não só a importância espontaneamente dada pelo cliente ao empregado, como também o valor cobrado pela empresa, como serviço ou adicional, a qualquer título, e destinado à distribuição aos empregados.	sim sim	sim sim	sim sim
17 – Gratificações ajustadas ou contratuais **Nota** A Lei n° 13.467/2017, que instituiu a Reforma Trabalhista, cujos efeitos vigoram desde 11.11.2017, alterou os §§ 1° e 4° do art. 457 da CLT, para determinar que integram o salário a importância fixa estipulada, as gorjetas, as comissões pagas pelo empregador e as gratificações legais. Também alterou a Lei n° 8.212/1991 determinando que os prêmios e os abonos não integram a remuneração para efeito previdenciário.			

PARTE III – INSS, FGTS E IR/FONTE – Tabela Prática de Incidências

Rubricas	INSS	FGTS	IRRF
Determinou ainda que, consideram-se prêmios as liberalidades concedidas pelo empregador em forma de bens, serviços ou valor em dinheiro, a empregado ou grupo de empregados, em razão de desempenho superior ao ordinariamente esperado no exercício de suas atividades.	Veja Nota	Veja Nota	sim
Observar que, nos termos da Instrução Normativa MTP n° 2/2021, art. 221, inciso XIV, consideram-se de natureza salarial para fins do FGTS, as gratificações legais, as de função e as que tiverem natureza de contraprestação pelo trabalho. Ocorre que o § 1° do art. 457 da CLT na redação da Lei n° 13.467/2017, determina que integram a remuneração as gratificações legais, ou seja, aquelas previstas na legislação. A citada instrução normativa, por seu turno, determina integrar a remuneração as gratificações legais, as de função e quaisquer outras gratificações que tenha relação com o trabalho. Entende-se que a citada Instrução Normativa extrapolou a determinação legal, elastecendo o conceito de remuneração, o qual passa a abarcar outras parcelas de gratificação que não as determinadas pelo mencionado dispositivo da CLT. Lembra-se que a instrução normativa é um ato administrativo governamental que não tem competência para modificar a lei.			
Prêmio e gratificação são verbas que, embora com nomenclaturas diversas, têm finalidades semelhantes e constituem uma forma de incentivo; a gratificação tem aspecto mais abrangente e o prêmio, mais restrito; em outras palavras, a gratificação é o gênero e o prêmio, a espécie. Assim, conclui-se que as duas verbas deveriam ter o mesmo tratamento tributário.			
O *caput* do art. 15 da Lei n° 8.036/1990 (Lei do FGTS), determina que: "Para os fins previstos nesta Lei, todos os empregadores ficam obrigados a depositar, até o dia 7 (sete) de cada mês, em conta bancária vinculada, a importância correspondente a 8 (oito) por cento da remuneração paga ou devida, no mês anterior, a cada trabalhador, incluídas na remuneração as parcelas de que tratam os arts. 457 e 458 da CLT e a gratificação de Natal a que se refere a Lei n° 4.090, de 13 de julho de 1962, com as modificações da Lei n° 4.749, de 12 de agosto de 1965". Assim, ocorrendo alteração nos mencionados artigos da CLT, conclui-se que essas modificações alcançam as determinações do mencionado art. 15.			

DEPARTAMENTO DE PESSOAL MODELO

Rubricas	INSS	FGTS	IRRF
18 – Gratificações legais **Nota** A Lei nº 13.467/2017, que instituiu a Reforma Trabalhista, cujos efeitos vigoram desde 11.11.2017, alterou os §§ 1º e 3º do art. 457 da CLT, para determinar que integram o salário: a importância fixa estipulada, as gorjetas, as comissões pagas pelo empregador e as gratificações legais. Observar que, nos termos da Instrução Normativa MTP nº 2/2021, art. 221, inciso XIV, consideram-se de natureza salarial, para fins do FGTS, as gratificações legais, as de função e as que tiverem natureza de contraprestação pelo trabalho. Ocorre que o § 1º do art. 457 da CLT na redação da Lei nº 13.467/2017, determina que integram a remuneração as gratificações legais, ou seja, aquelas previstas na legislação. A citada Instrução Normativa, por seu turno, determina integrar a remuneração as gratificações legais, as de função e quaisquer outras gratificações que tenha relação com o trabalho. Entende-se que a citada Instrução Normativa extrapolou a determinação legal, elastecendo o conceito de remuneração, o qual passa a abarcar outras parcelas de gratificação que não as determinadas pelo mencionado dispositivo da CLT. Lembra-se que a instrução normativa é um ato administrativo governamental que não tem competência para modificar a lei.	sim	sim	sim
19 – Horas extras	sim	sim	sim
20 – Indenização adicional (empregado dispensado sem justa causa no período de 30 dias que antecede a data de sua correção salarial – art. 9º da Lei nº 7.238/1984)	não	não	não
21 – Indenização por tempo de serviço	não	não	não
22 – Indenização prevista no art. 479 da CLT (metade da remuneração devida até o término do contrato a prazo determinado, rescindido antecipadamente)	não	não	não
23 – Licença-paternidade (art. 7º, XIX, da CF/1988)	sim	sim	sim

PARTE III – INSS, FGTS E IR/FONTE – Tabela Prática de Incidências   505

Rubricas	INSS	FGTS	IRRF
24 – Participação nos lucros ou resultados da empresa nos termos da Lei nº 10.101/2000 **Nota** A participação nos lucros aos empregados será tributada pelo Imposto de Renda exclusivamente na fonte, em separado dos demais rendimentos recebidos, no ano do recebimento ou crédito, e não integrará a base de cálculo do imposto devido pelo beneficiário na Declaração de Ajuste Anual. O valor da participação dos empregados nos lucros ou resultados da empresa será integralmente submetido à tabela progressiva anual, de que trata o Anexo III da Instrução Normativa RFB nº 1.500/2014, alterado pela Instrução Normativa RFB nº 1.558/2015).	não	não	sim
25 – Prêmios **Notas** (1) Consideram-se prêmios as liberalidades concedidas pelo empregador em forma de bens, serviços ou valor em dinheiro, a empregado ou grupo de empregados, em razão de desempenho superior ao ordinariamente esperado no exercício de suas atividades (CLT, art. 457, §§ 2º e 4º; Lei nº 8.212/1991, art. 28, § 9º, alínea "z").			
(2) Quanto ao IRRF, observar que: I – os prêmios em bens dados a funcionários ou a representantes comerciais autônomos, como estímulo à produtividade, sem sorteio, concurso ou vale-brinde, são considerados rendimentos do trabalho e submetem-se ao desconto do imposto mediante aplicação da tabela progressiva, juntamente com os demais rendimentos pagos ao beneficiário no mês (RIR/2018, arts. 36, IV e 681 e Parecer Normativo CST no 93/1974); II – os prêmios distribuídos em bens ou serviços por meio de concursos ou sorteios de qualquer espécie sujeitam-se à incidência do imposto, exclusivamente na fonte, à alíquota de 20%, aplicada sobre o valor de mercado dos bens na data da distribuição (RIR/2018, art. 733); III – os prêmios em dinheiro obtidos em loterias, concursos desportivos ou sorteios de qualquer espécie submetem-se à incidência do imposto, exclusivamente na fonte, à alíquota de 30% (RIR/2018, art. 732).	não	não	sim

DEPARTAMENTO DE PESSOAL MODELO

Rubricas	INSS	FGTS	IRRF
26 – Quebra de caixa **Notas** (1) Como parte da Reforma Trabalhista, a qual entrou em vigor desde 11.11.2017, a Lei n° 13.467/2017 alterou o art. 457, § 1°, da Consolidação das Leis do Trabalho (CLT), para dispor que integram o salário a importância fixa estipulada, as gratificações legais e as comissões pagas pelo empregador. Assim, a princípio, para efeitos trabalhistas, a quebra de caixa não integra a remuneração, uma vez que não mais se enquadra nesse conceito. O caput do art. 15 da Lei n° 8.036/1990 (Lei do FGTS), determina que: "para os fins previstos nesta Lei, todos os empregadores ficam obrigados a depositar, até o dia 7 (sete) de cada mês, em conta bancária vinculada, a importância correspondente a 8 (oito) por cento da remuneração paga ou devida, no mês anterior, a cada trabalhador, incluídas na remuneração as parcelas de que tratam os arts. 457 e 458 da CLT e a gratificação de Natal a que se refere a Lei n° 4.090, de 13 de julho de 1962, com as modificações da Lei n° 4.749, de 12 de agosto de 1965". Assim, ocorrendo alteração nos mencionados artigos da CLT, conclui-se que essas modificações alcançam as determinações do mencionado art. 15.			
Entretanto, vale lembrar que, nos termos da Instrução Normativa MTP n° 2/2021, art. 221, inciso XXII, considera-se a quebra de caixa de natureza salarial para fins do FGTS. Como a CLT, em seus §§ 1° e 3° do art. 457, na redação da Lei n° 13.467/2017, determina que integram a remuneração a importância fixa estipulada, as gratificações legais, as gorjetas e as comissões pagas pelo empregador, entende-se que a quebra de caixa não se enquadra no conceito de remuneração e, portanto, não deveria ser base de cálculo para o FGTS. Contudo, a mencionada Instrução Normativa tem posição diversa. (2) As gratificações por quebra de caixa são tributáveis pelo IR na fonte e na declaração de ajuste anual (Perguntas e Respostas IRPF/2020, questão n° 233).	sim	(ver Nota 1)	sim
27 – Retiradas (pro labore) de diretores-empregados	sim	sim	sim

PARTE III – INSS, FGTS E IR/FONTE – Tabela Prática de Incidências 507

Rubricas	INSS	FGTS	IRRF
28 – Retiradas (pro labore) de diretores-proprietários (empresários) **Nota** A estes, facultativamente, o regime do FGTS pode ser estendido (Lei nº 6.919/1981 e Lei nº 8.036/1990).	sim	não	sim
29 – Retiradas de empresário individual (*) A Secretaria da Receita Federal do Brasil (RFB) deverá ser previamente consultada sobre o assunto.	sim	não	sim
30 – Salário-família sem exceder o valor legal	não	não	não

DEPARTAMENTO DE PESSOAL MODELO

Rubricas	INSS	FGTS	IRRF
31 – Salário in natura (utilidades) – art. 458 da CLT	sim	sim	sim

Notas

(1) Como parte da Reforma Trabalhista, a qual entrou em vigor desde 11.11.2017, a Lei nº 13.467/2017 introduziu o § 5º ao art. 458 da Consolidação das Leis do Trabalho (CLT) para dispor que o valor relativo à assistência prestada por serviço médico ou odontológico, próprio ou não, inclusive o reembolso de despesas com medicamentos, óculos, aparelhos ortopédicos, próteses, órteses, despesas médico-hospitalares e outras similares, mesmo quando concedido em diferentes modalidades de planos e coberturas, não integram o salário do empregado para qualquer efeito, nem o salário-de-contribuição, para efeitos do previsto na alínea "q" do § 9º do art. 28 da Lei no 8.212/1991. Também foi determinado que o auxílio-alimentação (vedado o seu pagamento em dinheiro) não integra a remuneração do empregado, não se incorpora ao contrato de trabalho e não constitui base de incidência de qualquer encargo trabalhista e previdenciário.

Observar que, nos termos da citada Instrução Normativa MTP nº 2/2021, art. 222, inciso XX, não integram a remuneração do empregado para fins do FGTS a parcela in natura recebida de acordo com o Programa de Alimentação do Trabalhador (PAT), instituído pela Lei nº 6.321/1976. Não obstante tal previsão, o § 2º do art. 457 da CLT, na redação da Lei nº 13.467/2017, estabelece que o auxílio-alimentação (vedado seu pagamento em dinheiro) não integra a remuneração para fins de incidência de qualquer encargo trabalhista e previdenciário. Assim, a parcela in natura, concedida com a observância ou não das regras do PAT, não descaracteriza a parcela como auxílio-alimentação.

(2) O IRRF não incide sobre a alimentação, o transporte e os uniformes ou vestimentas especiais de trabalho, fornecidos gratuitamente pelo empregador a seus empregados ou mediante cobrança de preço inferior ao valor de mercado (RIR/2018, art. 35, I, letra "a").

PARTE III – INSS, FGTS E IR/FONTE – Tabela Prática de Incidências 509

Rubricas	INSS	FGTS	IRRF
32 – Salário-maternidade **Nota** (veja Importante (3) ao final desta tabela acerca da não incidência da contribuição previdenciária patronal sobre o valor do salário maternidade).	sim	sim	sim
33 – Saldo de salário **Nota** O desconto do IR sobre rendimentos pagos acumuladamente efetua-se no mês do pagamento, sobre o total dos rendimentos, diminuído do valor das despesas com ação judicial necessária ao seu recebimento, inclusive de advogados, se tiverem sido pagas pelo contribuinte sem indenização (RIR/2018, art. 702).	sim	sim	sim
34 – Serviços autônomos de prestador inscrito na Previdência Social	sim	não	sim
35 – Serviços eventuais sem relação de emprego	sim	não	sim
36 – Vale-transporte)	não	não	não

DEPARTAMENTO DE PESSOAL MODELO

Rubricas	INSS	FGTS	IRRF
37 – Remuneração indireta (fringe benefits) concedida a diretores, administradores, sócios e gerentes e aos assessores dessas pessoas **Notas** (1) Se a empresa identificar o beneficiário, a remuneração indireta deve ser adicionada à sua remuneração normal, incidindo o IR, mediante aplicação da tabela progressiva, sobre o total dos rendimentos. Caso não seja identificado o beneficiário, a remuneração indireta sujeita-se à incidência do IR, exclusivamente na fonte, à alíquota de 35% (RIR/2018, arts. 679 e 731). (2) INSS – Na área previdenciária, a Lei n° 8.212/1991, art. 28, III, prevê que entende-se por salário-de-contribuição, para o contribuinte individual, a remuneração auferida em uma ou mais empresas ou pelo exercício de sua atividade por conta própria durante o mês. FGTS – As empresas sujeitas ao regime da CLT que equipararem seus diretores (administradores) não empregados aos demais trabalhadores, para fins do Fundo de Garantia do Tempo de Serviço, sujeitam-se ao respectivo depósito mensal sobre a remuneração devida, incluindo as parcelas de que tratam a CLT, arts. 457 e 458 da CLT (remuneração indireta) – Lei n° 8.036/1990, arts. 15 e 16.			
(3) Como parte da Reforma Trabalhista, a qual entrou em vigor desde 11.11.2017, a Lei n° 13.467/2017 alterou o art. 457, §§ ° 2°o e 4°o, da Consolidação das Leis do Trabalho (CLT), para dispor que integram o salário a importância fixa estipulada, as gorjetas, as gratificações legais e as comissões pagas pelo empregador. As importâncias, ainda que habituais, pagas a título de ajuda de custo, o auxílio-alimentação, vedado o seu pagamento em dinheiro, as diárias para viagem, os prêmios e os abonos não integram a remuneração do empregado, não se incorporam ao contrato de trabalho e não constituem base de incidência de qualquer encargo trabalhista e previdenciário. Consideram-se prêmios as liberalidades concedidas pelo empregador em forma de bens, serviços ou valor em dinheiro, a empregado ou grupo de empregados, em razão de desempenho superior ao ordinariamente esperado no exercício de suas atividades.	(ver Notas 2 e 3)	(ver Notas 2 e 3)	sim
38 – Salário-educação – Convênio – FNDE	não	não	sim

PARTE III – INSS, FGTS E IR/FONTE – Tabela Prática de Incidências

Rubricas	INSS	FGTS	IRRF
39 – Remuneração pela prestação de serviços caracterizadamente de natureza profissional paga ou creditada por pessoas jurídicas a outras pessoas jurídicas	(ver Nota 3)	não	sim

Notas

(1) O desconto do IR é feito mediante aplicação:

a) da alíquota fixa de 1,5% (RIR/2018, art. 714); ou

b) da tabela progressiva prevista para o desconto do imposto sobre rendimentos do trabalho, quando a pessoa jurídica prestadora dos serviços for sociedade civil controlada, direta ou indiretamente, por pessoas físicas que sejam diretores, gerentes ou controladores da pessoa jurídica que pagar ou creditar os rendimentos, bem como pelo cônjuge ou parente de primeiro grau das referidas pessoas (RIR/2018, art. 715).

(2) Não incide o IR na fonte quando o serviço for prestado por pessoas jurídicas imunes ou isentas (Instrução Normativa SRF nº 23/1986).

(3) Se a prestação de serviços estiver enquadrada nos termos do Regulamento da Previdência Social – RPS/1999, aprovado pelo Decreto no 3.048/1999, art. 219, reter e recolher em geral 11% do valor bruto da nota fiscal, da fatura ou do recibo de prestação de serviços, a título de "Retenção para a Previdência Social."

DEPARTAMENTO DE PESSOAL MODELO

Rubricas	INSS	FGTS	IRRF
40 – Comissões, corretagens ou qualquer outra remuneração por representação comercial ou mediação na realização de negócios civis ou comerciais, pagas ou creditadas por pessoas jurídicas a outras pessoas jurídicas **Nota** A beneficiária dos rendimentos efetua o recolhimento do imposto, desobrigando-se a fonte pagadora da retenção, nos casos de comissões e corretagens relativas a: colocação ou negociação de títulos de renda fixa; operações realizadas em Bolsas de Valores e em Bolsas de Mercadorias; distribuição de emissão de valores mobiliários, quando a pessoa jurídica atuar como agente da companhia emissora; operações de câmbio; vendas de passagens, excursões ou viagens; administração de cartão de crédito; prestação de serviços de distribuição de refeições pelo sistema de refeições-convênio e de administração de convênios (Instrução Normativa SRF nº 153/1987; Instrução Normativa SRF nº 177/1987 e Instrução Normativa DRF nº 107/1991).	não	não	sim
41 – Serviços de propaganda e publicidade, pagos ou creditados por pessoas jurídicas a agências de propaganda **Nota** A agência de propaganda recolhe o imposto devido na fonte, por conta e ordem do anunciante, observadas as normas contidas na Instrução Normativa SRF nº 123/1992.	não	não	sim
42 – Serviços de limpeza e conservação de bens imóveis, segurança, vigilância e por locação de mão de obra, pagos ou creditados por pessoas jurídicas a outras pessoas jurídicas **Notas** (1) O Imposto de Renda incide à alíquota de 1% (RIR/2018, art. 716). (2) Se a prestação de serviços estiver enquadrada nos termos do Regulamento da Previdência Social (RPS), aprovado pelo Decreto nº 3.048/1999, art. 219, reter e recolher 3,5%, 11% ou mais, conforme o caso, do valor bruto da nota fiscal, da fatura ou do recibo de prestação de serviços, a título de "Retenção para a Previdência Social".	(ver Nota 2)	não	sim (ver Nota 1)

PARTE III – INSS, FGTS E IR/FONTE – Tabela Prática de Incidências   513

Rubricas	INSS	FGTS	IRRF
43 – Importâncias pagas ou creditadas por pessoas jurídicas a cooperativas de trabalho, associações e assemelhadas, relativas a serviços pessoais que lhes forem prestados ou colocados à disposição por associados destas Notas (1) Em relação aos fatos geradores ocorridos a partir de 1°.01.1995, o desconto do imposto deverá ser efetuado à alíquota de 1,5% (RIR/2018, art. 719). (2) O imposto retido será compensado pelas cooperativas de trabalho com aquele que tiver de reter por ocasião do pagamento dos rendimentos ao associado. (3) Rezava o inciso IV do art. 22 da Lei n° 8.212/1991 que as empresas, ao contratarem os serviços de cooperados por intermédio de cooperativas de serviço, ficavam obrigadas ao recolhimento da contribuição previdenciária patronal correspondente à aplicação da alíquota de 15% sobre o valor bruto da nota fiscal, fatura ou recibo de prestação de serviços. Entretanto, em decisão prolatada, com a repercussão geral reconhecida nos autos do Recurso Extraordinário (RE) n° 595.838, o Supremo Tribunal Federal (STF) declarou a inconstitucionalidade do mencionado inciso IV do art. 22 da Lei no 8.212/1991. Por meio das Soluções de Consulta Cosit nos 152/2015 e 99.012/2015, publicadas nos DOU de 23.06.2015 e 11.11.2015, respectivamente, a RFB esclareceu que, diante da declaração de inconstitucionalidade do inciso IV do art. 22 da Lei n° 8.212/1991, deixa de ser devida pela empresa tomadora de serviços a contribuição de 15% sobre o valor da nota fiscal ou fatura de prestação de serviços por intermédio de cooperativa de trabalho. Por meio da Resolução SF n° 10/2016, o Senado Federal suspendeu, nos termos do art. 52, inciso X, da Constituição Federal, a execução do inciso IV do art. 22 da Lei n° 8.212/1991, declarado inconstitucional por decisão definitiva proferida pelo STF nos autos do RE n° 595.838.	não (ver Nota 3)	não	sim

Rubricas	INSS	FGTS	IRRF
44 – Juros e indenizações por lucros cessantes, decorrentes de sentença judicial, pagos a pessoas jurídicas **Nota** O desconto é feito mediante aplicação da alíquota de 5% (RIR/2018, art. 738).	não	não	sim
45 – Multa prevista no art. 477, § 8º, da CLT (multa por atraso no pagamento das verbas rescisórias)	não	não	não
46 – Compensação pecuniária paga com recursos do Fundo de Amparo ao Trabalhador, no Programa Seguro-Emprego (PSE), nos termos do art. 9º da Lei no 13.189/2015- PARECER SEI 16120/2020/ME – PARECER SEI 1446/2021/ME	sim	sim	sim

Importante

(1) Em geral a contribuição previdenciária incide sobre a contraprestação auferida decorrente do exercício do trabalho ou do tempo à disposição do empregador, no curso de uma relação empregatícia ou de trabalho avulso.

O aviso-prévio, na sua forma meramente indenizatória, não representa contraprestação por trabalho executado, tampouco tempo à disposição do empregador, visto que, durante o período de sua projeção, considerada para fins de pagamento das demais verbas rescisórias, inexiste qualquer obrigação por parte do trabalhador em manter a prestação de serviço que existia antes do rompimento do contrato laboral. Portanto, o empregador, ao indenizar o empregado, libera-o totalmente de qualquer vínculo com a empresa.

Originariamente, a Lei nº 8.212/1991 (art. 28, § 9º, alínea "e") e o Regulamento da Previdência Social (RPS), aprovado pelo Decreto nº 3.048/1999 (art. 214, § 9º, V, "f"), continham previsão expressa sobre a não incidência do encargo previdenciário sobre o aviso-prévio indenizado. Tais previsões foram suprimidas por legislações posteriores.

Vale lembrar, porém, que a alínea "m" do inciso V do § 9º do art. 214 do RPS, a qual permanece em vigor, dispõe que não integra o salário-de-contribuição as importâncias recebidas a título de "outras in-

PARTE III – INSS, FGTS E IR/FONTE – Tabela Prática de Incidências

denizações, desde que expressamente previstas em lei". Nesse aspecto, considerando que o aviso-prévio indenizado é verba de natureza indenizatória e tal parcela é prevista em lei, está enquadrado na mencionada alínea "m".

No que concerne ao encargo do FGTS sobre o aviso-prévio indenizado, há que se lembrar da sua incidência, conforme expressa previsão contida na Instrução Normativa MTP nº 2/2021, art. 221, XXI, bem como na Súmula nº 305 do TST.

Desta forma, considerando ser o aviso-prévio indenizado, tipicamente, verba de natureza indenizatória, o entendimento doutrinário e jurisprudencial predominante é no sentido da não incidência do encargo previdenciário sobre os valores pagos a tal título.

No que concerne ao encargo previdenciário sobre a parcela (avo) correspondente do 13º salário proporcional decorrente da projeção do período do aviso-prévio indenizado, não há na Lei nº 8.212/1991, no seu regulamento (Decreto nº 3.048/1999) e nem na Instrução Normativa RFB nº 971/2009 qualquer previsão expressa sobre a não incidência previdenciária, conduzindo ao raciocínio de que, sobre a referida parcela acessória, haverá de se seguir a mesma sorte da parcela principal, que é o aviso-prévio indenizado, observados todos os comentários anteriores.

Não obstante a nossa posição, lembramos que a Receita Federal do Brasil entende que, embora o aviso prévio indenizado não sofra incidência de contribuição previdenciária, o seu avo correspondente no 13º salário sofre a incidência em questão.

(2) Incidência da contribuição previdenciária patronal sobre o valor equivalente aos 15 primeiros dias de afastamento que antecedem o benefício por incapacidade temporária (antigo auxílio-doença)

O Superior Tribunal de Justiça (STJ), em Recurso Especial nº 1230957/RS, decidiu que sobre o valor relativo aos primeiros 15 dias de afastamento das atividades por motivo de doença, pagos pelo empregador ao empregado, não há incidência de contribuição previdenciária patronal, por entender que este pagamento tem natureza jurídica de indenização e não salarial. Esta posição está pacificada no mencionado Tribunal.

A questão foi submetida ao Supremo Tribunal Federal (STF) o qual negou o prosseguimento do recurso extraordinário, sob a alegação de que a questão em comento não constitui matéria de natureza constitucional e, portanto, cabe ao intérprete da legislação infraconstitucional elucidar a controvérsia.

O PARECER SEI Nº 16120/2020/ME, de 13.10.2020, se posiciona no sentido de que deve ser dispensada a impugnação judicial da incidência de contribuição previdenciária patronal, de contribuições de terceiros e do SAT/RAT sobre a importância paga pelo empregador ao empregado sobre o período de 15 dias que antecede o benefício previdenciário. Dispõe ainda que, após a assinatura do Procurador-Geral da Fazenda Nacional, o parecer passa a vincular a atuação da administração fazendária na matéria em enfoque (art. 19-A, inciso III, da Lei nº 10.522/2002).

A PGFN publicou no DOU de 05.02.2021 o Despacho PGFN/ME nº 40 com os seguintes entendimentos:

Item	Entendimento PGFN	Fundamento
1.1	A contribuição previdenciária do empregado, prevista no inciso I do art. 28, da Lei nº 8.212, de 1991, não incide sobre a remuneração paga pelo empregador ao empregado nos 15 primeiros dias que antecedem o auxílio-doença;	-PARECER SEI 16120/2020/ME - PARECER SEI 1446/2021/ME - Nota PGFN/CRJ/Nº 115/2017
1.2	As contribuições previdenciárias patronais previstas nos arts. 22, I e II (SAT/RAT), e § 1º, da Lei nº 8.212, de 1991, e 57, § 6º, da Lei nº 8.213, de 1991, não incidem sobre a mesma verba indicada no item 1.1;	- PARECER SEI 16120/2020/ME - PARECER SEI 1446/2021/ME
1.3	As contribuições previdenciárias destinadas aos terceiros cuja base de cálculo seja a folha de salários não incidem sobre a aludida quantia.	- PARECER SEI 16120/2020/ME - PARECER SEI 1446/2021/ME

Não obstante o anteriormente mencionado, ressaltamos que a legislação previdenciária ainda não sofreu qualquer alteração em relação à matéria.

Assim sendo, caso a empresa decida não efetuar o recolhimento de contribuição previdenciária patronal sobre a verba em questão e, venha

PARTE III – INSS, FGTS E IR/FONTE – Tabela Prática de Incidências 517

a sofrer a cobrança do recolhimento não feito, deverá recorrer judicialmente, situação em que caberá ao Poder Judiciário decidir a controvérsia.

(3) Não incidência da contribuição previdenciária patronal sobre o salário-maternidade

O Supremo Tribunal Federal (STF) em recurso extraordinário procedeu a seguinte decisão:

*"Decisão: O Tribunal, por maioria, apreciando o Tema 72 da repercussão geral, deu provimento ao recurso extraordinário para declarar, **incidentalmente,** a inconstitucionalidade da incidência de contribuição previdenciária sobre o salário maternidade, prevista no art. Art. 28, § 2º, e da parte final da alínea a, do § 9º, da Lei nº 8.212/91, nos termos do voto do Relator, vencidos os Ministros Alexandre de Moraes, Ricardo Lewandowski, Gilmar Mendes e Dias Toffoli, que conheciam do recurso e negavam-lhe provimento. Foi fixada a seguinte tese: "É inconstitucional a incidência de contribuição previdenciária a cargo do empregador sobre o salário maternidade". Plenário, Sessão Virtual de 26.6.2020 a 4.8.2020."*

Considerando que a decisão tem repercussão geral, este entendimento deve ser seguido pelas instâncias inferiores.

Com relação a aplicação imediata da decisão, para todos os contribuintes, temos que ressaltar que, conforme determina o art. 52, inciso X, da Constituição Federal, compete privativamente ao Senado Federal, por meio de Resolução, suspender a execução, no todo ou em parte, de lei declarada inconstitucional por decisão definitiva do Supremo Tribunal Federal.

Assim, até que o Senado Federal publique Resolução suspendendo a aplicação parcial da lei, ou até que a própria RFB publique algum ato normativo determinando a não incidência de contribuição previdenciária sobre o salário maternidade, caso a empresa deixe de recolher a contribuição previdenciária patronal sobre o salário maternidade e, vier a ser autuada pela fiscalização da RFB, deverá recorrer judicialmente contra a cobrança efetuada.

A Receita Federal do Brasil (RFB) divulgou em agosto/2020, a seguinte Nota:

Nota sobre a decisão do STF a respeito da não incidência de Contribuição Previdenciária sobre o salário-maternidade

"A Receita Federal do Brasil informa que a decisão plenária do STF no julgamento do RE 576967 será submetida à sistemática de que trata o art. 19 da Lei nº 10.522/2002. Assim, até que haja a manifestação da Procuradoria-Geral da Fazenda Nacional, a decisão do RE 576967 possui efeito apenas entre as partes."

A PGFN divulgou o parecer (**PARECER SEI Nº 18361/2020/ME**), sobre o tema, porém, neste parecer não é analisada expressamente a questão da aplicação da decisão do STF para outras empresas.

Em síntese, o parecer esclarece que:

a) a decisão do STF se aplica apenas à contribuição previdenciária patronal, inclusive terceiros, sobre o salário maternidade;

b) a contribuição previdenciária da empregada sobre o salário maternidade não foi atingida pela decisão e, portanto, continua sendo devida;

c) orienta os procuradores a não apresentarem contestação ou recurso nas ações contra a cobrança da contribuição previdenciária patronal sobre o salário maternidade e, por outro lado, a defenderem com muita ênfase a cobrança da contribuição previdenciária da empregada sobre o salário maternidade, nas ações sobre o tema.

O Comitê Gestor do eSocial, por sua vez, procedeu alterações para que o sistema eSocial apure, em relação ao salário maternidade, apenas a contribuição previdenciária da empregada.

PARTE IV
PRINCIPAIS OBRIGAÇÕES TRABALHISTAS E PREVIDENCIÁRIAS

PRINCIPAIS OBRIGAÇÕES TRABALHISTAS E PREVIDENCIÁRIAS

Principais obrigações mensais

A seguir, relacionamos as principais obrigações trabalhistas das empresas, com algumas explicações acerca do assunto.

Obrigações mensais:

Programa de Integração Social (PIS)

Os trabalhadores a seguir relacionados, vinculados a empresas privada ou cooperativa, devem ser cadastrados no Cadastro Número de Identificação Social (NIS/PIS). A inscrição no NIS é cadastrada no PIS.

a) empregado – assim definido pela legislação trabalhista, inclusive o vinculado a repartição oficial estrangeira, desde que seu contrato de trabalho seja regido pela legislação trabalhista brasileira;

b) empregado de cartório não oficializado;

c) empregado doméstico;

d) pescador artesanal – cadastrado para efeito de concessão do benefício seguro-desemprego e plano de formação e valorização do pescador;

e) trabalhador avulso – cadastrado pelo sindicato da categoria;

f) trabalhador rural.

O cadastramento do trabalhador pode ser feito:

a) *on-line*: acesso direto da empresa ao cadastro NIS; e

b) em lote: pelo uso da Conectividade Social.

Fundo de Garantia do Tempo de Serviço (FGTS)

As empresas depositam, mensalmente, até o dia 7 do mês subsequente ao da competência da remuneração, em conta bancária vinculada, a importância correspondente a 8% da remuneração paga ou devida no mês anterior a cada trabalhador, incluídas as parcelas de que trata a CLT, artigos 457 e 458 e a gratificação de Natal.

Conforme estabelece a Medida Provisória nº 1.107/2022, o prazo para o depósito do FGTS será alterado para o dia 20 do mês subsequente ao da competência da remuneração, entretanto, esta alteração somente produzirá efeitos a partir da data de início da arrecadação por meio da prestação dos serviços digitais de geração de guias, devendo o Ministério do Trabalho e Previdência editar as normas complementares necessárias para tanto.

Salário-Família (SF)

Para efeito de concessão e manutenção do salário-família, o segurado firma, por ocasião da admissão no emprego ou da solicitação de pagamento do SF, termo de responsabilidade, no qual se compromete a comunicar à empresa ou ao INSS qualquer fato ou circunstância que determine a perda do direito ao SF, ficando sujeito, em caso do não cumprimento, às sanções penais e trabalhistas.

Acidentes do trabalho – Doenças ocupacionais

Registrar mensalmente os dados atualizados de acidentes do trabalho, doenças ocupacionais e agentes de insalubridade, preenchendo, no mínimo, os quesitos descritos nos modelos de mapas constantes nos Quadros III, IV, V e VI da Norma Regulamentadora (NR-4), devendo o empregador manter a documentação à disposição da inspeção do trabalho.

Previdência Social (INSS)

Em relação aos prazos e às condições de recolhimento das contribuições previdenciárias, deve-se observar:

a) contribuições previdenciárias das empresas em geral: recolhimento até o dia 20 do mês subsequente àquele a que se re-

Parte IV – Principais Obrigações Trabalhistas e Previdenciárias 523

ferirem as remunerações, ou dia útil imediatamente anterior, se não houver expediente bancário no dia 20;

O recolhimento das importâncias retidas, (3,5%, 11%) ou mais, conforme o caso, do valor bruto da nota fiscal, da fatura ou do recibo de prestação de serviços incidentes sobre a remuneração decorrente da prestação de serviços por meio de cessão de mão de obra ou empreitada é efetuado até o dia 20 do mês seguinte àquele da emissão da nota fiscal ou da fatura, ou dia útil imediatamente anterior, se não houver expediente bancário no dia 20.

A cooperativa de trabalho deverá arrecadar a contribuição previdenciária devida por seus cooperados contribuintes individuais, mediante desconto na remuneração a eles repassada ou creditada, relativa aos serviços prestados por seu intermédio, e recolher o valor arrecadado até o dia 20 do mês subsequente ao de competência a que se referir, ou até o dia útil imediatamente anterior, se não houver expediente bancário no dia 20.

b) contribuições devidas por contribuinte individual não contratado por empresas, facultativos: o prazo de recolhimento é até o dia 15 do mês seguinte àquele a que as contribuições se referirem, prorrogando-se o vencimento para o dia útil subsequente, quando não houver expediente bancário no dia 15;

c) contribuições devidas pelo empregado e empregador domésticos: o prazo para recolhimento é até o dia 7 do mês seguinte ao da competência;

d) contribuições devidas por contribuintes individuais e facultativos cujos salários-de-contribuição sejam iguais ao valor de um salário mínimo e que tenham optado pelo recolhimento trimestral: o prazo de recolhimento é no dia 15 do mês seguinte ao de cada trimestre civil, prorrogando-se o vencimento para o dia útil subsequente, quando não houver expediente bancário no dia 15.

OBRIGAÇÕES A SEREM OBSERVADAS EM DETERMINADOS MESES DO ANO

Janeiro

13º salário

Solicitação da 1ª parcela do 13º salário para os empregados que pretendem recebê-las juntamente com as férias.

Março

Engenharia e Medicina do Trabalho – Serviço único

As empresas, optantes por serviço único em engenharia e medicina do trabalho, obrigam-se a elaborar e submeter à aprovação do Ministério do Trabalho e Previdência, até 30 de março, um programa bienal de segurança e medicina do trabalho.

Maio

Salário-família

Os empregados que recebem salário-família, apresentam à empresa, nesse mês, o comprovante de frequência à escola, quando o filho ou equiparado contar com 4 anos de idade ou mais.

Semana Interna de Prevenção de Acidentes do Trabalho (Sipat)

Em geral, no mês de maio, a Cipa (Comissão Interna de Prevenção de Acidentes) realiza a Sipat, cujo objetivo é conscientizar empregados e empregadores da necessidade de evitar acidentes e doenças do trabalho, estabelecendo as medidas a serem tomadas para evitar sua ocorrência.

Para atingir essa finalidade, a Cipa promove várias atividades com a utilização dos mais variados recursos educativos e de conscientização na abordagem do problema e das suas consequências para o trabalho, a saúde e a sociedade em geral.

Junho a Outubro

Geralmente, não há obrigações a serem cumpridas nesses meses.

Parte IV – Principais Obrigações Trabalhistas e Previdenciárias

Novembro

13º salário – 1ª parcela

Até 30 de novembro, o empregador paga a 1ª parcela do 13º salário, salvo se o empregado a recebeu por ocasião das férias.

Salário-família

Os empregados que recebem salário-família apresentam à empresa, nesse mês, a caderneta de vacinação ou documento equivalente, quando o filho ou equiparado for menor de 7 anos, e, no caso de filho ou equiparado maior de 4 anos de idade, é obrigatória a apresentação de comprovação de frequência à escola.

Dezembro

13º salário – 2ª parcela

Até 20 de dezembro, paga-se a 2ª parcela do 13º salário, deduzindo, após o desconto dos encargos incidentes, o valor referente à 1ª parcela.

DCTFWeb Anual

Até o dia 20 de dezembro deve ser enviada a DCTFWeb Anual, relativa ao 13º salário.

PARTE V
TERCEIRIZAÇÃO

Terceirização

Antes da promulgação da Lei nº 13.429/2017 e da "reforma trabalhista", instituída pela Lei nº 13.467/2017, a legislação não tratava do tema terceirização, ou seja, a contratação de uma pessoa jurídica para a prestação de serviços a outra pessoa jurídica.

Havia tão somente a Súmula de nº 331 do Tribunal Superior do Trabalho (TST) e a Instrução Normativa MTb nº 3/1997 (revogada pela Instrução Normativa MTP nº 1/2021), as quais só consideravam válida a terceirização quando a contratação envolvesse apenas as atividades-meio da contratante, ou seja, as empresas não podiam terceirizar suas atividades principais.

Após o advento das Leis nºs 13.429/2017 e 13.467/2017, as quais, entre outras providências regulamentaram a terceirização, as empresas passaram a poder terceirizar para outras empresas, quaisquer de suas atividades, inclusive sua atividade principal.

Para tanto é considerada empresa prestadora de serviços, à pessoa jurídica de direito privado, que possua capacidade econômica compatível com a sua execução.

A tomadora de serviços pode ser a pessoa física ou jurídica que celebra contrato com empresa de prestação de serviços.

Cabe à empresa prestadora de serviços contratar, remunerar e dirigir o trabalho realizado por seus trabalhadores, podendo, também, subcontratar outras empresas para a realização desses serviços.

Os serviços poderão ser executados, tanto nas instalações físicas da contratante como em outro local, de comum acordo entre as partes.

Ex-empregados ou sócios – Prazo para contratação na condição de prestador de serviços

O empregado que foi dispensado só poderá prestar serviços à sua antiga empregadora, na condição de empregado da empresa prestadora de serviços, após decorrido o prazo de 18 meses contados a partir da demissão.

Da mesma forma, a pessoa jurídica cujos titulares ou sócios tenham prestado serviços à contratante nos últimos 18 meses, seja na qualidade de empregado ou de trabalhador sem vínculo empregatício, não pode figurar como contratada, exceto se os referidos titulares ou sócios forem aposentados.

Inexistência de vínculo empregatício

Não há vínculo empregatício entre a contratante e os trabalhadores (ou sócios) das empresas prestadoras de serviços, qualquer que seja o seu ramo.

Contrato de prestação de serviços

O contrato de prestação de serviços deverá conter:

a) qualificação das partes;

b) especificação do serviço a ser prestado;

c) prazo para realização do serviço, quando for o caso;

d) valor.

Empresa prestadora de serviços – Funcionamento – Requisitos

São requisitos para o funcionamento da empresa de prestação de serviços a terceiros:

a) prova de inscrição no Cadastro Nacional da Pessoa Jurídica (CNPJ);

b) registro na Junta Comercial;

c) capital social compatível com o número de empregados, observando-se o seguinte quadro:

Parte V – Terceirização

Número de empregados	Capital mínimo
0 a 10	R$ 10.000,00
11 a 20	R$ 25.000,00
21 a 50	R$ 45.000,00
51 a 100	R$ 100.000,00
101 em diante	R$ 250.000,00

Benefícios e normas de segurança e saúde

Serviços nas dependências da contratante

Enquanto os serviços forem executados nas dependências da contratante, serão asseguradas aos empregados da empresa prestadora de serviços (contratada), as mesmas condições:

I – sanitárias, de medidas de proteção à saúde e de segurança no trabalho e de instalações adequadas à prestação do serviço;

II – relativas a:

a) alimentação garantida aos empregados da contratante, quando oferecida em refeitórios;

b) utilização dos serviços de transporte;

c) atendimento médico ou ambulatorial existente nas dependências da contratante ou local por ela designado;

d) treinamento adequado, fornecido pela contratada, quando a atividade o exigir.

Contratante e contratada poderão estabelecer, se assim entenderem, que os empregados da contratada farão jus a salário equivalente ao pago aos empregados da contratante, além de outros direitos.

Nos contratos que impliquem mobilização de empregados da contratada em número igual ou superior a 20% dos empregados da contratante, esta poderá disponibilizar aos empregados da contratada os serviços de alimentação e de atendimento ambulatorial em outros locais apropriados e com igual padrão de atendimento, com vistas a manter o pleno funcionamento dos serviços existentes.

Serviços em outro local previsto em contrato

Quando o trabalho for realizado em outro local previamente convencionado em contrato, é responsabilidade da contratante garantir as condições de segurança, higiene e salubridade dos trabalhadores.

A contratante poderá estender ao trabalhador da empresa de prestação de serviços o mesmo atendimento médico, ambulatorial e de refeição destinado aos seus empregados, existente nas dependências da contratante ou no local por ela designado.

Obrigações trabalhistas e previdenciárias – Responsabilidades

A contratante é subsidiariamente responsável pelas obrigações trabalhistas referentes ao período em que ocorrer a prestação de serviços.

O recolhimento das contribuições previdenciárias observará a retenção para a Previdência Social prevista no art. 31 da Lei nº 8.212/1991.

Atividades excluídas

A terceirização não se aplica às empresas de vigilância e de transporte de valores, permanecendo as respectivas relações de trabalho reguladas por legislação especial e, subsidiariamente pela CLT.

PARTE VI
EMPREGADO DOMÉSTICO

EMPREGADO DOMÉSTICO

É considerado empregado doméstico a pessoa que presta serviços de forma habitual, subordinada, onerosa e pessoal e de finalidade não lucrativa à pessoa ou à família, no âmbito residencial destas, por mais de 2 dias por semana.

Portanto, para o empregador, a atividade do empregado doméstico não pode possuir caráter econômico, ou seja, gerar lucros. Caso haja a finalidade lucrativa na atividade do empregado doméstico este será desconsiderado como tal e o contrato se dará no âmbito da CLT.

Podem ser caracterizados como empregados domésticos, entre outros, a cozinheira, a babá, o jardineiro, o motorista, o caseiro, a cuidadora de idosos, a copeira, o vigia, a enfermeira, a secretária, e o piloto de lancha ou avião.

DOCUMENTOS NECESSÁRIOS PARA A ADMISSÃO

Ao ser admitido no emprego, o empregado doméstico deverá apresentar ao empregador a Carteira de Trabalho e Previdência Social (CTPS) e o exame médico admissional, devendo o empregador arcar com os custos do exame médico admissional.

A CTPS é emitida em meio eletrônico (digital), pelo Ministério do Trabalho e Previdência. O fornecimento do número do CPF pelo trabalhador equivale à apresentação do CTPS digital.

O empregador tem o prazo de 5 dias úteis para anotar na CTPS, a data de admissão, a remuneração e as condições especiais, se houver.

Menores de 18 anos de idade

A lei proíbe, taxativamente, a contratação de menores de 18 anos de idade na função de empregado doméstico, por considerar esta atividade como uma das piores formas de trabalho infantil, por ser prejudicial à saúde e à segurança do menor de idade.

Entendeu o legislador que o trabalho doméstico pode apresentar os seguintes riscos ocupacionais: esforços físicos intensos; isolamento; abuso físico, psicológico e sexual; longas jornadas de trabalho; trabalho noturno; calor; exposição ao fogo, posições antiergonômicas e movimentos repetitivos; tracionamento da coluna vertebral; sobrecarga muscular; e queda de nível.

Anotações a serem efetuadas na CTPS

Na CTPS serão efetuadas as seguintes anotações:
a) empregador: nome completo;
b) CPF;
c) cargo: empregado doméstico;
d) Classificação Brasileira de Ocupações (CBO): 5121-05;
e) data de admissão;
f) remuneração especificada;
g) tipo de contrato a prazo determinado ou indeterminado.

Quando da rescisão do contrato de trabalho, deverá ser anotada a data da dispensa.

Durante a vigência do contrato, também deverão ser anotados:
a) reajustes salariais concedidos;
b) data de início e término das férias.

As anotações lançadas no eSocial doméstico alimentarão a Carteira de Trabalho Digital.

Contrato a prazo determinado

O contrato a prazo determinado, para o empregado doméstico, só é possível nas seguintes hipóteses:
a) contrato de experiência, observado o prazo máximo de 90 dias, podendo ser prorrogado 1 vez, desde que a soma dos 2 períodos não ultrapasse o limite de 90 dias;

Parte VI – Empregado Doméstico 537

b) para atender a necessidades familiares de natureza transitória e para substituição temporária de empregado doméstico com contrato de trabalho interrompido ou suspenso, obedecido o limite máximo de 2 anos.

Ocorrendo a rescisão do contrato a prazo, sem motivo justificado, antes da data do término previamente estabelecida, o empregador ficará obrigado a pagar ao empregado dispensado, a título de indenização, metade da remuneração a que teria direito até o término do contrato.

O empregado, também, não poderá se desligar do contrato a prazo antes do termo final, sem justa causa, sob pena de ser obrigado a indenizar o empregador dos prejuízos que desse fato lhe resultarem, sendo que a indenização não poderá exceder aquela a que teria direito em idênticas condições.

Direitos dos empregados domésticos

É assegurada à categoria de empregados domésticos os seguintes direitos:

a) salário mínimo, fixado em lei, nacionalmente unificado, capaz de atender às suas necessidades vitais básicas e às de sua família com moradia, alimentação, educação, saúde, lazer, vestuário, higiene, transporte e Previdência Social, com reajustes periódicos que lhe preservem o poder aquisitivo, sendo vedada sua vinculação para qualquer fim. Nos Estados da Federação, onde a legislação local garante piso salarial aos domésticos, este deverá ser observado;

b) proteção do salário na forma da lei, constituindo crime a sua retenção dolosa. Assim o empregador não pode: deixar de efetuar o pagamento no prazo determinado; efetuar descontos não previstos em lei; modificar o modo de apuração e pagamento do salário de forma prejudicial ao empregado;

c) equiparação salarial – caso haja mais de um empregado doméstico que exerçam as mesmas atividades as regras da equiparação salarial deverão ser observadas;

d) irredutibilidade salarial;

e) 13º salário com base na remuneração integral;

DEPARTAMENTO DE PESSOAL MODELO

f) repouso semanal remunerado de 24 horas, preferencialmente aos domingos;

g) gozo de férias anuais remuneradas com, pelo menos, 1/3 terço a mais do que o salário normal;

h) licença à gestante, sem prejuízo do emprego e salário, com duração de 120 dias, paga diretamente pelo INSS;

i) licença-paternidade, fixada em 5 dias;

j) aviso-prévio proporcional ao tempo de serviço, sendo, no mínimo, de 30 dias, nos termos da lei;

k) aposentadoria;

l) integração à Previdência Social;

m) salário-família;

n) estabilidade da empregada gestante desde a confirmação da gravidez até 5 meses depois do parto;

o) reconhecimento das convenções e acordos coletivos de trabalho;

p) proibição de diferença de salários, de exercício de funções e de critérios de admissão por motivo de sexo, idade, cor ou estado civil;

q) proibição de qualquer discriminação no tocante a salário e critérios de admissão do trabalhador portador de deficiência;

r) aplicação das normas relativas à segurança e saúde no trabalho.

Jornada de trabalho

O empregado doméstico tem direito à jornada diária de até 8 horas e jornada semanal de 44 horas, da mesma forma que os demais empregados. É permitida, porém, a prorrogação diária de trabalho, seja para efeitos de compensação, seja para realização de horas extras.

Os intervalos, o tempo de repouso, as horas não trabalhadas, os feriados e os domingos livres em que o empregado que mora no local de trabalho nele permaneça não serão computados como horário de trabalho.

Parte VI – Empregado Doméstico 539

Hora extra

Mediante acordo escrito, entre empregado e empregador, pode haver a prorrogação da jornada normal para a realização de até 2 horas extraordinárias, remuneradas com o adicional mínimo de 50%.

Se o empregado for mensalista, o valor da hora normal será obtido mediante a divisão do salário mensal por 220, exceto se o contrato estipular jornada mensal inferior que resulte em divisor diverso.

Exemplo

Empregado doméstico com jornada de 8 horas diárias e salário mensal de R$ 1.500,00 realizou no mês 10 horas extraordinárias.

Cálculo

Salário/hora normal = $\dfrac{\text{R\$1.500,00}}{220}$ = R$ 6,82

Adicional de horas extras = 50%

Valor da hora extra = R$ 10,23 (R$ 6,82 x 1,50)

Valor total das horas extras = R$ 102,30 (R$ 10,23 x 10)

Compensação de horas

Poderá ser dispensado o acréscimo de salário se, mediante acordo escrito entre empregador e empregado, o excesso de horas trabalhadas em um dia for compensado pela diminuição da jornada em outro dia. Nesta situação deve ser observado que:

a) será devido o pagamento, como horas extraordinárias, com o acréscimo de 50% superior ao valor da hora normal, das primeiras 40 horas mensais excedentes ao horário normal de trabalho;

b) das 40 horas referidas na letra "a", poderão ser deduzidas, sem o correspondente pagamento, as horas não trabalhadas, em função de redução do horário normal de trabalho ou de dia útil não trabalhado, durante o mês;

c) o saldo de horas que excederem as 40 primeiras horas mensais de que trata a letra "a", com a dedução prevista na letra "b", quando for o caso, será compensado no período máximo de 1 ano.

Caso ocorra a rescisão do contrato de trabalho sem que tenha havido a compensação integral da jornada extraordinária, o empregado fará jus ao pagamento das horas extras não compensadas, calculadas sobre o valor da remuneração na data de rescisão.

O trabalho não compensado prestado em domingos e feriados deve ser pago em dobro, sem prejuízo da remuneração relativa ao repouso semanal.

Jornada 12 x 36 horas – Possibilidade

Empregado e empregador podem, por meio de acordo escrito, estabelecer horário de trabalho de 12 horas seguidas por 36 horas ininterruptas de descanso, observados ou indenizados os intervalos para repouso e alimentação.

A remuneração mensal pactuada pelo horário em comento abrange os pagamentos devidos pelo descanso semanal remunerado e pelo descanso em feriados, e serão considerados compensados os feriados e as prorrogações de trabalho noturno, quando houver.

Viagens – Acompanhamento

O empregado doméstico poderá, por meio de acordo escrito com o empregador, prestar serviços a este durante acompanhamento em viagem, situação em que serão remuneradas as horas efetivamente trabalhadas no período, podendo, também, serem compensadas as horas extraordinárias em outro dia.

O valor da hora trabalhada em viagem terá o acréscimo de 25% sobre o valor da hora normal. Entretanto, as partes poderão, mediante acordo, converter o acréscimo da remuneração em banco de horas, a ser utilizado a critério do empregado.

Registro de ponto – Obrigatoriedade

O empregado doméstico está obrigado a anotar diariamente em folha, livro de ponto ou registro eletrônico, conforme opção do empregador, a hora de entrada e saída no trabalho e, ainda, o período destinado à alimentação e ao repouso. Ao lado das anotações, deverá constar a rubrica do empregado.

Parte VI – Empregado Doméstico 541

Trabalho em regime de tempo parcial

O trabalho em regime de tempo parcial é aquele cuja duração não excede 25 horas semanais. Entretanto, mediante acordo escrito, esta jornada pode ser acrescida de 1 hora desde que o limite máximo diário observe 6 horas.

A remuneração do empregado doméstico submetido à jornada parcial deve ser proporcional em relação ao empregado que cumpre jornada normal de 8 horas.

Intervalos no trabalho

O empregado doméstico tem direito ao intervalo para repouso ou alimentação de, no mínimo 1 hora e, no máximo, 2 horas, admitindo-se, mediante prévio acordo escrito entre as partes, sua redução a 30 minutos, o qual deverá ser concedido, preferencialmente, no meio da jornada de trabalho.

Se o empregado residir no local de trabalho e tiver intervalo de 2 horas, este poderá ser dividido em 2 períodos de 1 hora, devendo tal situação ser anotada no registro diário de horário.

Entre 2 jornadas de trabalho, deve haver período mínimo de 11 horas consecutivas para descanso.

Repouso/Descanso semanal remunerado

O doméstico tem direito ao repouso/descanso semanal remunerado de, no mínimo, 24 horas consecutivas, preferencialmente, aos domingos, além de descanso remunerado em feriados.

O repouso semanal de 24 horas não se confunde com o intervalo de 11 horas entre 2 jornadas. Portanto, entre duas semanas de trabalho, os empregados domésticos terão direito a um descanso mínimo de 35 horas consecutivas (24 + 11).

Para fazer jus à remuneração do repouso semanal, o doméstico deve cumprir integralmente o seu horário de trabalho semanal.

Contudo, se o empregado faltar ao serviço e o empregador não descontar essa falta, é porque a considerou justificada, não podendo fazê-lo mais adiante.

Trabalho noturno

É considerado noturno o trabalho executado entre as 22 horas de um dia e as 5 horas do dia seguinte e a hora noturna tem duração de 52 minutos e 30 segundos, sendo remunerada com o adicional mínimo de 20% sobre o valor da hora diurna.

Se o empregado trabalhar somente no período noturno (das 22 às 5 horas), o acréscimo será calculado sobre o salário mensal.

Nos horários mistos (diurnos e noturnos) apura-se o valor do adicional noturno sobre as horas respectivas.

Remuneração – Pagamento – Prazo – Descontos

O prazo para pagamento do salário é até o dia 7 do mês seguinte ao da competência.

O empregador doméstico não pode efetuar descontos no salário do empregado em virtude de fornecimento de alimentação, vestuário, higiene ou moradia, bem como por despesas com transporte, hospedagem e alimentação em caso de acompanhamento em viagem.

As despesas com moradia só poderão ser descontadas, quando essa se referir a local diverso da residência em que ocorrer a prestação de serviço, desde que essa possibilidade tenha sido expressamente acordada entre as partes.

Caso o empregador forneça ao empregado uma moradia na própria residência ou em morada anexa, esta situação não gera ao empregado qualquer direito de posse ou de propriedade sobre a referida moradia.

Poderão ser efetuados descontos na remuneração a título de adiantamento salarial e, mediante acordo escrito entre as partes, para a inclusão do empregado em planos de assistência médico-hospitalar e odontológica, de seguro e de previdência privada, não podendo a dedução ultrapassar 20% do salário. Estes benefícios não têm natureza salarial nem se incorporam à remuneração para quaisquer efeitos.

FGTS

Desde outubro/2015, o empregado doméstico passou a ser obrigatoriamente incluído no regime do FGTS, tendo sido disciplinado o regime unificado de pagamento de tributos e contribuições e dos demais encargos do empregador doméstico, sob o título de "Simples Doméstico".

Parte VI – Empregado Doméstico 543

O empregado doméstico terá duas contas vinculadas no sistema do FGTS. Em uma conta, serão efetuados os depósitos mensais relativos aos 8% incidentes sobre a remuneração paga ou devida no mês anterior. Em outra conta (distinta), serão efetuados os depósitos mensais correspondentes à aplicação da alíquota de 3,2% sobre a mesma base de cálculo, destinados ao pagamento da indenização devida em caso de ruptura do contrato sem justo motivo ou por culpa recíproca.

O acompanhamento dos depósitos do FGTS é realizado pelo empregador e pelo empregado doméstico mediante consulta ao extrato da conta vinculada do FGTS. Entretanto, o extrato da conta vinculada que abriga o depósito do valor correspondente a 3,2% destinado ao pagamento da indenização compensatória é fornecido exclusivamente ao empregador doméstico.

FGTS – Rescisão contratual

Em caso de rescisão de contrato de trabalho do trabalhador doméstico, considerando a obrigatoriedade de recolhimento unificado mediante DAE (Documento de Arrecadação do eSocial), é aplicado ao recolhimento rescisório o prazo previsto no art. 477 da CLT no que se refere a valores de FGTS devidos ao mês da rescisão, ao aviso-prévio indenizado, quando for o caso, e ao mês imediatamente anterior, que ainda não houver sido recolhido, sem prejuízo das cominações legais previstas na Lei nº 8.036/1990.

A Lei nº 13.467/2017, alterou a redação do § 6º do art. 477 da CLT para determinar que o pagamento das verbas rescisórias deve ser feito em até 10 dias contados a partir do término do contrato, independentemente de o aviso prévio ser trabalhado, indenizado ou de sua ausência/dispensa, ou seja, deixou de existir o prazo até o 1º dia útil seguinte.

Dessa forma, entendemos que o recolhimento do FGTS do empregado doméstico, em caso de rescisão do contrato de trabalho, passou a observar o novo prazo, ou seja, até 10 dias contados a partir do término do contrato. Caso o 10º dia corrido seja posterior ao dia 07 do mês subsequente, o vencimento ocorre no dia 07.

Indenização compensatória – Rescisão sem justa causa ou por culpa do empregador

O empregador doméstico depositará por meio do Simples Doméstico, a importância de 3,2% sobre a remuneração devida, no mês anterior, a cada empregado, destinada ao pagamento da indenização compensatória da perda do emprego, sem justa causa ou por culpa do empregador, não se aplicando ao empregado doméstico a multa de 40% ou 20%, conforme o caso, previstas nos §§ 1º e 2º do art. 18 da Lei nº 8.036/1990.

Nas hipóteses de dispensa por justa causa ou a pedido, de término do contrato de trabalho por prazo determinado, de aposentadoria e de falecimento do empregado doméstico, os valores previstos acima serão movimentados pelo empregador.

Na hipótese de culpa recíproca, metade dos valores previstos acima será movimentada pelo empregado, enquanto a outra metade será movimentada pelo empregador.

É de responsabilidade do empregador o arquivamento de documentos comprobatórios do cumprimento do recolhimento do FGTS.

13º salário

O 13º salário devido ao empregado doméstico é pago em duas parcelas. A primeira entre fevereiro e novembro de cada ano e a segunda até 20 de dezembro.

O cálculo é feito com base em 1/12 da remuneração devida em dezembro, por mês de serviço do ano correspondente, sendo considerado mês integral a fração igual ou superior a 15 dias de trabalho.

Cálculo

Considerando que o empregado tenha remuneração de R$ 1.608,00, temos:

- admissão em 10.04.2021
- salário mensal: R$ 1.608,00
- tempo de serviço até outubro/2021: 7/12

13º salário:
- 1ª parcela (até 30.11.2021)
  R$ 1.608,00 ÷ 12 = R$ 134,00
  R$ 134,00 x 7 = R$ 938,00
  R$ 938,00 ÷ 2 = R$ 469,00

Parte VI – Empregado Doméstico

– 2ª parcela (até 20.12.2021)

– salário mantido em R$ 1.608,00

– tempo de serviço até dezembro/2021 = 9/12

R$ 1.608,00 ÷ 12 = R$ 134,00

R$ 134,00 x 9 = R$ 1.206,00

R$ 1.206,00 – R$ 469,00 (1ª parcela) = R$ 737,00 (2ª parcela)

O desconto previdenciário relativo ao 13º salário deve ser efetuado, por ocasião do pagamento da parcela final, em separado do salário do mês, sem abatimento da antecipação.

O recolhimento das contribuições previdenciárias (8% da parte do empregador, e 7,5%, 9%, 12% ou 14% da parte do empregado doméstico), bem como a contribuição de 0,8% do seguro contra acidentes do trabalho, incidentes sobre a gratificação natalina (13º salário), deverá ocorrer até o dia 7 do mês de janeiro do período seguinte ao de apuração.

Conforme estabelece a Medida Provisória nº 1.110/2022, o prazo para o empregador doméstico efetuar os recolhimentos e depósitos mediante o DAE será alterado para o dia 20 do mês subsequente ao da competência da remuneração, devendo o Ministério do Trabalho e Previdência editar as normas complementares necessárias para tanto, que ainda não ocorreu.

Contribuição previdenciária – Cálculo

O Cálculo da contribuição previdenciária do empregado observa a seguinte tabela:

Salário de contribuição (R$)	Alíquota progressiva para fins de reco-lhimento ao INSS
Até 1.212,00	7,5%
De 1.212,01 até 2.427,35	9%
De 2.427,36 até 3.641,03	12%
De 3.641,04 até 7.087,22	14%

A mencionada tabela será aplicada de forma progressiva sobre o salário de contribuição, incidindo cada alíquota sobre as faixas de valores compreendidas nos respectivos limites.

Exemplo

Considerando que o empregado, no mês de janeiro de 2022, recebeu a remuneração total de R$ 7.500,00.

Assim temos:

Teto máximo de contribuição previdenciária em 01/2022 = R$ 7.087,22.

Faixas salariais(R$)	Alíquotas (%)	Cálculo	Contribuição (R$)
até 1.212,00	7,5%	R$ 1.212,00 x 7,5%	R$ 90,90
De 1.212,01 até 2.427,35	9%	R$ 2.427,35 – R$ 1.212,00 x 9%	R$ 109,38
De 2.427,36 até 3.641,03	12%	R$ 3.641,03 – R$ 2.427,35 X 12%	R$ 145,64
De 3.641,04 até 7.087,22	14%	R$ 7.087,22 – R$ 3.641,03 x 14%	R$ 482,46
Contribuição previdenciária total			R$ 828,38

Licença-maternidade

A Lei Complementar nº 150/2015 determina que a empregada doméstica tem direito à licença-gestante de 120 dias (28 dias antes e 91 dias depois do parto), sem prejuízo do emprego e do salário, inclusive no caso de parto antecipado e de natimorto.

O benefício do salário-maternidade deve ser pago diretamente pela Previdência Social e independentemente de cumprimento de período de carência.

Em casos excepcionais, o período de repouso antes e depois do parto pode ser aumentado em mais 2 semanas, mediante atestado médico específico.

O segurado ou segurada da Previdência Social que adotar ou obtiver guarda judicial para fins de adoção de criança de até 12 anos, também tem direito ao salário-maternidade pelo período de 120 dias.

Em caso de aborto não criminoso, comprovado por atestado médico, a segurada faz jus ao salário-maternidade correspondente a 2 semanas (14 dias).

Parte VI – Empregado Doméstico

Abono anual

A empregada que esteve em gozo do benefício de aposentadoria, benefício por incapacidade temporária, salário-maternidade, pensão por morte ou auxílio-reclusão, tem direito ao abono anual (13º salário), pago pelo INSS, correspondente ao valor da renda mensal do benefício no mês de dezembro ou do no mês da alta ou da cessação do benefício. O recebimento do benefício por período inferior a 12 meses, dentro do mesmo ano, determina o cálculo do abono de forma proporcional.

Licença-paternidade

O empregado doméstico tem direito à licença-paternidade de 5 dias.

Acidente do trabalho

Acidente do trabalho é o que ocorre pelo exercício do trabalho a serviço de empregador doméstico provocando lesão corporal ou perturbação funcional que cause a morte ou a perda ou redução, permanente ou temporária, da capacidade para o trabalho.

O empregador doméstico deverá comunicar o acidente à Previdência Social até o 1º dia útil seguinte ao da ocorrência e, em caso de morte, de imediato, à autoridade competente, sob pena de multa variável entre o limite mínimo e o limite máximo do salário de contribuição, sucessivamente aumentada nas reincidências.

Salário-família

O salário-família será devido, mensalmente, ao empregado doméstico, que atenda aos requisitos legais, na proporção do respectivo número de filhos ou equiparados com até 14 anos de idade ou inválido. Para tanto, deverá apresentar ao empregador apenas a certidão de nascimento do filho. O pagamento será efetuado pelo empregador, que efetuará a compensação quando do recolhimento das contribuições previdenciárias.

O empregador deverá conservar durante 10 anos os comprovantes de pagamento e as cópias das certidões correspondentes, para fiscalização.

Férias

Depois de cada período de 12 meses de trabalho prestado à mesma pessoa ou família (chamado de período aquisitivo), o empregado doméstico terá direito a férias anuais de 30 dias corridos, remuneradas com o acréscimo de, pelo menos, um 1/3 do salário normal. As férias deverão ser concedidas nos 12 meses subsequentes à aquisição do direito (chamado período concessivo).

Na cessação do contrato de trabalho, o empregado, desde que não tenha sido demitido por justa causa, terá direito à remuneração relativa ao período incompleto de férias, na proporção de 1/12 avos por mês de serviço ou fração superior a 14 dias.

O período de férias poderá, a critério do empregador, ser fracionado em até 2 períodos, sendo 1 deles de, no mínimo, 14 dias corridos.

Poderá o empregado, converter 1/3 do período de férias a que tiver direito em abono pecuniário, no valor da remuneração que lhe seria devida nos dias correspondentes. Essa conversão deverá ser requerida até 30 dias antes do término do período aquisitivo.

Caso o empregado resida no local de trabalho poderá nele permanecer durante as férias.

A princípio, cabe ao empregador a fixação do período do gozo de férias. Entretanto, o art. 10 da Convenção nº 132, da Organização Internacional do Trabalho (OIT), a qual vigora no Brasil, determina que a ocasião em que as férias serão gozadas será determinada pelo empregador, depois de consulta ao empregado, a menos que seja fixada por regulamento, acordo coletivo, sentença arbitral ou qualquer outra maneira conforme a prática nacional. Dessa forma, para fixar a ocasião do período de gozo das férias serão levadas em conta as necessidades do trabalho e as possibilidades de repouso e diversão ao alcance da empregada.

As férias devem ser pagas até 2 dias antes do início do gozo.

Incidências

Os valores pagos ou creditados a título de férias, terço constitucional (1/3 das férias) e saldo de salário, se for o caso, relativo ao mês do respectivo gozo:

Parte VI – Empregado Doméstico   549

a) sofrerão incidência da contribuição previdenciária (parte empregado e empregador);

b) sofrerão incidência da contribuição patronal para financiamento do seguro contra acidente do trabalho;

c) servirão de base para os depósitos relativos ao FGTS;

d) servirão de base para os depósitos destinados ao pagamento da indenização compensatória relativa à ruptura do contrato por dispensa sem justo motivo ou por culpa recíproca.

Os mencionados valores também sofrerão incidência do Imposto de Renda Retido na Fonte (IRRF), se for o caso.

O recibo de férias será emitido pelo eSocial – Módulo Empregador Doméstico.

Vale-transporte

O Vale-Transporte (VT) é benefício que o empregador antecipará ao empregado doméstico para utilização efetiva em despesas de deslocamento residência-trabalho e vice-versa.

Entende-se por deslocamento a soma dos seguimentos componentes da viagem do beneficiário, por um ou mais meios de transporte, entre sua residência e o local de trabalho.

A obrigação de concessão dos vales poderá ser substituída, a critério do empregador, pela concessão, mediante recibo, dos valores para a aquisição das passagens necessárias ao custeio das despesas decorrentes do deslocamento residência-trabalho e vice-versa.

Para receber o VT, o empregado deve informar, por escrito, ao empregador:

a) seu endereço residencial;

b) os serviços e os meios de transporte mais adequados ao deslocamento residência-trabalho e vice-versa.

O VT é custeado:

a) pelo beneficiário, na parcela equivalente a 6% do seu salário básico ou vencimento, excluídos quaisquer adicionais ou vantagens;

b) pelo empregador, no que exceder a parcela mencionada anteriormente.

Normas de segurança e saúde

A redução dos riscos inerentes ao trabalho é um direito do trabalhador. Assim sendo, o empregador está obrigado a adotar medidas capazes de neutralizar ou até eliminar a ação dos agentes nocivos à saúde, bem como dos riscos existentes no ambiente de trabalho.

Deverá, portanto, cumprir as normas de higiene, segurança e saúde no trabalho, com o objetivo de manter a residência (local de trabalho) livre de riscos de acidentes e elementos que possam causar prejuízos à saúde do empregado.

Dessa forma, o empregador doméstico fica obrigado, entre outros:

a) a fornecer gratuitamente ao empregado doméstico equipamentos de proteção individual, adequado ao risco a que se encontra exposto, dependendo do trabalho a ser executado, tais como:

a.1) luva para proteção das mãos contra agentes térmicos;

a.2) luva para proteção das mãos contra agentes biológicos;

a.3) luva para proteção das mãos contra agentes abrasivos e escoriantes;

a.4) calçado para proteção dos pés e pernas contra umidade proveniente de operações com uso de água;

b) submeter os empregados à realização de exames médicos: admissional, periódico e demissional. Todos às custas do empregador;

c) observância dos requisitos mínimos e as medidas de proteção para o trabalho em altura, envolvendo o planejamento, a organização e a execução, de forma a garantir a segurança e a saúde dos trabalhadores envolvidos direta ou indiretamente com esta atividade. É considerado trabalho em altura toda atividade executada acima de dois metros do nível inferior, onde haja risco de queda.

Parte VI – Empregado Doméstico

Aviso-prévio

Nos contratos a prazo indeterminado, a parte que, sem justo motivo, quiser rescindi-lo deverá avisar a outra de sua intenção com antecedência mínima de 30 dias.

O empregado que contar com até 1 ano de serviço ao mesmo empregador, se despedido sem justo motivo, terá direito ao aviso-prévio de 30 dias. A este aviso serão acrescidos 3 dias por ano de serviço prestado para o mesmo empregador, até o máximo de 60 dias, perfazendo um total de até 90 dias.

A falta de aviso-prévio por parte do empregador dá ao empregado o direito aos salários correspondentes ao prazo do aviso, garantida sempre a integração desse período ao seu tempo de serviço.

A falta de aviso-prévio por parte do empregado dá ao empregador o direito de descontar os salários correspondentes ao prazo respectivo. Entretanto, entende-se que este desconto não pode ultrapassar o valor equivalente a 30 dias.

O horário normal de trabalho do empregado durante o aviso-prévio, quando a rescisão tiver sido promovida pelo empregador, será reduzido de 2 horas diárias, sem prejuízo do salário integral, sendo facultado ao empregado trabalhar sem a redução das 2 horas diárias, caso em que poderá faltar ao serviço, sem prejuízo do salário integral, por 7 dias corridos.

Seguro-desemprego

O empregado doméstico que for dispensado sem justa causa terá direito ao benefício do seguro-desemprego, no valor de 1 salário mínimo, por período máximo de 3 meses, de forma contínua ou alternada.

Para tanto, deverá comprovar:

a) ter sido empregado doméstico, por pelo menos 15 meses nos últimos 24 meses que antecedem à data da dispensa que deu origem ao requerimento do seguro-desemprego, sendo considerado mês integral a parcela superior a 15 dias;

b) não estar em gozo de qualquer benefício previdenciário de prestação continuada da Previdência Social, exceto auxílio-acidente e pensão por morte;

552   DEPARTAMENTO DE PESSOAL MODELO

c) não possuir renda própria de qualquer natureza, suficiente à sua manutenção e de sua família.

SIMPLES DOMÉSTICO

Regime unificado de pagamento de tributos, de contribuições e dos demais encargos do empregador doméstico

A inscrição do empregador e a entrada única de dados cadastrais e de informações trabalhistas, previdenciárias e fiscais no âmbito do Simples Doméstico, bem como a geração da guia de recolhimento, serão efetuados mediante registro no Sistema de Escrituração Digital das Obrigações Fiscais, Previdenciárias e Trabalhistas (eSocial), disponibilizado no endereço eletrônico **www.esocial.gov.br**.

O Simples Doméstico assegura o recolhimento mensal, mediante documento único de arrecadação, dos seguintes valores calculados sobre a remuneração paga ou devida no mês anterior, a cada empregado, incluída na remuneração a gratificação de Natal:

a) 7,5%, 9%, 12% ou 14% de contribuição previdenciária, a cargo do segurado empregado doméstico, conforme o seu salário de contribuição, de acordo com a tabela a seguir;

b) 8% de contribuição patronal previdenciária para a Seguridade Social, a cargo do empregador doméstico, calculada sobre o salário de contribuição;

c) 0,8% de contribuição social para financiamento do seguro contra acidentes do trabalho;

d) 8% de recolhimento para o FGTS;

e) 3,2%, para fins de pagamento da indenização compensatória relativa à dispensa sem justo motivo ou por culpa recíproca; e

f) Imposto sobre a Renda Retido na Fonte, se for o caso.

Parte VI – Empregado Doméstico

Tabela de salário de contribuição de empregado doméstico

Para o ano de 2022 a tabela de desconto de contribuição previdenciária é a seguinte:

Salário de contribuição (R$)	Alíquota progressiva para fins de recolhimento ao INSS
Até 1.212,00	7,5%
De 1.212,01 até 2.427,35	9%
De 2.427,36 até 3.641,03	12%
De 3.641,04 até 7.087,22	14%

A mencionada tabela será aplicada de forma progressiva sobre o salário de contribuição, incidindo cada alíquota sobre as faixas de valores compreendidas nos respectivos limites.

O recolhimento unificado será efetuado por meio do Documento de Arrecadação eSocial (DAE), gerado exclusivamente pelo aplicativo disponibilizado no Portal do eSocial, em instituições financeiras integrantes da rede arrecadadora de receitas federais, até o dia 7 do mês seguinte ao da competência ou dia útil imediatamente anterior se não houver expediente bancário.

Importante

O recolhimento das contribuições previdenciárias incidentes sobre a gratificação natalina (13º salário), deverá ocorrer até o dia 7 do mês de janeiro do período seguinte ao de apuração.

Recorda-se que o recolhimento dos encargos legais sobre a remuneração normal da competência dezembro do empregado doméstico também será efetuado até 07.01.

Conforme estabelece a Medida Provisória nº 1.110/2022, o prazo para o empregador doméstico efetuar os recolhimentos e depósitos mediante o DAE será alterado para o dia 20 do mês subsequente ao da competência da remuneração, a partir da data de início da arrecadação por meio da prestação de serviços digitais de geração de guia, devendo o Ministério do Trabalho e Previdência editar as normas complementares necessárias para tanto, o que ainda não ocorreu.

Rescisão contratual por justa causa

O empregador poderá efetuar a rescisão do contrato de trabalho do seu empregado doméstico por justo motivo, nas seguintes situações:

a) submissão a maus-tratos de idoso, de enfermo, de pessoa com deficiência ou de criança sob cuidado direto ou indireto do empregado;

b) prática de ato de improbidade;

c) incontinência de conduta ou mau procedimento;

d) condenação criminal do empregado transitada em julgado, caso não tenha havido suspensão da execução da pena;

e) desídia no desempenho das respectivas funções;

f) embriaguez habitual ou em serviço;

g) ato de indisciplina ou de insubordinação;

h) abandono de emprego, assim considerada a ausência injustificada ao serviço por, pelo menos, 30 dias corridos;

i) ato lesivo à honra ou à boa fama ou ofensas físicas praticadas em serviço contra qualquer pessoa, salvo em caso de legítima defesa, própria ou de outrem;

j) ato lesivo à honra ou à boa fama ou ofensas físicas praticadas contra o empregador doméstico ou sua família, salvo em caso de legítima defesa, própria ou de outrem;

k) prática constante de jogos de azar.

O contrato de trabalho poderá ser rescindido por culpa do empregador doméstico quando:

a) o empregador exigir serviços superiores às forças do empregado doméstico, defesos por lei, contrários aos bons costumes ou alheios ao contrato;

b) o empregado doméstico for tratado pelo empregador ou por sua família com rigor excessivo ou de forma degradante;

c) o empregado doméstico correr perigo manifesto de mal considerável;

d) o empregador não cumprir as obrigações do contrato;

e) o empregador ou sua família praticar, contra o empregado doméstico ou pessoas de sua família, ato lesivo à honra e à boa fama;

Parte VI – Empregado Doméstico 555

f) o empregador ou sua família ofender o empregado doméstico ou sua família fisicamente, salvo em caso de legítima defesa, própria ou de outrem;

g) o empregador praticar qualquer das formas de violência doméstica ou familiar contra mulheres de que trata o art. 5º da Lei nº 11.340/2006.

Prescrição – Arquivamento de documentos – Prazo

O direito de o empregado doméstico pleitear judicialmente o pagamento de créditos resultantes das relações de trabalho é de 5 anos até o limite de 2 anos depois da extinção do contrato de trabalho.

Assim, o empregador doméstico está obrigado a manter em arquivo os documentos comprobatórios do cumprimento das obrigações fiscais, trabalhistas e previdenciárias, enquanto essas não prescreverem.

Fiscalização trabalhista

O Auditor Fiscal do Trabalho poderá verificar o cumprimento das normas que regem o trabalho do empregado doméstico, no âmbito do domicílio do empregador, mas, para tanto, dependerá de agendamento e de entendimento prévios entre a fiscalização e o empregador, observadas as seguintes condições:

a) a fiscalização deverá ter natureza prioritariamente orientadora;

b) será observado o critério de dupla visita para lavratura de auto de infração, salvo quando for constatada infração por falta de anotação na CTPS ou, ainda, na ocorrência de reincidência, fraude, resistência ou embaraço à fiscalização;

c) durante a inspeção do trabalho referida acima, o Auditor Fiscal do Trabalho far-se-á acompanhar pelo empregador ou por alguém de sua família por este designado.

Prática de atos ilícitos – Agências – Responsabilidade civil

As agências especializadas na indicação de empregados domésticos (copeira, cozinheira, faxineira, jardineiro, motorista etc.) são civilmente responsáveis pelos atos ilícitos cometidos por estes no desempenho de suas atividades.

No ato da contratação, a agência firma compromisso com o empregador, obrigando-se a reparar qualquer dano que venha a ser praticado pelo empregado contratado, no período de um ano.

REFERÊNCIA LEGAL

Constituição Federal

Ato das Disposições Constitucionais Transitórias (ADCT)

Emenda Constitucional nº 103

Lei Complementar nº 150, de 01.06.2015

Lei Complementar nº 187/2021

Lei nº 605, de 05.01.1949

Lei nº 4.090, de 13.07.1962

Lei nº 6.019, de 03.01.1974

Lei nº 7.998, de 11.01.1990

Lei nº 8.036, de 11.05.1990

Lei nº 8.212, de 24.07.1991

Lei nº 8.213, de 24.07.1991

Lei nº 11.788, de 25.09.2008

Lei nº 13.183, de 04.11.2015

Lei nº 13.419, de 13.03.2017

Lei nº 13.429, de 31.03.2017

Lei nº 13.467, de 13.07.2017

Lei nº 13.874, de 20.09.2019

Medida Provisória nº 1.091/2021

Medida Provisória nº 1.107/2022

Medida Provisória nº 1.110/2022

Convenção OIT nº 132, aprovada pelo Congresso Nacional pelo Decreto Legislativo nº 47/1981, ratificada em 1997, com o depósito do instrumento de ratificação em 23.09.1998 e, por fim, promulgada pelo Decreto nº 3.197/1999 – DOU de 06.10.1999

Parte VI – Empregado Doméstico 557

Decreto-Lei nº 5.452, de 1º de maio de 1943 – Consolidação das Leis do Trabalho (CLT)

Decreto nº 99.684, de 08.11.1990

Decreto nº 3.048, de 06.05.1999

Decreto nº 10.410/2020

Decreto nº 10.854/2021

Portaria MTP nº 671/.2021

Portaria SEPRT nº 4.334/2021

Portaria Conjunta SEPRT/RFB nº 71/2021

Portaria Conjunta SEPRT/RFB nº 82/2020

Instrução Normativa MTP nº 2/2021

Instrução Normativa MTP nº 667/2021

Instrução Normativa RFB nº 971/2009

Instrução Normativa RFB nº 1.071/2010

Instrução Normativa RFB nº 1.080/2010

Instrução Normativa RFB nº 1.997/2020

Instrução Normativa RFB nº 2.005/2021

Instrução Normativa RFB nº 2.043/2021

Instrução Normativa RFB nº 2.053/2021